李大钊
北京十年

学会篇

刘维薇　主编　　　北京李大钊故居研究室　编著

中央编译出版社
CCTP Central Compilation & Translation Press

图书在版编目（CIP）数据

李大钊北京十年. 学会篇／刘维薇主编. —北京：中央编译出版社，2018. 9
ISBN 978-7-5117-3606-2

Ⅰ. ①李…
Ⅱ. ①刘…
Ⅲ. ①李大钊（1889-1927）-生平事迹
Ⅳ. ①K827=6

中国版本图书馆 CIP 数据核字（2018）第 209044 号

李大钊北京十年：学会篇

出 版 人： 葛海彦
出版统筹： 贾宇琰
责任编辑： 廖晓莹　李媛媛
责任印制： 刘　慧
出版发行： 中央编译出版社
地　　址： 北京西城区车公庄大街乙 5 号鸿儒大厦 B 座（100044）
电　　话：（010）52612345（总编室）　（010）52612345（编辑室）
（010）52612316（发行部）　（010）52612346（馆配部）
传　　真：（010）66515838
经　　销： 全国新华书店
印　　刷： 北京紫瑞利印刷有限公司
开　　本： 710 毫米×1000 毫米　1/16
字　　数： 463 千字
印　　张： 29. 25
版　　次： 2018 年 9 月第 1 版
印　　次： 2018 年 9 月第 1 次印刷
定　　价： 86. 00 元

网　　址： www. cctphome. com　**邮　　箱：** cctp@ cctphome. com
新浪微博： @ 中央编译出版社　**微　　信：** 中央编译出版社(ID: cctphome)
淘宝店铺： 中央编译出版社直销店(http://shop108367160. taobao. com)　(010)55626985

编辑人员名单

顾问：李权兴

主任：刘维薇

编者：北京李大钊故居研究室

成员：刘　洋　侯文文　刘子强　潘　玥

总序　李大钊北京十年

一

1912年冬天，李大钊与同学白坚武为创办北洋法政学会的会刊一事到北京找孙洪伊商洽，经社会党员曹百善介绍，得以同中国社会党北京支部总干事陈翼龙会面。两人一见如故，畅谈终夜，李大钊为陈翼龙的“纯粹的共产社会主义”思想主张和艰苦奋斗的精神所吸引和感动，遂决定加入中国社会党，愿与陈翼龙等社会党人一起为开展有益于改善平民思想和生活状况的活动而工作。至此，李大钊成为陈翼龙到北京后直接发展的天津的中国社会党党员。这是李大钊第一次到北京。1913年2月，中国社会党天津支部正式建立，推选李大钊为天津支部总干事。北京总部的陈翼龙也专程赶到天津来祝贺。李大钊决心把天津建设成“社会主义发育昌明之地”。

1913年6月，李大钊从北洋法政专门学校毕业后，到北京参与创办《法言报》，这是李大钊第二次到北京。他曾经住在设于湘阴会馆内陈翼龙创办的平民学校里，在中国社会党北京总部的领导下，撰写了一大批文章。此时的陈翼龙正在与国民党合作，秘密地从事反袁斗争。7月，陈翼龙在北京被捕。警方取缔中国社会党，并追查与陈翼龙有来往的人。李大钊等人不得不离开北京，暂时隐蔽。李大钊在北京期间游览了颐和园和圆明园故址，写下了“只今犹听宫墙水，耗尽民膏是此声”，“圆明两度昆明劫”，“一曲悲笳吹不尽”的诗句，痛恨封建统治对民众的极度盘剥、帝国主义者对中国的野蛮掠夺。当时的政局“共和自共和，幸福何有于吾民也”。他把所学到的法政原理应用于错综复杂的社会现实，探究政党政治如何促使民主共和政治的实现，如何促使社会经济的发展、铲除民生凋敝之根源。深感由于自己学识的欠缺，还未能找到救国救民的真正道路，于是决定接受友朋资助，为继续求知远赴日本东京留学。

1916 年 5 月，袁世凯称帝复辟失败，昭示着民主共和新的转机，再造中国之不可缓，李大钊弃学从日本回到上海。7 月 11 日，启程北上，应邀到北京创办《晨钟报》，任该报编辑主任。8 月 15 日，《晨钟报》正式面世，在创刊纪念版上李大钊发表《“晨钟”之使命——青春中华之再造》，也开始了他建设新中国伟大革命事业的征程。这是李大钊第三次到北京。

从此，李大钊的革命实践活动和北京联系在一起，他在北京度过了 38 年生命历程中最辉煌的 10 年。

二

这一时期的北京是中国的政治文化中心。在北京这个大舞台上演过许许多多关系中国命运、震惊世界的重大事件：五四运动、新文化运动、传播马克思主义、创建中国共产党、工农运动掀起高潮、建立国民革命统一战线、北京政变、迎接孙中山北上、孙中山逝世和策应北伐战争等等，李大钊是这些历史事件的重要参与者，他以自己非凡的行动谱写了他个人在中国革命的历史上和中国共产党的历史上凝重而华彩的篇章。

在北京，李大钊先后积极参与《晨钟报》、《新青年》、《每周评论》、《政治生活》等 50 余种报刊的编辑工作，为此付出了大量的心血和精力。五四运动前，李大钊发表了《法俄革命之比较观》、《庶民的胜利》、《布尔什维主义的胜利》、《我的马克思主义观》、《物质变动与道德变动》、《唯物史观在现代史学上的价值》等理论著作，宣传苏俄十月革命，传播马克思主义，为五四运动提供崭新的思想武器。五四运动中，他身先士卒，积极领导和推动运动的发展，是五四运动中当之无愧的旗手。

1920年初，李大钊在北京大学组织建立马克思学说研究会，聚集了一批具有共产主义思想的青年知识分子，为建党做好思想上、理论上和组织上准备。他与陈独秀相约在北京和上海分别行动，筹建中国共产党，使“南陈北李，相约建党”成为中国革命史上的佳话。李大钊以共产主义运动先驱的伟大人格魅力，吸引和影响了一大批知识分子和进步青年。在中国共产党的历史上，毛泽东、周恩来、马骏、林伯渠、陈毅、张太雷、瞿秋白、邓中夏、何孟雄、王尽美、赵世炎、刘伯坚、陈延年、陈乔年、陈为人、王若飞、高君宇、范鸿劼、邓培、缪伯英、邓颖超、乌兰夫、李运昌、刘清扬、郑振铎、罗章龙、张申府、刘仁静等，均受到他的教诲和帮助并走上革命道路，贡献于中国革命事业。

李大钊于1922年到1924间频繁奔走于大江南北，代表中国共产党与孙中山会谈，经由孙中山亲自主盟加入中国国民党，为改组国民党、建立革命统一战线做了大量工作。1924年1月，李大钊出席了国共合作的国民党第一次全国代表大会，被孙中山指定为大会主席团五位成员之一，参加了大会宣言的起草等多项重要工作，当选为中国国民党中央执委会委员。会后担负起国共两党在北方的最高领导职责，为国共合作、推动反帝爱国革命事业作出重大贡献。

在北京，李大钊于北伐战争前夕以国共两党领导人的双重身份，亲自参与并委派得力干部做冯玉祥、胡景翼、孙岳、邓宝珊等国民军的工作。经过两年多的努力，取得重大成果，国民军官兵的思想觉悟和战斗力有了很大提高。他们不畏艰苦，行程数千里，打败了几倍于己的敌人，为赢得北伐战争的胜利起到了至关重要的作用。在李大钊等一大批共产党人的感召和影响下，国民军中不少官兵倾向革命，反帝爱国思想觉悟空前提高，如杨虎城、吉鸿昌、赵博生、董振堂、高树勋、何基沣、屈武等，他们中有的人后来加入共产党，有的率部起义参加了红军，有的在抗日战争和解放战争中为促使胜利的天平向人民一边倾斜发挥了重要作用。

在北京，李大钊开创性地发展北京大学图书馆事业，使北京大学图书馆建设发生质的飞跃。他在图书馆学和图书馆建设方面的理论和实践，奠定了中国现代图书馆学的基础，推动了中国现代图书馆事业的发展。李大钊被美国图书馆协会出版的《世界图书情报百科全书》称为“中国现代图书馆之父”。

在北京，李大钊以马克思主义唯物史观指导史学研究，在史学理论方面卓有建树，他的《史学要论》、《史学思想史》是中国马克思主义史学创立时期的重要文献。他的史学理论及史学思想不仅对中国史学发展有巨大的推动之功，还对近代中国法律史学发展具有深远的指导意义。他的唯物史观为考察法律现象提供了新的视角，开辟了中国近代法律史学研究的新路径。李大钊是中国马克思主义法律史学的拓荒者。

李大钊人际交往广泛，行踪遍及北京许多地方。北京，是李大钊名副其实的第二故乡。

三

北京李大钊故居管理处依据现在保存下来的文件和实物，坚持“修旧如旧，展现原貌”的原则还原的石驸马大街后宅35号（今西城区文华胡同24号）是李大钊一家在北京居住最久的一处住宅。为此我们将追寻和整理李大钊在北京的活动踪迹和交往史实，向人们尽可能全面地介绍展示伟人的思想和实践。这是我们编辑出版《李大钊北京十年》的目的所在。

我们所能做到的只是依据大量记录历史事件的文件，追寻和梳理李大钊参与每个历史事件的来龙去脉和生活细节，以及所处的具体时间、地点和条件，还原其真貌。只有这样，我们才能说是真正地认识和理解了李大钊的思想发展、情感寄托和理想追求，才能把北京李大钊故居中所陈列展示的历史文物和当时李大钊及其家人、同志、朋友等的社会交往、思想交流、组织活动、创作生活各个方面生动地结合在一起，进而展现李大钊在北京革命实践活动的全貌。

李大钊以其所学到的法政知识为起点，开始探索救国救民的道路之时，对于错综复杂的社会政治现象、对于占据最高统治地位的政治人物、对于资产阶级革命后的代议制，都曾经有过认识上的偏颇。作为不断进取的学者和政治家，他勇于与时俱进、与时俱变，坚信“旧者不崩，新者何由而建？幻者不灭，真者何由而成”，经过艰难探求，他确信中国问题的“根本解决”只能是走社会主义道路。为此，要有一个正确的主义，本着社会主义作实际的运动，对内齐一全体之心志，对外与其他组织进行联合行动；要有一个社会主义的团体，即平民的劳动家的政党——中国共产党；要接受共产国际的指导和支援，并在行动上与之相呼应。

李大钊是“实践其所信，厉行其所知”的楷模。

四

李大钊到过北京的很多地方，从天安门广场到胡同小巷；从北京大学到孔德学校；从铁狮子胡同孙中山行辕到国民军鹿钟麟部队营区；从岳云别墅到湖广会馆……都曾经留下他的足迹。与他交往过的人物众多，故事感人至深。

我们在追寻李大钊在北京的行踪中发现一个突出的现象——李大钊在北京工作生活十余年，一直居无定所。当然这与他从事革命工作躲避敌人有关，但更重要的原因是李大钊具有为革命不惜牺牲一切的无私的品格。十余年间，李大钊在北京没有购置过一处房产，在北京大学任图书馆主任兼教授时的月薪约在200元左右，完全有能力支付购房费用。可是，每月的薪水，李大钊拿回家的却只够撑起家中日常开支，有时还使妻子赵纫兰因无钱买米做饭为难。他的薪水大都用于革命事业。现在北京文华胡同的李大钊故居，是他和家人在北京居住时间最长的一处，那也是借住朋友的。

在梳理李大钊的行迹和交往史料中，我们感受最深的是李大钊肝胆照人、光芒四射的崇高人格，正如胡锦涛同志所说：“我们纪念李大钊同志，学习和研究他的著作，必须像他那样保持无产阶级先进分子的革命气节和高尚情操。同李大钊同志接触过的人，都赞誉他具有高尚的道德情操。他既坚持真理，坚持原则，又待人宽厚，团结同志。他生活俭朴，节衣缩食，省下钱来充作党的活动经费，或用来帮助同志，接济贫苦青年。他把党和人民的利益看得高于一切，宁愿舍生赴死，也不出卖党的机密。他为共产主义事业在中国的胜利献出了自己的生命，表现了一个共产党人的崇高气节和浩然正气。”

又如习近平同志所说：“李大钊同志的道德和操守非常崇高。在他身上，凝结着中华民族传统美德，体现着中国知识分子的优秀品格。他作风质朴，不驰于空想，不骛于虚声。他坚持真理，待人宽厚，团结同志，正如后人所赞誉的，‘没有宗派气，内外从如云’。李大钊同志是一位真正的革命者，他的伟大人格和崇高风范，将永载中国共产党和中国人民革命斗争的史册。”

王　洁

2010 年 4 月 28 日

前 言

当代读者对李大钊生平事迹的了解，大多是从李大钊传记著作和思想研究著作及其他历史资料获知的，这些文章中引述原始资料时由于各种原因对于李大钊以创建学会进而宣传马克思主义学说的介绍内容不多，只是提出了李大钊参与的学会或刊物名称，或者三言两语一笔带过。随着年代的久远，李大钊当年如何生活在群众之中，怎样成为多个学会的发起人和组织者，在他周围都团结了哪些学者进步人士和青年人，共同确定所创办学会的宗旨，编辑出版着富有时代精神的刊物，给当时社会发展以重大的影响、至今成为鲜活的历史教材，这些宝贵的文献资料，只有加以整理和汇集，才能使得读者和专业研究人士减少寻找相关历史资料的费时费力，更重要的是对李大钊生平事迹的诉说会出现简略和缺失。所以，《李大钊北京十年》在出版了《交往篇》、《事件篇》、《思想篇》、《教学篇》之后，很有必要编辑出版《学会篇》，原因是李大钊曾经是多个学会的发起人和组织者。

社团是社会团体的简称。社会团体是政府、企事业单位之外的第三种组织类型，如协会、学会、研究会、基金会以及民办的非营利机构。社会团体是由公民自愿结合而组成，为实现共同意愿，按照其会员大会通过的章程，开展活动的非营利性社会组织。机关、团体、企业事业单位内部经本单位批准成立、在本单位内部活动的团体，通常也称之为社团，在法律关系层面上因为不需进行社会登记，则不应称为社会团体，但在习惯上仍称之社团。

据此，李大钊所发起和组织的学会，应该区分为属于社会团体的社团组织和不属于社会团体的社团组织两类，属于社会团体组织的学会是社会团体中的一种类型。而不属于社会团体组织的——经由北京大学批准成立并未进行社会登记的，尽管其具有着社会团体的多种属性，则只应称之为学会。

今年是伟大的马克思主义者中国共产党早期创始人之一李大钊同志英勇牺牲90周年，我们纪念李大钊、研究李大钊，编辑出版与李大钊有关的《学会篇》一书，归根结底还是为了学习李大钊的革命精神和信仰，一心为党、一心为人民、一心为共产主义的初心，他一生以“铁肩担道义”为座右铭，并且用全部言行，最后献出生命来实现自己的箴言。当前正值开展作风建设和加强党性修养，此时提倡学习李大钊具有特殊的现实意义。不忘初心，牢记使命，继续前行，中国将走向中华民族伟大复兴，实现中国梦！

刘维薇

二零一七年十月

Contents

目　录

李大钊是多个学会的发起人和组织者

学会，顾名思义是对某一学科的知识领域进行深入研究的志同道合者相聚一起相互探究、讨论，促进学术进展和交流研究心得的学术性组织，它是伴随着人类社会学术发展的分类不断向精细化延伸而出现、形成和发展起来的。各门学科的学会，大多是该门学科高端人才横向联合，聚起一起，相互切磋、相互启迪和纠错的学术研究团体，对促进该学科建设、促进社会经济的发展，有着重要的推动作用，它的地位、功能和作用，又是与该学科有着相关的机关、学校、科研单位所无法替代的。

民初学会是为政治变革寻找路径

民国初年，康有为曾恳求光绪帝改革官制、整顿吏治，倡导学会。康有为一度把组建学会作为"合大群"的重要实现方式，并由要求变法转向倡导建学会，开风气，开知识，合大群，以推进变法事业。

1895 年 6 月，康有为在《上清帝第四书》中写道："西国势之强，皆借民会之故，盖政府之精神有限，不能事事研精，民会则专门讲求，故能事事新辟。其入会之人，自后妃、太子、亲王、大臣咸预焉。前者俄后亲入医会，比者日本之后入救人会，皆降至尊而讲末业，如中国天子躬耕，后夫人亲蚕之义，以资鼓励，故举国风从。学业之精，制造之新，实由于此。"① 康有为自己还积极活动，联络同志，先后在北京、上海等地组织了强学会。

强学会实际上是清朝末期的一个政治团体、政党的雏形。1895 年

① 《康有为全集》第二集，中国人民大学出版社 2007 年版，第 172 页。

甲午战争之后，知识分子痛思失败教训，寻求转弱为强途径，故名强学。1895 年 8 月 17 日，康有为在北京安徽会馆创办《中外纪闻》，这是强学会组织的发端。该报刊登海外新闻、时评政论和有关公文，以“渐知新法”为宗旨。同时，文廷式在河南会馆、安徽会馆定期集会、演讲、讨论，促成 11 月中旬强学会正式成立。康有为作《强学会叙》，陈炽为提调，梁启超为书记员，入会者众多。北京强学会成立后，康有为南下游说两江总督张之洞，成立了上海强学会。1896 年 1 月 12 日《强学报》，明确倡导维新变法。强学会之后，湖北、广东、湖南、陕西、上海等地纷纷组织各种学会，一时间组建学会热潮兴起。如湖北质学会、广州圣学会、湖南南学会、广东粤学会、苏州苏学会、陕西经学会，上海有不缠足会、农学会、译书会、蒙学会等。康有为认定：“士夫戒明世社会之禁，不敢相聚讲求，故转移极难，思开风气，开知识，非合大群不可。且必合大群而后力厚也。合群非开会不可。”

在中国最早全面论说学会的是梁启超。1896 年 11 月 5 日，梁启超发表了《论学会》一文。他提出了这样的观点：“今欲振中国，在广人才；欲广人才，在兴学会。”① 认定能够为中国政治变革寻找出路的，应该是学会。同时指出，学会并非起于西方，而是中国两千年之传统。

梁启超在《论学会》中说：“学会起于西乎？曰：非也，中国二千年之成法也。《易》曰：‘君子以朋友讲习。’《论语》曰：‘有朋自远方来。’又曰：‘君子以文会友。’又曰：‘百工居肆以成其事，君子居学以致其道。’孔子养徒三千，孟子从者数百，子夏西河，曾子武城，荀卿祭酒于楚、宋，史公讲业于齐、鲁，楼次子之著录九千，徐遵明之会讲逾万，鹅湖、鹿洞之盛集，东林、几、复之大观，凡兹前模，具为左证。先圣之道所以不绝于地，而中国种类不至夷于蛮越，曰惟学会之故！”

“学会之亡，起于何也?”在对纪昀之言“汉亡于党锢，宋亡于伪学，明亡于东林”大加痛斥之后，梁启超说道：“而举天下缀学之士，犹群焉宗之，伈伣低首，为奴隶之奴隶，疾党如仇，视会为贼。是以金壬有党，而君子反无党；匪类有会，而正业反无会。是率小人以食君子

① 梁启超：《论学会》，载中国史学会编：《戊戌变法》（四），上海人民出版社 2000 年版，第 376 页。

之肉，驱天下之人而为鳏寡孤独，而入于象驼牛马，而曾蜂蝗蚊蚁之不若，而后称善人。呜呼，岂不痛哉，岂不痛哉！”

“欲兴民权宜先兴绅权，欲兴绅权，宜以学会为之起点。”“学校振之于上，学会成之于下”，“士群曰学会”。“群之道，群形质为下，群心智为上。”“独故塞，塞故愚，愚故弱；群故通，通故智，智故强。”“今欲振中国，在广人才；欲广人才，在兴学会。”“会日盛而学日进。”“彼西人之为学也，有一学即有一会。故有农学会，有矿学会，有商学会，有工学会，有法学会，有天学会，有地学会，有算学会，有化学会，有电学会，有声学会，有光学会，有重学会，有力学会，有水学会，有热学会，有医学会，有动、植两学会，有教务会，乃至于照像、丹青、浴堂之琐碎，莫不有会。其入会之人，上自后妃王公，下及一命布衣，会众有集至数百万人者，会资有集至数百万金者。会中有书以便翻阅，有器以便试验，有报以便布知新艺，有师友以便讲求疑义，故学无不成，术无不精，新法日出，以前民用，人才日众，以为国干，用能富强甲于五洲，文治轶于三古。”

梁启超的这些论说，可谓讲出了他所认定的学会的真谛。

但是，经过查证历史资料，中国学会2000年之学会传统，并无史实可以作为佐证。他实在是把中国历史上的学派形成和传流，“读书、讲学、爱国”的书院传统，都当成了学会之先河。其实，他自己清楚地知道，近代西方国家的学会，办法多为纯粹的学术社团，其组织机构体制、民主选举和日常运作机制，与中国的学派流传、书院精神有着本质上的不同。

康有为、梁启超所论说的学会，目的是为中国政治变革寻找出路，所倡导学会组织意在开风气、开知识、合大群，旨在推进变法事业。因此，与今日的学会不可同日而语。

民初学会独具政党特色的缘由

1896年8月9日，章太炎在梁启超等发起的《时务报》上发表的《论学会大有益于黄人亟宜保护》，指出中国应该“以革政挽革命”的主张，其对学会的论说和康、梁的观点是一致的，而对政党和学会的不同，在认识上也不清楚。谭嗣同也说过，组建学会是“无变法之名而有变法之实”的“急务”，中国接受“政党”的正确观念是经历了一个过程的。中国历史上有过“朋党”，所以有“君子不党”，后来更有“以同道为朋，是君子之党；以同利为朋，是小人之党”。对“政党”依然没有有正确的认识。因此把学会活动与政党政治相联系，把“党”和“会”视为相同，口头上称为“吾党”，名称上依然是“会”、“社”就是很自然的事情了。黄远庸说：“政党是民初民主人士进行政治活动的最重要的组织形式，实现政党政治是他们的目标。但民初的政党活动并不成功。不过，清末民初主张在中国移植政党的人于政党的认识却有相当的价值，这一点不能因为民初政党活动的不成功而被抹杀。”①

1911年6、7月，宋教仁发表《近日各政党之政纲评》一文，指出立宪政治必须要有政党。政党的目的在争得政权，以己党之政见为国家之政策，付诸实行。组织政党最重要的是要有政纲，政纲只能在尊重国体的前提下就政府所当为之事，提出积极的政策主张。这是最为明确地指出了政党在立宪政治中的地位和作用。1912年3月1日，章太炎领导的“中华民国联合会”正式改名为“统一党”。“党”和“会”开始有了明确的区分。

从中国国民党的历史沿革也可见一般。孙中山在1905年8月20日，倡议将兴中会、华兴会和光复会在日本东京联合组成同盟会。1911年10月10日同盟会领导了武昌起义，推翻清王朝，建立南京临时政府。由于政权落入袁世凯手中，同盟会分化。1912年8月25日，孙中山将同盟会与其他4个小党联合组成国民党。1913年7月国民党发动的“二次革命”失败，国民党四分五裂。1914年7月，孙中山召集部分国民党党员在日本东京成立中华革命党。1919年10月10日，孙中山又将中华革命党改组为中国国民党。在1919年前后，确实还存在着“党”和“会”难以区分其为学会还是政党的现象。

这才引发李大钊在1917年2月15日的《甲寅》日刊上，发表了《学会与政党》一文，指出了民国初年“学会者政党之假面具”的独具特色：“学会与政党，性质绝异，两不相谋者也。而今北京之政团，则每习以‘学会’二字名之。近日京中学会、学社之发生，正如方春草木，万卉勾萌，最奇者：其某某学会、学社之上所加之冠辞，一与学会

① 黄远庸：《远生遗著（上）》，商务印书馆1984年版。

相联缀，则往往不复成一名词，亦可异已。辛亥改革之后，北京之内皆政党也。去岁共和复活以还，北京之内皆学会也。设尔许之学会、学社，皆以讲学为目的，宁不可尚，特恐中国人好学之程度，未必增进如斯之速耳。然则今之学会云、学社云者，究属何为？一言以蔽之曰：学会者政党之假面具也。噫嘻！学会、学会，北京几多之政党，皆假汝之名以行。”

民初学会多以留学生为主体的必然

组织专门学会，集合专门人才切磋技艺、增进学问、砥砺道德，学问才能日益发达。这是先进国家的经验，更是我国学术发展的要求。1910年秋天，中国学会留美支会成立。朱庭祺在《美国留学界》一文中写道：“今后之中国为发达学问时代。……发达学问，专门家之事也。美国之专门家，皆有学会。”“故虽散处于数千里之外，呼应极灵，研究之事，以互相鼓励而愈进，学问之事以互相讨论而愈明。”“无学会为之联络，故四散而势散，事多而学荒。”“故输进学识之事不能举办，专门相同之人不易相知。”胡彬夏在《中国学会留美支会之缘起》写道：“学问为立国之基础，当今欧美各国学问日新月异，大有一进千里之势。若吾国不自今日及早讲求学问，恐优胜劣败终不免天演之淘汰。然诚欲讲求学问，非全国之趋向皆注于此不能有大效。欲全国之趋向皆注于讲求学问，非有一学会为合全国为一体不能有甚大之影响。”“学会者，诚中国不可缺乏之社会也，既以增进学问为其唯一之主义，又因讲求学问，完满学问家之快乐，涵养学问家之道德，其为益于中国也大矣。……学会既以全力注重于学问，凡属于学会者又为非常之学问家，则他日中国如有倍根、如有奈顿……如有罗梭、如有梭格拉底，亦谁得而知之耶！新中国既建设矣，新学问又昌明矣，若莘莘学子自五大洲负笈来吾土肄业于吾大小学堂，亦谁得而知之耶！”①

1912年5月，蔡元培提出了组织学术团体之主张：“方今文化大开，各科学术，无不理论精微，范围博大，有非一人之精力所能周者。

① 《美国留学界情形》，载《庚戌年留美学生年报》，中国图书公司1911年版，第48、52页。

且分科至繁，而其间乃互有至密之关系。若专修一科，而不及其他，则孤陋而无藉，合各科而兼习焉，则又泛滥而无所归宿，是以能集同志之友，分门治之，互相讨论，各以其所长相补助，则学业始可抵于大成矣。”①

在各国留学生的学会组织十分活跃，有人发起，就有人响应。胡适在1912年11月7日日记中写道：“夜中读书，忽思发起一‘政治研究会’，使吾国学生得研究世界政治。”过了几天，他在11月11日日记中记有：“政治研究会，质之同人，多赞成者，已得十人。”11月16日，召开了中国学生政治研究会的第一次组织会，“议决每二星期会一次，每会讨论一题，每题须二会员轮次预备演说一篇，所余时间为讨论之用”。第一次议题为“美国议会”，由胡适与过探先担当。12月21日，第二次会议召开，议题为“租税”，胡明复、尤怀皋演讲。②

1914年7月，胡适又发起一读书会，要求“会员每周最少须读英文文学书一部，每周之末日相聚讨论一次”。会员有任鸿隽、梅光迪、张奚若、郭荫棠和胡适。③ 可见，发起组织学会，发起人的号召力极为重要。作为学会发起人和组织者要具备社会声望、学术造诣、人脉关系这三个方面的优越条件，否则响应者必然寥寥。

1914年6月10日，国内成立了科学社，发行《科学》杂志，传播科学技术，宗旨是“提倡科学、鼓吹实业，审定名词、传播知识”。1915年10月25日改组为中国科学社，宗旨为“联络同志，共图中国科学之发达”。设董事会、分股委员会、期刊编辑部、书籍译著部、经理部和图书部。董事会由社员大会直接选举，其他各部门为办事机构，部长也由选举产生，是中国近代史上最早的科学社团。

各类社团、学会组织的建立，在各国的留学生界极为常见，在国内则多以科学技术门类为主。这是因为在国外的学子，面对世界广泛涌动的民族解放运动、民族国家的出现，痛感中国的落后贫弱、政治不宁、内战频频、思想禁锢，留美学界成立各类学术团体，目的在于发达科学技术，建设富强中国；留日学界的社团活动，痛观甲午战争以来，日本

① 《蔡元培全集》第2卷，浙江教育出版社1997年版，第97页。

② 《胡适留学日记》上册，海南出版社1994年版，第68、69、70、75、180页。

③ 《胡适留学日记》上册，海南出版社1994年版，第68、69、70、75、180页。

对中国步步加紧侵略，国内统治者不仅腐败无能，且多奴颜媚骨，卖国求荣，致使国事夷陵，必当奋起，投身国家振兴大业，则多以研讨时事、政治，从事革命活动为特色。

学会积极推动科学技术的发展

依据历史资料，在中国可以称之为学会的组织，最早应是明朝太医院名医徐春甫创建、始于明穆宗隆庆二年（1568 年）的“一体宅仁医会”。该医会建于直隶顺天府，集合了福建、四川、湖北、安徽等省名医 46 人。医会宗旨是“穷探《内经》、四子（张从正、朱丹溪、刘完素、李东垣）之奥，切磋医技，取善辅仁”。对会员要求做到：诚意、明智、格致、审政、规鉴、恒德、办学、讲学、辨脉、处方、存心、体仁、忘利、自重、法天、医学之大、戒贪鄙、恤贫、自得、知人、医箴、避晦疾 22 项，强调学术指导思想和治学态度、治学方法，倡导医德医风和服务态度。“一体宅仁医会”的创建，对推动医学发展，开展学术交流发挥了作用。

徐春甫（1520—1596）一生精勤笃学，著述甚丰，编撰的《古今医统》一书，100 卷，185 万字，附有历代医家简明传记 274 人，采摭书目 496 种，包括《内经要旨》、各家医编、脉法、运气、经络、针灸、本草、养生、临床各科证治及医案等，内容丰富，影响深远。

从中外医学史角度考量，苏格兰成立的爱丁堡皇家外科医师学会成立于 1505 年；英国皇家学会成立于 1660 年。为什么会出现这样的巧合呢？这充分表明，学会是出现在社会发展过程中迫切需要以科学技术进一步提升和促进生产力、社会生产向以需求为导向的市场经济发展，社会生活中代表资本主义生产关系的资本家阶层开始登上政治舞台的时候。当这样的经济、政治条件出现时，对科学技术发展的束缚出现了弱化，科学技术发展的自身规律要求集思广益、博采众长、精益求精，这是学会产生的直接前提；社会经济政治的发展则提供了学会形成和发展的社会基础。

任鸿隽（1886—1961）是中国最早的综合性科学团体——中国科学社和最早的综合性科学杂志——《科学》月刊的创建人之一，杰出的科学事业的组织领导者。任鸿隽专门论说了中国古代士人结社与近代学会的不同：“第一，我们历史上的学会，专讲古书、经史、道德、伦理、正心、修身、齐家、治国、平天下之事。现在我们所讲的学社，专讲实验科学及其应用。一个偏于德育，一个偏于智育，其不同之点一。第二，我们历史上的学会，是由一个大学者，大贤人，因其学问既大，名望也高，大家蜂涌云集的前去请教而成。现在我们所讲的学社，是由多数学问智识相等的专门学者，意欲切磋砥砺，增进智识，推广学术的范围，互相结合而成。一个以人为主，一个以学为主，其不同之点二。"①

近代学会承担着推动科学技术发展的社会责任。在经济社会发展，社会民主化进程中，社团的社会作用日益重大，学会在传承文明、咨询育人、服务社会功能方面更显重要。学会作为学者阶层的代表，应当勇于进取科学上的难题，促进生产力的发展，协调社会生产关系，构建社会和谐。

近代学会是进行科学研究的特殊社会团体。科学规范是进行科学活动遵守的行为准则，其特征是尊重学术成果的权威性、学术研究的民主性、构成成员的广泛性、对不同观点的包容性等。学会在社会发展中作为推动科学发展的主体，体现其独特社会功能，成为科学进展的权威评判者。学会是学术评价的最早组织。1665 年英国的科学学会创办了《学者杂志》、《哲学学报》，以公正原则通报研究成果和重大发现，确立了学术评价的权威性。同时，学会又包容各种学术观点，体现科学研究的广泛性，可以超越社会各种群体间利益上的矛盾，确保以科学技术发展的趋势和方向公正进行对成果的评价。

李大钊是众多学会发起和组织者

李大钊一生中曾经是多个学会的发起人和组织者。正是因为他坚持"学会与政党，性质绝异，两不相谋"，坚决反对学会成为政党之假面具。

1912 年秋冬之际，李大钊即将在天津北洋法政专门学校本科毕业之时，北洋法政专门学校成立了以本科学生为主要成员的北洋法政学会。会员达 250 余人，设立有评议、调查、编辑、庶务 4 部。即将毕业的李大钊、郁嶷二人被推举为编辑部部长，编辑部总共 52 人，负责编

① 《科学救国之梦——任鸿隽文存》，上海科技教育出版社 2002 年版，第 93—94 页。

辑学会的月刊《言治》。

李大钊被同学称之"其文章浑厚磅礴为全校冠"[①]。"李子守常，朴素其貌，嶷嶷其德。而学之充沛，文之豪放，感慨淋漓，明可薄汉霄，幽可泣鬼神，坚以铄金石，悲歌激昂，摧山岳而震鲲鹏。盖其侠义之气，卓越之识，所以撼于无形，流连以往，神与俱化者，为忆退之所称，君岂其选与。"[②] 说明其在同学中的威望较高，文章也写得好。

1910 年 12 月，在国内掀起的声势浩大的请开国会运动相继失败之际，直隶省立宪派组织了第四次请愿活动，天津市各学校学生 3000 余人投入了这次请愿活动。李大钊参加政治活动的开始，被推选为学生代表之一。活动在清廷高压和欺骗下，以总代表温世霖流放新疆而平息。李大钊自此认识到革命是唯一正确途径。"这次风潮，算立宪派失败，而革命派进行越发有力，从此立宪派的人也都倾向革命派。"开始倾向民主主义革命的李大钊，在编辑出版 6 期《言治》的过程中，发表早期文章及诗篇总计 27 篇。开始接触中国社会党的陈翼龙，曾在北京短暂地编辑了一段时间的《法言报》，应视为李大钊从事政党活动之始，但此次活动还没有真正开始就在政治高压下结束了，促使李大钊决定东渡日本留学。

1913 年残冬风雪之时，李大钊到达了日本，住在早稻田的中华基督教青年会的信爱校舍。1914 年 1 月，李大钊开始学习英语，做进入早稻田大学的准备，并于此时会见了今井嘉幸、章士钊。此后，投稿《甲寅》杂志发表了《风俗》、《物价与货币购买力》、《国情》、《厌世心与自觉心》等文章；投稿于《中华》杂志，发表《政治对抗力之养成》；投稿于《通俗》杂志，发表《欧洲战事谈》。

国事夷陵，李大钊读书的决心被救国的迫切心情所击碎。他担任中国留日学生总会的文牍工作和刊物《民彝》杂志的主编，起草发表《民彝与政治》。

李大钊积极参加学会活动，其目的在于与学会成员共同研究和探索振兴中国的途径，争取更多的同志，为国家的振兴团结一致进行奋斗。

---

① 于树德：《1956 年 11 月的谈话》，见《李大钊史事综录》，北京大学出版社 1989 年版。

② 郁嶷：《送李龟年游学日本序》，载《言治》月刊第 4 期。

李大钊的这种努力获得了回报，在参加各学会的成员中，后来只有很少人没有加入革命的组织，大多数人投身于辛亥革命和共和国的建设事业，有的还献出了年轻的生命。

李大钊从日本回国以后，特别是进入北京大学以后，发起和创办马克思学说研究会、北京大学社会主义研究会、少年中国学会、新闻学研究会等，以出版刊物、办讲演会等方式，影响早已超出北大的校园而遍及全国，实现了动员青年以国家强盛为己任，运用学到的新思想、新学说，投身改造社会的实践活动，在探索和实践中经受考验，最终选定自己的人生道路。

1919 年，仅登记在册的北京社团就有 280 多个。1920 年，社团数目又有增加。这些社团规模大小不一，持续时间不等，其中有相当一部分社团着力于社会主义思想和其他进步思潮的研究和传播。五四时期的学会表现出这样几方面的显著特点：一是学会具有鲜明的建会宗旨，思想性指向趋同；二是学会对成员条件的要求严格，队伍构成单纯；三是学会以编辑出版刊物为主要活动方式和内容；四是时局或成员出现巨大变动时，学会活动终止。中国共产党早期的知名活动家毛泽东、蔡和森、周恩来、邓颖超、恽代英、萧楚女、邓中夏、方志敏等，都是在学会实践中使组织能力得到提升，经受历练的。

可以说，五四时期的学会实践正是政治家最早的素质训练，没有这样的经历，成不了优秀的社会和政治活动家。从这个意义上说，在李大钊的影响下，许多先进分子经过比较、鉴别接受了马克思主义，形成了共产主义知识分子群体，这个群体是时代的精英，对推动社会现代化历史进程起了重要的作用。

积极参与学会活动是李大钊一生中很重要的方面，丰富了他的人生阅历，成为李大钊走上近代中国政治舞台的桥梁或纽带。李大钊在五四时期对进步社团的组织、发起和活动中，特别是在北京大学，确实起到了极为重要的推动、组织和指导作用。有人统计过，在中共召开一大之前，全国 8 个地方党的组织主要负责人，有 6 位是北大的师生或校友。中共早期仅有的 53 名党员中，有 21 名是北大的师生或校友。参加中共一大的 13 名代表中有 5 名是北大的师生或校友。①

---

① 袁付成、袁红军：《李大钊在北大图书馆》，载《河南图书馆学刊》2001 年第 4 期。

李大钊在参与学会活动的实践中，深刻地认识到组织严密性和系统化问题的重要性。如何保持组织的严密性，如何使组织更具战斗力，对这些问题的思考，更为其后建党理念及实践提供了有益的借鉴。

李大钊在各学会担任的职务

学会名称	创建年月	担任职务	附注
北洋法政学会	1913. 4	编辑部长	
神州学会	1916 年初	评议长	
中国经济财政学会	1916. 6	甲种会员	待考
北大哲学研究会	1919. 1	演讲员	待考
少年中国学会	1919. 7	编辑主任	
马克思学说研究会	1918 年秋	组织领导者	
国民社	1918. 10	导师、顾问	
北大新闻学研究会	1918. 10	演讲员	待考
新潮社	1918. 11	顾问	
曙光社	1919. 11	导师、顾问	
北京图书馆协会	1919 年初	中文书记	
社会主义研究会	1919 年下半年	组织领导者	
北京大学新知书社	1920	募股人、监事	
非宗教运动大同盟	1922. 3	常务干事	
太平洋问题研究会	1921. 8	中文主持、研究员	
北大经济学会	1921. 12	演讲员	待考
北京学生读书会	1922. 11	导师	

李大钊与北洋法政学会

天津北洋法政学会，以天津北洋法政学校本科学生为主要成员，成立于 1912 年秋。此时，正值中华民国建立不久。民国建立前后，革命派与袁世凯之间，表面是论争建都地点、总统与国会、内阁权限、地方与中央权限等问题，而暗杀宋教仁，开除国民党籍国会议员，宣布国民党非法等，实质是争取民主与压制民主之争。天津北洋法政学会会员，因所学专业均关注国家运命，急于发表政论，参与论争，共有会员达 250 余人。学会下设评议、调查、编辑、庶务 4 部。编辑部人数最多，达 52 人。即将从该校毕业的李大钊、郁嶷被推举为编辑部长，编辑北洋法政学会的出版的《言治》月刊。

1917 年 2 月，北洋法政学会的同人，在北京决定重新刊行《言治》，由月刊改为季刊，郁嶷为主编，李大钊等仍为主要编辑成员。《言治》季刊出版了 3 期。

《宪法公言》1916 年 10 月 1 日在北京创刊，至 1917 年 1 月 10 日出版第 9 期之后终刊。经理由秦立庵担任，主编是曾经担任北洋法政学会会长之一的田解。《宪法公言》可以说是《言治》月刊的继续。其主旨在于为制定理想的中华民国宪法进行理论研究和宣传，反对当时投靠段祺瑞以维护中央集权为主旨的进步党人主张，政治态度与国民党基本一致。当年在天津北洋法政专门学校学生召开会议支持国会请愿活动时断指写血书，1913 年 4 月至 1914 年 1 月任众议院议员的秦立庵（即秦广礼）卖掉个人的家产捐助了 2000 元。捐款的还有：孙中山捐助 500 元，唐绍仪捐助 300 元，孙洪伊、李庆芳各捐助 100 元，彭介石捐助 50 元，温世霖、王正廷各捐助 20 元。编辑为李大钊、白坚武、郁嶷、黄健平、张润之、李瑞锡、高一涵等，李大钊最为出力。其中，只有高一涵不是北洋法政学会的会员。

李大钊被推举为编辑部长之一

北洋法政学会的宗旨，在《言治宣言书》中说是：“本会之设，固以群居研学为标志，而无所于党，其于兹刊也亦然。近日以为是者，明日复有说焉，足以相胜，则今日之说可立废。吾所持论，深自信者，他人能举吾失而告吾，则复移而赞同他人之说焉。而无所容其心，盖一致而百虑，殊途而同归。但取决于真理，去感情之缚，绝意气之私，当仁不让，视敌如友。凡所论列，一以同人自由研究之所得，为独立之发表。苟其说，持之有故而言成理，则兼收并包，无所于排。”

意思是主张不同政见相互论辩，不拘成见，但须言之有理，不相排斥，方能取长补短，甚至加以折衷，为得只是达于真理，这才是实现国强民富的需要。历史依然证明，君主专制真理不能昌明，党人鼓噪真理陷入混乱。这篇刊登在《言治》月刊第 1 期上面的《言治宣言书》，已经无法判定为何人所撰写，从李大钊、郁嶷被推举担任编辑部长来推断，应该是出自他们二人之手。至少应该是研究李大钊对学术研究所持基本态度的重要资料。

1913 年 4 月 1 日，《言治》月刊出版了第 1 期，设有通论、专论、杂论、译述、纪事、谈丛、史传、文苑、法令等栏目。

可以想见，由于颁令建校的袁世凯与北洋法政学校关系十分紧密，《言治》一定不会站在同盟会、国民党的立场与袁世凯进行斗争，而是会替袁世凯充当制造舆论的工具，尽管《言治宣言书》中说得那么谨守中庸之道。在这样的前提下，对当时社会现象发表的一些政见，表示了对国家发展前景的担忧，还是被允许的。

《言治》发表李大钊很多文章

1913 年李大钊在《言治》发表文章篇目及署名：

日期	刊号	文章题目	署名
1913 年 4 月	1	大哀篇	李大钊
1913 年 4 月	1	“弹劾”用语之解纷	李大钊
1913 年 4 月	1	朱舜水之海天鸿爪	李大钊
1913 年 4 月	1	更名龟年小启	李大钊
1913 年 4 月	1	岁晚寄友	李大钊
1913 年 4 月	1	托尔斯泰主义之纲领	（日）中里弥之助 李大钊 译
1913 年 5 月	2	暗杀与群德	李大钊
1913 年 5 月	2	东瀛人士关于舜水事迹之争讼	李大钊
1913 年 5 月	2	复景学钤君	李大钊
1913 年 6 月	3	裁都督横议	李大钊
1913 年 6 月	3	论民权之旁落	李大钊
1913 年 6 月	3	隐忧篇	李大钊
1913 年 6 月	3	题蒋卫平遗像	李大钊
1913 年 9 月	4	原杀	李大钊
1913 年 9 月	4	论官僚主义	李大钊
1913 年 9 月	4	一院制与二元制	李大钊
1913 年 9 月	4	政客之趣味	李大钊
1913 年 9 月	4	是非篇	李大钊
1913 年 9 月	4	登楼杂感	李大钊
1913 年 9 月	4	哭蒋卫平	李大钊
1913 年 10 月	5	论宪法公布权当属宪法会议	李大钊
1913 年 10 月	5	法律颁行程序与元首	李大钊
1913 年 11 月	6	文豪	李大钊
1913 年 11 月	6	欧洲各国选举制考	李大钊
1913 年 11 月	6	各国议员俸给考	李大钊
1913 年 11 月	6	游碣石山杂记	李大钊
1913 年 11 月	6	《自然率与横平率》识	李大钊
1913 年 11 月	6	咏玉泉	李大钊
1913 年 11 月	6	有感	李大钊
1913 年 11 月	6	南天动乱，适将去国，亿天问军中	李大钊
1913 年 11 月	6	吊圆明园故址	李大钊

李大钊此间写出的《隐忧篇》、《大哀篇》便是如此。他在《隐忧篇》(1912年6月)中写道:“国基未固,百制抢攘,自统一政府成立以迄今日,凡百士夫,心怀兢惕,殷殷冀当世贤豪,血心毅力,除意见,群策力,一力进于建设,隆我国运,俾巩固于金瓯,撼此大难,肩此巨艰,斯固未可以简易视之。而决未意其扶摇飘荡,如敝舟深泛溟洋,上有风雨之摧淋,下有狂涛之荡激,尺移寸度,原望其有彼岸之可达,乃迟迟数月,固犹在惶恐滩中也。蒙藏离异,外敌伺隙,领土削蹙,立召瓜分,边患一也;军兴以来,广征厚募,集易解难,饷糈罔措,兵忧二也;雀罗鼠掘,财源既竭,外债危险,废食咽以,财困三也;连年水旱,江南河北,庚癸之呼,不绝于耳,食艰四也;工困于市,农叹于野,生之者敝,百业雕瘵,业敝五也;顽梗未净,政俗难革,事繁人乏,青黄不接,才难六也。凡此种种,足以牵滞民国建设之进行,矧在来兹,隐忧潜伏,创国伊始,不早为之所,其贻民国忧者正巨也。”应该说这篇文章所列举的事实清楚,观点明确,民国建立以后,边患、兵忧、财困、食艰、业敝、才难,凡此种种,足以牵制民国建设之进行,更有党私、省私、匪氛,环顾神州,危急万状。是为国家面临的这些困境深感忧虑而书写成文,一片忧国忧民之心跃然纸上。

同样,在《大哀篇》(1913年4月)中,他更是为国家安宁和人民幸福、为人民大众痛苦的命运而哀叹。大胆喊出了:“共和自共和,幸福何有于吾民也!”李大钊认为,既然各省的土地、人民均属于国家,怎能允许各省都督拥兵自重,据为己有。这样一来,在人民头上,由过去一个专制君主变成数十个专制都督,其痛苦比起君主专制时代反而加重。“所谓民政者,少数豪暴狡狯者之专政,非吾民自主之政也;民权者,少数豪暴狡狯者之窃权,非吾民自得之权也;幸福者,少数豪暴狡獪者掠夺之幸福,非吾民安享之幸福也。”正是在这样的思想指导下,李大钊接连发表《裁都督横议》,提出裁撤都督的必要、时机、办法和善后工作,大胆喊出:“都督一日不裁,国权一日不振,民权一日不伸。”

李大钊早期的这些文章,观点鲜明,语言透彻,目光敏锐,博得读者的喜爱和好评。但是,这些文章在客观上起到的作用,客观上是在为袁世凯统一中国的政治目的服务,为袁世凯镇压革命力量进行舆论宣传。尽管此时,李大钊对袁世凯的专制倾向有所疑惑,但是还认定实现中国的统一，还是要依靠惯于拨弄风云的枭雄中的高超者，当然，对此枭雄之桀更要加强防范。这种认识在当时也是可以理解的，因为一些党派的作为均使李大钊感到失望，因此对袁世凯则予以了容忍，以为如果能使临时约法得到实施，对种种不良现象有着治理途径。所以，尽管没有在言辞中明确表示对袁世凯的全力支持，却也没有明确提出尖锐的批评。在李大钊看来，袁世凯如果能凭借手中的权力，实现中国的统一，并使国家纳入法制的道路之上，他就是可以期待的。

李大钊在《言治》月刊上发表的文章，论及国家政权建设中政治法律的理论和实施，采取的写作手法是阐释学理，征寻实例，提出意见，进行商讨。如对“弹劾”一语之用于法律、国会的组织形式、宪法公布的权限、法律颁行的程序、议员的报酬等等。作为一个即将从法政学校毕业的学生，李大钊在北洋法政学会中的表现是很优秀的，此时，他内心却满是急切，因为他理想中的救国救民道路到底在哪里，还处在艰难的寻找之中。

结识了孙洪伊、汤化龙

为创办《言治》，1912 年冬李大钊曾专程到北京与孙洪伊商议，并得到孙洪伊的支持。孙洪伊（1872—？）字伯兰，浙江绍兴人，定居天津，经营粮油致富，饱读经史，中过秀才。捐资办学成绩卓著，知名天津教育界，更因领衔请愿名望四传，积极参加辛亥革命，被推选为直隶省咨议局议员。孙洪伊是北洋法政学校的捐资者，还是校董之一。李大钊再发政学会的表现，得到孙洪伊的关注和赞赏。

《言治》是李大钊最早负责编辑的刊物，共出版 6 期。李大钊在上面刊登政论、杂感、诗歌总共 34 篇。他在法政学会还主持出版了两本书：翻译日本中岛端的原著并写出驳议的《〈支那分割之运命〉驳议》；翻译俄国波茨德涅夫著《蒙古与蒙古人》。1912 年 10 月出版的《支那分割之运命》，是“北洋法政学会同人，怵于亡国之痛，亟取而译之，并附驳议，字字皆薪胆之血泪，旋于 12 月出版，风行全国”[①]。这也说明了天津法政学会作为一个专业学校的学会，已经走向社会并产生了广

① 中国李大钊研究会：《李大钊全集》第一卷，人民出版社 2006 年版，第 122 页。

泛的社会影响。

法政学会一个由 50 多人组成的编辑部，李大钊和郁嶷作为编辑部长，处在临近毕业的学习阶段，为此要付出很大时间和精力，又要得到编辑部同仁的认可，这绝对不是轻松可以完成的工作。郁嶷（1890—？）是天津市人，名祖述，字宪章，比李大钊小一岁。郁嶷在和李大钊的6 年相处中，结成密友。为编辑月刊，“朝暮经画，首期出版，海内日报杂志，转录殆遍，尤以君文为最”。这是因为李大钊的文章感慨悲歌“以民生为念，阐扬先哲贻德为急，览者感发兴起，颂声交至”。郁嶷在《言治》上总共发表了诗文 41 篇。郁嶷写的《送李龟年游学日本序》，较为细致地介绍了李大钊的这段生活和思想。

李大钊在《言治》上总共发表了诗文 35 篇。《言治》月刊是研究李大钊青年时期思想发展很珍贵的资料。正是编辑工作所显示出的才华，孙洪伊把李大钊介绍给了汤化龙，使其能够在毕业后，得到了由孙洪伊、汤化龙提供资助，去日本留学。李大钊的文采得到了大家称赞，为人朴素谦逊得到了大家友爱，这是李大钊在同龄人中建树的交往风格。

北洋法政专门学校本科直隶同学合影

第 2 排左起第 4 人为李大钊（1913 年）

在北京创刊《宪法公言》

李大钊在北洋法政学会的活动，随着他在天津北洋法政专门学校毕业结束了。如果没有后来《宪法公言》的编辑和出版，与北京也就没有什么关系。

1916 年 9 月 5 日，李大钊因汤化龙违背“言论绝对自由，不加干涉”的诺言，决定辞去创刊半个多月的《晨钟报》编辑主任一职，与高一涵同住在皮库胡同新租的房子里。

也正是 1916 年 9 月 5 日这一天，旧国会组织的宪法会议正式开会，继续进行制宪工作。为制宪工作制造舆论，李大钊与白坚武、秦立庵、田克苏等谋划筹办《宪法公言》，一起编辑、撰稿，并接受国务院内务部长孙洪伊之约，负责起草地方自治法规。这样，在北京出版的《宪法公言》，主办者都是天津北洋法政专门学校的北洋法政学会会员，理所当然认定是北洋法政学会主办。

9 月 7 日，李大钊在老便宜坊宴请高一涵、秦广礼、田克苏等几位朋友，定下刊物《宪法公言》的主旨：“阐明宪政之精微，助长法律之思潮，以汤涤专制之邪秽，而涌现一尽美尽善之民国宪法。”“朴实说理，称心而出，不骛空谈，不尚偏激，必期诸心安理得……”

参与修定《宪法公言》章程

后来经过修订的《宪法公言章程》刊登在第四册杂志上：

第一章　宗旨及命名

第一条：本杂志旨在阐明宪政之精微，助长法律之思潮以荡涤专制之邪秽，而涌现一尽美尽善之民国宪法。

第二条：本杂志朴实说理，称心而出不骛空谈，不尚偏激必期诸心安理得，凡中外人士关于宪法之言论著述，无不极力欢迎，故定名为宪法公言。

第二章　体例及办法

第三条：本杂志除首冠图画外分门撰述体例如下：

一著译、二选裁、三专件、四纪事、五会议录、六文告、七宪法史、八附录。

第四条：本杂志月出三册逢十刊行，每册不下六门，约三四万言，定价六洋二角，邮费三分。

第五条：本杂志准各处批发代售，其办法另行订定。

第三章 撰述及经费

第六条：本杂志撰述除由同人发稿付刊外，凡博硕之士崇论闳议均可自由投稿，一经登载即以本期杂东奉赠，聊申谢悃。

第七条：投稿者真名别号随意用之，但须书明住址以便通讯兼寄赠品。

第八条：本杂志言论自由为公共商榷而设，非一人或一部分人所能左右，凡不背本杂志之宗旨者，皆得发表惟所主张，作者自负资任。

第九条：投稿不为登载亦不退还，但声明必还者，亦当照办。

第十条：本杂志经费除由同人自行筹集外，其有中外贤者资助，则以本杂志若干奉酬，不负其他义务。

第四章 附则

第十一条：本杂志发行所设于北京虎坊桥二十二号门牌。电话南局二一〇七号。

《宪法公言》的费用主要靠募捐

当年在天津北洋法政专门学校学生召开会议支持国会请愿活动时断指写血书，1913 年 4 月至 1914 年 1 月任众议院议员的秦立庵（即秦广礼）卖掉个人的家产捐助了 2000 元。此外，捐款的还有：孙中山捐助 500 元，唐绍仪捐助 300 元，孙洪伊、李庆芳各捐助 100 元，彭介石捐助 50 元，温世霖、王正廷各捐助 20 元。

《宪法公言》的主旨，在于为制定理想的中华民国宪法进行理论研究和宣传，反对当时投靠段祺瑞以维护中央集权为主旨的进步党人主张，政治态度与国民党基本一致。

《宪法公言》的经理由秦立庵担任，主编是曾经担任北洋法政学会会长之一的田解。编辑李大钊、白坚武、郁嶷、黄健平、张润之、李瑞锡、高一涵等，只有高一涵不是北洋法政学会的会员。《宪法公言》1916年10月1日创刊，至1917年1月10日出版第9期之后，宣告终刊。

10月10日，中华民国成立5周年，《宪法公言》出版创刊号。在著译栏中的第一篇就是李大钊的文章：《国庆纪念》。“宪法者，自由之保证书，而须以国民之血钤印，始生效力者也。”历史如同田地，自由是灌溉鲜花盛开、林木茂盛之水。而这正是先烈之血所成就：“革命旗翻、诸先民断头绝脰之日。”李大钊此后的文章，都是论说的制宪基本原则、省制与宪法关系、宪法与思想自由。

制宪的基本原则：一是要在宪法中规定对“法外”之势力加以防制；二是宪法要并采“成文”和“不成文”两种形式。

李大钊在《宪法公言》发表的文章

日期	刊号	文章题目	署名
1916年10月1日	1	国庆纪念	李大钊
1916年10月20日	2	制定宪法之注意	李大钊
1916年11月10日	4	省制与宪法	李大钊
1916年12月10日	7	宪法与思想自由	李大钊
1917年1月10日	9	矛盾生活与二重负担	李大钊

李大钊在《宪法公言》上侧重地谈了三个方面的问题：

省制问题——中央和地方分权的关系问题，《省制与宪法》（《宪法公言》第4期，1916年11月10日）。李大钊对省制与宪法作了比较和历史追溯。指出：省制古已有之，地方分权是必然趋势。但古人所论之分权与今之分权立足点、着眼点、目的、条件、涵义均有所不同，自然结果也不同。南京临时约法和云南宣言二者可做为制宪之精神依据。省制应为自治体，享有相应权利。省制入宪应有具体程序，这些构想在现代法制史上有重要参考价值。

人民权利——思想自由问题，《宪法与思想自由》（《宪法公言》第7期，1916年12月10日）。李大钊指出：“自由为人类生存必需之要求，无自由则无生存之价值。”思想自由可区分为：出版自由、信仰自由、教授自由。关于出版自由，1912年《中华民国临时约法》规定：

“人民有言论、著作、刊行及集会结社之自由。”1914年5月，袁世凯颁行《中华民国约法》，对这一条款加上了：“人民于法律范围内，有言论、著作、刊行及集会结社之自由。”“于法律范围内”应有明确规定，限制有明确范围。否则，将可以随心所欲的限制和剥夺人民的这种自由。李大钊认为：“关于出版，决不可施行检阅制度，除犯诽毁罪及泄露秘密罪有明条外，概不受法律之限制。”关于信仰自由，李大钊指出：“亦绝不许稍加限制。”反对以孔孟之道作为“国教”，反对政教合一。将孔孟的思想作为全国人民的言行指南与是非标准，就“不啻将教授自由、言论自由、出版自由、信仰自由隐然为一部分之取消”，“是必有大奸慝怀挟专制之野心者，密持其权衡”而提出的。关于教授自由，李大钊认为教授自由包含在信仰自由之中，因为“专制之思想尚复弥漫于社会”，才特意提出要写进宪法，只有宪法明文规定，各种学说思想，才能使“各种之科学技艺，各家之性理思想，均得于国立、私立学塾教授之”。

关于孔教——如何对待孔子和孔子的学说问题。1916年8月召开的国会上，康有为提出定孔教为国教并载入宪法，在宪法草案中规定“国民教育以孔子之道维修深大本”，李大钊即以《孔子与宪法》一文论证了“孔子与宪法，渺不相涉者也”：“孔子者，数千年前之残骸枯骨也。”“孔子者，历代帝王专制之护符也。”“孔子者，国民中一部分所谓孔子之徒者之圣人也。”“孔子之道者，含混无界之辞也。”① 李大钊在《民彝与政治》一文中，就论述过“自有孔子，而吾华之民族不啻为孔子而生，孔子非为吾民族而生焉”。“孔子生而吾华衰。”“吾华之有孔子，吾华之幸，亦吾华之不幸也。”② “孔子之所以承后世崇敬者，不在其法制典章示人以守成之规，而在其卓越天才示人以创造力也。”今人决不应“局于古人之成规，堕其自我之本能，蔽其秉彝之资性”。“孔子生于专制之社会，专制之时代，自不能不就当时之政治制度而立说，故其说确足以代表专制社会之道德，亦确足为专制君王所利用资以为护符也。历代君主，莫不尊之祀之，奉为先师，崇威至圣。而孔子者，遂非复个人之名称，而为保护君主政治之偶像矣。”李大钊说：“故余之掊击孔子，非掊击孔子之本身，乃掊击孔子为历代君主所雕塑之偶像的权威也；非掊击孔子，乃掊击孔子专制政治之灵魂也。”

---

① 《李大钊全集》第二卷，第448—450页。

② 《李大钊全集》第二卷，第342—343页。

这些文章表明李大钊此时已经是坚定地民主主义思想家。

与秦立庵等同学友情深厚

曾在一起编辑宪法公言的，都是李大钊在天津北洋法政专门学校的同学、北洋法政学会的会员。目前，还未能查找到田解、黄健评、李瑞锡的生平资料。下页照片中共有 10 人，应有李大钊、秦广礼、田解、郁嶷、张润之、高一涵、黄健评、李瑞锡、白坚武在其中。

秦广礼（1891—1919），字立庵，原籍山东省登州府，哈尔滨巴彦镇中心街人。幼年读私塾，科举制度废除后，到省城齐齐哈尔和天津求学，接受孙中山革命思想，决心推翻清朝统治，建立共和国家。在天津北洋法政专门学校学生召开会议，支持国会请愿活动时曾断指写下血书。辛亥革命时期参加同盟会，跟随孙中山。1911 年武昌起义后，各地纷纷宣告独立，秦广礼代表孙中山到齐齐哈尔，协商成立黑龙江新民爱国委员会，这一倡议得到了黑龙江各界人士支持。11 月 26 日成立了黑龙江新民爱国委员会，选举秦广礼为会长。委员会下设组织、宣传、交际等部。12 月 16 日又成立黑龙江省国民联合会；18 日要求黑龙江巡抚周树模宣告独立。秦广礼于大会成立后返回广东，以黑龙江省代表的身份参加了第一次国民代表大会。1912 年 1 月 1 日，在南京孙中山就任中华民国临时大总统，秦广礼在总统府任参议院议员，曾任国民政府众议院议员、法制委员，临时大总统府护国监军等职。后因患肺结核病休养，孙中山曾电报慰问。1919 年病逝于巴彦，享年 29 岁。

田解（生卒年不详），字克苏。北洋法政学会第一期会员、第二期会长。在《宪法公言》创刊号上写有《宪法公言出版露布》、《宪法公言序例》、《制定我国适用之宪法》、《异哉宪法草案不袭主权之规定》。其后，其写作的《宪法史》在《宪法公言》上面连载。

白坚武（1886—1937），又名见五，河北交河县人。1913 毕业于天津北洋法政专门学校，与李大钊同学，毕业后曾任《黄钟报》记者与内务部佥事。1917 年以后分别在北洋军阀李纯和吴佩孚处做幕僚，任吴佩孚军总部政务处处长，后任冀察政务委员会参议。1935 年 6 月率其部在丰台暴动，企图建立伪华北国，后被国民党第九军粉碎。1937 年 9 月，在冀南被属于冯玉祥旧部的国民党军队以“汉奸首领”罪处决。其在身后留下了一部相对完备的日记，而且在日记中记有个人行踪

1916 年 9 月《宪法公言》社同人合影，前排左起第二人为李大钊

和思想活动、往来信函及相关内容，记录下了其思想变化过程、与之往来的李大钊等人的活动情况，使得《白坚武日记》在中国现代思想史上具有一定的研究价值。李大钊与其交往曾甚为亲密，“二七”大罢工之后，因立场敌对而断然绝交。

1912 年 12 月，在由李大钊主持翻译并进行驳斥的《〈支那分割之运命〉驳议》一书中，就写到秦君广礼断指写血书，全校同学“悲愤淋漓，激昂慷慨”。“迄今思之，历历在目。”

1923 年 12 月 30 日李大钊曾经回到母校——直隶法政专门学校参加十八周年校庆会，在会上的演讲中特别提到 1910 年 11 月，清政府将准备立宪期限由九年缩短为五年，定于宣统五年开设议院。对要求在此之前召开国会者，将进行弹压。天津学界罢课举行要求召开国会第四次请愿活动，全校同学为要求政府迅开国会，决定去北京请愿。在东大礼堂开会时，“同学秦广礼断指写血书，激扬民气”，“那种悲惨激昂的情景，我终身不能忘！”①

张润之（1889—?），字则民、泽民，直隶武强人。在天津北洋法政专门学校与李大钊同学，相处密切，同去日本留学。1913 年合译今

① 《李大钊全集》第四卷，第 393 页。

井嘉幸《中国国际法论》。与李大钊一组织中华学会。后为神州学会积极参加者。回国后，任汤化龙秘书。1917年与李大钊同回母校访问。后为孙洪伊作文秘工作。1922年12月，在吴佩孚势力范围谋得湖北宜昌榷运局局长一职，从事天津长芦盐场的盐运，而淡出政坛转向行商。高一涵在《李大钊同志传略》中说："北洋三杰又其一之张泽民，今已而团团作富家翁矣。"

高一涵（1885—1968），名水浩，别名涵庐、梦弼等，安徽六安人。1912年，留学日本，入明治大学政法系就读。与李大钊相交密切。参加神州学会。1916年回国后任北京大学编译委员兼中国大学教授。1925年加入中国国民党。1926年加入中国共产党，历任中山大学教授、国民革命军总政治部编译委员会主任，国民党安徽省党部宣传部长等职。"四·一二"后脱离共产党，任法政大学教授、国民政府监察院委员、两湖监察使等职。中华人民共和国成立后，历任南京大学教授、江苏省司法厅厅长、江苏省政协副主席。1950年加入中国民主同盟，任中央委员。1968年4月病逝于北京。著有《政治学纲要》、《欧洲政治思想史》、《中国御史制度的沿革》等书；译有《杜威的实用主义》、《杜威哲学》等。

《宪法公言》各册主要目录

● 第一册——1916年（民国五年）10月10日

冠图	天坛宪法起草委员摄影、国会第二次常会开会式摄影	
著译	国庆纪念	李大钊
	宪法公言出版露布	田解
	宪法公言序例	田解
	宪法问题敬告议员	秦广礼
	制定我国适用之宪法	田解
	异哉宪法草案不袭主权之规定	田解
	今后宪法上国会之地位	黄健评
	人治与法治	郁嶷
	省制与宪法	白坚武

选载	主权平议	卷曲
	调和	馥炎
	宪法与政党	馥炎
	地方分权问题与宪法之关系	凌云
	省制之商榷	运斗
	告今之反对省长民选者	老龙
专件	中华民国宪法草案	宪法起草委员会
	中华民国宪法草案说明书总说一（全案大旨）	宪法起草委员长参议员　汤漪
	中华民国宪法草案说明书总说二（不取行政裁判制之理由）	宪法起革委员参议员　蒋举清
	中华民目宪法草案说明书分说一（第一章）、中华民国宪法草案说明书分说二（第二章）	宪法起草委员众议员　李庆芳
	中华民国宪法草案修正理由书（未完）	众议员　秦广礼
	中华民国宪法草案第三章第五条至第十二条修正案	众议员　贺赞元
	中华民国宪法草案第三章修正案	众议员　吕复
	中华民国宪法草案第三章第五条至第十二条等八条后增修一概括专条意见书	参议员　骆继汉
	修正宪法草案商榷书（规定省制）（未完）	众议员　吕复
	宪法草案宜规定省制修正案	众议员　焦易堂
	宪法危言	王宠惠
	省制草案（未完）	张嘉森
纪事	临时约法之恢复——国会之重开——国务员之通过国会——宪法会议之开幕——宪法商榷会——宪法研究会——宪法协议会——俄人取消蒙古议员之要求让步——第二次善后大借款——五百万元借款——郑家屯之交涉——汉口德人推广租界——天津法人推广租界——徐州各省联合会——徐州联合会之反动——革命民党善后	
会议录	宪法会议速记录	
文告	大总统令（民国五年六月二十九日）	
宪法史	英吉利亚美利加合众国及法兰西宪法之成立（未完）	田解
	俄国借款条件之愤言（译德华日报本年九月十三日）	黄健评
	同盟会之沿革与性质	述作
	藏政撷要序	王久敬

《宪法公言》第一册

● 第二册——1916 年（民国五年）10 月 20 日

冠图	黎大总统最近摄影、国会议员暨海上名流摄影	
著译	制定宪法之注意	李大钊
	学理上两院与一院制之比较（未完）	高一涵
	论宪法解释权应属于法院	郁嶷
	孔子与宪法	黄健评
	宪法上解散议院之规定	田解
	制定宪法与反对宪法	李泽民
	论国家与宗教宜分不宜合	知难
	论吾国不可以孔教为国教	黄兹
	论宪法上参议院之地位	馥炎
	沦宪法上参议院之组织	馥炎
专件	修正宪法草案加国权一章	参议员　吕志伊
	宪法草案主张两院之理由	众议员宪法起草委员　易宗夔
	参议院宜兼含参事院性质之意见	参议员　陈光焘
	国会应采　形两院制意见书	参议员　程莹度
	宪法草案大总统解散众议院意见书	众议员　贺赞元
	宪法草案宜加入省制规定意见书	众议员　秦广礼

纪事	国庆日大总统南苑阅兵——外交团之祝贺——美总统之贺电——各省省议会复活——赣议会与省制——唐少川电请辞职——丰西林临别赠言——唐少川电谢免职——众议院不同意陆征祥——众议院不同意汪大燮——外交难题—聘用青本顾问合同之内容——第二次善后大借款再志——五百万元借款再志——六百万元制钱借款——徐州联合会再志——段总理严戒军人干政之要电——各处复段总理电	
会议录	宪法会议速记录、宪法会议审议会会议录（第三号）	
文告	大总统令（民国五年六月二十九日至七月二十九日）	
	公文程式	
宪法史	英吉利宪法之成立（续）	田解
附录	外报论中政府与五国银行团之正式谈判（译德华日报九月廿九日）	黄健评

● 第三册——1916 年（民国五年）10 月 30 日

冠图	孙前大总统摄影、国庆日大总统南苑阅兵摄影	
著译	中华民国宪法之去来今	万宗乾
	宪法与舆论	郁嶷
	学理上两院制与一院制之比较（续完）	高一涵
	参议院组织之商榷	李瑞锡
	解释权索微	白坚武
	省制与省长之解纷选裁	田解
	民主国上院制度商榷	墨荪
	宪法上规定省制问题之商榷	中原
	论孔道不当规定于宪法	馥炎
专件	宪法草案第十章会计说明书	宪法起草委员参议员　程莹度
	宪法上规定参众两院之组织应用总括无须列举意见书	参议员　童杭时
	两院性质同异问题商兑书	众议员　邵瑞彭
	宪法草案宜规定省制大纲修正案	众议员　秦广礼
	省制大纲增入宪法专章案	参议员　宋渊源
	宪法增加省制修正案	众议员　程修鲁
	拟草宪法上省例大纲修正案之条文	众议员　骆继汉

	省长民选非民选意见书	众汉员　王　杰
	宪法草案第十九条第二项国民教育以孔子之道为修身大本全项删除提议案	众议员　罗永绍
	反对宪法草案第十九条第二项	众议员　史泽威
	反对宪法草案第十九条第二项	众议员　杨树璜
	宪法草案第十九条第二项应行删除意见书	参议员　张鲁泉
	请愿书	公民宪法请愿团
纪事	各省议会对于省制之主张——中国银行兑现——副总统选举日期之议定——副总统冯国璋之当选——天津法人推广租界之寄变——郑家屯之交涉再志——日本新内阁与中国之关系——日本新阁员之略史——日本政潮之变迁——日本新政党之宣言及政纲	
会议录	宪法会议审议会会议录（第四号及第五号）	
文告	大总统令（民国五年七月三十一日至八月三十一日	
	八月十九日上午十点钟日本国驻京公使男爵林权助亲见大总统颂词	
	大总统答词	
附载	省议会暂行法（民国二年四月二日公布）	
宪法史	英吉利宪法之成立（续）	田解
附录	郁府君墓志铭	郁嶷

● 第四册——1916 年（民国五年 11 月 10 日）

冠图	新选副总统冯公摄影、黄公克强遗照、宋公渔父遗照	
著译	主权所在之研究	黄健评
	省权之研究	田解
	省制与宪法	李大钊
选载	论省制	季子
	省制与统一之关系	季子
	省制平议	景定成
	立宪与宗教	丁义华
专件	修正宪法草案仿墨西哥等国之例加入宪法之神圣一章提议案	众议员　梁昌浩
	对于天坛宪法草案商榷书	众议员　高　旭
	省制宜加入宪法之商榷书	众议员　刘奇瑶

	省制	众议员 张浩
	主张省制加入宪法意见书	众议员 钟才宏
	宪法上省制一章应加入现未实行省制之蒙藏青海各区域一律设立最高地方议会一条修正案	众议员 王玉树
	宪法增加地方制纲修正案	参议员 蒋义明
	省制应定入宪法之意见书	参议员 卢天游
	主张省制大纲加入宪法之三大理由	众议员 陈家鼎
	省制加入宪法意见书	众议员 贺赞元
	赞成地方制大纲加入完法意见书	众议员 唐宝锷
	赞成宪法草案第一百七、八两条关于审计院之规定息见书	众议员 秦广礼
	请愿书	公民陶觉民等
纪事	总统选举会之布告——副总统之就任——副总统致本发行所电——黄公克强逝世——非法解散国会之纪念——部院争执之质问书	
会议录	宪法会议审议会会议录（第六号及第七号）	
文告	大总统令（九月五日至二十九日）	
	财政部训令	
宪法史	亚美利加合众国宪法之成立（续英吉利宪法之成立）	田解

● 第五册——1916 年（民国五年 11 月 20 日）

冠图	两广护国军都司令部成立纪念摄影、蔡公松坡遗照	
著译	省权与省长	高一涵
	省制问题解决法	田解
	省制问题解决各议	高一涵
	宪法上之审计院问题	末籁
选载	建立孔教驳议	章炳鳞
	省制问题解决法刍议	章士钊
	政团宪法协商会破裂之始末	远平
	益友社主张地方制纲写入宪法宣言	
专件	宪法宜规定省创意见书	参议员 黄宏宪
	省制宜规定于宪法意见书	众议员 罗家衡
	中华民国宪法草案修正理由书（续）	众议员 秦广礼
	请愿书	单鸣琴等

纪事	新外交总长国会同意——各国在华侨民商店数目——欧战声中之中国贸易——十年来之日本借款——奉天交涉员与日本领事分馆——蔡公松坡逝世	
会议录	宪法会议审议会会议录（第八号及第九号）	
文告	大总统令（民国五年十月七日至十五日）	
宪法史	亚美利加合众国宪法之成立（续）	田解

● 第六册——1916 年（民国五年）11 月 30 日

冠图	宪法会议议长参议院议长王家襄先生摄影、参议院副议长王正廷先生摄影	
著译	宪法草案第九十条之批评及其改正	李瑞锡
	孔道与国情	魂
	孔教问题	白坚武
	省权	张润之
	宪法草案法院之研究	田解
选载	省制加入宪法意见书	汪馥炎
	众议院之财政案先议权	吴贯因
	宪法与孔教	陈独秀
专件	关于两院职权分配修正案	宪法起草委员参议员　程莹度
	宪法草案第八章法院拟规定国会同意权及弹劾权审判权修正案	众议员　郑衡之
	宪法草案第八章第八十五条后拟加一条云最高法院院长之任命须经参议院之同意非经众议院弹劾不得免职修正案	众议员　曹玉德
	宪法草案第八章第八十五条后拟加一条云最高法院院长须由参议院选举修正案	参议员　马君武
	反对国民教育以孔子之道为修身大本意见书	众议员　杨大实
	地方制度大纲加入宪法意见书	众议员　刘舆训
会议录	宪法会议审议会会议录（第十号及第十一号）	
文告	大总统令（民国五年十一月十五日）	
	修正参议院议员选举法施行细则附表	
附载	中华民国国会组织法（民国元年八月初十日公布）	
	议院法（民国二年九月计七日公布）	
	参议院议员选举法（民国元年八月初十日公布）	

	参议院议员选举法施行细则（民国元年十二月初八日公布）	
	修正参议院议员选举法施行细则第十三条令（民国二年一月十日公布）	
宪法史	亚美利加合众国宪法之成立（续）	田解

● 第七册——1916 年（民国五年）12 月 10 日

冠图	宪法会议副议长众议院议长汤化龙先生摄影、宪法草案条文起草委员摄影	
著译	宪法与思怨自由	李大钊
	司法独立论	黄建平
	介绍各国宪法上关于法院规定之一斑	田解
选载	省制之意义	季子
	自治区域与行政区域	季子
	共和与省制	季子
	省制加入宪法之四大理由	季子
专件	中华民国宪法草案条文修正意见书	众议员　彭汉遗
会议录	宪法会议审议会会议录（第十二号）	
文告	大总统令（民国五年十一月十五日）	
	修正众议院议员选举法施行细则时表	
附载	众议院议员选举法（民国元年八月初十日公布）	
	众议院议员选举法第四条之解释咨文	
	众议院议员选举法第七条之解释咨文	
	众议院议员选举法第九六、九七两条之解释咨文	
	众议院选举法施行细则（民国元年九月二十日公布）	
	蒙藏青海众议院选举施行令（民国元十月初五日公布）	
	众议院议员选举投票纸投赛箱管理细则（民国元年十月三十日公布）	
	众议院议员选举开赛规则（民国元年十一月二十二日公布）	
	修正省议会议员选举法施行细则尉表	
	省议会议员选举法（民国元年九月四日公布）	
	省议会选举法施行细则	
宪法史	亚美利加合众国宪法之成立（续）	田解

● 第八册——1916 年（民国五年）12 月 20 日

冠图	前外交总长唐绍仪先生摄影、前内务总长孙洪伊先生摄影	
著译	官治与自治	郁嶷
	大总统选举法刍议	高一涵
	呜呼孔子之道	田解
选载	孔子之道与现代生活	陈独秀
	同意权之研究	馥炎
	罢免权之研究	季子
	弹劾之意义	小苏
	省例与道制问题	程莹度
专件	中华民国宪法草案第七章说明书	宪法起草委员参议员　张我华
	宪法草案第四条修正案	众议员　李景濂
	宪法草案第七条以下关于人民权利各条修正	众议员　梁昌浩
	修正宪法草案第十二条理由书	参议员　刘濂
	修正宪法草案第三十七条条文	参议员　朱念祖
	宪法应规定查办权修正案	众议员　张国溶
	提议两院各得咨请政府查办官吏违法事件参加宪法草案第四十六条之次修正案	众议员　钟才宏
	宪法草案第一百十二条筋释宪法相修正案	众议员　曹玉德
	修正宪法草案商榷书（续第一册完）	参议员　吕复
	地方制加入宪法之意见书	众议员　翟富文
	省制大纲章案理由书	众议员　轩夏声
	请愿书	山西省议员　李其昌、张瑞、贾鸿声、尹勋、张玉龙、郭金声、刘在勤
	冯国瘴请愿书	
	宪法请愿之批评	馥炎
	再论冯副总统对于宪法请愿之得失	中原
会议录	宪法会议审议会会议录	
文告	大总统令（民国五年十一月三十日）	
	参议院议员第一班改选日期令	
	国葬法（法律第一号）	
宪法史	法兰西宪法之成立（续）	田解

● 第九册——1917 年（民国六年）1 月 10 日

冠图	宪法公言经理秦君广礼摄影	
	宪法公言同人摄影之一（李大钊、田解、郁嶷等）	
	李龙门先生摄影、吕天民先生摄影、章士钊先生摄影	
	陈独秀先生摄影、殷铸夫先生摄影	
	题词	殷汝骊
	说新年	黄建评
	矛盾生活与二重负担	李大钊
著译	论运用宪法贵保其弹性	章士钊
	宪法末解决之两大问题	吕天民
	宪法草案修正商兑书	汪馥炎
	中华民国宪法修正案（末完）	汪馥炎
	自由言论权之研究	江季子
	孔教问题	陈独秀
	订孔	郁嶷
	宪痛	老龙（李龙门）
	论审议会表决之地方制度	田解
选载	移画斋统一分治刍议（附封建篇、法家篇）	钱塘　孙舆宝
专件	地方制度	宪法会议审议会
	省制写入宪法问题致国会电	十六省议会
	为宪法不当规定以孔子之道为国民教育修身之大本致参众两院议员书	顾实
	为宪法不当规定以孔子之道为国民教育修身之大本再致参众两院议员书	顾实
	实为宪法不当规定以孔子之道为国民教育修身之大本致教育部总次长请辅提案国会审议书	顾实
	为孔教为国教亦不当定入宪法三致参众两院	顾实
会议录	宪法会议审议会会议录	
宪法史	法兰西宪法之成立（续）	田解
附录	往事录（辛亥年八月至民国五年十二月）	

郁嶷力主出版《言治》季刊

1912年秋，郁嶷在北洋法政学会，和李大钊一同被推选为学会编辑部长，负责筹办刊物《言治》。《言治》共出版6期，郁嶷发表诗文41篇。相隔四年之后，1917年2月，郁嶷力主再度出版《言治》。北洋法政学会的同人决定在北京重新刊行《言治》，但由月刊改为季刊，郁嶷为主编，李大钊等仍为主要编辑成员。第一期上面刊载了《言治季刊宣言》及《欧洲与移民》、《欧洲人口出生率衰减之原因》等文章。

李大钊在《战争与人口》一文中曾说："同学郁嶷君，则尝许为各论，阐申其义曰：'前世人民之所以为患者，至其境乃因民智之进，辟新制异，创为嘉猷，防其患而济其穷，而终以无虑。据已往以测将来，则今之学者之所患，安知后世果有人口过庶之一境，而有限之农产物，不足以资其生，不别筹宏谋至计于农产物之外，另求养生之道以救其患，一如前人之所为乎？但彼时补救当出何法，则非所知。盖犹渔猎之民，不知有畜牧，畜牧之民，不知有耕稼也。"

郁嶷后来在《斯觉》任编辑，发表《发刊词》之外还是研究人口问题，发表了《人口过庶论》、《人口过庶后论》。还在《太平洋》杂志上发表《政治与民意》一文，驳斥"贤人政治"观点。他认为"贤人政治"之说盛行有两个原因，一是迷信英雄，二是迷信人治主义。他认为"贤人政治"为"极端之官治"，是"共和之敌"，提出采取普通选举。1918年，郁嶷在朝阳大学执教兼北大教授。暑假，李大钊决定将家人接到北京时，郁嶷和白坚武帮助李大钊寻找住宅，郁嶷的夫人到车站接迎李大钊的家人。

郁嶷十分重视与李大钊的友谊，把李大钊1919年的一封来信，珍藏在身边。后来，郁嶷的女儿将这封凝聚着父辈深厚友情的信，交给了李大钊的长子李葆华。

入山以来，晨莫呼吸烟霞，日必攀松披榛，寻登绝巘，白云从足下飞去飞来。梨树正值果熟，一枚低压，盈千累百，所至憩息，园主辄赠十数颗，坐石磴食之。泉自高山流下，激动碎石，声响清越，奉手仰吸，翛然有羽化登仙之概矣。洁泉濯足，长歌采薇，回山去也。此中佳趣正多，不敢向人间泄漏，恐山灵见怪，且惧兄等羡煞也。名山挚友，不得作一时胜游，孤灯石室，颇有所忆，成长歌一首，盖怀兄及天问兄也。诗甬天问函中，余不白。

此致

宪章兄

弟钊顿首

1919年10月，郁嶷与夏勤合编了《法学通论》。1920年6月与费保彦合编了《货币纲要》。1925年任北京临时政府善后会议经济专门委员，著文《代议非易案》，主张改良国会选举办法和国会组织。郁嶷任湖南财政厅厅长时，著有《整理湖南财政计划书》。任国民政府法制局编审时主持制订了《亲属法》。

1927年4月28日李大钊遇难，郁嶷决定辞去公职，致力法学教育与研究。郁嶷执教于北京大学、朝阳大学、中国大学、河北大学、清华大学，避远政潮，缅怀挚友。著述出版有《中国法制史》、《法学通论》、《继承法要论》、《比较宪法》、《政治学史》、《货币纲要》、《法学通论》等及《郁嶷文集》、《郁嶷论文集》。“余闻自古文人，鲜达而多穷，穷之者，所以工其文也。以郁子之怀负如彼，而十年以来，长刑讼于南京，总财政于长沙，艰屯错午，皆不得行其志以去。比者主京师中国朝阳两大学讲席，一志学术避远政潮。岂天将困阨之使颛力于文之一途而工之耶？吁是可叹也。”①

郁嶷晚年在《悲学篇》说：“学之为途亦多矣，形而上者有伦理学、政治学、法律学、心理学、哲学。形而下者有舆地学、物理学、化学、工学、矿学。然皆非吾之所谓学也。吾之所谓学者，汉学也。而所谓汉学，又非训诂考订，如干嘉诸老所称以抵制宋学者也。统中国数千年，凡关于古代学术之总名，而所以别乎今日之新学也。欧学东来，吾国之研究古学者，殆少嗣响，吾为此惧怕，乃草是篇。”忧心中国文化失传，拳拳之心跃然纸上。

---

① 黄旭：《郁嶷文集》序，见《李大钊史事综录》，北京大学出版社1989年版，第70—71页。

李大钊思想转变的重要时期

《言治》季刊第三期（1918 年 7 月 1 日）发表了李大钊的《东西文明根本之异点》、《法俄革命之比较观》等文章，还有李大钊的多篇翻译作品。经历了反袁、反日等艰巨斗争的考验。从《大哀篇》的彷徨，到《法俄革命之比较观》的颂扬十月革命，“翘首以迎其世界新文明之曙光”，标志着李大钊已经从民主主义思想发展到了向马克思主义社会主义者的转变。

《法俄革命之比较观》文中称，“俄罗斯之革命，非独俄罗斯人心变动之显兆，实二十世纪全世界人类普遍心理变动之显兆”。对此“惟有翘首以迎其世界的新文明之曙光……而求所以适应此世界的新潮流，勿徒以其目前一时之乱象遂遽为之抱悲观也”。

1917 年 4 月 1 日，《言治》季刊第一期出版，收入李大钊长达 2 万余言的《战争与人口》（上），及另一篇较长的时事介绍《大战中欧洲各国之政变》和一篇短文《美与高》。李大钊依然遵照以前的做法，将所做诗词在《言治》上面发表，第一期发表了五篇诗作。

《言治》季刊第二期的编辑工作，李大钊没有参加。一则是 5 月 5 日李大着急离京返乡，回了乐亭县大黑坨村。6 月 22 日返回北京途中，在天津拜访了时任天津法政专门学校教务长的老友白坚武。应天津青年

《言治》季刊第三期（1918 年 7 月 1 日）

爱国讲演会的邀请，在东马路青年会礼堂作了大亚细亚主义的讲演。回到北京，7月1日张勋复辟清朝旧制，李大钊避走上海，住在孙洪伊家里。中间去了一次南京，代表孙洪伊与江西督军李纯会谈，明显地站在孙中山的一边。回京后，在吴弱男的邀请下，住在章士钊家里，当其子女的家庭教师。章士钊决定推荐李大钊到北京大学图书馆任职，得到蔡元培的同意。1918年1月李大钊正式就任北京大学图书馆主任。一个新的工作刚刚展开，李大钊分不出精力参与编辑《言治》季刊第二期。

再者，出版刊物的经费也是一个不小的问题。在《言治》季刊第一期出版后，白坚武就在日记中写道："北洋法政学会同人组织《言治》季刊第一期已出，细稽内容，尚可在现日杂志中居上乘，惟才、财恐不能久也。"其中所提出的才、财两项，实在是说到了要害。早年的《言治》月刊，有学校同窗、上百名北洋法政学会会元全力支撑，现在，会员分散各地，工作各所不同，要经久维持，实在困难。《言治》季刊出版了三期，这一期从发表的文章中可以看出，是李大钊在全力支撑，著译全部出于其手笔。此后，即告停刊。

李大钊在《法俄革命之比较观》中，赞誉俄国革命为"世界的新文明之曙光和世界的新潮流"，预言20世纪的文明将以俄国革命为契机而发生巨变。这是中国最早欢呼俄国十月社会主义革命胜利的文章，指出了十月革命与法国革命性质的区别、十月革命的世界历史意义，表达对俄国劳动人民获得解放的良好祝愿。

在《东西文明根本之异点》一文中，李大钊分析了"东西文明有根本不同之点，即东洋文明主静，西洋文明主动，是也"，认为"一为自然的，一为人为的……一为因袭的，一为创造的，一为保守的，一为进步的，一为直觉的，一为理智的，一为空想的，一为体验的，一为艺术的，一为科学的，一为精神的，一为物质的，一为灵的，一为肉的，一为向天的，一为立地的，一为自然支配人间的，一为人间征服自然的"。

显然，这种对立性的比较分析，比较鲜明地显示出不同，但是也极易于呈现出绝对化，特别是"一为自然支配人间的，一为人间征服自然的"，则是对东方文化的"天人合一"、"人定胜天"思想，采取了根本否定的态度，而呈现出明显地片面认识。

印度思想家和诗人泰戈尔也曾论说：东方是精神文明，西方是物质文明，东方是人道的，而西方是科学的；东方的目的在生长，西方的目的在获得；东方的基础是社会，国家可以灭亡，社会仍然会存在，西方的基础是国家，国家就是一切，所有问题都由国家来解决；东方是集体享受，个人工作，西方是个人享受，集体工作；东方是异中求同，在错综复杂中建立协调，西方只讲行动，讲速度，不讲和谐、协调和韵律。

对文化的多元性作出同异的分析是极为困难的，因为文化概念本身就具有多元性、多层次性。

李大钊在《言治》季刊上发表的文章

日期	刊号	文章题目	署名
1917 年 4 月 1 日	1	战争与人口（上）	李大钊
1917 年 4 月 1 日	1	美与高	李大钊
1917 年 4 月 1 日	1	大战中欧洲各国之政变	守常
1917 年 4 月 1 日	1	筱舫、寿山将往阿尔泰，诗以赠之	李大钊
1917 年 4 月 1 日	1	前意未尽更赋一律	李大钊
1917 年 4 月 1 日	1	神州风雨楼	李大钊
1917 年 4 月 1 日	1	送相无	李大钊
1917 年 4 月 1 日	1	乙卯残腊，由横滨搭法轮赴春申，在太平洋舟中作	李大钊
1918 年 7 月 1 日	3	复辟变后寄友人	李大钊
1918 年 7 月 1 日	3	强力与自由政治	李大钊
1918 年 7 月 1 日	3	调合之法则	李大钊
1918 年 7 月 1 日	3	调合剩言	守常
1918 年 7 月 1 日	3	东西文明根本之异点	李大钊
1918 年 7 月 1 日	3	法俄革命之比较观	李大钊
1918 年 7 月 1 日	3	胡适《美国的夫人》跋	守常
1918 年 7 月 1 日	3	俄国革命与文学家	未署名
1918 年 7 月 1 日	3	俄国某诗人对于青年之训语	未署名
1918 年 7 月 1 日	3	雪地冰天两少年	剑影
1918 年 7 月 1 日	3	精琦氏宪法论	李大钊　译
1918 年 7 月 1 日	3	世界观	S. C. 生　译
1918 年 7 月 1 日	3	国家与个人	守常　译
1918 年 7 月 1 日	3	哀音	守常　译
1918 年 7 月 1 日	3	最近欧洲社会党之运动	去闇　译

近日，杨琥著文《“去闇”和李大钊》（载《中国社会科学院报》2009年5月26日）。考证：最初发表在1918年7月出版的《言治》季刊第三期的、而后在《晨报副刊》1918年12月14日至1919年1月28日连载的、署名“去闇”的长篇译文：《最近欧洲社会党之运动》，也是李大钊从日文所译。李继华等编著的《李大钊轶文辑注与研究》（线装书局2013年7月出版）一书，则著文指出《“去闇”并非李大钊的笔名——与杨琥商榷》

李大钊诗作多在《言治》发表

从现在所能收集到的李大钊旧体诗词来看，主要是在《言治》月刊和《言治》季刊上面发表的。他在《言治》月刊上面发表了《登楼杂感》、《岁晚寄友》、《题蒋卫平遗像》、《哭蒋卫平》、《南天动乱，适将去国，忆天问军中》、《咏玉泉》、《有感》、《吊圆明园故址》等。此外还有发表在《言治》季刊上的以下这几首。《黄种歌》和《寄霍侣白》则是从未发表过的。可见李大钊对《言治》还有这一刊物的无限深情。

《筱舫、寿山将往阿尔泰，诗以赠之》

一声笳咽一腔泪，万里城环万仞山。
最是多情今夜月，共君犹自出边关。

筱舫、寿山，均为天津北洋法政专门学校同学。筱舫，原名尼鼎云，河北任县尼家庄人。寿山，原名刘锡龄，字绶珊，又名寿山，河北滦县古冶王辇庄人。辛亥革命期间，沙俄趁机入侵我国。1913年夏天，李大钊与筱舫、寿山等在天津北洋法政专门学校毕业。北京政府陆军总部派尼鼎云、刘锡龄等押运一批军火送往科布多，是用大车运送的，途经潼关、甘肃，出嘉峪关，经过一年多时间，到达哈密。这首绝句和下一首《前意未尽更赋一律》，当写于1913年秋天。

《前意未尽更赋一律》

策马玉门关，不为儿女颜。
悲歌辞易水，壮志出天山。
白草千层雪，黄河九曲湾。

遥知肠断处，应有雁飞还。

《神州风雨楼》

丙辰春，再至江户。幼蘅将返国，同人招至神田酒家小饮，风雨一楼，互有酬答。辞间均见“风雨楼”三字，相约再造神州后，筑高楼以作纪念，应名为“神州风雨楼”。遂本此意，口占一绝，并送幼蘅云。

壮别天涯未许愁，尽将离恨付东流。
何当痛饮黄龙府，高筑神州风雨楼。

《送相无》

幼蘅行未久，相无又去江户，作此送之。

逢君已恨晚，此别又如何？
大陆龙蛇起，江南风雨多。
斯民正憔悴，吾辈尚蹉跎。
故国一回首，谁堪返太和！

《乙卯残腊，由横滨搭法轮赴春申，在太平洋舟中作》

浩淼水东流，客心空太息。
神州悲板荡，丧乱安所极。
八表正同昏，一夫终窃国。
黯黯五采旗，自兹少颜色。
逆贼稽征讨，机势今已熟。
义声起云南，鼓鼙动河北。
绝域逢知交，慷慨道胸臆。
中宵出江户，明月临幽黑。
鹏鸟将图南，扶摇始张翼。
一翔直冲天，彼何畏荆棘。
相期吾少年，匡时宜努力。
男儿尚雄飞，机失不可得。

以上发表于1917年4月1日《言治》季刊第一册，署名：李大钊。

《言治》季刊第三册（1917 年 7 月 1 日）发表了李大钊的《复辟变后寄友人》及《东西文明根本之异点》、《法俄革命之比较观》等文章，还有李大钊的多篇翻译作品。

《复辟变后寄友人》

复辟变后，仓皇南下，侨寓沪上，惺亚时在赣江，赋此寄怀。

英雄淘尽大江流，
歌舞依然上画楼。
一代声华空醉梦，
十年潦倒剩穷愁。
竹帘半卷江天雨，
蕉扇初迎海外秋。
忆到万山无语句，
只应共泛五湖舟。

李大钊与神州学会

成立时间在1916年初的神州学会，是一个有纲领、有章程的公开组织，并不是秘密的反袁组织。学会章程上明确是“本会以研究学术，敦崇气节，唤起国民自觉图谋国家富强为宗旨”。高一涵在《李大钊同志传略》中说：“守常因帝制发生，因约余与湖南申文龙、云南王九龄等，秘密组织神州学会，作革命机关，一时入会者甚众。”则过于简略，他所说的应是中华学会而非神州学会。

事实上，神州学会是由两个留日中国学生的学会——乙卯学会、中华学会合并而成的。中华学会，1915年2月（按农历是1914年的腊月），是李大钊等在留日学生中发起组织的一个从事反袁活动的学术团体。乙卯学会，当袁世凯谋划复辟帝制的消息传到日本后，留日学生便积极投入反袁斗争。1915年秋天，易象与进入日华学校、中央大学、正则学校、东亚商业学校等校学习的留日中国学生，在东京组织起来，成立开展反袁活动的学术团体。1916年2月9日晚，神州学会第一次评议会，李大钊被推举为神州学会评议长，易象、林伯渠等为干事。学会成员近百人，刊物为《神州学丛》。

与中华留日学生总会关系密切

神州学会和中华留日学生总会的关系十分密切。1915年2月11日下午，中国留日学生集会在神田美士代町青年馆举行大会，当天还下着大雨，到会约3000余人，强烈反对签订“二十一条”，号召全国奋起反对日本侵略，决定成立中华留日学生总会。但由于遭受日本警察从中干涉，未能开展更多活动。事后，又受到袁世凯政府的阻挠和摧残，但是，这场反对袁世凯的斗争还在继续。3月2日《泣告全国同胞书》在《时报》上刊登出来，随后有500余人回国，开展爱国救亡运动。《泣告全国同胞书》指出日本所提“诸条件，即有其一，即足亡吾国而有余”；“无论一部全部，皆在拒绝之列。即吾现政府承认之，吾国民绝对不能承认之。宁为玉碎，不为瓦全。”表示，“宁为亡国前之雄鬼，不为亡国后之遗民”。

3 月份，李大钊再版了《〈支那分割之运命〉驳议》一书；4 月份，李大钊与张润之合译并出版了今井嘉幸的《中国国际法论》；5 月，“二十一条”签字后，留日学生再次集会抗议，李大钊受留日学生总会委托撰写了《警告全国父老书》，并油印散发。《警告全国父老书》一文痛陈甲午战争以来列强瓜分中国的情况，并把报章新闻披露的“二十一条”内容分析归纳为 4 项 19 条公布于众。文中认定：“中国者为吾四万万国民之中国，苟吾四万万国民不甘于亡者，任何强敌，亦不能亡吾中国于吾四万万国民未死之前。必欲亡之，惟有与国同尽耳。”文章号召中国人“值此千钧一发之会”，应当“举国一致，众志成城”，以“破釜沉舟之决心”，“万一横逆之来，迫我于绝境，则当率我四万万忠义勇健之同胞，出其丹心碧血，染吾黄帝以降列祖列宗光荣历史之末页”。

6 月，李大钊编印了《国耻纪念录》。国内形势急速变化。8 月 23 日，袁世凯策划的筹安会正式成立。袁世凯制造舆论，要把恢复帝制公开化。留日学生奔走呼号，奋起斗争。12 月 25 日，蔡锷在云南以护国军起而讨袁，建立留日学生总会的呼声高涨。

1916 年 1 月，鉴于“时局之艰难”，留日学生确认有成立“留学生总会之必要”。1 月 16 日，留日学生召开紧急大会，推选出执行部干事长一人，副干事长两人。各省同乡会也先后开会，分别选出评议员两人，组成评议部。1 月 31 日选出正、副评议长。2 月 2 日，留日学生总会召开评议会，分别选出庶务、文牍、会计、交际各部主任、干事。总会评议部、执行部正式成立。在《总会职员一览表》中，留日学生总会由执行部（18 人构成）、评议部（38 人构成）、文事委员会（25 人构成）、经费委员会（21 人构成）4 个部门组成。刚刚由中华学会和乙卯学会合并而成的神州学会的成员，在总会中担负了许多重要职务，殷汝耕为执行部干事长，李乾章为执行部文牍主任，高一涵是文事委员会委员长，李大钊是文事委员会编辑主任，苏理平为评议部副评议长、经费委员会委员长。[①] 李大钊负责主编和出版机关刊物，定名为《民彝》。

① 《民彝》1916 年第 1 号。

李大钊第一次回国是“乙卯残腊”，即阳历1916年1月底，为反日讨袁回上海与国内各界取得联系，对蔡锷声讨袁世凯的护国军表示支持。“丙辰春”，即阳历1916年2月，中旬，他回到日本，发起为护国军筹集军饷。正是因为此次回国，早稻田大学以“长期欠席”为由，对李大钊予以“除名”。白坚武在1916年5月1日日记中云：“候寿昌久不至，念极！闻与张溥泉同来，或亦不日可到。”寿昌即李大钊。上海是各派反袁活动的中心，既有李大钊与张继同自日本回沪之说，说明二人相熟，有反袁活动的联系。李大钊在1916年5月初动身。5月1日，张继随孙中山到上海，李大钊继至。此时，进步党的汤化龙希望李大钊到北京参与创办《晨钟》报，李大钊留学日本得到了汤化龙的资助，当即承诺任该报编辑主任。《晨钟》报1916年8月15日在北京创刊，第一号上刊登了李大钊写的《〈晨钟〉之使命——青春中华之创造》。

可以看到，神州学会的活动在这一阶段，是与中华留日学生总会的活动密不可分的，许多成员都投身于中华留日学生总会的活动之中。在一定意义上说，从乙卯学会、中华学会两学会合并的神州学会，在有了中华留日学生总会以后，整体活动都接受了它的领导与安排。

神州学会的学术研究活动，必然被国内时局的急速变化所影响，正如中华留日学生总会章程序所说：“1916年而后，世界将为若何之世界，中国将为若何之中国，吾辈对于今后之世界与中国，宜具若何之觉悟，负若何之责任，外冲大势，内省觉心，其当亟振国民的精神，取一致之行动，以创造国民心运命，以自任者，舍吾辈莫可旁贷者乎。”①

乙卯学会、中华学会合并而成

事实上的神州学会，是由两个留日中国学生的学会——乙卯学会、中华学会合并而成的。

乙卯学会，当袁世凯谋划复辟帝制的消息传到日本后，留日学生便积极投入反袁斗争。1915年秋天，易象与进入日华学校、中央大学、

① 《中华留日学生总会章程序》，《民彝》1916年第1号。

正则学校、东亚商业学校等校学习的留日中国学生，在东京组织起来，进行开展反袁活动的学术团体。

中华学会，1915年2月（按农历是1914年的腊月），李大钊等在留日学生中发起组织的一个从事反袁活动的学术团体。

乙卯学会、中华学会两学会合并为神州学会的具体过程是：

1916年1月30日午后，乙卯、中华两学会合并会于锦町政法学校召开。

1916年2月1日晚，神州学会召开干事会。

1916年2月5日午后，召开神州学会第一次例会。

1916年2月9日晚，召开神州学会第一次评议会，推举李大钊为神州学会评议长，易象、林伯渠等为干事。学会成员近百人，刊物为《神州学丛》。

经对照李墨卿的《墨园随笔》中的记载之“大中华民国六年岁次丁巳夏五月湘江月麓申文龙序于江户”的《题神州学会中华留日同志合影序》，可知高一涵所说的湖南申文龙，即申月麓。

申文龙（月麓），即申悦庐（1884—1970），原名前芳，号文友，笔名行健，湖南石门人。1913年1月入东京明治大学，由易象、王九龄介绍加入乙卯学会。乙卯学会是1915年秋天，易象与进入日华学校、中央大学、正则学校、东亚商业学校等校学习的留日中国学生，在东京组织起来开展反袁斗争的学术团体。乙卯学会与中华学会合并为神州学会时，申悦庐被选为教育科主任兼干事长，并担任《神州学丛》编辑。1917年回国后应马鹤天之邀赴山西国民师范任教。他在回忆录中说：“（神州学会的主要成员有）河北的李大钊、张润之，山西的马鹤天、李墨卿、湖北的邓初民、周佑启，江西的黄介民，广东的林砺儒、杜国痒、容伯廷，安徽的许贻荪、高一涵，云南的王九龄，贵州的陈维藩、艾华，江苏的顾实，湖南的易象、林祖涵、仇鳌、彭一湖、申行健（悦庐）等。”①

由是观之，高一涵这段回忆认定李大钊是神州学会的发起人，“秘密组织神州学会，作革命机关”，是不确切的。神州学会并非如其所说，因帝制发生，李大钊约其等建立的秘密组织——神州学会。

---

① 《湖南文史资料选辑》第4集，修订合编本，第241—242页。

李墨卿的《墨园随笔》中的记载是："民国四五年之交，山西马鹤天、李墨卿；湖南易梅僧、仇亦山、申月麓、荆嗣佑、易家钺；湖北邓初民、孙戴人、蔡天民；广东苏理平、林励儒、黄霖生；贵州艾一情；江西黄界民、张慧疚；安徽姚子才、高一涵；陕西黄天行、蔡□藩，甘肃赵世英、苏景三；直隶李大钊、张润之；河南王杰、张国威；浙江殷汝耕；山东陈玉武、李益三、井雨岑；福建柯肩宇；四川曾天宇，及其他各省同志组织神州学会，每星期六讲演一次，并讨论祖国政治及世界大势，汇集讲演录及撰述，刊于神州学会杂志。"①

证明神州学会是由两个留日中国学生的学会合并而成。在《林伯渠日记》中可以找到准确的记载：

1916 年 1 月 30 日记有："午后，开乙卯、中华两学会合并会于锦町政法学校。"2 月 1 日记有："晚，神州学会开干事会。"2 月 5 日记有："午后，开神州学会第一次例会。"2 月 9 日记有："晚，到评议会。"2 月 9 日记有："晚，召开神州学会第一次评议会，推举李大钊为神州学会评议长，易象、林伯渠等为干事。学会成员近百人，机关刊物为《神州学丛》。"②

此后，神州学会一些成员陆续回国，还继续在北京、湖南、四川等地活动。《神州学丛》也于 1917 年 9 月出版了第一期。

为什么神州学会会被说成是反袁的秘密组织呢？因为当袁世凯谋划复辟帝制的消息传到日本后，留日学生便积极投入反袁斗争。李大钊等在 1915 年 2 月（按农历是 1914 年的腊月）在留日学生中发起组织了一个中华学会，从事秘密反袁活动。但是，有关中华学会的史实资料很少被保存下来，参加过当时有关活动的人，在回忆时大都笼统地称之为神州学会，中华学会的史事，就这样地被掩殁了。

同样，由易象、林伯渠等湖南留日学生组织的乙卯学会，留下来的史料也不多。例如李墨卿在《墨园随笔》中有一篇：《题神州学会中华留日同志合影序及李墨卿读神州学会月麓同志之合影序言》。前者《题神州学会中华留日同志合影序》，为申文龙（月麓）在民国六年五月写于日本江户；后者《读神州学会月麓同志之合影序言》，为李墨卿（乾章）写在民国廿一年。"时余年仅二十六七岁，正值血气

① 李墨卿：《墨园随笔》，1932 年 7 月，现存山西大学图书馆，第 553—555 页。

② 《林伯渠日记》，湖南人民出版社 1984 年版，第 100—102 页。

方刚，在东京中华留日学生总会任文牍科主任，从事案牍。神州学会诸同志，又嘱托于讲演时特为记录，余于课余之暇，在杂志上又作长篇论文。抚今思昔，须用歉然！"① 这就把中华学会与神州学会说成是一个学会了。

森正夫写作的《李大钊》一书，则是依据留日学生组织的学会的活动特点做出了分期，认为在1915年1月"二十一条"提出以前，神州学会是反袁秘密团体；"二十一条"提出后一度停止活动；在"二十一条"签定以后又投入公开斗争。可是，没有提出不同阶段的学会有不同的名称，更没有提出有一个中华学会的阶段。②

在后来亲历者申文龙（月麓）的回忆中说：中华学会与乙卯学会"两个学会的宗旨性质相同，会员的资格也相同，于是有人提议合并为一，改名为神州学会。神州学会共有会员约百多人"。才是明确提出了有一个中华学会的存在。

高一涵回忆李大钊在日本的活动时说："在袁世凯称帝时，他就在日本组织一个'神州学会'，主要的活动在于反袁。在反袁斗争中，李大钊同志在东京集合同志，组织力量。""我与李大钊同志初次见面的时间是1916年春天，那时我们都在日本东京留学。说起来有趣，原来我们并不相识。他从《新青年》上看到我的文章，便四处寻找，约我同他共同反袁。中国留日学生总会成立以后，我们就在该会的编辑委员会中共事。"③

《青年杂志》1915年9月15日在上海创刊，改名《新青年》是在1916年9月1日出版的第二卷第一号上。可见，高一涵对中华学会一无所知，更不要说对乙卯学会的丝毫不知情了。因此，在他的回忆录中就产生拔高了李大钊对神州学会组织发起的作用。

有一点是应予充分肯定的，李大钊在各个学会中多是分工负责起草重要文件、主持刊物的编辑事物，因此，李大钊在学会活动中总是发挥着重要作用。

---

① 李墨卿：《墨园随笔》，1932年7月，现存山西大学图书馆，第553—555页。

② 森正夫：《李大钊》，中国人物丛书11，1967年，载《早稻田的森》第69—103页。参看该书第9—10、17、110页。

③ 高一涵：《和大钊同志相处的时候》，载《工人日报》1957年4月27日。

《神州学会简章》

《神州学会简章》共七章二十九条。另外，制定有“评议部规则”（十一条）、“编辑部规则”（九条）、“讲演会规则”（九条）、“神州学会设立支部会议议决案”。现将《神州学会简章》全文招录如下：

第一章　总纲

第一条　本会定名为神州学会。

第二条　本会以研究学术，敦崇气节，唤起国民自觉图谋国家富强为宗旨。

第三条　本会暂设于日本东京。

第二章　会务

第四条　本会会务为常务、学务二种。

第五条　学务大别为三如下：

(1) 分科研究；(2) 举行演讲；(3) 编撰书报。

第六条　本会应分科目如下：

A. 教育科　B. 军事科　C. 政治科　D. 经济科　E. 法律科　F. 文科　G. 理科　H. 农科　I. 工科　J. 商科　K. 医科

第七条　本会会员各就所学分隶各科或隶兼数科，科员在二人以上者德设科会讨论该科学术上问题，如有关联二科或数科者得由该科开联合会议或通知有关联之科派员出席科会，规则另定。

第八条　各科应推定一人为主任，代表该科并主持科务事务，但一科中只有一人者即以其人代表该科。

第九条　凡关于学术上实用问题或国家重要问题，会员五人以上得提议开会讨论，如认为有召集全体会员之必要时应开临时大会。

第十条　各科会研究之成绩及演讲会重要之文稿，应交由文事科保管，随时印刷分送各会员。

第十一条　关于第五条第三项应设立编辑部办理，编辑部规则另定。

第十二条　每月开讲演会一次，以例会之期日行之，讲演规则另定。

第十三条　关于常务另设干事部，分科办理。

第三章　会员

第十四条　凡具下列诸款、经会员五人介绍、评议部认可者，始得为本会会员。

（1）宗旨相同、精神相契者；（2）研究专门学术者；（3）能遵守本会会章者。

第十五条　会员如有违反会章及玷污本会名誉者，经大会公决即行除名。

第十六条　会员不得任意退会，如有特别事由时，应具缄声明由评议部决之。

第四章　职员

第十七条　本会设评议部议决会务，设干事部执行常务。

第十八条　评议部评议员额，定二十一人由大会选举。

第十九条　评议部设评议长、副评议长各一人，由评议员互选，规定另定。

第二十条　干事部置干事长一人，分庶务、会计、文事三科每科设主义干事一人，干事一人，由全体会员选举，办事规则另定。

第二十一条　本会职员均以六个月为任期，但得连选连任。

第二十二条　职员缺额应行补选，但以补足前任职员之任期为限。

第五章　会费

第二十三条　本会会员应担负之会费如下：

（1）入会费一元，入会时缴纳；

（2）常年费每年二元四角，分四季缴纳之；

（3）临时费金额由评议部议决；

（4）自由捐款无定额。

第二十四条　凡会款满二十元以上须存储银行。

第二十五条　本会会计出纳数目应由会计干事造具清册，于改选时报告。

第六章 会期

第二十六条 本会集会分三种如下：

（1）例会：每月一次，以第一星期日下午时开之，讲演会亦同日举行；

（2）选举会：以干事满期举行，补缺选举以例会行之；

（3）临时会：有必要时由职员提议获会员十人以上联名请求，经评议部议决均得举行。

第二十七条 开会召集由干事部以本会名义行之。

第七章 附则

第二十八条 本章程经全体会员通过后施行。

第二十九条 本章程如有会员十人以上提议修改时，应开大会议决。

（原载《神州学丛》第一号，1917 年 9 月 20 日）

神州学会在国内各地继续活动

依据神州学会临时刊行的《旧恨新愁录》所载：《神州学会为日美宣言警告同胞书》，是民国六年十一月十六日发稿，足以说明神州学会到了 1917 年下半年，主要活动地点已经转移到了国内。①

在北京：神州学会成员的活动，可以从《白坚武日记》中钩沉一些史事。1917 年 2 月 11 日记有："神州学会开会，未到。"3 月 4 日记有："驻京神州学会开会于中央公园，选举职员，被举为评议员。《神州学丛》将出版于东京，捐洋一元。"3 月 11 日记有："星期日。神州学会开评议会。"可见，1917 年 2、3 月间，北京的神州学会已组建完成，还发展会员，开展活动，召开评议会，举办演讲会等。白坚武入会是李大钊介绍的，白坚武还被举评为评议员。1917 年北京神州学会举办多次讲演：蔡元培演讲《以美育代宗教说》（1917 年 4 月 8 日，讲话

① 《旧恨新愁录》，神州学会临时刊行，1918 年五七纪念日。

稿刊于《新青年》第三卷第六号，1917年8月)；李石曾演讲《近代学术之进化》；张溥泉演讲《新道德》；陈独秀演讲《旧思想与国体问题》(1917年5月1日，讲话稿刊于《新青年》第三卷第三号，1917年5月）等。

在湖南：长沙神州学会的组建和开展活动的情况是：1916年9月，林伯渠任湖南省公署秘书长兼总务科长，后又任省政务厅长；易象任湖南护国军总司令部秘书、省民政厅长。有了这样的方便条件，随即在长沙联络葛方焘、彭蠡、聂俊、张自雄、宾见、荆嗣佑、杨丙等神州学会会员，建立了湖南神州学会，推举易象为负责人，并同日本东京的神州学会保持着联系。1917年4月12日，林伯渠在日记中记："得申月麓函，《关于神州会讲演》所语如次：一、近来吾国人士，有专心求学而无会者；又有徒有会名而无学者。本会须学、会两字并重。二、近内地各社、各会皆随政潮及社会风习为转移者。本会则当以转移社会风气为己任。三、凡一团体，必有一共同之精神及信条，颠扑不破，乃能永久存在。本会既合无数不同党派、不同学派之各种分子，宜取简章第二条'敦崇气节'一语，为本会最高之信条，联贯之精神。盖迩来留学生失社会信仰者，非关学识，乃人格问题也。云、贵起义誓师，有'为国人争回人格'一语。吾神州学会嗣后进行，亦当以为留学生争回人格为职志。"① 足以证明湖南神州学会活动十分重视"气节"和"人格"。大约在1920年12月25日，湖南神州学会易象（1881—1920）和李仲麟等7人，被湘军总司令赵恒惕派人秘密逮捕并杀害。神州学会活动遂逐渐停止。②

在四川：神州学会成员的活动的情况是：日本东京明治大学经济系留日学生王右木（1887—1924)，原名王丕昌，又名王燧，四川江油人。在东京加入神州学会后，结识李大钊、林伯渠等人。1918年毕业回到四川家乡，任教于成都高等师范学堂，组织马克思主义读书会，成为四川党、团组织最早创建人。1924年夏天被反动派杀害，只有37岁。

---

① 《林伯渠日记》，第176—186页。

② 参见王渔：《关于神州学会的成立时间、主要成员及国内活动情况》，载《中共党史研究》2004年第2期。

《神州学丛启事》

《神州学丛》第一号刊出了《神州学丛启事》，列为四条：

“一、本志主旨在阐明学术、条陈时政，不涉偏激不陷空疏，以不存党同伐异之见为惟一信条。

一、本志纂述社员，皆现驻日京优秀纯洁之学子及国内名贤，文责各自负之，社外投稿但期不与本志大旨相戾亦一律欢迎.

一、本志讲演一门最所置重，每期礼聘海内外名贤主讲、编定演稿刊入本志，会诸国人。

一、本志初期即承邦人君子与本会会员辱赐论文鸿篇钜制，美不胜收，本期限于篇幅，后当以次刊出，但因主张不同. 或议论后实碍难登录音，尚乞谅之。”

1917 年春天，易象不负众望，在东京编出了《神州学丛》第一号。这期《神州学丛》迟至 1917 年 9 月 20 日才发印出版。而且，这期《神州学丛》是创刊号，也是终刊号。

（原载《神州学丛》第一号，1917 年 9 月 20 日）

《神州学丛》是易象在东京编辑的，其中有《神州学丛启事》、《神州学会简章》、《神州学会规则》、《神州学丛刊旨》（梅僧）等学会的重要文献。在“选著”栏中有李大钊的《调和之法则》，易象的《国本》、《回顾录》，田汉在《神州学丛》上发表的 6000 多字的论文《俄国今次之革命与贫富问题》。其中大胆预言：“若然，则继种族，政治革命之后，不十数年，且将有社会之大革命也。”

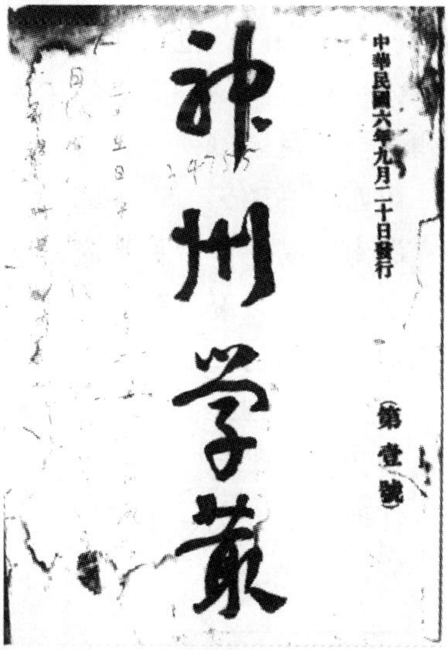

《神州学丛》第一号（1917 年 9 月）

1917 年 9 月 20 日，《神州学丛》在日本东京刚刚发印出版，就被日本当局查禁。《白坚武日记》1918 年 6 月 18 日记有：“寄守常《神州学丛》

一件，复函一件。”此时，李大钊已经任职于北京大学了。

神州学人多数为祖国振兴献身

乙卯、中华两学会合并后的神州学会，会员百余人的名单在今天实在难以完成了。李墨卿（乾章）写于1932年的《读神州学会月麓同志之合影序言》中曾经说到：“归国而后，担任山西大学及山西法政专门学校讲座，而同志散居各地，久不同音讯。易梅僧因湖南赵恒惕之役而及于难，李大钊加入共产，为张作霖绞死，仇一山于十七年北伐，任战地委员会副委员长，马鹤天前在甘肃任教育厅长，今则在考试院铨叙部任司长之职，黄天行漫游欧洲之德意志，高一涵教授于北大，邓初民、申月麓、蔡天民等，于民国十年至十五年之间，寄迹山西，或则担任军署编辑，或则在中等以上各校教书。厥后邓初民或归湖北，十七年任湖北省政府委员。申君月麓，学问人格，俱臻高超，去晋而后，教授于北京师范大学。人事沧桑，回想东京一堂讲学有如隔世，，读神州学会月麓同志之合影序言，检吾所知消息之同志，拉杂叙之于篇，海涯天角同学少年，黄土青塚，人寿几何，不禁感慨涕零云耳。”①

中华学会、乙卯学会、神州学会，距离现在将近一个世纪了，人们对那段历史已经产生了距离感。为祖国奋起而牺牲的英魂，我们将永远铭记。大浪淘沙，也有在历史前进的征途之中，逆历史潮流而动的反动分子，受到人民——历史的主人的清算。但这毕竟是极少数。现将已知神州学会会员名单列下：

山西：马鹤天、李墨卿；

湖南：易梅僧、林祖涵、彭一湖、仇亦山、申月麓、荆嗣佑、易家钺、葛方焘、聂俊、张自雄、宾见、杨丙；

湖北：邓初民、孙戴人、蔡天民、周佑启；

广东：苏理平、林励儒、杜国庠、容伯廷、黄霖生；

贵州：陈维藩、艾一情；

江西：黄介民、张慧疢；

安徽：姚子才、许怡荪、高一涵；

① 李墨卿：《墨园随笔》，1932年7月，现存山西大学图书馆，第553—555页。

陕西：黄天行、蔡□藩，

甘肃：赵世英、苏景三；

直隶：李大钊、张润之；

河南：王杰、张国威；

浙江：殷汝耕；

山东：陈玉武、李益三、井雨岑；

福建：柯肩宇；

四川：曾天宇、王右木；

云南：王九龄；

江苏：顾实。

顾实（1878—1956），字惕生，江苏武进人，早年留学日本大学法科。回国后历任两广优级师范学堂、南京高等师范、东南大学、沪江大学等校教授。其对中国文学和史学研究著作很多，涉及先秦史籍，西方学术，古今地理。著有《汉书艺文志讲疏》、《穆天子传西征讲疏》、《墨子·辨经讲疏》、《庄子天下篇讲疏》、《大学郑注讲疏》、《中庸郑注讲疏》、《论语讲疏》、《杨朱哲学》、《中国文字学》、《说文解字部首讲疏》、《六书解诂及其释例》、《重订古今伪书考》、《中国文学史大纲》等。曾与陈中凡等人共同主编《国学丛刊》。

王九龄（1880—1951），字竹村，号梦菊，云南省云龙县石门镇人。1905 年加入中国同盟会。1906 年从日本回国，积极参与昆明人杨振鸿等组织的“兴汉会”，成为中坚力量。1920 年，支持唐继尧创办东陆大学并参与筹备工作。1922 年为东陆大学名誉校长。1923 年作为云南省的代表出席上海会谈，联名通电曹锟贿选。1925 年 3 月任命其为执政府教育总长；4 月底托辞离职回云南。1927 年任云南省省务委员。先后历任云南省总检察厅总裁委员、省盐运使、省高等法院委员，蒙自海关监督、省议会联署议员等职务。晚年潜心佛学研究。1945 年将所珍藏的全部佛经捐赠给华亭寺。关心家乡发展。1949 年为云南和平解放作出了贡献。中华人民共和国成立后，1950 年将一生收藏文物古籍捐赠人民政府，以宗教界人士参加政协云南省会议。1951 年于昆明逝世，终年 71 岁。

蔡天民（1882—1959），又名仲谦，湖北浠水人。1913 年汤关怀以《天民报》的公积金，资助李大钊、蔡天民等赴日本留学，时与李大钊相熟，参加神州学会。回国后，曾任北京《新民日报》主笔、山西大学教师、内政部编审。

李墨卿，名翰章（汉章），山西潞城西村人。1906 年考入太原优质师范学校，毕业后受聘为山西省教育司职员。1912 年，他被山西省政府派赴日本留学，与李大钊共同就学于日本早稻田大学政治系。他是留日学生中的活跃分子，担任过“中华民国留日学生总会”文牍主任、《民彝》杂志主编。回国后受聘为“国立山西大学”教授，一直致力于教育事业，倾心学术研究，撰写《日本 3S 警察记》，翻译日江归一著《货币论》和《日本经济提要》等。1922 年，和邓初民等成立“山西学术研究会”，创办《新觉悟》半月刊，并撰写了《政治革命与经济革命》、《国家主义与世界主义》、《马克思宣言里条款及艾菲尔特纲领》等文章。1933 年，出版《墨园随笔》（上、下两卷），因当时住处在太原市名为“墨子寄庐”，故书名为《墨园随笔》，收录 1912 年至 1932 年所写文章和诗词 78 篇。李大钊早年创作的“黄种歌”收录其中。[①]

殷汝耕（1883—1947），1904 年留学日本，加入同盟会，随黄兴参加辛亥革命。1913 年 9 月“二次革命”失败，赴日本入早稻田大学政治科，曾参加神州学会。1916 年，毕业回国，任众议院秘书，被委为驻日特派员。1920 年，勾结日本人在苏北阜宁设新农垦殖公司。1925 年冬，任郭松龄军外交处长，郭倒戈失败，殷汝耕逃往日本。后回国投靠蒋介石，任总司令部驻沪办事处主任。1928 年，历任上海特别市政府秘书、任交通部航政司长，陆海空军总司令部参议、上海市政府参事。参与签订《淞沪停战协定》。1933 年日本特务土肥原贤二制造冀东事变，成立伪冀东防共自治委员会、“冀东防共自治政府”，殷汝耕叛国投敌任主席。1947 年 12 月 1 日，被执行枪决。

张国威（1884—1950），原名国宾，字仿吾。开封城西姚寨村人。1905 年入河南武备学堂，秘密参加革命团体。1906 年选派赴日留学。1909 年入日本陆军士官学校。位于东京九段公园靖国神社附近的“游就馆”，是日本国家军事博物馆，陈列有大量从中国掠夺的“战利品”。1911 年张国宾在参观后义愤填膺，彻夜难眠，连夜写下绝命书，第二天前往砸毁这些丑化中国人的展品时被当场被捕。张国宾的爱国行动激发了中国留日学生和广大华侨以及上海各界群众的同情和赞扬，群起声

---

① 参见散木：《李墨卿文事轶闻：从“神州学会”到〈墨园随笔〉，《中华读书报》2013 年 7 月 29 日。

援，日本政府裁定对张国宾驱逐出境，张国宾就此回国，改名国威。1911 年上海光复后，成立沪军都督府。都督陈其美任命张国威组织成立威武军为司令，被称威武将军。1912 年年初，奉命北进支援河南革命。南北议和袁世凯利用职权命令李纯部兼并了威武军。张国威萌生实业救国之念，再次入日本早稻田大学采矿冶金科学习。在日本，李大钊与张国威结下深厚友谊，参加神州学会。1917 年 8 月，张国威带领华工往法国参加第一次世界大战。1918 年 1 月战争结束，张国威作为代表，在巴黎递抗议书，提出恢复中国主权的要求。李大钊曾著文在 1918 年 3 月 4 日《北京大学日刊》发表。1924 年，杨杰任国民革命军第二军军长，驻防河南郑州，请张国威任焦作中原煤矿公司督导。其带领中原公司广大职工扩大生产，支持福公司工人坚持罢工，从英国人手中夺回采矿权，使之至 1930 年成为当时全国五大煤炭公司之一。1934 年春，国民政府派翁文灏到焦作任矿务专员，将张国威在行营软禁解职。张国威回到故乡开封不再工作。日寇慕其名邀其出山，其以年老多病拒绝，直至去世。

易象（1881—1920），字梅丞，号梅园、梅僧，湖南长沙县人。17 岁入长沙南城书院读经书。1906 年留学日本，在东京认识林伯渠。1907 年宋教仁、易象与林伯渠等赴东北策划武装起义。1912 年 10 月，易象加入南社。在湖南征讨袁世凯二次革命失败，易象等流亡到日本。1914 年参加中华革命党。在东京政法学校积极联络容伯挺等，发起组织乙卯学会。与李大钊相识后，1916 年初，乙卯学会与中华学会合并成神州学会，易象任干事。易象回国后随程潜到香港、上海创办《上海晚报》，在湖南组织护国军，任护国军总司令部秘书。在长沙联络葛方焘、彭蠡、聂俊、张自雄、宾见、荆嗣佑、杨丙等神州学会会员，组建湖南神州学会，为负责人。1917 年春天易象在东京编出《神州学丛》第一号。1920 年，军阀赵恒惕耍阴谋诡计，在长沙逮捕了李仲麟和易象等七人。11 月 25 日，被杀害。

黄介民（1883—1956），名时至，清江县（今樟树市）人。1909 年于南京加入同盟会。1911 年响应武昌起义。后留学日本东京明治大学。1914 年，参加中华革命党。1915 年参加神州学会。归国后，在北京参与组织抗日救国团，应马鹤天之约任上海《救国日报》编辑。1920 年，主持上海中华工业协会工作。撰写《三十七年游戏梦》，记述与李大钊、刘清扬、周恩来、林伯渠、彭湃、张国焘、安恭根及苏俄密使博达博夫等人的活动。倡导成立江西革命同志会。1926 年后，历任江西省水利局局长、国民党中央候补委员、国民革命军第十四军参议。1932 年，反对蒋介石独裁，营救田汉、黄富云出狱。抗战期间，不接受戴笠拉拢，悉数退回 300 块大洋。抗战胜利，目睹国民党倒行逆施，辞职回家办学。新中国成立后，历任江西省参事室副主任、省监察厅副厅长。1951 年，参加中国国民党革命委员会，为民革中央团结委员。

林伯渠（1886—1960），原名祖涵，湖南临澄人，字邃园。1905 年在日本东京参加同盟会。参加东北“边疆革命”，“二次革命”，1913 年亡命日本，1914 年与易象“相交逾管鲍”。他为神州学会成立做了许多工作，被推举为神州学会干事会干事。1921 年 1 月经李大钊、陈独秀介绍加入上海的中国共产党早期组织，成为最早一批党员。参加南昌起义、长征等革命活动，任陕甘宁边区政府主席。新中国成立后，任中央人民政府秘书长、全国人大常委会第一、二届副委员长。中国共产党重要领导人之一，林伯渠、董必武、徐特立、谢觉哉、吴玉章被尊称为中共“五老”。

容伯廷（1886—1922），字宝韶。广东新会人。人直、口直、笔直，敢言，敢写，攻击袁世凯倒行逆施，曾任神州学会干事。1915 年 10 月 10 日，谷钟秀、杨永泰创办《广东中华新报》。1916 年，容伯廷回国，被委任为该报社长兼主笔。是年冬，蔡锷在云南起义，《广东中华新报》开辟“护国军纪事”专栏，报道护国战争消息。1916 年 6 月，容伯廷为广东省参议员。1919 年 10 月 18 日至 28 日，《广东中华新报》连载《社会主义》一文。1919 年 11 月 11 日至 12 月 4 日连载了杨匏安的《马克思主义》（《科学的社会主义》）。这篇文章详细介绍了马克思主义，“自马克思氏出，从来之社会主义，于理论及实际上，皆顿失其光辉，所著《资本论》一书，劳动者奉为经典”。1920 年底，粤军陈炯明回师驱桂系军阀，容伯廷逃亡日本。1923 年初，潜回广州，被密探发觉，广州市公安局局长吴铁城将容伯廷拘捕，并于当天将其杀害，时年 37 岁。①

仇亦山（1886—1970），即仇鳌，原名仇曜元，晚年自号“半肺老人”，湖南省湘阴县人。曾三次赴日，毕业于明治大学，积极反清，为

① 参见吕胜根：《容伯挺：主持报纸传播马克思主义》，载《江门日报》2011 年 7 月 11 日。

同盟会创始人之一。襄助孙中山、黄兴、宋教仁等首倡辛亥革命，后大力进行“倒袁”、护法活动。他无意仕途，1912 年只担任国民党湖南支部主要负责人及民政司长。办船山学社为社长。1921 年 8 月，毛泽东、何叔衡在取得仇亦山等同意后，在学社创办湖南自修大学。1925 年自欧美考察归来。1926 年“三一八惨案”主持杨德群烈士追悼会，主持编辑《三一八惨案湘籍六烈士纪念册》。北伐期间任战地委员兼民政司长。后任国民党铨叙部次长。1947 年 2 月，仇亦山任湘阴县文献委员会主任委员，续修《湘阴县志》。1948 年，参与程潜等筹划湖南和平解放事宜。1949 年，任中国同盟会联谊社理事长、中南行政委员会委员及参事室主任。1954 年，任全国政协委员及民革中央委员，定居北京。“文革”中遭受迫害，终年 84 岁。①

马鹤天（1887—1962），名鸣銮，晋南芮城人。曾参与辛亥山西光复，担任《河东日报》编辑时因揭露地方官贪污腐败而被殴打，创办太原的《共和白话报》。后来东渡读书，就读于日本早稻田大学，为反帝、反袁不遗余力，曾会见孙中山，参加中华革命党，组织“神州学会”。归国后，与邓初民、李墨卿等太原知识界人士组织“山西学术研究会”，出版《新觉路》半月刊，任主编。任山西省立国民师范学校教务长，是山西诸多革命运动的摇篮之一。马鹤天此后历任西北边防督办公署教育科科长、北平民国大学总务长、兰州中山大学校长、甘肃学院院长、甘肃教育厅厅长等，多有建树。最值得称道的是马鹤天的边疆研究。1923 年，发起创建了“中华西北协会”，后来还与顾颉刚、黄奋生、韩儒林、赵守珏等创建“中国边疆学会”。1935 年，出任国民政府蒙藏委员会驻藏大员，为九世班禅大师回藏专使行署参赞，是著名藏学家。马鹤天的足迹遍及西北、蒙古、东北、康藏，著有《东北考察记》、《内外蒙古考察日记》、《赴藏日记》等，被收入《民国丛书》，以“边疆地理学家”传世。晚年先后在中央民族学院和中央民族事务委员会工作，被聘为山西省文史馆馆员。②

王右木（1887—1924），原名王丕昌，又名王燧，四川江油市武都镇人。早年留学日本，参加“神州学会”。1918 年秋回国，次年应聘回成都高等师范学校任学监，并投身于五四运动，组织“马克思主义读书

① 参见仇君好：《诗剑弦歌——仇鳌传》，中国文史出版社 2008 年版。

② 参见散木：《马鹤天并非“踪影全无”》，载《中华读书报》2013 年 5 月 1 日。

会”，创办《新四川旬刊》，宣传马克思主义。1922 年 2 月主持创办《人声报》，自任社长、主笔。1922 年 10 月，建立成都社会主义青年团地方执委会。1923 年 5 月 1 日，在其领导下成立成都劳工联合会。不久，任“四川民权运动大同盟”文书股主任。同年秋，创建中共成都支部任书记。1924 年赴广州参加会议返川途经贵州土城时被杀害，时年 37 岁。

彭一湖（1887—1958），名蠡，字忠恕，笔名伊甫，湖南岳阳公田镇人。1909 年考入湖南公费去日本早稻田大学攻读经济学，入同盟会。1911 年，回国任上海《晨报》编辑。1912 年，再度赴日至 1919 年，回国后任湖南省法制编纂委员会委员。1924 年至 1926 年，任湖南省立第一师范学校校长。1927 年，任广东省政府秘书长，加入国民党。1931 年，在上海主办《壬申半月刊》任社长兼总编辑。1933 年，协助晏阳初等开展平民教育活动。1936 年，被中华平民教育促进会推举任湖南衡山实验县县长，推行“乡村建设”。1938 年后，历任多所学校校长。1945 年，与黄炎培、胡厥文等发起筹组中国民主建国会。1946 年 1 月，被选为民建中央委员。1949 年 9 月，任湖南省中山图书馆馆长，全国政协委员。1957 年，被错划为右派。1958 年 10 月在武汉病逝。1980 年，被平反。

苏景三（1888—1968），字逸兴，甘肃白银人。1912 年公费留学日本，考入日本明治大学，留学日本期间与孙中山、黄兴交谊深厚，取孙中山字逸仙和黄兴名各一字为己字。1915 年加入神州学会。1917 年毕业，五四运动中在东京声援北京学生运动，中国留日学生遭日本军警袭击后，他组织到医院慰问受伤学生。1920 年 2 月苏景三回国，任甘肃省长公署参事，在吏治研究所教授法律。因官场派系斗争和相互倾轧，辞职回故里。1922 年，被靖远县政府委任县劝学所所长。1924 年离职。1933 年，任靖远西区区长。1941 年，任靖远县参议会参议员。苏景三为靖远县的教育、水利、交通事业做出了贡献。自学成医，晚年行医治病，名闻乡里。

荆嗣佑（1889—1969），字植新，又名问陶，湖南溆浦马田坪人。1905 年，16 岁时考入北京高等实验学堂，清政府赐为“举人”。1910 年，留学日本。在明治大学读书期间，追随孙中山，加入同盟会。后奉命回湖南，以招抚委员的身份策动湘西各县反清起义，光复湘西泸溪、古丈、吉首、花垣、保靖、永顺、桑植等 7 县。后任湖南一师的董事长，是毛泽东老师。1916 年 5 月 2 日，荆嗣佑从日本潜入长沙；6 月 2 日夜间，荆嗣佑率领 40 名同志，冲入将军署赶走湖南都督汤芗铭。荆嗣佑、李大钊、林伯渠、林修梅、易梅僧在一起时，相约尊重年长的易梅僧教导。后任湖南省制宪会议主席、李宗仁的顾问。1937 年抗战爆发，荆植新奉李宗仁指派，前往香港，先后创办《珠江日报》和《公民日报》，宣传抗日。后赋闲在家。土改时，毛泽东致信建议其参加革命工作。1951 年后，任湖南省文史馆馆员，著有《辛亥革命见闻》。①

邓初民（1889—1981），字昌权，湖北石首人。1913 年赴日本，入东京法政大学。1915 年参加神州学会。1917 年冬毕业回国。1919 年任山西省政书总编辑、山西督军府秘书。1922 年，参与组织山西学术研究会，创办《新觉路》半月刊。1925 年，任武汉法科大学教务长，加入国民党，任湖北省党部执行委员。1928 年，与李达等创办《双十》月刊，宣传马克思主义。1930 年 5 月，参加中国社会科学家联盟。抗日战争爆发，北上武汉创办《民族战线》周刊。1941 年，参与成立中国民主同盟。1945 年 1 月，为民盟中央委员，参加重庆政治协商会议。1947 年 4 月，被迫出走香港。1948 年春，参与重建中国民主同盟。1949 年，出席第一届全国政协会议。中华人民共和国成立后，历任华北行政委员会委员、山西省人民政府副主席兼山西大学校长、山西省政协副主席、中国民主同盟中央副主席等职。1962 年，73 岁高龄加入中国共产党。1981 年，因病在北京逝世。

林砺儒（1889—1977），名绳直，广东信宜市人。1911 年公费留学日本东京高等师范学校。1918 年回国。1919 年任国立北京高等师范学校教授。五四运动中支持学生，帮助办平民夜校、识字班等。1925 年五卅惨案中，组织援沪工人协会和抵制日货同志会。1928 年，北京师范大学并入北平大学，称第一师范学院，他任临时院务委员会主席。1931 年离开北平师范大学，赴广州任中山大学教授兼教务长。1932 年，兼广东省立广州师范学校校长。1937 年，任广东省教育学院院长。抗战爆发后，亲任战时后方服务队总队长。1939 年，教育学院改为广东文理学院，拒绝国民党特务插手学院。皖南事变后，国民党特务视该校为“小延安”，以停发经费相威胁，被迫于 1941 年 5 月辞职。1941 年

① 参见荆植新《日本求和的预谋》，载《文史精华》2005 年第 11 期。

10月，到桂林任广西教育研究所导师。1946年参加中国民主同盟。1947年8月，到厦门大学任教授，支持学生运动。1949年4月，取道香港到北平，参加中国人民政治协商会议。新中国成立后被任命教育部中等教育司司长兼任北京师范大学校长。1952年任教育部副部长。

杜国庠（1889—1961），曾用杜守素、林伯修等笔名，广东澄海人。1916年在日本留学时组织"丙辰学社"，是较早接触马克思主义学说的学者。反对袁世凯复辟帝制。在日本京都帝国大学，听河上肇讲经济学。著有《先秦诸子的若干研究》、《先秦诸子思想概要》、《便桥集》等。其遗著后编为《杜国痒文集》。

赵世英（？—1924），字子俊，甘肃省金塔县人。1913年留学日本，入东京明治大学法学部，参加神州学会。1917年毕业回国后，参加孙中山领导的革命斗争。1918年，在酒泉创建第一所新式学校（今酒泉师范）任校长。1919年，为甘肃省第三届议会议员。1921年，为国会众议院议员。其性格耿直、言辞激烈，为军阀所难容。1924年被军阀于甘肃省属杀害。

周佑启（1893—1964），湖北汉阳人。日本早稻田大学政法系毕业。1911年参加辛亥武昌首义。1949年前曾任武昌法院检察官、律师，陕西汉中公署科长。1953年，入武汉市文史研究馆馆员。

曾天宇（1896—1928），名国香、澜挽、南宛，化名梁明，江西万安人。1917年8月赴日本留学，参加旅日学生爱国运动。1918年5月回国后，在上海组织"留日沉重救国团江西支部"入北京中国大学政治经济系。1919年，积极参加了五四运动反帝爱国运动。1922年，加入社会主义青年团。在家乡成立"万安青年学会"，筹办"聚华书店"。1924年，任江西国民党领导工作。以"明星书社"为国共两党活动据点，积极从事革命的宣传和组织工作。1925年11月加入中国共产党。积极筹建国民党赣县党部，反对军阀勒捐，曾一度被捕入狱。经营救出狱后，赴莫斯科学习。奉召回国在国民党革命第三军政治部任宣传科长，参加北伐战争。1927年初，回到南昌任政治教官。后回万安组织农民武装斗争，领导万安暴动。1928年1月8日攻克万安县城，建立江西省万安县苏维埃政府。后率部分农民开赴井冈山途中遭到国民党包围，壮烈牺牲。

易家钺（1899—1972），字君左，湖南汉寿人。北京大学毕业后，赴日本早稻田大学留学。回国后，1920年1月，与郭梦良、朱谦之等编辑出版《奋斗》旬刊，共出 9 期。曾加入少年中国学会，后退出。参加沈雁冰、郑振铎等发起成立的文学研究会。写作勤奋，多有著述。历任大学教授、报社社长、香港浸会学院中文系主任。1967 年移居台湾。

下列诸人，目前尚未能获取完整的生平资料。

许怡荪（？—1919），名棣常，号绍南，安徽绩溪人。与胡适同乡，在上海中国公学数年同住一室，交谊最深。胡适一度心灰意冷，几乎堕落，后决心振作，读书应考留美，许怡荪的关切和勉励起重要作用。1913 年赴日留学。1916 年夏明治大学毕业回国。1918 年，在南京河海工程学校教授国文。1919 年 3 月病逝。是胡适十几年的挚友，胡适在《许怡荪传》（《胡适文存·四》）中，称“怡荪是一个最忠厚，最诚恳的好人，不幸死的这样早!”

艾一情，名艾华。1917 年至 1923 年曾任国立武昌高等师范学校（今武汉大学）教授兼教育科主任。著有：《习惯及其功罪》,《学艺》第四卷第五号（1922 年 11 月）；《人类的本能》,《学艺》第五卷第一号（1923 年 5 月）；《学校剧：一个艺术教育的问题》,《学艺》第五卷第二号（1923 年 6 月）；《自由教育的罪恶》,《晨报副镌》（1923 年 12 月 1 日）；《儿童心理学之发达史》,《教育杂志》第十八卷第八号（1926 年）；《城市平民学校课程论》,《教育杂志》第十九卷第十号（1927 年）等。

黄霖生，广东人。留学日本早稻田大学政治科、日本浩然陆军学校。1916 年 7 月，与黄界民、邓席云、陈其尤等在东京中华楼成立新亚同盟党（后改名大同党）。1919 年 4 月 11 日，彭湃、黄霖生等留日学生在东京火车站痛击章宗祥。回国后任第 5 期黄埔军校政治部政治教官。1934 年 9 月，任广州市立第一甲种商业职业学校校长。著有《广东禁赌之回想与检讨》等文章。

苏理平，留学日本期间加入神州学会。回国后，于 1917 年 9 月被孙中山任命为大元帅府秘书。1937 年，任淞沪警备司令部秘书主任。1938 年，代理阳江县县长。3 月，和广东第一游击区纵队司令屈仁则，指挥加紧修筑容桂地区各码头和要冲防御工事抗击日寇。后追随汪精卫建立汪伪政权。1945 年，任伪南京特别市政府秘书长。

李益三，1907 年春，赴日本留学。济宁知州王鹿泉在太白楼设宴饯行，李益三即席题写对联：“宴客亦寻常，贺监何人应让风流归太守；能诗最奇特，青莲如我不须星宿托长庚。”

黄天行，1924 年，任陕西教育厅长，曾赴伦敦考察。1925 年，聘河南督办胡景翼军医官黄竹斋任陕西省天文馆馆长。

张润之（1889—？），字则民、泽民，直隶武强人。在天津北洋法政专门学校与李大钊同学，相处密切。同去日本留学，1913 年合译今井嘉幸《中国国际法论》。与李大钊一起组织中华学会。后为神州学会积极参加者。回国后，任汤化龙秘书。1917 年，与李大钊同回母校访问。后为孙洪伊作文秘工作。1922 年 12 月，在吴佩孚势力范围谋得湖北宜昌榷运局局长一职，从事天津长芦盐场的盐运，而淡出政坛转向行商。高一涵在《李大钊同志传略》中说："北洋三杰又其一之张泽民，今已而团团作富家翁矣。"

主要参考资料条目索引：

- 《神州学丛》。
- 《神州学会简章》，《神州学丛》第 1 号。
- 蔡元培：《以美育代宗教说——在北京神州学会演说词（1917 年 4 月 8 日）》，《中国音乐教育》1991 年第 6 期。
- 陈独秀：《旧思想与国体问题——在北京神州学会讲演（1917 年 5 月）》，《陈独秀文章选编》（上），第 204—207 页。
- 《旧恨新愁录》，神州学会临时刊行，1918 年五七纪念日。
- 《林伯渠日记》，湖南人民出版社 1984 年版。
- 王渔：《关于神州学会的成立时间、主要成员及国内活动情况》，《中共党史研究》2004 年第 2 期。
- 高一涵：《和大钊同志相处的时候》，《工人日报》1957 年 4 月 27 日。
- 散木：《从"神州学会"到〈墨园随笔〉——民国名人李墨卿的文事轶闻》，《中华读书报》2013 年 8 月 22 日。
- 董宝瑞：《"高筑神州风雨楼"——李大钊与神州学会会友易象》，《党史纵横》2001 年第 3 期。
- 《李大钊在日本留学时代的事迹和背景》，《齐鲁学刊》1985 年 2 月。
- 散木：《马鹤天并非"踪影全无"》，《中华读书报》2013 年 5 月 1 日。
- 李墨卿：《墨园随笔》1932 年 7 月，现存山西大学图书馆。

李大钊与中国经济财政学会

李大钊对经济财政问题一直是有浓厚兴趣的。1914 年 8 月，就曾与《甲寅》杂志记者讨论过《物价与货币购买力》，认为“货币之多寡，与其购买力之富弱，适成反比例，即货币多则其购买力弱，反之，寡则富”。据此，与康心孚进行币值与货币流通量关系的讨论。[①]

《李大钊年谱长编》第 174 页上面记有：1916 年“春季，中国经济财政学会在日本东京成立。其基本成员是日本早稻田大学政治经济科学生。以‘研究经济财政学理及调查事实以期适用于中国’为宗旨，从研究西方学者著作入手，以欧洲、日本等国经济振兴的事实为参照，促进国人关心国家的经济前途‘斟酌损益、期于可行’。会员分为甲、乙两种，甲种会员为承担学会义务和经费的基本会员。李大钊是发起者之一，甲种会员”。

作为李大钊年谱长编，对中国经济财政学会的成立及有关活动，也只是这样简要的叙述。可见有关资料之难得。

《中国经济财政学会简章》

第一条　本会定名为中国经济财政学会。

第二条　本会以研究经济财政学理及调查事实以期适用于中国为宗旨。

第三条　本会以两种会员组成之如下。

甲、责任会员：以能委身研究图达本会之目的者充之。

乙、名誉会员：凡不为甲种会员而对于本会能负调查责任或以

① 《李大钊全集》第一卷，第 93 页。

财力及其他方法赞助者充之。

第四条　凡为本会责任会员者，须先由本会会员介绍得责任会员全体之承认。为本会名誉会员者，须先由本会会员介绍，得责任会员半数以上之承认方得入会。

第五条　本会会所暂设于日本东京。

第六条　本会设会务干事一人，经理本会一切会务；会计干事一人，经理本会收入；图书干事一人，管理本会图书。此外遇必须添设职员时，得临时议决行之，皆由本会责任会员选举，以半年为期。

第七条　本会每二星期开会讨论一次，责任会员非有重故不得缺席，名誉会员愿莅会者随意。

第八条　本会俟研究稍有成绩，应随时编辑印行以供国人参考。

第九条　本会购买图书存于会所以供会员阅览。

第十条　本会责任会员须纳例捐如下，例捐之外能任特别捐者随意。

甲入会金，每人二元。

乙常捐，每人每月五十钱。

第十一条　本会关于图书会计及研究方法各细则均别定之。

第十二条　本简章经责任会员三分之二以上决议得修改之。

《中国经济财政学会叙言》

经济之著为方术也，起始于国际竞争之世乎。文化初始，土旷人稀，养欲给求之事，取之封内而已足。虽建为国邑，有所受治，而政事极简，财取胜残去害而已。故吾国先哲，如孔子先富后教之说，孟子恒产恒心之论，止就欲兴民行先厚民生立言。至于君公论从政，则皆以务财用为戒。唯管仲李悝商君之伦，官山海，尽地力，务农战，颇收富疆之效。而所遭乃属诸侯争霸之会，汉以后儒者祖述孔孟，最重言利，故太史公著平淮书、货殖列传，意在讽刺当世。后世史家之褒贬往事者，用意亦同。凡以民族统一自为消长，无国民生计竞争之事故耳。欧洲古代希腊诸大哲于学科咸极深研，几为近世学者先河之导。而言经济者独不少概见。降及中世，声响阙如。盖尔时旧都中衰，新起之民族代兴，文化尚稚，其人群之情状，犹未能脱部落之余习，亦无能促国民生计之争。

迄乎近世之初，国家主义大行，西葡日法荷英诸国，迭为雄长，如是发扬蹈厉，以求国际地位之优胜，国家之职务日繁，经费之长益剧，而财政问题，遂为国命之所由决。顾第言理财，而不以浚源为先务，将不免竭泽为渔之弊。于是振兴国内产业，奖励对外贸易，而重商政策肇焉。自时厥后，言经济者学派朋兴，云蒸霞蔚，最近百余年间，欧美各国所以能纵横海上，斡旋世宙者，良由其民生之厚，物力之丰，得以维持其政府，使从事富疆之业，至其阜民殖产之功效，则由学术大兴而经济财政研究之进步，实司其键也。

吾国自开海禁，已加入国际竞争之局。然国人不能将时势，以图生计之竞争，顾犹拘墟自足，暗于外情，图讥外人之专事牟利，不知民生之荣悴，实与国运兴替为缘，凡一切利用厚生之事，悉听蚩蚩者之自谋，士大夫不一过问。其营农业工商业者，类皆蹈常习故，墨守成法，未尝有管摩益善之为，故通商数十年，国计民生日益凋疲，实业利权次第陵夺，情见势绌，莫能枝梧，而国人仍熟视若无睹，至于国用匮竭，司农仰屋。自前清已然当局者不能准理财之原则为根柢之改革，徒知头会箕敛，以取办于一时，故财政凌乱淆杂，末由端倪，唯持厘金盐税等项，简洁易行多取之而民不能抗者，为增加岁入之计，而负担是否平均，产业曾否蒙害，既不暇问。革命以还，稍改观矣。然法令徒具，而有司之分职任事者，鲜具有财政之常识。呜呼，持是以与列疆角立于国际竞争之场，如侏儒与乌获较举鼎，其终至绝膑而毙也，必无幸矣。

日本开国视吾较后，而彼中治兰学者，夙洞察及此，教育大家福泽论吉氏当藩幕交争、兵革倥偬之际，犹聚讨生徒讲习经济学不辍。风声所被，群彦景从，卒使学理昭明，政策顺轨，而经济发展、财政扩张之实，迺挟一泻千里之势，今且以我为尾闾焉。吾国自侯官严氏译斯密氏原富，人始知有计学。数十年来从事研求者稍有其人，而国人咸以轻心掉之，未肯策群力以底于成。呜呼，国计民生之所以愈久而愈敝，其不以此与。同人等每惟国家经济前途，怒言忧虑，窃思有所尽力，以贡献于国人。爰不揣固陋，征集同志，立为斯会，研究东西学者所述原理，兼调查国内现行事实，斟酌损益期于可行。庶以微力效山海壤流之助，邦人君子，其或有取于斯。

（原载《民彝》第一号1916年6月15日）

李大钊与日本早稻田大学政治本科师生合影。前排左起第三人为李大钊。

《中国经济财政学会叙言》一文，现保存在1916年5月出版的《民彝》杂志第一号中，这是了解中国经济财政学会的重要资料。该文应是李大钊在日本学习时参与拟定的重要文稿之一。

该文指出，当中国加入国际竞争之后，“当局者不能准理财之原则为根柢之改革，徒知头会箕敛，以取办于一时，故财政凌乱淆杂，末由端倪，唯持厘金盐税等项，简捷易行多取之而民不能抗者，为增加岁入之计，而负担是否平均，产业增否蒙害，即不暇问”。其结果必然是“法令徒具，而有司之分职任现事者，鲜具有财政之常识”。在国际竞争中必以惨败为结局。正因为如此，“征集同志，立为斯会，研究东西学者所述原理，兼调查国内现行事实，斟酌损益期于可行。庶以微力效山海壤流之助，邦人君子，其或有取于斯”。

会员多为留学日本的大学生

中国经济财政学会宗旨为“研究经济财政学理及调查事实以期适用于中国”。成员多为留学日本的早稻田大学政治经济科学生，1916年有甲种会员11人。他们有感于经济财政问题与国家命脉关系巨大，中国政府及多数士人则不懂得“生计之竞争”，从事研究的人更少，以至于国计民生“愈久而愈弊”，出于对国家经济前途的担心，打算在这方面对国家有所贡献，从研究东西方学者的经济学著作入手，以欧洲、日本等国经济振兴的史实为参照，“俟研究稍有成绩，应随时编辑印行以供国人参考”，斟酌损益、期于可行，促进国人对国家经济发展前途的关心。学会亦定期召开会议。

中国经济财政学会的简章，发表在《民彝》杂志第一号（1916 年 5 月）上面。会员分甲、乙两种，甲种为承担学会义务和经费的责任会员。李大钊作为学会的发起者之一为甲种会员。

1916 年夏，中国经济财政学会的责任会员共有 11 人：

湖南：张声焕（字秉文）、张定（字叔丹）、彭蠡（字一湖）、钟凯（字元卿）、周子贤（字伦笙）、刘作柱；

直隶：李大钊（字守常）、张润之（字泽民）；

福建：陈溥贤（字博生）、刘聘业；

浙江：殷汝耕（字亦农）。

学会定期召开会议，每半月开会一次，对中国经济财政问题进行研究讨论。

会员陆续回国后的状况

时局风云变幻，在新旧思想和社会制度的激烈的斗争中，每个人都要接受严峻的考验，描叙出自己的人生轨迹。

李大钊（字守常），中国共产党的创始人之一。1927 年 4 月为坚守共产主义信仰被军阀张作霖绞杀。

陈溥贤（1891—1957），名博生，笔名渊泉，福建闽县人。赴日本留学，毕业于早稻田大学经济系。和李大钊均为留日学生总会文事委员会委员；为 1916 年春设立的中国经济财政学会责任委员。毕业后在欧美游学。1916 年归国，和李大钊一起进入《晨钟报》任编辑，后任《晨报》主笔。1918 年底为《晨报》特派员赴日本，观察日本朝野态度和日本社会主义思想及工人运动的状况。五四运动前夕归国。1919 年 4 月起以“渊泉”为笔名撰写介绍日本社会主义思潮及马克思主义的文章，译介《马克思之奋斗生涯》、《人类三大基本之权利》、《马克思的唯物史观》和《马克思资本论释义》等文章，刊登在《晨报副刊》上，对中国早期传播马克思学说作出了贡献。1919 年 5 月任《晨报》总编。1919 年 7 月至 8 月再次赴日本东京采访。1920 年底被《晨报》派赴英国；1922 年归国，在《晨报》继续任职。1928 年，《晨报》停刊，随张学良到东北任《民言报》主笔。1930 年，任北平《晨报》社社长。1930 年 1 月 30 日，中国民权保障同盟会北平分会成立，当选执行委员。后加入了中国国民党中央通讯社。1936 年 5 月，任中央通讯社驻日本东京特派员。抗日战争爆发后回国，任中央通讯社总编辑。1938 年至 1948 年，任国民参政会参政员。1940 年 12 月，改任《中央日报》（重庆版）社长兼主笔。1946 年，任制宪国民大会代表。1948 年后，任中华民国立法委员。1949 年，随“中央通讯社”至台湾。1950 年 6 月，辞去“中央通讯社”总编辑职务。1957 年 8 月 13 日在台湾逝世。台湾新闻界曾设“陈博生奖学金”，奖励新闻界成绩优秀的青年。

张声焕（生卒年不详），湖南浏阳人，字秉文，笔名谐英。早年留学日本。1914 年夏欧战爆发，8 月 25 日日本对德国宣战。聚集在东京未加入孙中山改组中华革命党的原国民党人，遂以研究欧洲战事为主旨组建欧事研究会，以应对孙中山。李根源为主要相约人，张声焕在东京参加了欧事研究会。据李根源著《雪生年录》记载，会员有李烈钧、陈独秀、张声焕等一百余人，推举黄兴为领袖。1916 年国会恢复后，以欧事研究会为基础组建成政学会，张声焕等大多数会员均成为国会议员。1916 年张声焕将苏州保息局重刻段玉裁著《说文解字注》，吴宗麟写有“识”的 1872 年（同治十一年）版，寄赠日本早稻田大学图书馆，其中段玉裁 1775 年完成的《六书音均表》，极为珍贵。1941 年张声焕编写《良源张氏族谱》8 卷。

周子贤（生卒年不详），字伦笙。曾任湖南长沙南华学校董事长。

张定（？—1934），字叔丹。曾翻译尼采著《查拉图斯特拉的精言》，发表于《民铎》杂志 1920 年第二卷第三号；著有《性的道德之革命》发表于《民铎》杂志 1920 年第二卷第三号。国民党少将军衔。曾任湖南省教育厅长。

刘作柱（生卒年不详），曾与谢国藻合作翻译美国华盛顿 · 欧文（Washington Irving）的《新世界之旧梦谈》，1911 年上海群益书社初版。后曾任国民党的平江县县长。

殷汝耕（1883—1947），字亦农，浙江省苍南金乡镇人，殷汝骊之弟。1909年加入同盟会，随黄兴参加辛亥革命。1913年9月，“二次革命”失败后再赴日本，入早稻田大学政治科，曾兼任孙中山所办中华政治学校翻译。1916年，毕业回国，黎元洪恢复国会时任众议院秘书。护法政府成立后，被委为驻日特派员。1920年，在苏北阜宁设新农垦殖公司。1925年冬，任奉系郭松龄军外交处长，郭部倒戈失败，逃入日本驻新民县领事馆；次年逃往日本，后回国投靠蒋介石，任总司令部驻沪办事处主任，为蒋去日本的翻译。1928年，为外交部驻日特派员。归国后，历任上海特别市政府秘书、交通部航政司长、陆海空军总司令部参议。1932年4月，参与签订《淞沪停战协定》。1933年3月，参与签订《塘沽协定》。冀东事变时，建立冀东防共自治委员会、“冀东防共自治政府”，殷汝耕叛国投敌任主席。因张庆余、张砚田率部起义发动“通州事变”，殷汝耕一度被日本宪兵队关押。1938年后至北平，复任汪伪山西煤矿公司董事长、国民政府经济委员会委员、治理运河筹备处主任，献策敌伪。日本战败投降后被逮捕，以叛国罪于1947年在南京被枪决。

彭蠡（1887—1958），字一湖、忠恕，笔名伊甫，湖南岳阳公田镇人。1909年公费去日本早稻田大学攻读经济学，加入同盟会。1911年回国，参加辛亥革命，任上海《晨报》编辑。1912年，再度赴日深造，1919年回国后曾与易象等组建湖南神州学会。1921年，任湖南省法制编纂委员会委员。1924年8月至1926年1月，任湖南省立第一师范学校校长。1925年，和李剑农一起在长沙创办晨光学校任校长。1927年，任广州政治分会建设委员会常务委员兼广东省政府秘书长，加入国民党。1931年，赴上海主办《壬申半月刊》，任社长兼总编辑。1933年9月，协助中华平民教育促进会干事长晏阳初等开展平民教育活动。1933年11月，参加19路军领导人在福建成立“中华共和国人民革命政府”，掀起“倒蒋运动”。1936年，任湖南衡山实验县县长。1938年后任武冈师范学校校长等职。1942年后任省政府设计委员会委员、省临时参政会参议员。1945年秋，参加反内战同盟，主张组织联合政府。与黄炎培、胡厥文等发起筹组中国民主建国会，提出“不左倾，不右袒”，大家“为国家努力”。1946年1月，任《平民》周刊编辑委员。被选为民建中央委员、常务监事，联名邀请毛泽东去重庆谈判，参加旧政协，后回国立第十一中教书。1949年，参加唐生智、周震麟等“八五”联名通电，拥护湖南和平解放。1949年9月，任湖南省中山图书馆馆长，全国政协第一、二届委员会委员，中南军政委员会参事。1950 年，任武汉市政府参事室副主任。民建总会常务委员，长沙市武汉分会委员。1957 年，被错划为右派。1958 年 10 月在武汉病逝。1980 年恢复政治名誉。

钟凯（字元卿）、**刘聘业**的资料未能找到。

李大钊故居珍藏着李大钊读过的书籍

盖有中国财政经济学会印章的书籍

在乐亭大黑坨村的李大钊故居，珍藏着李大钊读过的书籍。其中，确有盖着“中国财政经济学会”印章的书籍。可知，这些原是中国财政经济学会的图书，中国财政经济学会章程中有“购买图书存于会所，以供会员阅览”的规定。这些书可能就是当时该学会购买的图书。据说在北京师范大学的图书馆中也保存有盖有中国财政经济学会印章的书籍。

主要参考文章条目索引

- 《民彝》第一号，中国留日学生总会的机关刊物，1916 年 5 月 15 日。
- 富田昇、韩一德、刘多田：《李大钊在日本留学时代的事迹和背景》，《齐鲁学刊》1985 年 2 月。

李大钊与北京大学哲学研究会

1919 年 1 月 25 日，胡适、马叙伦、杨昌济、梁漱溟、陶孟和等正式组织起北京大学哲学研究会，召开了成立大会。恰好 1919 年 1 月 25 日这一天，李大钊与蔡元培等发起的《北京大学学余俱乐部征求会员启事》在《北京大学日刊》上发表。27 日，在发起人会议上李大钊当选为学余俱乐部的庶务干事。而此时的李大钊征集中精力于演讲《庶民的胜利》和宣传《Bolshevism 的胜利》，同时，接受邀请任《国民》杂志的指导老师、《新潮》杂志社的顾问。

但是，从李大钊能介绍毛泽东加入北京大学哲学研究会来看，如果李大钊本人不是会员，还要介绍他人入会是不符合学会的章程要求的。只是现在还没有发现李大钊参与北京大学哲学研究会有关活动的第一手资料。

《李大钊年谱长编》中对北京大学哲学研究会成立一事未曾提及。

北京大学哲学系的创建

哲学是时代精神的精华，是民族精神的象征。

北京大学哲学系始建于 1912 年，创建之初，称北大文科哲学门，因无讲授西洋哲学的教授，亦称“中国哲学门”。1914 年正式招生。1919 年更名为哲学系，包含哲学、心理和教育三个组，是中国高等学校最早成立的哲学系。冯友兰于 1915 年至 1918 年，在北京大学主修中国哲学。

汉语中原无“哲学”一词，19 世纪 70 年代“philosophy”一词传入日本，起初译为“爱知”，日本学者西周（1829—1897）在翻译“philosophy”时，考虑到这一词语最早产生于古希腊，希腊语中为 φιλοσοφια，是 Philos 和 Sophia 这两个词的组合。前者意为爱，后者意为智慧。直译为汉语可以是“爱智慧”，“philosophy”就是“智慧、有智慧、有智慧的人”之学，一是表达爱各种知识，一是表达要研究世界本原或本体的学问，即形而上学，进而在《百一新论》中造出了“哲学”这一词语。

中国学者、外交家黄遵宪（1848—1905）在 1887 年引进了“哲学”一词。1886 年，黄遵宪能辞却驻旧金山领事，专心致力修改、编纂《日本国志》；1887 年夏完成；1895 年刊行，共 40 卷，50 余万言，分为国统志、邻交志、天文志、地理志、职官志、食货志、兵志、刑法志、学术志、礼俗志、物产志、工艺志等 12 部分。介绍日本历史和现状，结合中国现实赞赏以明治维新为改革模式。在学术志中转介了“哲学”这一词语。中国哲学史研究界认为，这是“哲学”这一词语第一次进入中国。

1896 年 1 月 12 日，康有为在上海创办《强学报》，以倡言强学维新为主旨。在上海跑马场西首王家沙设立上海强学会，列名会籍的有黄体芳、屠仁守、康有为、梁鼎芬、黄绍箕、蒯光典、张謇、汪康年、邹代钧、黄遵宪、志钧、龙泽厚章炳麟等人。期间，在文章中使用了“哲学”这一词语。

北大哲学系第二届毕业摄影。前排左四马叙伦、左五蔡元培、左六陈独秀、左七梁漱溟；二排左四冯友兰，自右向左王兰、吴涢、查晓园。

哲学家冯友兰1915年考入北大，是哲学系的第二届学生。其曾在《北大忆旧记》回忆当年的求学时光：当时课程有经学、中国哲学史、诸子哲学与宋学（即宋明哲学）。陈黻宸讲诸子哲学，一口温州话很难懂。从伏羲讲起，讲了一学期，才讲到周公。有同学问："照这样讲，什么时候可以讲完。"陈黻宸答："哲学无所谓讲完讲不完。若要讲完，一句就可以讲完。若要讲不完，永远讲不完。"北京大学哲学研究会宗旨是"研究东西诸家哲学，瀹启新知"。一些北大著名教授，曾在该会授课。哲学系几位名教授间还有"打对台"的传统。胡适和梁漱溟二人同时在红楼开课，西装革履的胡适在四楼讲"中国哲学史"，身着布鞋布袜的梁漱溟则在三楼讲"印度哲学"。二人各执己见，胡适主张西化；梁漱溟认为要走传统文化复兴之路。这出对台戏足足唱了一年。宽松而自由的氛围，自然催生学术硕果。

陈黻宸（1859—1917）幼名芝生，一名崇礼，后名黻宸，字介石，晚年改名芾，室号饮水斋、烛见知斋。清末民初被誉为"浙江大儒"、"史学巨子"。与陈虬、宋恕友好，被尊称为"东瓯三先生"。1905年10月17日《上学部尚书荣庆第三书》，提出《初级师范学堂办法》和《蒙小学堂办法》，"清臣劾其提倡民权，焚毁殆尽"。1915年8月，袁世凯图谋复辟，筹安会派人到北京大学发动师生上书劝进，陈黻宸坚决反对。1917年5月初，朝野强烈反对对德宣战，陈黻宸在国会里"首劾段祺瑞"，认为"病国病民"。敢说敢怒的正直品格，赢得议会人士同声赞扬。在北京大学讲学期间，著有《中国通史》20卷、《诸子通义》10卷、《老子发微》2卷、《庄子发微》2卷，《中国哲学史》为未完之作。

运用西方哲学范式研究中国哲学

蔡元培在清末曾经由日文翻译了德国科培尔的《哲学要领》一书。1915年，发表著作《哲学大纲》，就是以自己的哲学见解与德国哲学家见解"互相错综"而写成。这应该说是以西方哲学范式研究中国哲学的开端。

1917年胡适以留学美国哥伦比亚大学时完成的博士论文《中国古代哲学方法之进化史》，回国后经过一年增订、修改，作为北京大学哲学系的讲义。1919年2月由上海商务印书馆正式出版，定名为《中国哲学史大纲》（上卷），共分 12 篇。第 1 篇《导言》，第 2 篇至第 11 篇，以人物为主题，系统地论述从老子到韩非哲学思想的历史演变。第 12 篇古代哲学之终局，对这一历史时期的哲学作了总结。第一次运用西方哲学的范式来研究中国哲学。

但是，该书也存在着很多不足。胡适寄了一本《中国哲学史大纲》给章太炎。章太炎的回信中不仅使用白话，还加上了标点，只是全部都是句号：

> 适之你看。接到中国哲学史大纲。尽有见解。但诸子学术。本不容易了然。总要看他的宗旨所在。才得不错。如但看一句两句好处。这都是断章取义的所为。不尽关系他的本意。仍望百尺竿头再进一步。
>
> 庄子说的“万物皆种也”你看作《易传》说的“大哉干元。万物资始”。又说“首出庶物”这是万物一元的话。后来又说“群龙无首。天德不可为首也。”却是无尽缘起的话。自说自破。庄子也曾说一元的话，只“万物皆种也”一段。就说无尽缘起的话。仿佛佛家由阿赖耶缘起。如来藏缘起。转入无尽缘起。
>
> 万物一元。其实尚差。他不说万物同种。却说万物皆种。明是彼此更互为种。所以下边说“始卒若环。莫得其伦”。这就是华严“无尽缘起”的道理。若万物一元的话。古今中外。大概不异。只是所指的元不同。却不是庄子的意。你要细看。
>
> 章炳麟　三月廿七日

梁启超也说：“胡先生讲的庄子，我也不甚佩服。……《寓言篇》‘万物皆种也，以不同形相禅’这两句，章太炎先生拿佛家‘业力流注’的意义来解释，胡先生拿生物进化的意义来解释，我想还是章先生说得对。章先生的名著《齐物论释》用唯识解庄子，虽然有些比附太过，却是这个门庭里出来的东西；胡先生拿出唯物观的眼光看庄子，只怕全不是那回事了。”①

胡适后来承认，《中国哲学史大纲》（上卷）中讲庄子，是全书最

① 梁启超：《评胡适之〈中国哲学史大纲〉》。

脆弱的一章，“是一个年轻人的谬妄议论”①。

由于当时的历史条件，思想不成熟、材料不丰富，使用实用主义来解读中国哲学，容易偏离了中国哲学的精神。学术界对《中国哲学史大纲》（上卷）的评价不一致是必然的。

在此期间，1918 年 10 月由北京大学出版部出版了陈大齐《哲学概论》一书，指出哲学与宗教、哲学与科学、哲学与一切学问都不同：

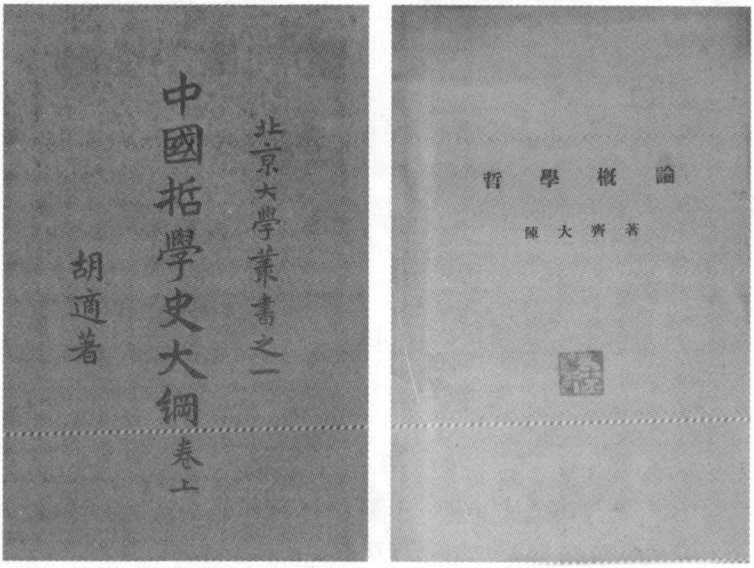

胡适著《中国哲学史大纲》、陈大齐著《哲学概论》

“哲学之求宇宙人生之真义，不求之于信仰，而求之于智识上之研求；此合理的态度，正哲学之特色也。哲学之所重，不仅在其研究所得之结论，而尤在研究时所经过之程序。瞑目蹁跌，恍然大悟，或亦足以发见宇宙之真理，然而哲学不取焉。哲学欲保持其合理的态度，不可不崇尚自由，而排斥信仰。是故屈服于宗教的威权之下，而不敢自倡新说，有背教义者，不得谓为完全之哲学。”

“哲学虽是科学之全体，然非集合一切科学，即可造成哲学之体系。一切学问所研究之原理，当然均有普遍之价值，而普遍价值之中，又有

① 胡适：《〈中国古代哲学史〉台北版自记》，见胡适：《中国古代哲学史》，安徽教育出版社 2006 年版。

等差。是故各科学之原理均为有限的普遍。能包括一切有限的普遍之原理，而有无限的普遍之价值者，始足为哲学之原理。哲学之目的，在研求绝对的，最普遍的真理，故不能不有幽深玄妙之思想。虽然，所谓幽深玄妙者，非藐视论理的法则之谓也。”

“哲学未有一致之真理，未有一定之成说，此正所以表明哲学之发展性，亦哲学之特色也。……若昧于哲学发展之事实，拾古人之唾余，奉为圭皋，如宗教家之以神话解释世界，又如儒释之奉孔佛遗教，而不敢越雷池一步，是皆时代错误之流，哲学所宜切戒者也。”

北京大学哲学研究会宗旨

学术界对胡适《中国哲学史大纲》（上卷）的评价不一致则属必然，它却在客观上促进了中国哲学界的学术研究和北京大学哲学研究会的成立。1919 年 1 月，北京大学哲学研究会的发起人是陈大齐。1919 年 1 月 25 日，胡适、马叙伦、杨昌济、梁漱溟、陶孟和等正式组织起北京大学哲学研究会，召开了成立大会。

陈大齐（1886—1983），字百年，浙江海盐人。陈大燮之兄。通晓英、法、日、德四国文字。1903 年留学日本，专攻心理学，1912 年毕业。致力中外哲学研究，为我国心理学的开拓者。1917 年在北京大学创建我国第一个心理学实验室。1918 年其所著的《心理学大纲》由商务印书馆出版，是中国第一本大学心理学教科书。1918 年其还在北京大学出版部出版了《哲学概论》一书。陈大齐还是《新青年》杂志的政论作者之一。在科学与灵学论争时，发表的《辟灵学》、《心灵现象论》等文章，对“灵学”利用扶乩宣扬神灵等反科学宣传和迷信思想进行揭露和批判，在当时影响很大。1921 年秋，陈大齐赴德国柏林大学研究西洋哲学；翌年冬回北大，任哲学系系主任。1927 年任北大教务长。1929 年初，为免“复校”学潮，改北大校名为国立北平大学北大学院（对外仍称国立北京大学），由陈大齐任院长。同年 8 月，北大学院恢复国立北京大学原名。1929 年 9 月，国民政府正式任命蔡元培为北大校长，未到任前由陈大齐代校长，直至 1930 年 12 月蒋梦麟接任北大校长为止。陈大齐在北大任教、任职长达 16 年，特别在北大师生和北平各校师生一起反对“合并改组”的“复校运动”时，主持北大校务，为培养人才、稳定教学秩序及学校发展作出了重大贡献。

陶孟和（1887—1960），原名履恭。生于天津，祖籍浙江绍兴。1906 年至 1910 年在东京高等师范学校学习历史和地理。编译《中外地理大全》两卷，上卷为中国之部，下卷为外国之部，1916 年由中华书局出版。1912 年在伦敦留学时，曾与同学梁宇皋搜集资料编写《中国乡村与城镇生活》（英文）一书，这是论述我国社会组织和社会思想的社会学最早著作。当时陶孟和才 27 岁。1913 年获经济学博士学位。同年归国后任北京高等师范学校教授。1914 年至 1927 年任北京大学教授、系主任、文学院院长、教务长等职。

胡适（1891—1962），汉族，原名嗣穈，昵称穈儿，学名洪骍，字希疆，后改名胡适，字适之，笔名天风、藏晖等，徽州绩溪人。提倡文学改良，第一位提倡白话文、新诗，成为新文化运动学者领袖之一，与陈独秀、李大钊等同为五四运动的轴心人物，对中国近代史产生了深远影响。1919 年胡适被选为“国语统一筹备委员会”委员，主张“大胆假设，小心求证”、“多谈些问题，少谈些主义”，尽管与陈独秀、李大钊等办《每周评论》，但政见不同。1922 年创办《努力周报》。1924 年创办《现代评论》。1932 年创办《独立评论》。著有《中国古代哲学史》、《白话文学史》、《胡适文存》、《尝试集》、《中国哲学史大纲》等书。1945 年 3 月任中国出席联合国大会代表。曾担任中华民国驻美大使、国立北京大学校长、台湾中央研究院院长等职。1949 年 1 月，被蒋介石聘为总统府资政。1939 年获得诺贝尔文学奖提名。

梁漱溟（1893—1988），广西桂林人，生于北京。原名焕鼎，字寿铭、萧名，后以其字行世，主要研究人生问题和社会问题，现代新儒家的早期代表人物之一。主要著作有《中国文化要义》、《东西文化及其哲学》、《乡村建设理论》、《印度哲学概论》、《唯识述义》等，今编有八卷本的《梁漱溟全集》。

关于梁漱溟到北大任教，在北大学报上也说过，那时梁漱溟报考北大落榜，蔡元培校长看中他的才华，破格将其请到北大任教。事实并非如此。1965 年，95 岁高龄的梁漱溟撰文《值得感念的岁月》，讲述自己昔日在北大的学术和教育生涯：“我因中学毕业后投身同盟会活动，无法顾及升学事，及至在北大任教，昔日中学同窗如汤用彤（在文科）、张申府（在理科）、雷国能（在法科）诸兄尚求学于北大，况且蔡先生以讲师聘我，又何曾有投考不被录取，反被聘为教授之事。”民国成立，蔡元培出任第一届教育总长，梁漱溟在同盟会的《民国报》

工作，以记者身分出入于国务院多次，接近并采访过蔡元培。1917 年，蔡元培出任北大校长。梁漱溟拿着论文《穷元决疑论》登门求教。蔡元培说："我在上海时已在《东方杂志》上看过了，很好。"蔡元培接着提出请他到北大讲印度哲学，梁漱溟不敢承当。蔡元培说："你不是喜好哲学吗？我自己喜好哲学，还有一些喜好哲学的朋友，此番到北大，就想把这些朋友乃至未知中的朋友，都引来一起共同研究，彼此切磋。你不要以为当老师是来教人，要当成来共同学习好了。"梁漱溟认为："七年之间，从蔡先生和诸同事、同学所获益处，直接间接，有形无形，数之不荆。总之，北京大学实在培养了我。"

马叙伦（1885—1970），字彝初，更字夷初，号石翁，寒香，晚号石屋老人，浙江杭县人。1911 年赴日本东京，由章太炎介绍加入同盟会。回国后在筹办民团，响应武昌起义，参与浙江光复，任都督府秘书。后协助章太炎在上海创办《大共和日报》，任总编辑。1915 年在北京大学文学院兼课。这年冬，为反对袁世凯复辟帝制辞职回上海。1917 年蔡元培任北京大学校长时，被聘任为哲学系教授。1919 年五四运动期间，任北京中等以上学校教职员联合会主席，参加反帝反封建斗争。

杨昌济（1871—1920），名怀中，字华生。1898 年就读于岳麓书院，加入进步团体南学会，宣传新学、新政，赞同谭嗣同"以民为主"。1903 年留学日本攻教育学。1909 年又留学英国，专攻哲学、伦理学。1913 年后任教湖南省立高等师范学校、第四师范、第一师范、商专、一中等校。支持新文化运动。1918 年 6 月，应蔡元培先生之聘，任北京大学伦理学教授。为赴法勤工俭学筹措经费，推荐毛泽东到图书馆工作，促成女儿开慧与毛泽东的婚恋。五四运动时发表《告学生》，表达对青年的期望，参与发起北大哲学研究会，支持成立新民学会，筹备创立湖南大学。1920 年病逝于北京，归葬长沙县板仓。著有《达化斋日记》及《杨昌济文集》、《劝学篇》等文，译有《西洋伦理学史》等书。

张颐（1887—1969），字真如，又名唯识，四川省叙永县人。1913 年赴美国密歇根大学留学，先后获文学学士、教育硕士、哲学博士学位。对西方古典哲学，尤其是黑格尔哲学有精深研究，是中国哲学界专门研究西洋古典哲学的先驱，研究黑格尔哲学的学者、教授。著有《黑氏伦理研究》、《黑格尔与宗教》、《圣路易哲学运动》等。其论著促进了中国哲学界对黑格尔学说的了解和研究。曾在北京大学哲学研究会讲"康德哲学"。

徐炳昶（1888—1976），河南唐河人。字旭生，笔名虚生、遐庵。1906 年至 1911 年，在河南公立旅京豫学堂，中学学习。1913 年至 1919 年，在法国巴黎大学留学。1919 年任北京大学哲学系教授。曾在巴黎大学留学，在北大讲授西洋哲学史，近代哲学史，法文讲读。译有《欧洲哲学史》、《你往何处去》等专著，曾在北京大学哲学研究会讲“法国哲学”等。

李大钊宣传马克思主义

1918 年年底至 1919 年初，李大钊先后发表《庶民的胜利》、《Bolshevism 的胜利》和《新纪元》等文章，热情宣传十月革命和马克思主义学说，写出了《我的马克思主义观》，引发了中国思想界的轰动。

李大钊一贯认为“彼西洋学者，因其所处之时势、境遇、社会各不相同，则其著书立说，以为救济矫正之者，亦不能不从之而异。吾辈立言，不察中国今日之情形，不审西洋哲人之时境，甲引丙以驳乙，乙又引丁以驳甲，盲人瞎马，梦中说梦，殊虑犯胡适之先生所谓‘奴性逻辑’之嫌，此为今日立言之大忌”。因此对介绍马克思主义采取了理性的态度，把文章的题目写作《我的马克思主义观》。

李大钊指出：马克思学说首先建立在经济学基础之上，以马克思的《资本论》为本原，阐释了唯物史观、阶级竞争理论和社会主义学说的三位一体不可分割。“从前的历史学家，完全把经济的意味蔑视了，也实未当。我们批评或采用一个人的学说，不要忘了他的时代环境和我们的时代环境就是了。”“大凡一个主义，都有理想与实用两面。例如民主主义的理想，不论在哪一国，大致都很相同。把这个理想适用到实际的政治上去，那就因时、因所、因事的性质，有些不同。社会主义，亦复如是。他那互助友谊的精神，不论是科学派、空想派，都拿他来作基础。把这个精神适用到实际的方法上去，又都不同。我们只要把这个那个的主义，拿来作工具，用以为实际的运动，他会因时、因所、因事的性质情形生一种适应环境的变化。”

李大钊介绍毛泽东加入学会

1919 年李大钊介绍毛泽东加入该学会。李大钊认为毛泽东是“湖南学生青年的杰出领袖”，亲自介绍他加入少年中国学会、北京大学新闻学研究会和北京大学哲学研究会。

1919 年 3 月，毛泽东离开北京大学回了湖南。在该会的活动中，毛泽东学习研究了包括 18 世纪法国唯物主义者在内的东西诸家哲学著作，进一步拓宽了知识视野，提高了研究哲学的兴趣。1921 年初他谈到个人研究计划时曾明确地说：“文学虽不能创作，但也有兴趣，喜欢研究哲学。”

毛泽东结识李大钊以后，多次聆听李大钊的讲演，阅读李大钊的文章，这对他的思想、观点产生了直接的影响，使他“对政治的兴趣越来越大，思想也越来越激进”，对马克思主义的研究倾注了巨大热情。他在 1936 年同斯诺谈话时说：“我在李大钊手下担任国立北京大学图书馆助理员的时候，曾经迅速地朝着马克思主义的方向发展。”①

毛泽东于 1942 年 11 月 21 日，在西北局高干会议上作《关于党的布尔什维克化的十二条》的讲演。他说：“没有中国共产党以前就有马克思主义了，如果没有马克思主义怎么会有中国共产党呢？事实上，那时候李大钊他们就是宣传马克思主义的，那时候的报纸、刊物、书籍都在。”“实实在在，有书为证。”②

---

① 《毛泽东一九三六年同斯诺的谈话》，人民出版社 1979 年版，第 33—34 页。

② 《李大钊》（画册），解放军文艺出版社 1989 年版。

李大钊与少年中国学会

少年中国学会是五四时期人数较多、影响较大的一个进步社团。1918 年 5 月，留日学生因反对日本帝国主义侵略中国，全体回国，国内各学校学生请愿受到反动军阀压迫而失败，因此感到有组织一个带学术性的政治团体之必要。正是在这样的背景下，1918 年 6 月 30 日，李大钊、王光祈、曾琦等发起筹备成立少年中国学会。王光祈被推为筹备处主任，李大钊为推为临时编译部主任。“盖以国中一切党系皆不足有为，过去人物又使人绝望，本会同人因欲集合全国青年，为中国创造新生命，为东亚辟一新纪元。故少年中国学会者，中华民国青年活动之团体也”，创造“少年中国”，“即适于二十世纪之少年中国是也”。1919 年 7 月 1 日，少年中国学会总部在北京正式成立，推选王光祈为执行部主任，李大钊被推举为学会机关刊物《少年中国》的编辑主任。并为第二、三、四届评议员，第五届候补评议员。李大钊推荐北京大学的许多先进青年参加了少年中国学会。毛泽东在 1920 年初由李大钊介绍加入了少年中国学会。少年中国学会北京部分会员多次在李大钊寓所举行座谈会或临时会议。

发起筹备少年中国学会

少年中国学会的筹备期为一年。筹备期间所定宗旨为：振作少年精神、研究真实学术、发展社会事业、转称末世风气。王光祈被推为筹备处主任，李大钊为推为临时编译部主任。经李大钊和王光祈等人提议，学会的宗旨由“振作少年精神，研究真实学术，发展社会事业，转移末世风气”改为“本科学的精神，为社会的活动，以创造‘少年中国’”。要求会员恪守“奋斗、实践、坚忍、俭朴”的信条。

学会机构分为评议部、执行部、编译部。评议部有议决及监督全会会务之权。在第一届职员名单中，李大钊为《少年中国》月刊编辑主任，第二、三、四届评议员，第五届候补评议员。由于李大钊的关系，北京大学的先进青年参加了少年中国学会。如黄日葵、邓中夏、许德珩、徐彦之、康白情、张崧年、高尚德、刘仁静先后加入。此外，高君宇、曾琦、李璜、左舜生、恽代英、张闻天、杨贤江等也相继加入。经李大钊介绍，毛泽东在1920年初加入少年中国学会。①

少年中国学会成立时，共有会员40多名，后达到100多名。少年中国学会在上海、南京、成都及法国巴黎均设有分会，会员遍及国内许多省市以及欧美、南洋等地。少年中国学会一共存在7年，会员最后发展到120多人，主要包括以下三种人：向往俄国十月革命的一些人；因反对日本侵占山东而归国的一部分留日学生；从事爱国运动的国内各学校学生。少年中国学会在成立一年之后，不但和别的社团联合起来，形成了统一战线，在任务和工作方面也渐渐地由朦胧而显明，比先前更实际更具体。学会中的最高领导机构是评议会，李大钊、恽代英、杨贤江、黄日葵四位是评议员。对于五四运动起了很大的联系作用，不少人后来成为著名的共产党人。北京大学校长蔡元培当时曾评价说："现在各种集会中，我觉得最有希望的是少年中国学会。因为他的言论，他的行动，都质实的很，没有一点浮动与夸张的态度。"②

学会非常注重学术研究和人格的培养，且认为无论信仰何种主义，都应首先具备应用各种主义的能力；要具备这种能力，必须"先使中国人的思想习惯非彻底的改革一番不可，非经过一番预备工夫不可"。之所以这样，是因为各种主义都是一种人类的组织，"而现在的中国人连做'人'应该具备的性格和习惯都没有，若是要他从事'人类'的组织，当然是不行的了。少年中国学会所着手的预备工夫，便是要先将中国人个个都造成一个完全的'人'，然后再讲什么主义"。

① 中共中央文献研究室编：《毛泽东年谱（1893—1949）》上卷，中央文献出版社1993年版，第52页。

② 蔡元培：《蔡孑民先生言行录》，广西师范大学出版社2005年版，第85—86页。

少年中国学会出版的刊物有《少年中国》和《少年世界》、《星期日》等，文中指出："我们'少年中国'的理想，不是死板的模型，是自由的创造；不是铸定的偶像，是活动的生活。"而他所说的"少年运动"，指的是"物心两面改造的运动，是灵肉一致的运动，是打破知识阶级的运动，是加入劳工团体的运动，是以村落为基础建立小组织的运动，是以世界为家庭扩充大联合的运动"。此外，李大钊在1918年至1920年这一时期还对"各种实验道德新生活的工读互助团或新村主义之类的尝试，表现出了极为浓厚的兴趣和热情"。

少年中国学会成员比较庞杂，包括有初步共产主义思想的知识分子的代表，小资产阶级知识分子的代表，以及资产阶级国家主义者的代表，等等。正是在这种情况下，在中国共产党成立后，该学会成员的思想分歧日益明显，到1925年底，因会员分化而停止活动。但在李大钊的宣传和影响下，邓中夏、恽代英、高君宇、黄日葵等一批少年中国学会会员走上了中国革命道路，后来成为中国共产党早期的重要活动家。

李大钊是"少年中国学会"主要发起人之一，学会的宗旨是有志青年，振兴中华。因为经常要与会员取得联系，家庭地址总要及时告诉大家。这则消息刊登在学会机关刊物《少年中国》第二卷第四号上面，1920年10月，李大钊及家属迁至北京石驸马大街后闸35号，1965年改为文华胡同24号，即今北京李大钊故居。

《少年中国》第二卷第十一号：1921年4月8日，少年中国学会北京部分会员在李大钊寓所举行谈话会。李大钊"出语诚恳忠实，与人和蔼，会上既谈了会务问题，又谈了青年的婚姻和自杀问题，谈话至十一点半尽兴而散"。

"应邀赴四川举行暑期讲演"：1921年9月《少年中国》第三卷第二号。

据《少年中国》第三卷第九号：1921年5月20日，少年中国学会北京部分会员在李大钊寓所举行临时会议，出席者：李大钊、黄日葵、高尚德、刘仁静等8人。

李大钊等在北京岳云别墅庆祝少年中国学会成立一周年合影留念（1920 年 7 月 1 日）

没有参加学会最初的筹备工作

起草“少年中国学会规约”的是王光祈。“岳云别墅者，本会成立史中最可纪念之发祥地也。到会者为：陈君淯、张君尚龄、周君无、曾君琦、雷君宝菁、王君光祈六人。会议结果，公推王光祈为起草员。遂由王君光祈草拟规约数十条，复在岳云别墅会议修改数次，并邀同会员李大钊商榷一切。当时列名发起者，则为陈淯、张尚龄、曾琦、李大钊、周无、雷宝菁、王光祈七人也。”①

陈启天在《寄园回忆录》中是这样说的：“少中的宣言、宗旨、信条以及规章都是由王光祈创意起草，而初期的会务与会友的接洽（民国七年六月至九年四月）也是由光祈总其成。所以光祈成为少中的第一个中心人物。”② 李大钊是在“少年中国学会规约”起草完成之后，才接受邀请商量有关学会正式成立事宜的。

王光祈（1892—1936），字润玙，四川省温江县人。祖父王泽山是位文人，曾在四川总督赵尔巽家中任教席，但家境并不宽裕。王光祈是遗腹子，年轻守寡的母亲以手工劳作收入，辛苦供他读书，在成都高等学堂分设中学求学期间，与曾琦、周太玄、魏时珍等同学交为好友。1912 年中学毕业。1914 年出川北上，在北京凭借着祖父与赵尔巽旧交

① 《少年中国学会会务报告》，第 3 期。

② 陈启天：《寄园回忆录》，第 133 页。

的关系，得以在赵尔巽主持的北京清史馆任书记一职，同时在中国大学攻读法律。1918年毕业后，先后担任成都《四川群报》的驻京记者、北京《京华日报》编辑。李璜是这样描述王光祈的："其身高而瘦，两眼大而有神。他对朋友议论，撑眼直视而细听，但他则不喜随便发议论；不过每有所论，则必成片段，提得出结论与办法来。"① "其面长而色红，其目炯炯有光，年未过三十，而发已经渐稀露顶，一长外套紧裹其身，已破旧，谈时，笑容满面，不离会事，语真挚而专注，不一顾路人。"②

1918年6月25日，曾琦从上海来到北京，打算在京、津成立留日学生救国团分部，并游说蒋百里等社会名流出面办大学，以收容归国的留日学生。因为在上海对梁启超、汤化龙的相求均无结果。"到北京活动留日学生救国团事的第一天，就去后王公厂回回营二号陈愚生家中会见王光祈，王光祈对他说：'我有一议，思之已久，等着为你提出。留日学生救国团的主张，明明在反对段祺瑞，要在京津发动，障必大。且即使发起成功，也不过是一哄之局，势难持久。因二三千人一旦罢学回国，声势虽大，而其中大多是感情用事，以之而言救国，则办法当不如是之简单，我们皆在青年求学时期，救国最要在早做好基础准备工夫，而准备功夫不外两事：一为人才，二为办法。但人才既不能求之于已成的势力之中，则应早日集结有志趣的青年同志，互相切磋，经过磨练，成为各项专门人才，始足以言救国建国种种实际问题的解决。至于办法，也非浅识玄想，东写西抄，便可以适合国家真正需要。因此必须每个同志都去增进自己学识，从事各种研究；而今日之研究学术，又必须本科学的精神，方不致流于空。'"③

这是李璜在回忆录中所记，其实，王光祈的这个念头，深为曾琦所赞同，并非始于当日。在此之前，相互之间本已有过多次这样的议论。从曾琦的日记中可以得知，此前，曾琦也对组织学会几度有所构想："七年四月一日，拟集合同志，提倡分业，为一真正之学会，各就所学，轮流讲演，要以根于学理，按诸事实为主，冀收切磋之实效。顷与友人谈及，颇多赞同，其或有成乎？"但是由于罢学归国的突发，只得暂时

① 李璜：《五四运动与少年中国学会》，载《传记文学》，1960年第16卷第4期。

② 李璜：《我所认识的光祈》，见《追悼王光祈先生专刊》，1936年版。

③ 李璜：《五四运动与少年中国学会》，载《传记文学》，1960年第16卷第4期。

中断学会组织的进行。接下来，全部投身于留日学生救国团的活动，联系和拜会相关友人。“五月六日，晨起写发陈愚生、周太玄、王润屿、郭步陶各一函。”“五月十六日，发北京陈维藩、蓝志先、李守常各一函。”此时，曾琦已经是在上海了。

6 月 25 日，曾琦在日记中写道：“晨九钟，偕梦九及心之昆季乘火车赴京。午刻抵京，心之邀赴渠家暂憩。未几，愚生、眉生来迎，赴愚生家住宿，并拜见其夫人，愚生新婚甫一月也。晚，太玄来，谈至十一钟始去。附记，是日，李守常君来，谈良久。晚，润屿亦来，畅叙别后情形及近来所抱理想，并留同宿焉。”正是在这一天，王光祈、曾琦两人大致确定了学会发起的宗旨与办法，一直忙碌到深夜。为此，曾琦在日记中还专门记道：“时为民国七年六月二十五日之夜。”拟定学会的名称为“少年中国学会”，宗旨定为：“振作少年精神，研究真实学术，发展社会事业，转移末世风气。”目的是借群体之力研究学术、砥砺个人修养。

“六月三十日，午后，润屿、太玄来，约愚生、梦九、眉生六人赴南横街岳云别墅张文达祠，商议发起少年中国学会，并决定今后行止，相约无背规约焉。”

少年中国学会的这六位发起人，年龄相近，具有同学、同乡之谊，教育和思想背景接近，对急切改造中国心理相同，关心国事。加之，留日罢学归国，急需相互支持相互关切。

王光祈承担了少年中国学会的章程、规约的起草工作，这需要时间。7 月 12 日，初稿完成。曾琦的日记中写着：“七月十二日，晚，偕梦九、眉生赴中央公园，与润屿、太玄约会。润屿出所拟少年中国学会宣言及改定章程，相与讨论，至十钟始寝。”宣言和章程需要反复推敲，决定每人再认真思考一天，“七月十四日，晨偕愚生、梦九、眉生赴南横街岳云别墅，与润屿、太玄约会，商议组织少年中国学会，并讨论章程”。章程敲定，可以进行学会组织活动了。陈愚生提出了一个想法，能不能约请李守常作为学会发起人之一？陈愚生回国新婚后与李大钊在北京是邻居，相互多有关照。李大钊时任北京大学图书馆主任一职后，住宅都在回回营。李大钊（守常）和陈愚生、曾琦、张梦九、雷眉生同为留日学生，曾琦在东京时就与李大钊相识，相互之间也十分友善。1917 年秋，陈愚生回国后陆续介绍王光祈、周太玄与李大钊相识，所以，六位发起人都与李大钊相知。加之，六人在北京都还没有固定职业，共同约定邀请李大钊为少年中国学会的发起人，何况李大钊在北京办过报纸、出过刊物，在北京大学工作，有着众多的人脉关系。这有利于学会的注册和得到社会认可。

接受邀请为学会发起人之一

“七月二十一日午后，与润屿、太玄来抄写少年中国学会章程。旋以电话邀李守常来寓，约渠加入学会。纵谈至晚十钟始去，甚惬也。”①李大钊就是这样接受邀请被列为少年中国学会发起人。

曾琦（1892—1951），原名昭琮，字慕韩，四川省隆昌县人。曾就读于成都的四川法政学堂。辛亥革命后执笔于成都《商会公报》、《四川公报》，并出任重庆《国民新报》主笔，曾在报纸上抨击赵尔丰的政策。1913 年往重庆参加熊克武组织的讨袁活动。1914 年在上海震旦学院与左舜生、李璜同学。1916 年赴日本中央大学留学，曾琦十分注重与名人交往，屡屡致信梁启超等人。曾琦交友的选择是：“择别宜严，否则不免滥交，而违初旨”。他在 1918 年 3 月 7 日的《戊午日记》里写道：“凡对中人以上，当语以正义，使其重精神而轻物质，具有牺牲之勇气，以成伟大人物；对中人以下，则语以权力义务之界说，使其尽义务以取权利，勿生侥幸之妄念，以成良好国民。”1918 年 6 月得知段祺瑞与日方密签《中日陆军共同防敌军事协定》，曾琦致函梁启超，交雷眉生回国带呈，劝其出来办学校。随后，自己和 3000 余名留日学生罢学回国，一抵天津，曾琦即赴意租界二马路拜谒梁启超，“十年景仰之怀，至今始遂”，劝其“出而办学”，梁启超不为所动，却劝曾琦从事学问。从少年中国学会约定的“不请谒当道，不依附已成势力，不寄望过去人物”，可知独立自主之意由是而生。

陈愚生（？—1923），字淯，四川省泸州市人。1911 年曾参加四川保路运动，民国初年赴日本留学，就读于早稻田大学经济系，与李大钊是留日同学，私交极厚。在北京，陈愚生新婚后的住宅正巧与李大钊相邻。他俩的住宅就常成为少年中国学会会友的聚会场所。

---

① 《戊午日记——曾慕韩先生日记选》，台北文海出版社，第 25—39 页。

张梦九（1893—1974），名尚龄，陕西省西安市人。在四川出生。在日本留学期间，1918 年 5 月 4 日《中日陆军共同防敌军事协定》签署前夕，46 名中国青年聚集在东京神田的一家饭馆，代表了各省各校的 3000 余名留学生，决定全体罢学归国，一致对外。张梦九被推为 6 所大学代表，回国“先发队”成员。5 月 17 日，“抵上海者已有 1400 余人”，筹集经费、建立机关，担任《救国日报》总编辑，鼓吹抗日救国。6 月 25 日，张梦九与曾琦离开上海到北京，为留日学生回国求助。与王光祈相见后，听王光祈一席话，认识到确有组织学会的必要。

周太玄（1895—1968），原名周焯、号朗宣，后改名周无。祖籍江西金溪人。出生于四川。1913 年考入中国公学政治经济专门部，1916 年毕业后在上海《民信报》任翻译、编辑等职。后去北京任《京华日报》、《中华新报》编辑和中华通讯社通讯员，遂推荐王光祈也参与《京华日报》工作。当时，李大钊主编《晨钟报》，同在新闻界工作，经陈淯介绍相互结识，一见如故，有时畅谈直至深夜。周太玄回忆说：“共同之处是思想倾向于新的一方面，要成立一个团体来找寻方向，实现理想，要坚决地与旧的一切划清界限，绝不与任何旧的势力妥协。要想在青年的朝气上面再加上奋斗刻苦的精神，以一个完全崭新的姿态和作法，去创造一个少年中国。”

雷眉生（？—1918）原籍陕西，出生于四川。雷眉生留日学习，入东京第一高等学校，“于功课外恒留心当世事，熟考西史，慕加富尔（加富尔、马志尼和加里波第并称为意大利复兴大业中的三杰）之为人，慨然有志于外交，时或议论国家大事，虽当世所谓政客者流，莫能折也”①。1918 年 3 月，为抵制日本通讯社操纵东亚舆论，曾与张梦九、易君左等组建“华瀛通讯社”，每周发稿 8 次，供国内报刊采用。5 月罢学归国，在上海，于 4 日晨，陪同曾琦、冯若飞访汤化龙，建议其对留学生倡归国有所主张，免致青年失学，汤化龙因即将赴美国考察未作承诺，深感社会人物对民生之冷漠，只能靠奋起自救，对创建学会表示赞同。不幸于 12 月因病医治无效，年轻早逝。

周太玄对这六位发起人的关系做过这样的说明：“其所以能在这样

① 曾琦：《已故会员雷宝菁君略传》，《少年中国学会会务报告》，1919 年 3 月 1 日，第 1 期，第 36—39 页。

短暂的时间酝酿成这样一个具有相当规模与富有朝气的团体，是因为其中大部分的人都是很早就相熟，很早就有共同奋斗的愿望，所以能够这样。七人中王光祈、周无、曾琦都曾同在四川成都，同时考进一个中学，又同班读书；另外张尚龄、雷宝菁与陈淯也都是四川人，也都在一处读过书，王光祈他们进的成都这个中学是那时四川最高学府——高等学堂附属的中学，名叫高等学堂分设中学堂。”①

学会在我国，兴起于19世纪末的戊戌维新运动。维新派的康有为认为：“尝考泰西所以富强之由，皆由学会讲求之力”,“中国风气，向来散漫，士大夫戒于明世社会之禁，不敢相聚讲求，故转移极难。思开风气，开知识，非合大群不可。且必合大群而力厚也，合群非开会不可”。② 梁启超指出如果每一省、每一府、每一州、每一县，每一乡都组织学会的话，则可以收到比学堂更大的效果，“今欲振中国，在广人才，欲广人才，在兴学会”。“欲救今日之中国，舍学会末由哉”。③ 都把组织学会看成是救国救民的良策。1895年康有为在北京创设强学会之后，致使成立各种学会在全国成为一股潮流，前后三年，至1889年9月学会多达78个。④

1914年8月23日，日本对德国宣战；11月7日，占领德国在我国的租借地胶州湾。1915年1月，日本向中国提出“二十一条”。袁世凯在5月9日，接纳了其中大多数要求。这一保密的协定，为新闻界所发布，使中国知识分子及民众对日本及袁世凯政府强烈不满，一致反日讨袁。1917年8月14日，北京政府正式向德国宣战，成为第一次世界大战参战国。1918年初，日本向段祺瑞控制的北京政府提供大量贷款，协助组建和装备一支参战军，被用于安福国会庞大的贿选开支。在这种极其恶劣的政治社会环境下，帝国主义侵略加剧，军阀暴力横行，中华民族面临严重的民族危机，中国知识分子要求社会变革的强烈愿望必然在思想文化领域产生外在体现，新的学会和社团组织相继产生，形成了又一次新的高潮。

---

① 周太玄：《关于参加发起少年中国学会的回忆》。

② 《康南海自编年谱》，中华书局1992年版。

③ 梁启超：《论学会》，中国史学会编：《戊戌变法（四）》第376页。

④ 李文海：《戊戌维新运动时期的学会组织》。

学会宗旨与振兴中华完全一致

李大钊参与少年中国学会的发起，有接受邀请的私人友谊一面，也有思想背景相同的一面。李大钊此时正在苦苦寻找解决中国问题的根本方法，对当代青年如何为民族振兴做出贡献尤为关注。所以，尽管年龄要比这几位青年人大了几岁，还是很愿意交流思想，相互切磋，结为挚友。7 月 21 日，由 7 人共同署名发起的少年中国学会宗旨，经李大钊提议，修改为："本科学的精神，为社会的活动，以创造《少年中国》。"并宣称："同人等愿集合全国有为的青年，从事专门学术，献身社会事业，以转移末世风俗。""同人等知改革社会之难而不可以徒托空言也，故始之以奋斗而继之以实践；知养成实力之需时而不可以无学术也，故持之以坚忍，而终之以俭朴。务使全国青年之志士，皆具先民敦厚之风，常怀社会改革之志；循序以进，悬的以趋。勿为无意识之牺牲，宜为有秩序之奋斗。"并订定少年中国学会的公约为：（一）奋斗，（二）实践，（三）坚忍，（四）俭朴。开始把会章印刷成册，分寄各地友好。

7 月 27 日，曾琦等将离开北京去上海，7 位发起人又在中央公园聚会，又商定凡加入少年中国学会的会员一律不得参加社会政治活动，不请谒当道，不依附官僚，不利用已成势力，不寄望过去人物；学有所长时，大家相期努力于社会事业，一步一步来创造"少年中国"。认为这样能够使会章所规定的四项公约更为明确可遵循。对于不得参加政治活动的主张，王光祈甚为坚持，并将此主张明确写入征求会员的发起书。大家一致推王光祈为学会的筹备主任。

学会成员都应有明确的志向、良好的品格，也是李大钊的一贯主张。李大钊在进入北京大学之后，就响应蔡元培的号召。1918 年 1 月 20 日加入北京大学进德会，自报的入会准则是除确守甲等会员"不狎妓、不赌博、不纳妾"三条必备戒律外，加上"不饮酒、不吸烟"两条。6 月 3 日，李大钊当选为北大进德会纠察员。6 月 29 日，北大进德会评议员、纠察员第一次会议，讨论会章中八条戒律的遵守问题。7 月 6 日，《进德会启事》第四号公布了八条戒律之界说：一、不嫖；二、不赌；三、不纳妾；四、不作官吏；五、不作议员；六、不饮酒；七、不食肉；八、不吸烟。会员不再分甲、乙等级，以不嫖、不赌、不纳妾为基本条件，后五戒经选择后确认自行遵守。

李大钊在日本留学时决定弃学归国，同样是为了建设“青春中华”的美好理想。李大钊那时还不是马克思主义者，他倡导的“民彝”政治和“青春”哲学，在于回答“得永享青春之幸福与否，当问宇宙自然之青春是否为无尽”。青春拥有生机活力：“彼幽闲贞静之青春，携来无限之希望，无限之兴趣，飘然贡其柔丽之姿于吾前途辽远之青年之前。”青春拥有朝气作为：“青年应致我为青年之我，我之家庭为青年之家庭，我之民族为青春之民族。”青春拥有天演公例，“新兴之国族与陈腐之国族遇，陈腐者必败；朝气横溢之生命力与死灰沉滞之生命力遇，死灰沉滞者必败；青春之国民与白首之国民遇，白首者必败；此或天演公例，莫或能逃者也。”青春拥有孕育再生，“吾族青年所当信誓旦旦，以昭示于世者，不在龈龈辩证白首中国之不死，乃在汲汲孕育青春中国之再生。吾族今后之能否立足于世界，不在白首中国之苟延残喘，而在青春中国之投胎复活”。这和“少年中国学会”的指向可说是一致的表述。①

李大钊在回国以后，任《晨钟》报的编辑主任一职，所写的《晨钟》报的发刊词：《〈晨钟〉之使命——青春中华之创造》，还是号召广大青年“以青春中华之创造为惟一之使命”，让积贫积弱的老大帝国重返青春，一跃而为“青春中华”，和“少年中国”的理想完全一致。“过去之中华，老辈所有之中华，历史之中华，坟墓中之中华也。未来之中华，青年所有之中华，理想之中华，胎孕中之中华也。坟墓中之中华，尽可视为老辈之纪录，而拱手以让之老辈，俾携以俱去。胎孕中之中华，则断不许老辈以其沉滞颓废、衰朽枯窘之血液，侵及其新生命。盖一切之新创造，新机运，乃吾青年独有之特权，老辈之于社会，自其长于年龄、富于经验之点，吾人固可与以相当之敬礼，即令以此自重，而轻蔑吾青年，诽谤吾青年，凌辱吾青年，吾人亦皆能忍受，独至并此独有之特权而侵之，则毅然以用排除之手段，而无所于踌躇，无所于逊谢。须知吾青年之生，为自我而生，非为彼老辈而生，青春中华之创造，为青年而造，非为彼老辈而造也。”

周太玄回忆李大钊、王光祈、陈愚生时说：“他们共同之处是：思想倾向于新的一面，要成立一个团体来寻找方向，实现理想，要坚决与

① 李大钊：《青春》，见《李大钊全集》第一卷，第182—192页。

旧的一切划清界线，决不与任何旧的势力妥协。要想在青年的朝气上面加上奋斗刻苦的精神，以一完全崭新的姿态和作法，去创造一个少年中国。”①

1918 年 7 月 1 日，李大钊在《言治季刊》上发表《法俄革命之比较观》一文。李大钊充分肯定了俄罗斯革命的世界意义，是建于自由、人道上的新潮流、新文明的曙光。孙中山也致电列宁和苏维埃政府，愿中苏团结共同战斗。9 月 24 日，日本完全取代了德国在我国山东的特权。11 月 11 日德国投降，至此第一次世界大战结束。中国作为参战的胜利国，本是自鸦片战争以来，历经半个多世纪的屈辱、压迫后获得的一次胜利的喜悦。然而随之而来的却是“巴黎和会”给中国人民这次喜悦沉痛的回应，证实“弱国无外交”的苦果，激发了中国人民强烈的反帝、反封建斗争。15 日，李大钊在中央公园发表演说《庶民的胜利》。接着在 12 月初，写出了《Bolshevism 的胜利》，预言：“试看将来的环球，必是赤旗的世界。”表明此时的李大钊已经把注意力全部放在了对苏俄十月革命的近战上面，放在了对马克思列宁主义的理论及实践关注上面，思想正在发生着急剧的转化。相应地，也希望少年中国学会的会员们能够跟上这个新纪元的开始。

当国民社 10 月 20 日在北京大学正式成立，新潮社 11 月 19 日在北京大学正式成立，聘请李大钊担任《国民》杂志、新潮社的顾问，李大钊将新潮社、国民社的一些主要成员许德珩、黄日葵、易克嶷、邓中夏、高君宇、徐彦之、孟寿椿、康白情、张申府、朱自清等先后介绍加入少年中国学会。这样，在《新青年》、《每周评论》高举民主、科学旗帜的引领下，少年中国学会会员们所追求的新理想正在导向科学的社会主义，如何认识苏联走过的道路成了关注的焦点。

定名“少年中国学会”缘由

早在学会成立之前的 1900 年，梁启超写于戊戌变法失败后的《少年中国说》发表在《清议报》上，极力歌颂少年的朝气蓬勃，热切希望“少年中国”的出现，极富鼓动性和进取性，表达了对少年中国的

① 周太玄：《关于参加发起少年中国学会的回忆》，见《五四时期的社团》，生活·读书·新知三联书店 1979 年版，第 537—539 页。

热爱和期望。文中呼吁：

“故今日之责任，不在他人，而全在我少年。少年智则国智，少年富则国富，少年强则国强，少年独立则国独立，少年自由则国自由，少年进步则国进步，少年胜于欧洲，则国胜于欧洲，少年雄于地球，则国雄于地球。红日初升，其道大光；河出伏流，一泻汪洋；潜龙腾渊，鳞爪飞扬；乳虎啸谷，百兽震惶；鹰隼试翼，风尘翕张；奇花初胎，矞矞皇皇；干将发硎，有作其芒；天戴其苍，地履其黄；纵有千古，横有八荒，前途似海，来日方长。美哉，我少年中国，与天不老；壮哉，我中国少年，与国无疆！”

文中思想情感为当时国人感同身受，深入心中。1902 年，梁启超又在《新民丛报》上对“国”字作如下解释：“有土地，有人民，以居于其土地之人民，而治其所居之土地之事，自制法律而自守之；有主权，有服从，人人皆主权者，人人皆服从者。夫如是，斯谓之完全成立之国……壮年之事也；未能完全成立而渐进于完全成立者，少年之事也”。据此，欧洲各国可称为“壮年国”，今日中国则为“少年国”。[①]

1905 年，以孙中山为首的中国同盟会正式成立。1909 年 11 月，孙中山第三次到美国；12 月在纽约成立中国同盟会分会。1910 年 1 月在芝加哥成立中国同盟会分会；2 月在旧金山成立中国同盟会分会；8 月 19 日，《少年中国晨报》出版，推举黄伯耀为总经理兼营业部经理，李梓青为司库，黄超五为总编辑，李是男为副刊及新闻编辑，黄芸苏、崔通约、伍平一、张蔼蕴为主笔。由于该市原有 3 家华文日报都在午间出版，《少年中国晨报》便以晨报出现，每日清晨 6 时出版。内容丰富，紧跟时代，发行量果然后来居上，影响力越来越大，成为孙中山在旧金山创办最早的革命党机关报，在美国西部的重要宣传阵地。同盟会在美国许多城市相继建立分会，旧金山同盟会成为在美国的同盟会总部。《少年中国晨报》的发行，使华侨作为一股独立的政治力量悄然崛起，以《少年中国晨报》为联络，发动广大华侨募集革命经费支持中国革命。

其模仿马志尼“少年意大利”。意大利本是欧洲的第一老大帝国，自从罗马帝国灭亡后，全国土地隶属于教皇，政权却归于奥地利，成为

① 《梁启超全集》，北京出版社 1997 年版，第 410 页。

衰老而濒临于死期的国家。马志尼（1805—1872）是意大利爱国者，与加里波的、喀富尔合称“意大利三杰”。罗马帝国灭亡后，意大利受奥地利帝国奴役，玛志尼创立“少年意大利党”，创办《少年意大利报》，发动和组织资产阶级革命，全国有志之士，如同云涌雾集一样都来响应，最后终于统一复兴旧邦，使意大利成为欧洲一大强国。“少年中国的梦，是从少年意大利而来，这是曾慕韩、雷眉生、陈愚生和我几年来在东京的构想。”① 一个马志尼能建立少年意大利，中国有志青年也一定能够经由建立“少年中国”实现伟大中华民族的振兴！

正如王光祈所说：“少年中国运动不是别的，只是一种‘中华民族复兴运动’。我们的方法，计有两种：甲、民族文化复兴运动，乙、民族生活改造运动。我尝深思苦索中国人的性格，详考细察西洋人的习俗，最后恍然大悟，中国的‘民族文化’，便是中国古代的‘礼乐’。由这种礼乐，以养成中华民族的根本思想。礼也者，小而言之，则为起居进退之仪；大而言之，则为处事待人之道。乐也者，小而言之，则为涵养性灵之具；大而言之，则为协和万邦之用。我们中国人生活于孔子学说之下者数千年，而孔子学说又实以礼乐二事为其基础。所以中华民族的根本思想，与我国古代礼乐有至深之关系。中国的古礼古乐，诚然有许多不适宜今日的地方，而且简单得很；但古人制礼作乐的本意，则千古不磨。我们现在宜用西洋科学方法，把它整理培植起来，用以唤起我们中华民族的根本思想，完成我们文化复兴运动。……现在我们中国人的日常生活，真是简陋枯寂得很！持与西人丰富而愉快的生活比较，为免相形见绌。我们推究其原因，不外两种：一为无识，二为无业。要医治此两种病症则又只有普及教育与发展实业两法，以完成我们的民族生活改造运动。”② 这个学会要把思想启蒙和文化事业作为重点，“联合同辈，杀出一条道路，把这个古老腐朽、呻吟垂绝的被压迫被剥削的国家，改变成为一个青春年少、独立富强的国家”。

在李璜的回忆中：少年中国学会从 1918 年 9 月开始，在北京的会员不过七八人，每周聚会于陈愚生家中一次。陈愚生好客，高谈阔论之外，会备菜留餐，讨论会务后必聚餐，相互间更为熟悉。李大钊身高面

---

① 张梦九：《忆少年中国学会》，中华书局 1924 年版，《传记文学》第三十卷第二号，第 144 页。

② 王光祈：《少年中国运动》，中华书局 1924 年版。

白，留有两撇胡子，河北话说得干净而响亮，对人接物，皆有一定分寸，字也写得不错，八行很漂亮，一笔行书，有阁帖味道，用松烟墨写在宣纸信笺上，甚为夺目。在曾琦 1918 年归国的杂感诗中，有“诗伯数青莲”一句，下注李大钊。方得知李大钊诗作曾以“青莲”署名。

11 月中旬，李大钊开始在餐席上介绍俄国的十月革命，认为 1917 年俄国的十月革命比 1789 年的法国大革命意义重要，俄共主张支持弱小民族的解放运动，中国革命的前途，最好去学俄国共产党。王光祈对此则予以反驳，认为各国有各国的不同国情，中国的革命前途，既不能照着法国大革命去做，也不必要去学俄国共产党的作法。其时，李大钊在《新青年》杂志的第五卷第五号上，发表了《Bolshevism 的胜利》一文。这篇文章，对马克思主义及其经济史观的论说还不多，对会员的介绍也多是人道主义、民主主义及反对帝国主义和封建主义压迫。当时，李大钊对俄共革命的理论及其实践所知还不多，还没有成为真正的马克思主义者。但是，此时李大钊对俄国十月革命、列宁联合世界被压迫民族反抗帝国主义的殖民政策，表示了坚决的赞成，正是他思想急剧转化的出发点。

在陈愚生家每周一次的聚会中，11 月以后，毛泽东必在座。毛泽东后来曾对斯诺说过：他是在 1918 年至 1919 年，在李大钊指导之下，很快向马克思主义转变的。但是，这样的转变，并没有在所有少年中国学会会员中得到实现。有的会员既反对共产主张，认为它不适合中国国情，又反对莫斯科的第三国际，认为这是苏俄的侵略阴谋。会员之间为此往复通信，直到后来形成一场激烈的笔战，埋下了分化瓦解的种子。

1918 年 12 月 15 日，李璜在离开北京去上海，搭法国邮船赴法国留学，临行前写了一封《留别少年中国学会同人》书，寄给北京的王光祈，这封信被收入 1919 年 3 月的《少年中国学会会务报告》第一期上面。他表明了自己的观点：不赞成俄国共产党的政策主张运用于中国。

1919 年年初，在北京、上海、南京及长江流域各省都有了少年中国学会的会员。王光祈一个人竭尽全力在 1919 年 3 月 1 日印制完成《少年中国学会会务报告》第一期，分发给各位会员，并且决定每月出一期，以便于各位会员对于学术研究及社会问题相互交换心得和意见。

在少年中国学会酝酿时，李大钊曾希望这个囊括各地精英的社团担负起研究和介绍马克思主义的任务。然而由于王光祈、曾琦等信仰无政府主义或国家主义的其他发起人不赞同这种主张，导致李的愿望无法实现（注：约在1920年春，李大钊曾告诉张国焘，在五四运动前即有成立社会主义研究会及俄罗斯研究会等拟议，但一直没有具体进行。他和一些有为的朋友们组织了一个少年中国学会，出版了一个少年中国杂志，他原希望这个组织能够负起研究和介绍马克思主义的任务，但因会员们不尽赞成马克思主义，无法实现他的愿望[①]）。少年中国学会发起人之一张梦九也回忆，当团体酝酿期间，几名发起人曾对组织学会抑或政党有所讨论。由于李大钊、陈愚生倾向苏俄和共产，与别的发起人意见不同，几经折衷才形成后来的组织形式和会章。[②] 少年中国学会成立不久，李大钊就经常在学会的聚会上"宣传国际共产主义"、"称道苏俄的共产革命"，希望大家"去学俄国的共产党"，还在私下影响和说服学会的会员信仰马克思主义，追随布尔什维克。如原来曾欣赏克鲁泡特金互助学说的会员毛泽东便回忆自己是在李大钊的影响下倾向马克思主义的。对一时说服不了的人，李大钊也尽力团结共事。比如，他曾与陈独秀、高一涵等多次往访住在"蓬庐"的少年中国学会会长王光祈和担任北大四川同学会会长的德扬。[③] 有许多少年中国学会会员参加的工读互助团也被陈独秀、李大钊等赋予了政治目的。王光祈当时就对利用工读互助团达到某种政治目的发生厌恶心，起了出洋留学的念头。[④] 工读互助团把各地激进青年组织在一起共同劳动、共同生活、共同学习，也是为了团结和组织起更多的青年，工读互助团的俞秀松、施存统、陈公培等成为中共组织在上海的发起人并非偶然。

参加少年中国学会成立大会

在学会筹备期间，李大钊在十月革命的影响下，开始由民主主义者向马克思主义者急速转变。1918年7月1日，李大钊发表《法俄革命之比较观》，肯定了俄罗斯之革命是20世纪初期之革命，是立于社会主义上之革命，是社会的革命而并著世界的革命之彩色"，"时代之精神

---

① 张国焘：《我的回忆》，引自《"一大"前后》（二），人民出版社1980年版，第130页。

② 张梦九：《忆少年中国学会》，《传记文学》第三十五卷第二号。

③ 郭有守：《若愚在蓬庐》，《王光祈先生纪念册》1936年版，第28页。

④ 孟寿椿：《五四运动时代王光祈先生的奋斗生活》，《王光祈先生纪念册》，第61页。

不同，革命之性质自异，故迥非可同日而语”。认为只有俄国革命才代表了整个世界一种新的向上的力量。9 月暑期开始后，李大钊决定回故乡乐亭，接妻子和儿女到北京居住，这是李大钊从到天津北洋发证专门学堂读书，毕业后去日本留学，回国后在北京办报纸刊物，直到任职北大图书馆主任，多年来一直只能在寒暑假期回家团聚的结束。

李大钊此时期十分专注地学习马克思主义理论，着手写作《我的马克思主义观》，系统介绍马克思主义的基本原理。10 月初，李大钊忙碌于将图书馆迁入沙滩大街北京大学第一院的四层红砖大楼第一层。新图书馆共有 21 个书库、6 个阅览室。在东南角的一个里外间，作为图书馆主任室，也是北大青年学子聚会的地方。李大钊接受了国民社的邀请，担任将于 1919 年 1 月出版的《国民》杂志的顾问。10 月下旬，李大钊结识并安排毛泽东到北大图书馆工作。在一次接待少年中国学会会员活动中，参加聚会的有李璜、王光祈、邓中夏、陈愚生、易克嶷等，李大钊将毛泽东、赵世炎介绍给大家认识。

11 月，同盟国战败，德国投降，第一次世界大战结束，但是作为战胜国的中国却受到日本等国的歧视。这些消息传来，激起广大中国人民的无比愤慨。29 日李大钊在中央公园由北京大学主办的“庆祝协约国战胜大会”上做了题为《庶民的胜利》的演讲。在此时期，李大钊曾在北京大学组织马克思学说研究会，为迷惑当局取名为马尔克斯研究会，对内研究马克思的著作，对外举办有关讲座。首先是研读马克思和恩格斯合著的《共产党宣言》。12 月 3 日，李大钊接受了新潮社的邀请，担任将于 1919 年 1 月出版的《新潮》杂志的顾问。为了能及时传递有关巴黎和会的消息及国内外形势的急速变化，李大钊和陈独秀等决定创办的周刊《每周评论》，在 12 月 22 日出版第一期。

李大钊所写的《Bolshevism 的胜利》一文，特别将“布尔什维主义”一词用英文标出，以使人们认识这个新生的事物。李大钊此时不仅是热烈欢呼苏俄十月革命的胜利。而且开始用马克思主义观点观察和分析问题。此时的李大钊，在少年中国学会中主要是团结教育青年，进行马克思主义宣传。随着学会的发展，北京大学的学生成为吸收会员的近水楼台，李大钊的影响显示出重大作用。接近年底，曾琦、张梦九、周太玄三人去了上海，雷宝菁于 12 月 14 日在东京病逝，留在北京负责会务工作的便只有王光祈、李大钊、陈愚生三人。李大钊在学会中的地位和作用更显重要。国内的政治形势错综复杂，新思潮风起云涌，与封建势力展开了激战。李大钊宣传苏俄十月革命，介绍马克思主义理论，创办革命刊物，组织革命团体，引起北洋政府的注意。

4月份的《每周评论》第16号、第18号，分别刊登和介绍了《共产党宣言》的第二章“无产者和共产党人”的最后几段译文，并全文译出了无产阶级变革社会的十项纲领。在此文的按语中写道：“这个宣言是马克思和恩格斯最先最重大的意见”，“是表示新时代的文书”。“其要旨在主张阶级战争，要求各地的劳工联合。”李大钊的思想转向马克思主义越来越明确、越来越坚定了。5月1日，少年中国学会的工作进展是要求会员自行选定研究的学科，李大钊选定的是加入经济科。

巴黎和会允许日本继承德国在我国山东特权的消息传来，激起中国人民极大愤慨。北京各高校学生代表集会于北京大学，决定举行示威活动。一场震动世界的爱国运动即将爆发，这就是划分历史时代的五四运动。少年中国学会酝酿筹备于五四运动之前，正式成立于五四运动之后。所有会员都将经受这次爱国学生运动的战斗洗礼和政治检验。

李大钊从认定十月革命开辟了人类历史的新纪元，进而认定十月革命的潮流不可抗拒，十月革命的道路是各国革命的必由之路，他苦苦寻找的中国问题根本解决之路，也只能是走十月革命的道路：“吾人对于俄罗斯今日之事变，惟有翘首以迎其世界新文明之曙光，倾耳以迎其建于自由、人道上之新俄罗斯之消息，而求所以适应此世界的新潮流，勿徒以其目前一时之乱象遂遽为之抱悲观也。”① 李大钊的思想，是在《废娼问题》一文中最先提出的，他认定：废娼问题“根本解决的办法，还是非把这个社会现象背后逼着一部分妇女不去卖淫不能生活的社会组织根本改造不可”②。就是说，要彻底地变革社会组织结构，随后在《我的马克思主义观》中，他深入论证如何变革社会组织结构的思想：“人类社会生产关系的总和，构成社会经济的构造。这是社会的基础构造，一切社会上政治的、法制的、伦理的、哲学的，简单说，凡是精神上的构造，都是随着经济的构造变化而变化。”③ 李大钊依据马克思的唯物史观，指出社会上法律、政治、伦理等精神的构造，都是表面的构造，经济的构造这一切的基础。“经济组织一有变动，他们都跟着

① 李大钊：《法俄革命之比较观》。

② 《李大钊全集》第2卷，第334页。

③ 《李大钊全集》第3卷，第27页。

变动。换一句话说，就是经济问题的解决，是根本解决。”① 李大钊坚定地认为“根本解决”中国社会问题的方法和道路，马克思主义的唯物史观真正说得一清二楚，那就是彻底变革社会组织结构，这样，经济问题一旦解决，什么政治问题、法律问题、家族制度问题、女子解放问题、工人解放问题，都可以解决。十月革命建立的国家政权，就是变革社会组织结构，使工农大众成了国家的主人。

李大钊思想的转化使他认识到革命的主体是深受压迫和剥削的工农大众，在中国的艰巨任务是实现物质和精神的两面改造，而在这个过程中，“要想把现代的新文明，从根底输入到社会里面，非把知识阶级与劳工阶级打成一气不可。我甚望我们中国的青年，认清这个道理”②。这就决定了李大钊对当代青年活动方向的认识，当然也会关系到对少年中国学会活动的引导。

李大钊思想的发展在找到了“根本解决”的途径之后，及时而坚定地提出了要付诸“直接行动”。

1919 年 5 月 1 日，李大钊帮助《晨报》副刊出版“劳动节纪念专号”，这是在中国的报纸上第一次纪念世界无产阶级的节日。李大钊在《五一节杂感》中指出，这个日子是工人阶级“直接行动”取得成功的日子，是工人的祝典日。李大钊介绍国际工人运动多次提到“直接行动”，就是主张采取革命的行动。李大钊在文章中提出的“根本解决”和“直接行动”，两者结合就是号召中国人民一定要走十月革命的道路，反对帝国主义侵略、反对封建军阀压迫。

李大钊、陈独秀与胡适起草《北京市民宣言》，印成传单，亲自散发，号召如果反动政府不答应群众的要求，工人、学生、商人就应该采用“直接行动”求得“根本之改造”。李大钊指出，第一次世界大战性质是“资本家政府的战争”；“这回战争的起因”，全在资本家国家的扩张主义，“资本家的政府想靠着大战，把国家界限打破，拿自己的国家作中心，建一世界的大帝国，成一个经济组织，为自己国内资本家阶级谋利益”。③ 李大钊在《秘密外交与强盗世界》中写道：“这回欧战完了，我们可曾作梦，说什么人道、平和得了胜利，以后的世界或者不是

① 《李大钊全集》第 3 卷，第 6 页。

② 《李大钊全集》第 2 卷，第 304 页。

③ 《李大钊选集》，第 121 页。

强盗世界了，或者有点人的世界的采色了。谁知道这些名辞，都只是强盗政府的假招牌。我们且看巴黎会议所议决的事，那一件有一丝一毫人道、正义、平和、光明的影子，那一件不是拿着弱小民族的自由、权利，作几大强盗国家的牺牲!”在《大亚细亚主义与新亚细亚主义》一文中，李大钊深刻揭露日本帝国主义宣扬的“大亚细亚主义”，就是“侵略的主义”，“吞并中国主义的隐语”，“吞并弱小民族的帝国主义”。日本要步德国的后尘在中国享有特殊地位，“那卖国的官吏，那个不是忙着和外国人勾结，做点合办事业，吃点借款回扣，好去填他的私囊!”对日本帝国主义侵略野心、北洋政府的卖国罪行，这样彻底的揭露，极大地激发了全国人民维护国家主权的斗志和激情。李大钊通过《新青年》、《每周评论》，帮助人们了解十月革命和国内外局势，使人们从这些有理有据的分析中得到思想启迪和行动的指引。

1919 年 7 月 1 日，少年中国学会召开了成立大会。并于同月 15 日呈请北京政府内务部备案，附上组织章程，称该会“以研究真实学术为宗旨”。少年中国学会成立大会会议在北京回回营陈愚生的家里举行，王光祈主持，主要程序是两项：一是报告一年来学会的筹备工作进展；二是讨论学会工作人员（职员）的选举产生办法。

王光祈首先介绍说，因为会员分散于各地，此次开会意在两个月前通知，四月份以前的工作情形，已经在各期，特别是第三期的《会务报告》中作了报告，现在主要是报告五六两个月的工作进展。讲了五件事：一是与清华大学的仁友会联成友会，于 6 月 13 日召开了第一次恳亲大会；二是 6 月 15 日，少年中国学会成都分会成立；三是五六两月新加入会员共计 18 人，共有会员至此为 42 人；四是向大会公布学会收支状况；五是协助本会发起人雷宝菁君于日本东京病逝，将遗体归国安葬。

关于会员的人数报告，出现了计算上的错误。《少年中国学会会务报告》第 3 期（1919 年 5 月 1 日）公布：在筹备会期间共有会员 34 人，其中：文科 21 人、工科 4 人、经济科 4 人、政治科 4 人、商科 1 人。《少年中国》月刊第一卷第一号（1919 年 7 月 15 日）的《少年中国成立大会》中说：“五六月新入会会员 18 人（包括成都分会会员），本会现在共有会员 42 人。”这里应该是 52 人。因为原有会员 34 人，加上新会员 18 人，总计应为 52 人。学会全体会员的名录第一次出现是 1920 年 7 月 1 日出版的《少年中国学会周年纪念册》（上海亚东图书馆出版，16 开 74 页，共印 1000 册，赠送给会内外人士和学术机构），此时会员总数已是72人。因此出席会议的会员名单很难列出。现在，广为流传的是范体仁在《记“五四”运动前后北京若干团体》一文提供的名单（中国社会科学院近代史研究所编：《五四运动回忆录》（续），北京新华书局，1979年版第186页；或全国政协编《文史资料选辑》第61辑），该文说成是：“少年中国学会是各大学一部分学生、教授在一九一八年六月三十日发起的，发起人为李大钊、王光祈、陈愚生、曾琦、雷宝华、孟寿椿、康白情、邓中夏（仲懈）、田汉、宗白华、袁同礼、徐彦之、左舜生、周佛海、周炳琳、许德珩等，于一九一九年七月一日在北京宣武门内回回营二号陈愚生宅内开成立大会”。

“在大会成立时，“少中”会员如下：毛泽东、王光祈（润屿）、王克仁（鲁达）、王德熙、方（珣）（东美）、左学训（舜生）、田汉（寿昌）、朱镜宙、李诚、李璜（幼椿）、李劼人、李大钊、李珩（小舫）、李思纯（哲生）、沈怡、沈懋德、沈德济（泽民）、周佛海、周炳琳、周晓和、周无（太玄）、阮真、何鲁之、易家钺（君左）、易克嶷（敦伯）、孟寿椿、涂开舆、余家菊、袁同礼、徐彦之、陈淯（愚生）、陈道衡（平甫）、陈登恪、陈剑、陈启天（修平）、陈宝锷、张崧年（申甫）、胡昭（少襄）、孙少荆、倪文宙、金海观、查谦、唐启宇、芮学曾、梁空（绍文）、张尚龄、张闻天（洛甫）、杨效春、杨德培（子培）、杨贤江（英父）、章了天（梦九）、段调元、彭举（云生）、曾琦（慕韩）、曾俦、舒新城、雷宝华、雷宝菁、雷国能、黄玄（仲苏）、典忏华、黄日葵、曹刍（漱一）、康鸿章（白情）、恽震、恽代英（子毅）、刘仁静、刘国钧、刘正江（泗英）、苏甲荣、谢承训、赵崇鼎（叔愚）、邓康（中夏、仲澥）、郑伯奇、罗元恺（伯举）、罗益增、穆世清（济波）、魏嗣銮（时珍）、葛澧、范鸿劼、蒋锡昌、许德珩（楚僧）、宗之櫆（白华）、蔡和森。”

该文把少年中国学会的发起人说成是李大钊、王光祈、陈愚生、曾琦、雷宝华、孟寿椿、康白情、邓中夏（仲懈）、田汉、宗白华、袁同礼、徐彦之、左舜生、周佛海、周炳琳、许德珩等16人，范围过大，应该只是王光祈、曾琦、张梦九、陈愚生、曾琦、雷宝菁、李大钊7人。大会成立时的会员名单也很不准确，应该是52人，却一下子列出了84人。并且这份名单在抄写中造成的错误也比较多：“陈剑”应是“陈剑修”；“胡昭”应是“胡助”；“曾俦”应是“赵曾俦”；“典忏华”应是“黄忏华”；“易克嶷（敦伯）”应是“易克嶷（赓甫）”。“罗元恺

(伯举)”应是“罗元恺(举百)”,并不是会员;范鸿劼、蔡和森也没有加入少年中国学会。只是因为近些年来,有关少年中国学会的资料和研究文章比较少,才使得这样一篇错误不少的文章长久地流传。

许德珩在1979年写的一篇回忆文章中则说:“就我记忆所及,如毛泽东、恽代英、邓中夏、杨贤江、高君宇、李达(鹤鸣)、黄日葵、缪伯英、蔡和森、赵世炎、张闻天、沈泽民等同志都参加了这个组织,而且他们当中有好些都是起领导作用的。参加的人还有杨钟健、许德珩、章廷谦(号川岛),以及周炳琳、孟寿椿、周太玄等。后来堕落成为反动的国家主义分子青年党的曾琦、左舜生、李璜、余家菊等也混进了这个组织。还有参加新潮社的新诗人康白情,陕西文人郑伯奇等。”① 由于时间关系,对所列出的少年中国学会会员的名单相互间的差别很大,需要依据有关资料,专文另行考证。

这次大会召开前会员之间的通信,愿意在《少年中国》月刊上刊出的,都在第一期上刊登了:上海分会来信和北京分会的复信;成都分会李劼人致王光祈;周太玄致曾琦;曾琦致周太玄;李璜致左舜生;李璜致周太玄;黄日葵致王光祈、曾琦;曾琦致许德珩、黄日葵等九封信件。值得注意的是会员对刚刚发生过的五四运动极表关切:“看到六月三四五那几天,北京政府捕拿学生二千余人。因在译学馆的一班爱国青年,前仆后继,再接再厉之精神,觉得国家前途一线光明,全系与此。”但是,与此同时,在有的来信中也表示出对时局的忧虑:“月刊文字暂时多研究‘学理’,少叙述‘主义’,以求维持学会之巩固。即发阐主义,总注意毋危及学会存亡,审时度势,暂时从权,实至要也。”

李大钊出席了这次少年中国学会成立大会。经过审慎的考虑,力求引导这样一个以研究学理为侧重的学会,面对社会生活实际。李大钊和王光祈、曾琦、陈愚生、康白情、雷宝菁向大会提议:将学会规约第二条的原文“本会以振作少年精神,研究真实学术,发展社会事业,转移末世风气为宗旨”修改为“本科学的精神,为社会的活动,以创造《少年中国》”同时也表示学会应该审慎地吸收女会员。

由于第二项议程,到会会员的意见是当前会员还在增加,会务人员

① 许德珩:《五四运动六十周年》,见《文史资料选辑》第61辑,文史资料出版社1979年版。

的调整可以暂缓进行。本次会议重在通过规约，以利于学会今后的健康发展。这样就保留了筹备期的职员和分工：筹备主任王光祈兼会计，文牍周太玄，临时编译部主任李大钊。下设临时编译员 22 人。他们是：魏嗣銮、刘正江、陈愚生、陈宝菁、曾琦、张梦九、赵曾俦、沈懋德、李璜、易家钺、李劼人、雷宝华、宗之樾、左舜生、葛沣、许德珩、袁同礼、黄日葵、郑尚廉、涂开舆、赵世炯、彭举。

在整整一年时间的学会筹备工作，李大钊是投入了很大精力的，特别是在雷宝菁病逝，周太玄、曾琦、张梦九先后出国留学，留在北京的只有陈愚生、王光祈、李大钊三人，而此时的李大钊还要组织领导马克思学说研究会、社会主义研究会的工作开展，主持《每周评论》的编辑工作。关注五四运动爆发后的进展，营救被捕的学生。

有人说，五四运动使得谈主义的人满坑满谷。什么学校、学术团体、社团，都以主张什么派的主义，做为自己的宗旨。少年中国学会的发起人之一张梦九说的很切合实际："真正对一种主义有深厚的研究与明确的判断，信仰终身而一成不变的人，还不多。""这段时期中不少青年非常容易就染上了主义的流行病……他们热烈地讨论主义和理想，却不曾仔细地作过研究。一般说来，他们的概念都是粗浅而混乱。这种缺点不但在无政府主义者、社会主义者和马克思主义者之间很明显，就是在自由主义者和保守派之间也是如此。"全面而系统地讲述马克思主义的基本原理，培育中国的马克思主义者，已经成了刻不容缓的需要。李大钊充分认识到了这项工作的重要现实意义，决心投入这项艰巨的精神劳动，他期望自己能够在近期写出适合中国青年了解马克思主义基本原理的论著来。少年中国学会正式成立以后不久，李大钊于 7 月 20 日举家回故乡乐亭。因为妻子赵纫兰即将分娩，回到家乡可以有亲人照料，也能使自己抽出身来全身心投入文章写作。他没有想到就在即将离开北京的这几天，胡适在《每周评论》第 1 期上面发表了《多研究些问题，少谈些'主义'》。把这样一个重要的理论和现实问题摆到社会舆论中来，这是胡适的实用主义宣言书，必须与之进行一次"问题与主义"的讨论，以明辨是非。下决心还要写出一篇《再论问题与主义》。

李大钊精心写作的《我的马克思主义观》的上编（第一至七节），是在 9 月份出版的《新青年》第六卷第五号上面刊登出来的。《我的马克思主义观》的下编（第八至十一节），刊登在《新青年》第六卷第五号上面。《我的马克思主义观》是李大钊对马克思主义理论的主要内容：唯物史观、阶级斗争说、科学社会主义、物质与精神、理论与实践，都作出了系统而明确地解说，同时对人们的误解进行了阐释，是中国人系统介绍和论说马克思主义理论的第一篇论文。李大钊成为中国第一位马克思主义者。

负责编辑《少年中国》

《少年中国》月刊是少年中国学会的刊物，1919 年 7 月 15 日创刊于北京，主张“本科学精神，为文化运动，以创造少年中国”。以文化教育界和高等学校学生为主要读者对象，着重刊登自然科学、文学、哲学、社会科学等方面的理论文章。期发行量 5000 份左右。内容是介绍自然科学、社会科学、文学、哲学方面的论著与译文，涉及人生观、世界观及社会问题各个方面；还有一部分是发布该会日常活动消息及会员通讯等。李大钊任编辑主任，康白情任副主任，但二人均未执行职务，前七期实际由王光祈编辑。1920 年初，因王光祈赴德国留学，编辑部由李大钊、康白情、张申府、孟寿椿、黄日葵等 5 人负责。自第四卷第一号起改为横排。1921 年编辑部迁上海并在上海印刷发行，由左舜生主持编辑工作。1921 年后，会员思想分歧，宣传国家主义的文章渐多。1924 年 5 月停刊。共出 4 卷。

李大钊承担学会的编辑工作之后，把曾琦的《国体与青年》一书列为“少年中国丛书”的第一种编辑出版。由胡适为这本书写的序，曾单独发表在 1919 年 2 月 24 日《晨报》上，李大钊为之写了“跋”。1916 年初，袁世凯称帝之前，美国人古德诺曾发表《共和与君主论》，杨度也发表《君宪救国论》，散布中国宜实行君主制，否则没有君主便会灭亡的谬论。李大钊当即论说一国国情不应求外人谋划，共和国本是民彝、民本之国。曾琦的《国体与青年》，分为上下两编，上编是“青年”，写了青年一代处于现代生活中的觉悟、修养、励志、责任等等。下编是“国体”，讲述共和之由来、思想、真谛、与青年之关系等等。在书中曾琦介绍了费希特和西方民族主义思潮的多种观点，认定共和应是世界最良之国体，号召青年为此奋斗，建立资产阶级民主共和国。结合中国的现状，认为当此民族危亡时刻，需要化以往的“文化主

义”为“民族主义”，唤醒民众特别是青年积极参与救亡，加入救国行列，国家才能生存发展。尽管其中包含有国家主义的成分，但是，在当时的社会政治条件下，还是有着号召青年投入救国行列的积极意义的。

李大钊在1917年8月的《辟伪调和》一文中就论说过国体与政体的关系，指出：“国体与政体之分，不过研究政法学者为解析辞义之便，一国之政治绝非于二者之间了无关系者也。征之历史，固有同一国体之国而或为甲种政体或为乙种政体者，亦有同一政体之国而或为甲种国体或为乙种国体者。其实政体与国体不适，则其政治必无良象。谈政体者，非可全置国体于不问也。”[①] 因此，李大钊对曾琦的《国体与青年》一书，认为有必要作出如下的补充：“今日的民主，不仅是一个国家的组织，乃是世界的组织”，因此，“我们要求民主，不是单求一没有君主的国体就算了事，必要把那受屈枉的个性，都解放了，把那逞强的势力，都摧除了，把那不正当的制度，都改正了，一步一步向前奋斗，直到世界大同，才算贯彻了民主的真义”。“资本阶级或中产阶级的民主若已获得，紧接着社会主义，就是民主中的一个进程，不要把他看作与民主是两个东西。”[②] 李大钊的这段话写在1918年12月，这是在中国近代革命史上第一次提出了中国民主革命的方向应该是社会主义，而且说明了中国的反帝反封建和资产阶级民主革命和社会主义革命与建设这样两个阶段，其历史发展进程应该是连续的、统一的，李大钊此时已经开始形成中国社会走向现代化的民主进程中发展阶段论思想。

在曾琦的《国体与青年》一书的封二“少年中国丛书”出版广告中，李大钊还表示要写作《少年中国主义》一书，作为“少年中国丛书”的第七种。但是，这个承诺，后来没有兑现。

1919年，李大钊高兴地写出《新纪元》并发表在《每周评论》上。这篇文章在发表时没有署名，经过李大钊的学生刘弄潮论证，确为李大钊所作。李大钊认为十月革命开辟了人类历史的新纪元。

“从今以后，生产制度起一种绝大的变动，劳工阶级要联合他们全世界的同胞，作一个合理的生产者的结合，去打破国界，打倒全世界资

① 《李大钊全集》第2卷，第164页。

② 《李大钊全集》第2卷，第264页。

本的阶级。总盟同罢工，就是他们的武器。”①

“在这曙光中，多少个性的屈枉、人生的悲惨、人类的罪恶，都可望像春冰遇着烈日一般，消灭渐净。多少历史上遗留的偶像，如那皇帝、军阀、贵族、资本主义、军国主义，也都像枯叶经了秋风一样，飞落在地。”②

“这个新纪元是世界革命的新纪元，是人类觉醒的新纪元。我们的黑暗的中国，死寂的北京，也仿佛分得那曙光的一线，好比在沉沉深夜中得一个小小的明星，照见新人生的道路。我们应该趁着这一线的光明，努力前去为人类活动，作出一点有益人类的工作。”③

李大钊认定中国必须坚定不移地走十月革命的道路。中国爱国的知识青年理应为之而献身和努力奋争。国民社的《国民》杂志出版了，新潮社的《新潮》杂志也出版了。少年中国学会在京的会员都在忙碌于筹备工作，外地的会员还处在联系和发展过程中，王光祈一个人以很大的精力投入在3月份编印好《少年中国学会会务报告》第一期。

为了出好这期会务报告，李大钊曾经写信给蔡元培④：

子民先生道鉴：

有一班友人立“少年中国学会”，月初《报告》一小册，系非卖品。卷首有“名家论坛”一栏，拟请先生为撰一文，长短均可，以当讲演。在春假期间，公务之忙，或较平时稍减，幸赐俯允，不胜感谢。专此，即颂

著安

弟　大钊顿首

三月三十一日

蔡元培没有写文章寄来。所以这期报告中“名家论坛”一栏，只有章太炎谈话、王光祈笔记的《今日青年之弱点》。这一期中李大钊也

---

① 《李大钊全集》第2卷，第267—268页。

② 《李大钊全集》第2卷，第268页。

③ 《李大钊全集》第2卷，第268页。

④ 《李大钊全集》第5卷，第285页。

没有写文章。主要内容是：发刊词（王光祈）；“名家论坛”：今日青年之弱点；“会员言论”：微积分之意义（魏嗣銮）、留别少年中国学会同人（李璜）、会务记闻四则、会员消息六则、会员通讯四则；“特别记载”：略论康德唯心哲学大意（宗之櫆）、已故会员雷宝菁君略传（曾琦）、本会通告二则。从这期会务报告的内容看，它没有特意去贴近国内政治生活的实际，坚定地走着研讨学理的既定方针。

这份《少年中国学会会务报告》在王光祈的坚持和努力下，确实做到了每月一期，4 月、5 月、6 月，各出了一期。由于印数很少，又要分发到各地，现在还能见到的就只有第一和第四期了。在第四期上面刊登了陈独秀的《我们应该怎样》一文。就是这样，经费开支也成了一个不小的问题，按找预定的方案，少年中国学会的筹备期预定为一年，这期间学会的经费开支，只能靠收缴会员的入会金和年度会费、会员的量力捐助。筹备期的收支情况是：收入为 171. 15 元。《国体与青年》一书和会务报告的印刷费、邮寄费共 178. 15 元。略有超过。其中，《会务报告》第一期开支为 13. 4 元。第二期开支为 10 元，第三期开支为 15 元，第四期开支为 21. 75 元。这里面没有包括雕刻征稿版费及邮寄费，《会务报告》共出四期，总共支出印刷费一项是 60. 15 元，占了全部支出的三分之一强。《会务报告》原定是发给会员，可是为了满足会外人士的来函索取，每期都要多印制两百本，这对于还没有收入来源的少年中国学会实在是不小的经济负担。只有及时出版《少年中国》月刊，在社会上公开发行，方能改变这种透支的现象。

李大钊身为被推举的学会编译部主任，自然是首当其冲要积极进行刊物的注册工作，经过努力做到了在少年中国学会成立大会召开之前，申请注册发行《少年中国》获得批准，《少年中国》月刊作为少年中国学会的机关刊物。列上了《北京地区报刊注册统计表》：“《少年中国》月刊，于 1919 年 7 月 1 日发行，发行所在为宗人府，王光祈任经理兼编辑，曾琦任发行，由同文印刷局印刷。”[1] 这就为少年中国学会在社会上通过销售刊物获得合法的固定收入创造了来源。

---

① 《北京政府内务部档案》（现存中国第二历史档案馆）。转引自陈长河《五四期间成立的少年中国学会》，载《北京档案史料》2002 年 2 期，第 244—252 页。

李大钊在《少年中国》上发表的文章

日　期	刊　号	文章题目
1919 年 8 月 15 日	第一卷第二号	会员通讯：致若愚、慕韩
1919 年 9 月 15 日	第一卷第三号	诗歌：岭上的羊、山峰、山中落雨
1919 年 9 月 15 日	第一卷第三号	少年中国的少年运动
1919 年 9 月 15 日	第一卷第四号	妇女解放与 Democracy
1920 年 8 月 15 日	第二卷第二号	亚细亚青年的光明运动
1920 年 9 月 15 日	第二卷第三号	在北京会员茶话会上讲话
1921 年 1 月 15 日	第二卷第七号	自由与秩序
1922 年 4 月 1 日	第三卷第九号	与学会会员恽震的谈话
1922 年 6 月 1 日	第三卷第十一号	北京同人提案

1921 年 5 月 31 日，少年中国学会部分会员合影，后排右起第三人为李大钊

少年中国学会与清华仁友会联成友会

李济（1896—1979），是清华学校仁友会的发起人。字受之、济之，湖北钟祥人。1911 年考入清华学堂。1918 年留美入克拉克大学读

心理学，后改读人口学。1920 年获社会学硕士学位，转哈佛大学读人类学，获哲学博士学位。1922 年回国受聘南开大学教授。1920 年在美国克拉克大学读书的李济，曾应仁友会之约写有《仁友会史略》一文，叙述早期会务活动及会员发展状况，寄给清华学校的《仁友年刊》，原告的已保存。

创建仁友会是在 1913 年 5 月 3 日。那天下午，清华中等科有 5 名学生在一个大教室里严肃地讨论应如何做人，如何对社尽责任，如何对国家尽义务，觉得应该订立下几条规约，用来规范大家今后的人生途程，共同遵守，互相劝诫，议定建立学会，并且把这个学会的名称叫做“新少年会”，就是要以“少年意大利”的三杰——马志尼、加里波的、加富尔为榜样。起初约定是每周一次聚会，宗旨在于“励进道德，自我反省不足之处，互相提出批评建议”。暑假时又增加一人，每逢假日一起外出游玩。

秋季开学后，会员陆续增加。11 月间，大家觉得学会在励进道德，联络感情之外，学会宗旨还应加上研究学术。有感于“共和之世辞令极重，中国国语之不振久矣”，开会议决成立一个国语演说部。这在清华学校起了倡导之功。这年年中时，又对每周一次的“规过”会，改为每两周一次的“自省”，即每人建立一个自省簿，仿照富兰克林以十二德范身的榜样，引王阳明致良知以自省。每日注重自省一条。自 1914 年元旦开始实行。后来，改为每到一年，会员们聚在一起，回顾过去，展望将来。这个制度真的坚持了下来。1915 年，由于功课繁忙，会员分心的事增多，加之会务程序过于单一枯寂，出现了会务衰驰。经过反思，自然也就提出了增加会友、改进会章的愿望。恰是袁世凯复辟帝制激起公愤正在此时，受社会影响，学校内集会结社盛行，学校内社团如雨后春笋迅速生长出来，校长告知仁友会会长说，新少年会这个会名太刺耳，好像革命党的秘密团体，还是改一改吧。于是，会议决定新少年会改名为仁友会，取“以仁会友，以友辅仁”之意，宗旨改为“改良社会，振兴国家”八个字。范围扩大，会员增多，决定在总会下设立支部，清华以外的学生也有参加。会务活动增加了报告会、俱乐会等。历时一年调查欧战情形。新少年会进入了仁友会的发展新阶段。

1917 年，会员在坚持自省方面加强了主动深刻的功夫，出于励志的需要，同时兴起了研究名人传纪的风气，欧洲 18、19 世纪的先哲、中国历史上的名人，都成了会员的研究对象，由此也带动了会员对历史知识的丰富。1917 年会员的人物研究成果和历史事件报告令人刮目。1917 年至 1918 年，李济被推举为仁友会会长。1918 年李济等赴美留学，清华学校仁友会继续存在和发展着，许多会员已经赴美留学，1920 年 4 月会员总数为 43 人，一多半是在美国。必须克服由于分散而产生的疏离感，振奋精神，群策群力，调整会章，与宗旨相同学会联接一体，以振兴中华为己任。据《清华周报》第 335、344 期所载（1925 年 2、4 月）仁友会此时还有会务活动，会长是任之恭。①

1919 年 7 月 1 日，在少年中国学会成立大会上，筹备主任王光祈在报告一年来的筹备工作情形中专门讲述了与清华学校仁友会建立联会关系的经过：

“本会发起之初，曾经宣言，永远不与其他团体合并。然有宗旨相同之学会，亦不妨联成友会，互相协助。未几，东京湖南方面皆有宗旨相同之学会，极愿与本会联成友会。惟未经正式接洽，故暂不宣布。北京方面则有清华学校之仁友会，已与本会联成友会。该会成立四年，约有会员五十人，现刻渡美留学者已有三十余人，总会设在美国。今年春日由该会职员常策欧君与本会接洽，彼此联为友会，以便协力进行。并于六月十三日在清华学校开两会恳亲会一次。并饯送该会会员郑鐘珪君等三人赴美留学。是日，本会会员王光祈、曾琦、袁同礼三君代表本会前往列席。席间，常策欧君起立演说，先述两会联络之经过情形，并谓吾辈处此万恶社会，宜集合同志，自为风气，否则恐为社会所同化云云。次由王光祈君起立致辞，略谓敝会同人现在散居各处，日来北京会员，亦多因参加此次学生运动，被举为代表南下，故今日到会者仅光祈同曾、袁二君，极为抱歉。并敬谢贵会招宴厚意。

“吾两会如何互助之办法，兹由敝会提议四事，不知贵会以为如何。第一，凡两会所有出版物，均宜彼此赠送，以通声气；第二，吾两会会员通信处均各开列一单，互相交换，以便遇事有所接洽；第三，吾两会如有调查事件，彼此可以互托；第四，本会同人甚希望贵会在美国办一通信社。因为现刻欧美人士对于中国情形，颇多隔阂之处，国内报馆虽多，然操纵新闻之权，仍握诸外人所办之通信社，危险实甚。敝会同人大都从事教育实业，新闻事业又为广义的教育，故敝会同人兼营新闻事

① 参见李光谟：《从清华园到史语所：李济治学生涯琐记》。

业者，占全数十分之五六。现在巴黎方面，已由敝会会员周无、李璜诸君创办通信社一所。东京方面去年敝会会员曾琦、易家钺诸君本办有华瀛通信社，因拒约回国，遂致停顿，现亦拟设法恢复。南洋方面亦有筹办通信社之计划。惟美国方面敝会只有会员一人，明年敝会会员亦有数人赴美，一时甚难着手，故极希望贵会办理云云。王君言毕，仁友会会员郑鏕珪君即起立发言，极愿担任此事。俟今秋到美后，即积极进行云云。是日到会者极为欢洽，散会后即摄影欢宴，以作纪念。”①

少年中国学会和新中学会联成友会

新中学会诞生于1917年。中国人民处在日本帝国主义和北洋军阀压迫下，生活困苦，毫无保障，内忧外患，爱国知识分子和青年学生为国家前途担忧，要求改革，纷纷组织团体，奔走呼号，进行爱国主义的斗争。在这种环境下新中学会诞生了。新中学会创立的具体过程是：1917年春，毕业于天津南开中学童冠贤、高仁山、刘东美、陈铁卿、杨伯安等到日本留学。他们在日本期间深切认识到，日本帝国主义处心积虑，时刻谋划侵略中国，国内军阀政客却不顾人民死活卖国求荣。国破家亡、民族覆灭在即，每逢星期日，就聚在一起畅谈国家大事；伤心悲泣时相对默坐，怒发冲冠时拍案大叫，忧愤填膺。回国度假期间，在渤海滩，童冠贤、高仁山提议组织团体，敦品励学、积极救国，并引意大利三杰复兴祖国故事以自勉。

1917年7月，在东京，杨扶青、张国经与南开中学的童冠贤、高仁山、刘东美、陈铁卿、杨伯安，法政学校的李峰、黄开山等人，共同发起成立留日学生团体——新中学会，起草会宪，物色会员。那时马洗凡虽在国内，因事前取得联系，也列为创立人。新中学会的章程称为会宪，如同会的宪法以示会章的严肃性，会员必须遵守；以“赤心”为会徽，赤心肝胆，为国为民，热烈勇敢，赤诚相待。会宪规定以联络感情、砥砺品行、阐明学术、运用科学方法、刷新中国为宗旨。虽以学会名称称之，并不回避其政治属性。1918年5月19日，童冠贤介绍周恩来加入学会，政法学校毕业后考入京都帝国大学的安体诚、于树德也加

① 《少年中国》第一卷第一号，1919年7月15日，第34—36页。

入学会，会员激于爱国的热情，并没有明确政治路线。以科学方法刷新中国，是指施用新技术，开矿设厂，富国强兵，学习社会科学或自然科学，回国后运用所学，从事实业救国。政治主张很少争论。会员志行纯洁，有守有为，宁缺毋滥。入会后如果私生活不检点，耽于玩乐，会被开除。但并不要求政治倾向一致。

新中学会的组织领导没有会长，也没有执行委员会或理事会一类领导。开会时公推一人为主席。会内具体事务，按照实际需要，推举一人或二人以上的干事担任。总务工作推举执行干事；编辑工作推举编辑干事；会计、出纳工作，推举财务干事。会议议事协商无异议后通过，很少付表决少数服从多数。学会实际领导人，大家公认是童冠贤、高仁山、马洗凡等。

新中学会创立于日本东京，初时会员以留日学生为主，其中尤以天津南开中学、天津法政学校同学为多。后来发展到国内各学校及留学美、英、法、德各国的学生。创立初期，会员的组织生活相当严格。以东京早稻田雀卷町 12 号为会址，题为“新中寄庐”。每星期日上午举行座谈会。先介绍自己情况，然后座谈国家大事，座谈个人一周来读书心得，或学术讲演等。准时开会、闭会，不许迟到、早退，严格执行这种规定。周恩来在 1918 年 5 月 19 日日记中记有：“早起至冠贤处，入其新中团体，冠贤介绍。到八钟开会，到有十数人，十钟事毕，留其处午餐。”5 月 19 日记有：“我今天在新中会表示我的入会意见，说了一大篇话。大概的意思是：我们中国所以如此衰弱的缘故，全是因为不能图新，又本能保旧，又不能改良。泰西的文明所以能够发达的原由，是因为民族的变换，地势的迁移，互相竞争，才能够一天比一天新。中国的民族是一系的，地位是永据的，所以无进步而趋于保守。文化不进则退，所以旧的也不能保了。再说我们二千年的历史，思想学术全都是一孔之见。泰东西的文化比较我们的文化，可以说是新的太多。他们要是主宰中国，决不能像元、清两朝被中国的民族性软化了。我们来到外洋求真学问，就应该造成一种泰东西的民族样子，去主宰我们自己的民族，岂不叫比着外人强万倍不止了么？所以我刚入这会，见着这个‘新’字，心里头非常痛快。望诸同志人人心中有着这个‘新’字，中国才有望呢。末了我又说了到日本求学的两大利害，一个是‘主动的观察力’，一个是‘被动的熏染力’。这两层意见说完之后，我说出两句要紧的话赠给大家：‘哲学的思想，科学的能力。’”7 月 20 日记有：

"早起赴新中寄庐，祝新中一周年纪念，由铁卿读祝词，毕摄影，共往郊外大久保大山团聚。"周恩来参加新中学会后，住入新中寄庐，得到童冠贤、马洗凡等人的资助。

1918 年，天津南开中学校长张伯苓、天津水产学校校长孙子文、教育总长范源濂等，访美回国路过东京，曾到新中寄庐参观，午餐由会员马洗凡、周恩来、李峰等掌厨，张伯苓等称赞这种集体生活是新社会的萌芽。

1919 年至 1921 年间，东京的会员，或毕业回国，或转往欧美留学，遂分别在美、德、法、英各国成立新中学会分会。因东京会员减少，把总会移到北京，租定鲍家街 27 号为会址。这时在京会员不过三四人，因各有自己的工作，仅能维持会务。全体会员，共有 50 余人，分布在国内外。

1923 年后，留学英、美国家会员陆续回国，在北京、天津的大学工作，京津会员人数渐多。这时处于大革命前夕，会员政治思想逐渐分化。北京开年会一次，到会人数 20 人左右。在东京时曾印行会刊两三期，在北京又刊印四五期，只赠送给会员。封面上套印一红线心形，其下为会刊目录，内容为论著、译述、会员通讯等。1926 年停刊。

新中学会举办事业：一是 1920 年创建新中罐头食品公司。会员杨扶青先后招股 20 万元，在河北省盛产水果和海产的昌黎县创办。以学会名称命名为"新中罐头食品公司"，以学会的会徽"赤心"为商标。收容妇孺，青年学生读书就业，一直坚持到七七事变结束。公司附设小学和工人业余学校；组织职工友爱会、职工互助会、职工储蓄会，在当时起了良好社会影响。二是 1921 年举办天津工余补习学校。安体诚、于树德由日本回国，在天津法政学校担任教员。他们认识劳工运动的重要，联合同志创办天津工余补习学校，招收工人和学徒，给以国语、算术及时事常识等教育，并灌输劳工运动等知识。三是举办一所艺文中学。高仁山、薛培元、陈翰笙、查良钊等组织董事会，查良钊为董事长，高仁山为校长，1925 年 8 月开学。1926 年"三一八"运动，全校师生参加，学生陈时芬牺牲，教师顾淑型受伤。校长高仁山被捕杀。后增设幼儿园、小学和高级中学。1952 年北京市教育局接管，改为第 28 中学。

1921 年冬，列宁在莫斯科召开远东民族会议，促进远东各国组织民族革命统一阵线，进行民族革命运动。中国方面委托中国共产党李大钊负责组织人员参加。新中学会的执行干事于树德代表新中学会应邀参加。

1921年中国共产党成立以后，中国反帝、反封建、反买办资产阶级的革命运动蓬勃发展。1924年中国国民党改组，国共第一次合作。每个个人和团体都必须表明其政治立场。大势所趋，新中学会也不能摆脱这样的命运。童冠贤、马洗凡想把新中学会改组为社会民主主义政党；周恩来、安体诚等已加入中国共产党；其他会员有的埋头实业或教育；有的事实上已与新中学会脱离关系。1924年后，由于会员分化，新中学会无疾而终。1926年童冠贤、马洗凡等曾联合一部分人组织“新中革命青年社”，成为国民党内的一个派系，其与新中学会已经毫无关系了。①

新中学会的杨扶青与李大钊是乐亭同乡，早在1912年天津就学期间就相识并结成挚友。少年中国学会和新中学会性质相近等情况，杨扶青是可以从李大钊处作详实了解的，通过李大钊从中进一步介绍，加之有雷眉生在东京联络介绍。1918年，在东京的少年中国学会会员雷眉生提出了少年中国学会与新中学会联成友会的提议，后因雷眉生在12月病故而被搁置。而新中学会的会员构成等情况已为少年中国学会会员所知晓。1919年7月少年中国学会正式成立，新中学会遂于9月17日写信给少年中国学会，提出联成友会的建议。少年中国学会于9月30日复函新中学会表示赞同，两学会联成友会得以实现。

在《少年中国》月刊第一卷第四号，刊登了两封信件的全文：

少年中国学会诸君子公鉴：

今日学会之集多矣，而求其确有实力贯彻奋斗牺牲者，殆不一二见。强半朝集夕散，或甚而借之营私，此诚可为深叹。去秋雷君东渡，敝会会员得与相晤于旅舍，连夕快谈，因闻贵会宗旨及规划之周详，而分子又多由与恶社会奋斗出来，以此故悉群贤之所为，及未来之事业必有超群绝俗之举，而为我神州放一异彩也。钦仰之余，何胜欣羡。当时彼此私人之间，各有结为友会之念。不幸数日雷君染病，竟乃浩然归化。敝会同人闻之，莫不为贵会失一俊才，

① 参见杨扶青、李峰、张芥尘、于树德：《新中学会纪要》，1961年3月。

而使敝会失一良友，至今犹以为念者，即友会之事失一媒介者。追怀旧游，真不胜无限苍茫之感也。月前敝会会友不意竟于京门，得与诸君子共聚一堂，敬闻明教，何幸如之。但蒙热诚款待，过辱推奖，且欲结为友会。即传述尊旨，同人等均极表热烈同情，所以为歉者，即交换杂志一层，此时敝会尚未著手，待来年稍有头绪后，即当出版问世。届时敝奉呈乞教也。贵会月刊倘能每期见赐一本，此则不胜感荷。秋鸿有便幸时惠箴言为祷。海天在望，临纸神驰。专此敬问著安。

新中学会同人谨启

九月十七日

新中学会诸君公鉴：

惠书敬悉。联为友会一节，敝会会员均极赞同。此后关于吾两会事业之进行，须彼此切实联络，以收互助实效，是为至盼。去岁敝会会员雷眉生君旅居东京时，屡以贵会组织完备分子健全相告，并有联为友会之议，同人等闻之，极表同情。

未几，雷君病故。联为友会之议遂致中辍。然吾两会精神上之结合，固未尝一日或断。今夏同人等复晤贵会会友于都门，快谈数日，愈信雷君所言不虚，联为友会之心益决，今竟如愿以偿，无胜欣慰。敝会会员极相信人力与群力，以为世界虽黑暗，社会虽腐败，皆可由吾人人力以改造之。一人能力有限，又可用群策群力以协助进行。故同人等常有‘小团体大联合’之计划。盖以大凡一个团体之成立，必有其特殊之精神，譬之个人，有其个性，若以大旨相同遽言合并，其结果必至精神涣散，万事不能进行。若互相联为友会，既可以保存个性，复可以实行互助，诚为至善之法。今日号称革新之士多矣，学会之集亦众矣，考其实际，或文人习气极重，或凭借团体营私，实堪浩叹。同人等以为革新今日黑暗腐败之社会，非有纯洁思想、热烈情感、坚强意志、真确知识之青年运动不为功。同人等年少学浅，不敢谓有真确知识，所恃者只此纯洁思想、热烈情感、坚强意志而已。

中国之大决非一二团体能收改革之效，同人等极希望宗旨相同之团体，遍设国内外。今幸东望蓬莱，得与志同道合之贵会，遥相呼应，其亲爱之情，当较兄弟姊妹为尤挚也。尚希时赐教言为荷。

此复。即颂学祺。

少年中国学会同人谨启

九月三十日。

介绍毛泽东等人加入学会

李璜：《学钝室回忆录》：“记得是年10月（按：指1918年10月——引者）中某日午后，我从京东安市场出来，向金鱼胡同转弯时，迎面遇见光祈同一个黑而瘦，身子比光祈低的青年人，光祈为我介绍，这是毛泽东君，在几日之后，我即在愚生家与毛同席，因他已由守常介绍，加入了‘少中’（少年中国学会的简写——引者）。”（见《台湾传记文学丛刊》1978年6月版，第36页。）

少年中國

THE JOURNAL OF THE YOUNG CHINA ASSOCIATION

第三期

中華民國八年九月十五日發行

少年中國學會出版

《少年中国》月刊

《少年中国》各期主要目录

● 第一卷第一号（1919 年 7 月）

说人生观	宗之櫆
人类进化的各面观	魏嗣銮
平民诗人惠特曼的百年祭	田汉
野犬呼声	Tack London 著 易家钺 译
中国家庭对于子女教的根本错误	左学训
上海本会致北京本会	
北京本会致上海本会	
北京总会致李劼人转成都分会	
少年学会正式成立大会经过	
少年学会成都分会的成立	
少年学会东京会员的活动	
本会通告	
职员选举	
少午中国学会会员通讯	

● 第一卷第二号（1919 年 8 月）

少年中国之创造	王光祈
讨论小组织问题	左舜生等
少年中国的少年运动	李大钊
优美愉快的家庭	左学训
秘恋爱与公开恋爱	田汉
哲学杂述	宗之櫆
科学之宗旨	魏嗣銮
诗 哭眉生	王光祈
送客黄埔	康白情
梅雨	田汉
过印度洋	周无
园中看花	易家钺

卖国的童子	黄仲苏　译
少年中国学会会员通讯	

● 第一卷第三号（1919 年 9 月）

少年中国的少年运动	李大钊
科学之宗旨	魏嗣銮
说唯物派解释精神现象之谬误	宗之櫆
说尼采的悲剧之发生	田汉　译
美的实现	泰戈尔　著　黄仲苏　译
诗　岭上的羊	李大钊
山峰	李大钊
山中落雨	李大钊
问祖国	宗白华
送慕韩往巴黎	康白情
狱中杂诗	孟寿椿
社会	康白情
少年中国学会会员通讯	

● 第一卷第四号（1919 年 10 月）

大学开女禁的问题	胡适
论中国家庭应该改组	吴弱男
中国妇女问题——圈套——解放	王会吾
我的妇女解放之计划同我个人进行之方法	邓春兰
模范家庭为社女进步的中心	黄蔼
少年中国的女子应该怎样	潘纫秋
妇女解放与 Democracy	李大钊
第四阶级的妇人	田汉
开放大学与妇女解放	周炳琳
男女公共生活之精神的互助	陈宝锷
对于妇女解放实行上的意见	苏甲荣
何故不许女子平等？	黄日葵

叔本华之论妇女　宗白华
人权之贼·女界之打破　康白情
女子解放大不当　张崧年
关于恋爱与结婚问题的通信　王光祈
一个秋夜　黄仲苏　译

● 第一卷第五号（1919 年 11 月）

中国青年的奋斗生活与创造生活　宗之櫆
自然科学上思想的法则　魏嗣銮
自我的问题　黄玄
社会之历程及改进　黄忏华
诗
少年中国学会会员通讯

● 第一卷第六号（1919 年 12 月）

少年中国学会之精神及其进行计划　王光祈
科学的唯物宇宙观　宗白华
国语问题的我见　李思纯
团体生活　王光祈
旅欧随感录　李璜
一个社交问题　康白情
少年中国学会会员通讯

● 第一卷第七号（1920 年 1 月）

工学互助团的大希望　蔡元培
柏格森"生之哲学"　方珣
生物互助轮　唐启宇
空时释体　魏嗣銮
恢复哲学的必要　查谦
少年中国学会会员通讯

● 第一卷第八号（1920年2月）

诗人与劳动的问题　田汉

诗的将来　周无

英国诗人勃莱克的思想　周作人

泰戈尔的诗十七首　黄仲苏

难道这也应该学父亲吗　易家钺

诗

新诗略谈　宗白华

少午中国学会会员通讯

● 第一卷第九号（1920年3月）

新诗底我见　康白情

法比六大诗人　吴弱男

俄国诗豪普希金传　西曼

泰戈尔传　黄仲苏

歌德诗中所表现的思想　田汉

诗

少午中国学会会员通讯

● 第一卷第十号（1920年4月）

怀疑论　恽代英

中国妇女问题　周无

诗人梅德林　易家钺

近代心理学在社会问题上的关系　苏甲荣

个人与社会　李诚　译

教育的目的：来历和功用　烘炉　译

我对于孝的观念　易家钺

诗

少午中国学会消息

● 第一卷第十一号（1920 年 5 月）

新唯实主义发凡　　刘国钧
唯实主义的生之哲学　　方珣
新唯实主义　　查谦　译
新唯实主义的认识　　查谦　译
新实在论的哲学　　郑伯奇
诗
少年中国学会消息

● 第一卷第十二号（1920 年 6 月）

汉字与今后中国的文字　　李思纯
补充白话文的方法　　郑伯奇
中学的国文问题　　陈启文
学生运动的根本研究就　　恽震
新罗曼主义及其他　　田汉
诗
少年中国学会消息

● 第二卷第一号（1920 年 7 月）

怎样创造少年中国　　恽代英
罗素之当初与现在　　刘国钧
什么是革命的最好方法　　余家菊
当如何批判　　魏嗣銮
少年中国学会消息
会员通讯

● 第二卷第二号（1920 年 8 月）

亚细亚青年的光明运动　　李大钊
什么是新文化的真精神　　陈启天
庄子哲学　　苏甲荣
保守之心理　　刘衡如

女子解放与改造的商榷	向警予
诗	
少年中国学会消息	
会员通讯	

● **第二卷第三号（1920 年 9 月）**

国	张赤　译
教师与学生间的交际问题	余家菊
托尔斯泰学说上的俄罗斯解释	李小缘
世界科学史大纲	王崇植
诗	
少年中国学会消息	
会员通讯	

● **第二卷第四号（1920 年 10 月）**

法兰西一个学者的进化观	李璜　笔记
法兰西近代群学	李璜
法兰西近世文明的趋势	周无
十九世纪法国之美术	华林
法兰西数学大家葛思同达布	段子燮
法兰西国际社会学者若赫斯	何鲁之
鲁渥的画	李劼人
法兰西文明特点的一斑	曾琦
旅法的断片思想	李思纯
我住的 PENSION	胡助
林中	何鲁之
诗	
少年中国学会消息	
会员通讯	

● 第二卷第五号（1920 年 11 月）

论社会主义	恽代英
化学的改革同物质的新生活	罗世嶷
今后的文化运动：教育扩张	苏甲荣
旅欧杂感	王光祈
小提琴与蔷薇	田汉
诗	
少年中国学会消息	
会员通讯	

● 第二卷第六号（1920 年 12 月）

留学评议	李璜
旅法两周的感想	张梦九
诗体革新的形式及我的意见	李思纯
失路之儿	何鲁之　译
诗	
少年中国学会消息	
会员通讯	

● 第二卷第七号（1921 年 1 月）

自由与秩序	李大钊
分工与互助	王光祈
少年中国学会的问题	恽代英
恩司坦的新世界观	沈怡　译
美国急进的共产主义	谢循初　译
艺术生活	宗白华
月光	恽震　译
月光	袁弼　译
泰戈尔诗	王独清　译
海洋问题与吾华民族	朱镜宙
少年中国学会消息	
会员通讯	

● 第二卷第八号（1921 年 2 月）

宗教问题号（上）	
王星拱先生的讲演	
梁漱溟先生的讲演	
屠孝实先生的讲演	
李煜瀛先生的讲演	
罗素先生的讲演	章廷谦　记
我的宗教观	恽代英
少年中国与宗教问题	田汉
旅欧杂感	王光祈
诗	
少年中国学会消息	
会员通讯	

● 第二卷第九号（1921 年 3 月）

纯洁与内心生活	周太玄
看了罗丹雕刻以后	宗白华
空间时间今昔的比较观	魏嗣銮
莎乐美	田汉
译诗	周太玄
小酒涌	恽震　译
少年中国学会消息	
会员通讯	

● 第二卷第十号（1921 年 4 月）

法兰西哲学思潮	李璜
平民画家米勒传	李思纯
自然科学的进步与数学的将来	魏嗣銮
游工人之窟	邓中澥
美国劳动运动之实况	黄仲苏
爱情	恽震　译
愁城生活录	杨贤江

少年中国学会消息
会员通讯

● 第二卷第十一号（1921 年 5 月）

宗教问题号（中）	
宗教哲学	刘伯明
宗教问题	周作人
宗教与科学	陆志伟
詹姆斯的宗教哲学	房东美
海甫定宗教经验观	刘国钧
唯物史的宗教观	李达
罗曼罗兰的宗教观	雁冰
时代观之宗教	太朴
少年中国学会消息	
会员通讯	

● 第二卷第十二号（1921 年 6 月）

法兰西之格律诗及其解放	李璜
抒情小诗的性德及作用	李思纯
白梅之园的内外	田汉
诗	康白情　沈泽民
哈孟雷德	田汉
一簇葡萄	何鲁之
比爱情还重大	恽震
少年中国学会消息	
会员通讯	

● 第三卷第一号（1921 年 8 月）

宗教问题号（下）	
宗教与人类的将来	周太玄
宗教与中国的将来	周太玄
法兰西学者的通信	李璜　译

该当要一个宗教为平民麽	李璜
社会主义与宗教	李璜
社会学与宗教	李璜
宗教与科学	李润章
宗教与进化原理	周太玄
信仰与宗教	李思纯
蔡孑民先生关于宗教问题之讲话	周太玄　记
我从未见过上帝	汪颂鲁　译
少年中国学会消息	
会员通讯	

● 第三卷第二号（1921 年 9 月）

少年中国学会问题专号

● 第三卷第三号（1921 年 10 月）

智识界的责任	李璜
1820 年以来法国抒情诗之一斑	黄仲苏
父之回家	方光焘　译
少年中国学会消息	
会员通讯	

● 第三卷第四号（1921 年 11 月）

恶魔诗人波陀雷尔的百年祭	田汉
古动物学上的物种原始和变迁	周太玄
原人心理	谢循初　译
科学杂俎	沈怡　译
旅德日记	魏时珍
诗	康白情
初秋的巴黎	周太玄
少年中国学会消息	
会员通讯	

● 第三卷第五号（1921 年 12 月）

教育学是科学了	余家菊
教育上注意的研究	杨效春
演进中的心	刘国钧
横渡太平洋的经过及杂感	孟寿椿
参观法国第 43 次全国运动会记	胡助
北游初恋	恽震
少年中国学会消息	
会员通讯	

● 第三卷第六号

法兰西近代历史学	李璜
评莫泊桑的小说	李璜
动的心理学	刘国钧
科学的教育与教育统计	陈启天
乡村教育的实际问题	余家菊
诗	黄日葵　朱自清
从一奥国监狱寄出的信	刘慎德
少年中国学会消息	
会员通讯	

● 第三卷第七号（1922 年 1 月）

相对论号	
相对论	魏嗣銮
读国内相对论著述以后的批评	魏嗣銮
我所知的安斯坦	王光祈
少年中国学会消息	
会员通讯	

● 第三卷第八号（1922 年 2 月）

少年中国学会问题号（二）

政治活动与社会活动 王光祈
政治运动之前车与社会活动之先导 曾琦
学会的四种特性 周太玄
破坏欲建设及其预备功夫 李璜
再谈对于少年中国的预备功夫 李璜
彻底主义与妥协主义 曾琦
社会的政治改革与社会的社会改革 王光祈
主义问题与活动问题 张梦九
学会问题杂谈 曾琦
中国少年歌 曾琦
会员通讯

● 第三卷第九号（1922 年 3 月）

团结论 康白情
傅立叶的理想组织 王光祈
日本学者对非宗教运动的批评 田汉
我盟不该反对耶教与其运动吗 陈启天
薜亚萝的鬼 田汉
读书录 沈怡
会员通讯

● 第三卷第十号（1922 年 4 月）

社会主义与社会 李璜
社会学与社会的科学 许德珩
总同盟罢工 孟寿椿
记巴尔比斯与罗曼罗兰的笔战 李璜
世界产业工人总会宣言 刘英士
法兰西自然主义以后的小说 李劼人
瞎子 胡淑英
少年中国学会消息

● 第三卷第十一号（1922 年 5 月）

基督教与感情生活	余家菊
科学的产儿	恽震
为少年中国学会同人进一解	恽代英
战后德国之真相	沈怡
旅美工学杂谈	恽震
海之勇者	田汉
我的叔父虚勒	陈生　译
少年中国学会消息	

● 第三卷第十二号（1922 年 6 月）

摄力论	魏嗣銮
德谟克拉西的由来	李璜
屋上的狂人	田汉
大规模无线电总站及其理论	恽震　译
会员通讯	

● 第四卷第一号（1923 年 3 月）

社会主义与个人	李璜
我们的工作	王光祈
法兰西民族志天才与其前途	周太玄
诗人微尼评传	黄仲苏
江户之春	田汉
罗密欧与朱丽叶	田汉　译
会员通讯	

● 第四卷第二号（1923 年 4 月）

民主主义的革命和社会主义的革命	李璜
心理研究备忘录	余家菊
心理学是什么干什么	谢循初
江户之春	田汉

罗密欧与朱丽叶　田汉　译
屈利斯坦于懿苏尔特　田汉
会员通讯

● 第四卷第三号（1923 年 5 月）

工厂的学校化　左舜生
收拾时局的一个提议　恽代英
反动　谢循初
恩惠·忠贞　李劼人
诗
会员通讯

● 第四卷第四号（1923 年 6 月）

编纂文哲各科专门词典问题　李璜
罗密欧与朱丽叶　田汉　译
心理研究备忘录　余家菊
科路伦科评传　张闻天
同情·烦恼　李劼人
会员通讯

● 第四卷第五号（1923 年 7 月）

我们应该怎样运动　王光祈
日常生活与思想学术　周太玄
德意志青年运动　王光祈
蜜尔敦与中国　田汉
同情　李劼人
罗密欧与朱丽叶　田汉　译
会员通讯

● 第四卷第六号（1923 年 8 月）

世界文化与民族特性　周光煦

学记通义	陈启天
分量论的数学基础	魏嗣銮
学者气质	田汉　译
火	李劼人
会员通讯	

● 第四卷第七号（1923 年 9 月）

教会教育问题	余家菊
生命的跳跃	张闻天
哲学与科学	李儒勉　译
法国经济学史略	李璜　译
地震与人类安全	杨钟健
对学会的一个建议	刘仁静
重庆公学始末记	杨效春
酒馆中	李劼人

● 第四卷第八号（1923 年 12 月）

少年中国学会苏州大会宣言	
德国人之音乐生活	王光祈
原始人类	周光煦
心理学研究法	余家菊
数学逻辑的产生	汪奠基
家贼・多马先生	何鲁之
本会建筑会所创办学校计划书	

● 第四卷第九号（1924 年 1 月）

新国家主义与中国前途	陈启天
读国家主义的教育	恽代英
法兰西文学批评与文学史概略	黄仲苏
戏虐・新春	李劼人
德国人之音乐生活	王光祈
心理研究备忘录	余家菊

● 第四卷第十号（1924 年 2 月）

社会活动的真义	王光祈
伦理的社会性	李璜
国家主义的教育进展及其评论	吴俊升
学生与社会	杨效春
就职分类的工程教育	恽震
欧洲音乐进化论自序	王光祈
文学史方法	黄仲苏
悼陈愚生	周太玄
一件听不厌的老故事	黄仲苏
悼陈愚生君并勖少年中国学会同志	曾琦

● 第四卷第十一号（1924 年 3 月）

宗教之伥——教堂	史坦曼
论国家主义	谢循初
中华民族独立与国民大学	张梦九
甘地是怎样一个人	恽震
德国水力学大家恩格司博士	沈怡
琪珴康陶	张闻天
巴黎寄妹书	曾琦
少年中国学会消息	

● 第四卷第十二号（1924 年 5 月）

从梅雨时期到暴风雨时期	张闻天
讨论国家主义的教育的一封信	肖楚女
威廉欧诗阀	沈怡
生物学纲要译序	周太玄
青春的梦	张闻天
文学史方法	黄仲苏
会员通讯	

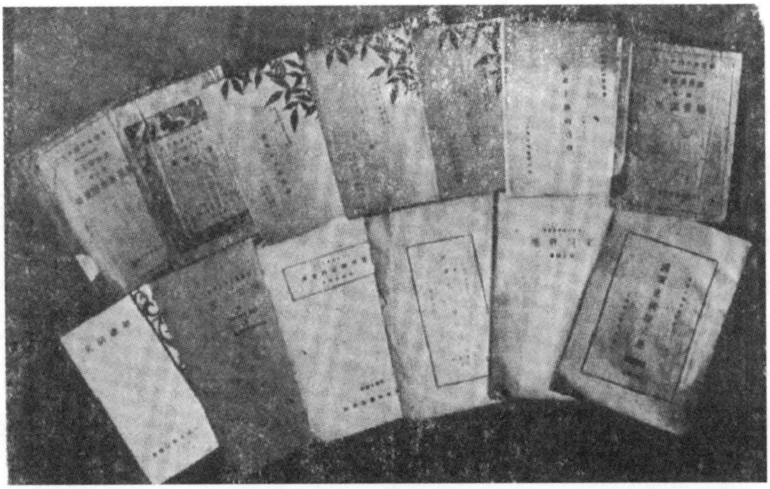

部分《少年中国学会丛书》

参与宗教问题的讨论

20 世纪 20 年代初，少年中国学会关于宗教问题的讨论，最初严格限制在纯学术范围，发表反对宗教或承认宗教价值的见解，由于中国的政教关系及其影响，使之发展成为一种政治运动。

能否吸收有宗教信仰者入会少年中国学会的宗旨是："本科学的精神，为社会的活动，以创造《少年中国》"。会员入会手续十分严格：《少年中国学会规约》规定，须有五位会员介绍，经评议部认可，方可成为学会会员。凡会员均须于文科、理科、工科、农科、医科、商科、政治科、法律科、经济科中选择一门从事研究，凡会员认定专习科目，若中途更改，须提出理由书，经评议部认可。正是这一规约，保证学会是一个思想文化水准较高的社会团体。会员之间能够就关系中国社会发展的重大问题展开讨论。非宗教问题不仅是热烈进行了的一次讨论，而且发展成为了一种政治运动。

学会成立之初，早期入会的会员左舜生、李璜、周太玄等，就思考过反对宗教问题。1919 年 11 月 22 日，左舜生在致曾琦、周太玄、李璜的信中指出：

"前两星期，梦九（张尚龄）到南京，说幼椿（李璜）、太玄有信把他，说他做的文章不应该不反对宗教。我听了很快活。我顶不赞成中国的社会受西洋的‘教会化’。前几个月我便随便发表了一些意见，攻击教会学校，居然引出许多同调。湖南方面有一位先生，就因为这件事在一个教会学校辞了职，可以证明教会和现代思潮实在不相容。你们说要翻译两本反对教会的书，请你们赶快动手。整部的一时译不完，就先译短篇的在月刊上发表也好。现在，‘宗教救国论’，还有一部分人迷信，将来这件事，也会要成为中国一个很要紧的问题，我们要早早的注意。”（会员通讯·左舜生致曾琦、周太玄、李璜。《少年中国》第一卷第七号）1920 年 4 月 21 日李璜在北京大学演讲，批评了基督教，指出基督教青年会“实代表一种旧的势力”① 并未引起关注。对宗教问题的正式讨论，是在评议部关于会员不得信仰宗教的决议之后。

1920 年 4 月 28 日，学会巴黎分会会员曾琦就被介绍人的宗教信仰问题写信给总会评议部，询问“凡有宗教上信仰之人，是否绝对不得介绍加入，抑或仍依信教自由之旨，但以合格为限”，希望评议部“有所声明，以免后来争议”（会员通讯·曾琦致评议部，《少年中国》，第二卷第四号）。此函寄出，适逢评议部换届改选，未获答复。7 月 17 日，曾琦在致左舜生的一封信中明确建议：“凡不学无术及有宗教上迷信之人，皆不得绍介入会。”（会员通讯·曾琦致左舜生，《少年中国》第二卷第三号）此信寄出之时，学会换届改选结束，左舜生当选为评议部主任，李大钊、恽代英、杨贤江、余家菊、黄玄、孟寿椿等人当选为评议员。在评议部召开的讨论会务的会上，左舜生提出 7 条建议，其中第五条内容如下：“巴黎同人提议，凡有宗教信仰者，不得介绍为本会会员。主张赞成巴黎同人提议，并主张已入本会而有宗教信仰者，自请出会。”（评议部纪事，《少年中国》第二卷第四号）建议经评议部全体成员讨论一致通过。

这一决定引起部分会员的反对。在日本读书的会员田汉写信给曾琦，要求将他的反对意见转给巴黎分会会员及评议部。田汉指出：“信教自由载在约法。宗教信仰的生活亦与人的物质生活头脑生活鼎立而相辅助相调和。”评议部对巴黎同人的建议在未充分咨询会员意见的情况下通过，“如此草率如此武断，思之不能不令人愤慨”。田汉信中说有

① 《李璜先生的演讲》，《少年中国》第一卷第十一号。

一个叫张涤非的朋友，颇倾心于少年中国学会的事业，他准备介绍张入会，张本人亦十分乐意。但张在读了第四期《少年中国》之后，忽然改变主意，不肯入会了。张最初愿意入会，是因为认为少年中国学会是一个“很艺术的、很自由的、很研究的态度的学会”。然而，评议部通过的决议证明，少年中国学会“却是这么一个专制国，不独信教自由没有，并信仰自由都没有”，因此他改变初衷，不再愿意加入学会。田汉认为，评议部的决定将有宗教信仰的人拒之门外，然而“少年中国诸少年所差者正是一点宗教的信仰”。“现在我已以人格保证张涤非君入会，并要求评议部取消关于宗教之规定。如张君被拒，弟亦同时负责退会。”①

田汉的信在学会引起热烈讨论。在北京举行了三次宗教问题演讲大会：第一次是周作人、王星拱；第二次是梁漱溟；第三次是屠孝实、李石曾。演讲稿均刊登在《少年中国》“宗教问题号”上面。同时发起了翻译西方学者所著《圣经》批判的著作，在1921年春季《少年中国》出了3期“宗教问题号”，总共刊出王星拱、梁漱溟、屠孝实、李石曾、恽代英、田汉、刘伯明、周作人、陆志韦、方东美、刘国钧、李达、沈雁冰、周太玄、李润章、李思纯、汪颂鲁等人的讨论宗教问题的文章和演说词27篇。正在中国讲学的罗素，以及巴黎大学中国史教授格拉内、社会学教授布格、小说家巴比斯等也都参与了讨论，涉及有关宗教各个方面的问题。有的对宗教持激烈反对态度，有的对反教者持批评态度，成为新文化运动开展以来讨论宗教问题的一次热潮。

反对宗教的主要理由。《少年中国》刊出的文章与演说词中王星拱、李石曾、周太玄、李璜是持反对“宗教迷信”态度的。

王星拱认为科学的发现对大量归因于超自然神秘现象做出了解释，尽管仍然存在一些人类未知的领域，但是找不到超自然神秘力量存在的证据，人类也就没有求助宗教的理由。科学将继续为社会进步提供动力。宗教神秘主义具有的根本性缺陷是违反科学的分析方法，陷入“唯心的构造之危险之中”，中国义和拳的“符篆可以退兵火”一类邪说的盛行。宗教的根本性缺陷，正是反对宗教的根本理由。

李石曾在演说词中说，传播福音主义的人以种种手段颠倒是非，而

① 田汉：《少年中国与宗教问题》，《少年中国》第二卷第八号。

国人不察，率尔接受，致使宗教潮流涌入中国几有一日千里之势。在文明不发达，学术不昌明的时代，宗教可以说是唯一的文化制度，使人觉得它是人类不可须臾离开的事业。宗教之于科学犹如占星术之于天文学、炼丹术之于化学、巫术之于医学，随着天文、化学、医学的发展，旧的宗教教派因不能自圆其说而失去了存在价值，新的教派也会因学术潮流涌进而自行消亡。如果生当今日，企图“以原人之石器，而代我今世之利器，其愚诚不可及”。

周太玄在其《宗教与人类的将来》中指出，宗教是由各种复杂的想像和造作集合而成的：感情的冲动、欲望的引诱、观念的冲突、生活的困难、对自然界的索解。他将宗教的历史发展分为萌芽、成立、极盛、衰微、灭亡五个时期。宗教在历史上有其存在的理由和价值，已明显不能适应现代社会的需要，必将走向灭亡。得出了“人不是宗教的动物，人类的将来是无宗教”的结论。

李璜在《社会学与宗教》中用社会学家涂尔根解释社会现象的方法，指出宗教的强制性质与“个人的自由意志”的对立。认为“宗教的根源不是在个人的情感中，是在群众的精神状态里，它的变迁也随着这种精神状态”。“人的精神却先被其他心灵状态拘束”，离开神话和教义，便无以表现人的信从。李璜从宣扬自由意志出发，得出否定宗教的结论。

这些论及宗教的起源、本质、要素、教会与宗教、宗教与社会、宗教的历史、宗教的未来等问题的思想言论，使各种宗教，特别是基督教面临一次严峻的意识形态领域的挑战。

宗教有积极价值的论说。1921 年 1 月 26 日，梁漱溟应少年中国学会邀请发表演讲，他承认宗教具有积极价值，宗教“是以超越于知识的事物谋情志方面的安慰勖勉”。在现实生活中，人的情感常常需要各种慰藉。自觉弱小产生对“神”的仰赖，自觉罪恶产生向“主”赎罪，宗教信仰能激励热烈的情感和勇往奋发的精神，都体现了宗教的积极价值。梁漱溟认为，佛教解脱人世苦楚的办法是万世不易的，因为人类所遇到的问题永远无法获得最终的解决，“所谓问题的解决，除掉引入一更难的问题外，没有他义，最后便引到这类无解决的问题为止”。在这种情况下，欲求解脱，唯有出世。梁漱溟揭示了人类情志与宗教的内在联系，指出从纯粹理性来非难宗教，绝对达不到反对宗教的目的。

周作人题为《宗教问题》的演讲，认为欧洲文学“文学的发达，大都出于宗教”。人类“求生的精神活动”，不仅是宗教的起源而且也是文学的起源。随着人类精神活动愈益丰富，文学与宗教逐渐分离。但这种分离，“却不能如同化学之于炼金术与天文学之于占星术那样的绝对分离”。宗教与文学都注重憧憬和追求未来。两者都符合人性的要求。“宗教无论如何受科学的排斥，而在文艺方面仍然是有相当的位置的。这并不是赞扬宗教，或者是替宗教辩护，实在是因为他们的根本精神确是相同。即使所有的教会都倒了，文艺方面一定还是有这种宗教的本质的情感。”周作人对少年中国学会部分成员排斥一切宗教的做法提出了批评。

刘伯明题为《宗教哲学》的讲演，认为柏拉图之前的宗教为“原人的宗教”，其特点在于信教者借宗教趋利避害，关系人的吉凶祸福；而柏拉图以后的宗教则是一种满足人类较高层次精神需求的信仰，其目的在于追求社会改良。这种新宗教包含理想与现实两大要素。人类要使精神飞入理想的世界，只有求助于宗教。

刘伯明批评了王星拱的宗教是“唯心的构造”说；也批评了蔡元培“以美术代替宗教”主张。宗教以精神世界为对象，能代替宗教的美术，一定是宗教化的。

少年中国学会大事纪要

1918 年（戊午、民国七年）

3 月 10 日

留日学生曾琦、张尚龄、易家钺等人商量，为打破日本帝国主义对华通讯的垄断，建立自己创办、通信独立的通信社，向国内发送信息，并定名为华瀛通信社。

3 月 27 日

华瀛通信社在日本东京正式成立，开始向国内新闻媒体发送新闻信息。日常工作由雷宝菁主持。

4 月下旬

留日学生为反对《中日军事协定》决定一致归国。

1917 年世界大战进行中，俄国发生十月革命，建立起苏维埃政权之后，国内政局动荡，最先提出单独休战提案，在 1918 年 3 月 3 日与德国单独媾和，促使战争形势发生重大变化，德国有可能集中力量对付中国和日本这两个参战国。日本趁次机会向中国提出建立《中日共同防御军事协定》（简称《中日军事协定》），实际上这是1915年5月“二十一条”的变种和延续，用以维持其在中国的特殊权益。为担心激起中国人民的排日情绪，日方要求：关于《中日军事协定》、日本对中国的军事援助、日本动员或出兵中国，均需一律封锁消息，禁止披露于报端。留日学生因身处日本，从外国媒体得知此消息，反映给国内新闻媒体。4月下旬，国内各界团体要求政府披露《中日军事协定》真相，21日，在日本的留学生16省同乡会会长会议议决应否认此《中日军事协定》，决定派代表回国，发布宣言提醒国人，号召召开国民大会，抵制此项协定。24日，留日学生1000余人集会，以欢迎唐绍仪为名，讨论此《中日军事协定》对中国的严重危害，一致认为较“二十一条”尤甚，必须坚决反对。此次集会受到日本警方监视。留日学生各省同乡会遂发布《警告大中华民国留日学生全体文》，号召迅速行动起来，归国参加救国活动。

5月4日

留日学生曾琦、张尚龄等人，为反对中日军事密约，最先到上海。

5月5日

留日学生“大中华民国救国团”宣告成立。

5月6日

参加留日学生研究归国行动会议的与会代表46人，被日本警察殴打和拘捕，至次日清晨始释放。国内政府教育部竟然就《中日军事协定》声称：“报纸所载中日议约条款，全属谣传，勿信浮言，致荒学业。”更促成留日学生归国付诸实际行动。

5月8日

留日学生归国先发队和浙江、江苏、福建三省留日学生搭乘“熊野”轮首批归国。日本至中国的船票至6月5日已经全部售完，留日学生共同约定：以一月为期，留日学生一律离开日本；并在此期间全部罢课。

5月12日

留日学生归国后的救国活动。

留日学生先发队到达上海。留日学生“大中华民国救国团”决定将本部设在上海，退居王兆荣为干事长，张有桐、阮湘为副干事长。建立和发行《救国日报》，向国民宣布行动宗旨、宣传归国初衷。

5 月 13 日

留日学生先发队成员抵达天津，建立救国团天津支部。发刊排日文告，实行抵制日货。据日本警视厅统计：中国在东京的留学生共计 2783 人，不去上课的学生达到 2680 人，占 96%；至 6 月 12 日留日学生归国人数为 1207 人。据中国方面统计，在日本全境的留日学生总数为 3548 人，此次已经归国学生为 2506 人。这一举动令国内外舆论大哗。日本舆论界认为：封锁有关消息，对学生动用警力，实在值得政府反省，这应是中日关系史中的一件悲剧。

5 月 15 日

留日学生先发队成员到北京，首先向学界开展活动，得到北京大学易克嶷等同学起而响应。

5 月 19 日

留日学生在上海邀请各校学生，发起组织全国学生联合会，到会的有 28 个学校的代表，在《时报》上发表文告，电请各省省长督军及各界明辨是非，一致抵制《中日军事协定》签约。

5 月 20 日

北京各校学生在北京大学组织救亡会，留日归国学生代表在会上发表演说，希望学界一致行动，向大总统请愿，不在协定上面盖印；并向全国人民公布《中日共同防御军事协定》的全文。

5 月 21 日

李大钊应邀为少年中国学会发起人。此说错误，应为 7 月 21 日。①

上午，北京大学等校学生 2000 余人，集会于总统府前，推举代表要求会见冯国璋总统，陈述请求。至下午一时半，学生们始退散。

5 月 22 日

天津地区约 1000 余名学生整队前往省长公署，要求面见省长，请其将不承认中日军事协定之请愿书，转呈总统府。

5 月 28 日

这些请愿活动，没有能够阻止《中日共同防御军事协定》的签定，却给予全国人民以极大的震动，转而促成群众运动的开端。日本当局屡

---

① 《李大钊年谱长编》第 248 页。

促中国当局注意学生的活动，力求反对活动不要扩展开来。北京警察总监吴炳湘会见留日学生代表阮湘等，解释此项协定对我国主权没有损害，同学们应早日回到日本，继续完成个人学业。留日学生代表会议是日认为期望上方干预已然无望，决定派出闵肇鲁等 21 名同学人，分赴北京各校演讲，加强联络，一致行动。

6 月 7 日

留日归国学生代表见到段祺瑞。段祺瑞竟说："外交无损主权，宣布条约，各国无成例，我亦不能独异。外债不足亡国，惟视其用途得当与否，虽再二十亿何害。"与此同时，动用高压手段，限留日归国学生在 6 月 10 日前回原校上课，否则开除学籍。

6 月 8 日

留日归国学生在上海复旦公学召开全体大会，入京代表刘涤欧报告北京支部被政府取缔情形，群情激奋，发表宣言书，宣誓决不中断活动、决不解散组织、决不再回日本就学，中日密约一日不取消，本团一日不解散。决定创设永久文事机关，出版报纸、刊物。

6 月 17 日

留日归国学生在北京的活动受阻，决定近日离北京转赴天津。

6 月 28 日

留日归国学生代表离京前，在《时报》上发表书面声明，公布已将事务所设在天津老西开平安里 59 号，望各界联合一致对外，将此爱国救国行动进行到底。由于天津的法、意、俄等国租界防范甚严，开展活动亦极为困难。在失望中，只好决定再回上海，曾琦等人决心在上海继续办好《救国日报》，开展持久斗争。

6 月 30 日

王光祈解释为何要组织少年中国学会："学会何为而发生乎？有数十青年同志，既慨民族之衰亡，又受时代之影响，知非有一班终身从事社会改革之青年，不足以救吾族，于是不度德、不量力，结为斯会，以'社会活动'为旗帜，奔走呼号，为天下倡。"希望学会的会员们远离现实政治，专心从事社会活动，尤其致力于思想文化的社会传播，以此为理想中的"少年中国"打下根基。学会规定："凡加入'少中'会友一律不得参加彼时的污浊的政治社会中，不请谒当道，不依附官僚，不利用已成势力，不寄望过去人物；学有所长时，大家相期努力于社会事业，一步一步来创造'少年中国'。"会员李璜认为："民国成立之后，军阀主政而卖国也如故，士大夫之肥家养己与醉生梦死也更有甚于昔日。故从五四之前一年又从政治改革转向到了思想改造。”少年中国学会会员大多认同“国民程度与国家程度呈正比例关系”这一观念。学会的宗旨就是：“本科学的精神，为社会的活动，以创造少年中国。”南京分会创始人黄仲苏回忆学会：“学会初非一种纲纪严整、规律详密、服从某一领袖、遵守某一主义之集团，而是一种追求光明的运动。会员莫不反对封建主义，崇尚进取，重视新知识，于各种新制度极感兴趣，思想自由，不受约束，所持信仰亦不一致。”“平日务求言行一致，尤以虚伪、敷衍、放纵、标榜诸恶习为戒。聚首时每有辩论，无不面红耳赤，据理力争，事后则又握手言欢，不存芥蒂。会员间来往通讯，讨论修养、科学、政治活动及一般社会问题之函件，载在《少年中国》月刊者，皆至亲切感人，尤为当时一般青年所争诵者也。”会员方东美回忆：“（学会会员）共计一百有八人，皆个性独特，而思想自由，情感富赡。平居生活抑又律已甚严。吁衡时艰，触发问题，写为文章，先后发行《少年中国》及《少年世界》两种杂志，风声所播，全国掀动。”

王光祈、陈愚生、张尚龄、周太玄、曾琦、雷宝菁6人于北京顺治门外岳云别墅张文达祠，发起组织少年中国学会。王光祈说：“岳云别墅者，本会成立史中最可纪念之发祥地也。到会者为：陈君淯、张君尚龄、周君无、曾君琦、雷君宝菁、王君光祈六人。会议结果，公推王光祈为起草员。遂由王君光祈草拟规约数十条，复在岳云别墅会议修改数次，并邀同会员李大钊商榷一切。当时列名发起者，则为陈淯、张尚龄、曾琦、李大钊、周无、雷宝菁、王光祈七人也。”

又说：“少年中国运动不是别的，只是一种‘中华民族复兴运动’。我们的方法，计有两种：甲、民族文化复兴运动；乙、民族生活改造运动。我尝深思苦索中国人的性格，详考细察西洋人的习俗，最后恍然大悟，中国的‘民族文化’，便是中国古代的‘礼乐’。由这种礼乐，以养成中华民族的根本思想。礼也者，小而言之，则为起居进退之仪；大而言之，则为处事待人之道。乐也者，小而言之，则为涵养性灵之具；大而言之，则为协和万邦之用。我们中国人生活于孔子学说之下者数千年，而孔子学说又实以礼乐二事为其基础。所以中华民族的根本思想，与我国古代礼乐有至深之关系。中国的古礼古乐，诚然有许多不适宜今日的地方，而且简单得很；但古人制礼作乐的本意，则千古不磨。我们现在宜用西洋科学方法，把它整理培植起来，用以唤起我们中华民族的根本思想，完成我们文化复兴运动。……现在我们中国人的日常生活，真是简陋枯寂得很！持与西人丰富而愉快的生活比较，为免相形见绌。我们推究其原因，不外两种：一为无识，二为无业。要医治此两种病症则又只有普及教育与发展实业两法，以完成我们的民族生活改造运动。”①

7月7日

曾琦等人发起组织全国学生爱国会。

7月14日

王光祈、周太玄、曾琦聚会，讨论少年中国学会章程。

7月21日

王光祈、陈愚生、张尚龄、周太玄、曾琦、雷宝菁6人共同决定邀请李大钊作为少年中国学会发起人之一。“七月二十一日午后，与润屿、太玄来抄写少年中国学会章程。旋以电话邀李守常来寓，约渠加入学会。纵谈至晚十钟始去，甚惬也。”② 李大钊就是这样接受邀请被列为少年中国学会发起人。

7月27日

曾琦等将离开北京去上海，7位发起人又在中央公园聚会，又商定凡加入少年中国学会的会员一律不得参加社会政治活动，不请谒当道，不依附官僚，不利用已成势力，不寄望过去人物；学有所长时，大家相期努力于社会事业，一步一步来创造“少年中国”。认为这样能够使会章所规定的四项公约更为明确可遵循。对于不得参加政治活动的主张，王光祈甚为坚持，并将此主张明确写入征求会员的发起书。大家一致推王光祈为学会的筹备主任。

鉴于京津地区学生运动受到政府取缔，上海各校举行学生爱国会筹备会，北京学生代表易克嶷、许德珩，天津学生代表谌志笃，赴上海参加会议。

8月

在曾琦1918年归国的杂感诗中，有“诗伯数青莲”一句，下注李大钊。得知李大钊诗作曾以“青莲”署名。

9月

李璜回忆：少年中国学会从1918年9月开始，在北京的会员不過

---

① 王光祈：《少年中国运动》。

② 《戊午日记——曾慕韩先生日记选》，台北文海出版社，第25—39页。

七八人，每周聚会于陈愚生家中一次。陈愚生好客，高谈阔论之外，会备菜留餐，讨论会务后必聚餐，相互间更为熟悉。李大钊身高面白，留有两撇胡子，河北话说得干净而响亮，对人接物，皆有一定分寸，字也写得不错，八行很漂亮，一笔行书，有阁帖味道，用松烟墨写在宣纸信笺上，甚为夺目。

10 月 10 日

全国学生组织学生救国会正式成立。议决于 1919 年 1 月出版发行《国民》杂志月刊，致力反帝爱国宣传，动员全国各界一致行动。

10 月 20 日

李大钊应邀担任《国民》杂志顾问。

11 月 11 日

第一次世界大战结束，协约国胜利，同盟国战败。

11 月中旬

李大钊开始在餐席上介绍俄国的十月革命，认为 1917 年俄国的十月革命比 1789 年的法国大革命意义重要，俄共主张支持弱小民族的解放运动，中国革命的前途，最好去学俄国共产党。王光祈对此则予以反驳，认为各国有各国的不同国情，中国的革命前途，既不能照着法国大革命去做，也不必要去学俄国共产党的作法。

11 月 29 日

李大钊在北京大学举办的庆祝协约国战胜大会上，发表《庶民的胜利》演说，着手组织北京大学马克思学说研究会，将研究会的一些成员介绍加入少年中国学会。并开始在少年中国学会宣讲俄国十月革命的重大历史意义。

12 月 6 日

李大钊发表《布尔什维主义的胜利》，确信：“试看将来的全球，必是赤旗的世界！”开始向马克思主义思想转变。这一思想转变决定了他对少年中国学会引导的方向。

12 月 14 日

少年中国学会发起人之一雷宝菁（眉生）病逝于日本东京，年仅 20 岁。

12 月 15 日

王光祈在《少年中国的精神及其进行计划》一文中说：“少年中国学会会员各有各的主义，而且是各人对自己所信仰的主义，非常彻底。

少年中国学会的任务便是从事各种主义共同必须的预备功夫。第一阶段的路走完了即指各种主义共同必须的预备功夫再商量走第二阶段的路程。”①

李璜在离开北京去上海，搭法国邮船赴法国留学，临行前写了一封《留别少年中国学会同人》，寄给北京的王光祈。这封信被收入 1919 年 3 月的《少年中国学会会务报告》第一期上面。其在信中表明了自己的观点：不赞成把俄国共产党的政策主张运用于中国。王光祈担忧：“该国列宁等所奉的马格斯之国家社会主义，采集产制度，国家权力甚大，究竟与个人自由，有无妨碍，实是一个疑问。我极反对机械的个人生活，受这种劳农政府支配的国民，处处都有一种国家权力紧紧跟随，个人生活便成一种机械了。”

12 月中旬

李大钊为曾琦的《国体与青年》一书作跋。曾琦认定共和国体为世界最良之国体，号召青年为此奋斗。李大钊指出：在新的世界发展形势下，“我们要求的民主，不是单一没有君主的国体就算了事。必须把那受屈枉的个性，都解放了，把那逞强的势力，都摧毁了，把那不正当的制度，都改正了，一步一步向前奋斗，直到世界大同”。“资产阶级或中产阶级的民主若已获得，紧接着社会主义。”这是在中国近代史上第一次明确提出中国革命发展进程要走向社会主义。

12 月 22 日

李大钊与陈独秀、胡适发起创办的《每周评论》出版发行。李大钊以署名常、守常、明明等在此刊物上发表了 55 篇文章。《每周评论》社址在北京宣武门外骡马市大街 64 号泾县会馆。

1919 年（己未、民国八年）

1 月 1 日

李大钊在《每周评论》第三号发表社论《新纪元》。李大钊被聘请为指导老师的《国民》创刊号，于 1919 年 1 月 1 日出版。这是学生救国会创办的刊物。编辑刊物的有邓中夏、高君宇、许德珩、张国焘、段锡朋、孟寿椿、易克嶷等人。刊物以爱国、反帝、反军阀为主旨。

① 《少年中国》第一卷第六号。

1 月 16 日

“少年中国丛书”之一的曾琦著《国体与青年》出版发行，李大钊为此书写了跋。在本书封二出版广告中，列有李大钊计划写作的《少年中国主义》一书，为“少年中国丛书”的第七本。但是，此计划未见李大钊完成。

1 月 23 日

北京会员王光祈、周太玄等人与上海会员在同济学校召开会议。

2 月 1 日

李大钊在《国民》第一卷第二号发表《大亚细亚主义与新亚细亚主义》，在这篇文章中首次在我国对“帝国主义”和“民族自决权”这两个政治概念予以历史唯物主义的阐释。

2 月 20 日

李大钊在《晨报》上发表《青年与农村》（连载 4 天），首次在我国提出知识分子要与工农群众相结合的思想。

3 月 1 日

《少年中国学会会务报告》创刊。3 月 1 日印制完成《少年中国学会会务报告》第一期，分发给各位会员，并且决定每月出一期，以便于各位会员对于学术研究及社会问题相互交换心得和意见。

3 月 4、5 日

李大钊在《晨报》上发表《新旧思潮之激战》。

3 月

李璜、周太玄在巴黎创办巴黎通信社，重点放在向国内报道巴黎和会的信息上，及时而准确地报道了巴黎和会的谈判进展，对国内新闻媒体和五四运动的推动，产生了重大影响。

3 月 7 日

北京大学平民教育讲演团在《北京大学日刊》上刊登征集团员启事。这项工作一直在李大钊指导下进行。

3 月 14—16 日

李大钊在《晨报》上发表《现代青年活动的方向》。

3 月 27 日

北京大学平民教育讲演团成立，发起人是少年中国学会会员邓中夏、康白情，讲演团中的许德珩、陈剑修、周炳琳、孟寿椿、易克嶷、杨钟键、朱自清等人，在此后都加入了少年中国学会。

3 月 31 日

李大钊致蔡元培，请其为少年中国学会的刊物《少年中国》撰写文章。

4 月 3 日

北京大学平民教育讲演团开始演讲，题目有：《如何求幸福》、《勤劳与知识》等。

4 月 16 日

李大钊致信鲁迅，对巴黎和会表示失望。

4 月 21 日

李大钊将一册《少年中国》，赠给周作人。

5 月 1 日

《少年中国学会会务报告》第三期公布，在筹备会期间有：会员 34 人：文科 21 人、工科 4 人、经济科 4 人、政治科 4 人、商科 1 人。

少年中国学会要求会员选择学科，李大钊选定经济科。经济科有李大钊、陈愚生、李璜、王光祈 4 人。

5 月 3 日

北京学生代表为反对巴黎和会允许日本继承德国在我山东的特权在北京大学集会，会议决定举行大规模示威抗议活动。

5 月 4 日

李大钊和北京大学学生一起，参加示威游行，游行队伍受阻，未能进入使馆区。游行队伍遂转向交通总长曹汝霖住宅，寻找驻日公使章宗祥，要求巴黎和会的中国代表拒绝在和约上签字。军警界入使得游行群众情绪激奋，以致住宅失火，发生殴打章宗祥的过激行为，军警以此为借口逮捕 32 人，学生张钦光被殴打致死。五四运动爆发。

5 月 5 日

北京学生联合会成立。北京大学学生会成立。

5 月 14 日

北京学生联合会在《致各省各团体电》中有："'五四运动'实为敌忾心之激发，亦即我四千年光荣之民族性之表见。"这是第一次把五四运动作为爱国运动的同义词语使用。李大钊将五四运动称之为"学生界的五一"。

6 月 13 日

王光祈、曾琦、袁同礼 3 人代表少年中国学会赴清华学校仁友会召开恳亲会，宣布两会正式结成联会。清华学校仁友会会员常策欧等多人出席此次会议。

6 月 15 日

少年中国学会成都分会成立。有会员李劼人、彭云生、穆济波、胡少襄、孙少荆、李哲生、李小舫、何鲁之、周晓和等 9 人。

6 月 16 日

全国学生联合会（简称“全国学联”）在上海成立。许德珩、黄日葵等出席会议。致电北京政府，誓死不承认巴黎和约条款，要求政府拒绝在《巴黎和约》上面签字。

6 月 28 日

协约国对德和约签字，中国代表团拒绝签字。

6 月 29 日

日本东京少年中国学会会员田汉、沈懋德、易家钺等 3 人，在东京府下户冢町大字诹访 173 松山庄，召开谈话会。

7 月 1 日

少年中国学会北京总会在北京回回营陈愚生家中，召开少年中国学会成立大会。学会宗旨原为“本会以振作少年精神，研究真实的学术活动，发展社会事业，转移末世风气为宗旨。”李大钊提议改为：“本科学的精神，为社会服务，以创造‘少年中国’。”

《少年中国》月刊创刊号，今日出版。

在这一年的筹备期中主要做了五件事：一是与清华大学的仁友会、新中学会联成友会；二是 6 月 15 日，少年中国学会成都分会成立；三是新加入会员 18 人，使会员总数为 52 人；四是公布筹备期间的收支状况；五是协助将本会发起人雷宝菁君遗体归国安葬。李大钊出席了这次会议。

筹备主任王光祈介绍了在 1919 年 6 月 13 日，召开了少年中国学会和清华仁友会联成友会的恳亲会，着重讲了创办海外通信社的问题：“本会同人甚希望贵会在美国办一通信社。因为现刻欧美人士对于中国情形，颇多隔阂之处，国内报馆虽多，然操纵新闻之权，仍握诸外人所办之通信社，危险实甚。敝会同人大都从事教育实业，新闻事业又为广义的教育，故敝会同人兼营新闻事业者，占全数十分之五六。现在巴黎方面，已由敝会会员周无、李璜诸君创办通信社一所。东京方面去年敝会会员曾琦、易家钺诸君本办有华瀛通信社，因拒约回国，遂致停顿，现亦拟设法恢复。南洋方面亦有筹办通信社之计划。惟美国方面敝会只有会员一人，明年敝会会员亦有数人赴美，一时甚难着手，故极希望贵会办理。”“仁友会会员郑鐘珪君即起立发言，极愿担任此事。俟今秋到美后，即积极进行。”①

7 月 10 日

北京政府正式发布布告，宣布拒绝对德和约，以平息国内全社会持久的爱国、反帝、反军阀的群众活动。28 岁的胡适在北京“少年中国学会”演讲时的结束时说：“这便是少年中国的精神。”少年中国学会将中国最优秀的青年聚集到了一起。这些青年厌倦了这个时代；厌倦了这个政府，厌倦了现实政治，乃至于厌倦了父兄辈的谆谆说教。他们要为混乱的中国，寻一条新的出路。

7 月 13 日

少年中国学会成都分会的《星期日周刊》正式出版发行，孙少荆任经理，李劼人为编辑。

7 月 15 日

《少年中国》月刊第一卷第一号正式发行，创刊号销售额已经达到 5000 份。

《少年中国》第一卷第一号：《少年中国成立大会》：“五六月新入会会员 18 人（包括成都分会会员），本会现在共有会员 42 人。”这里出现了计算错误，应是 52 人（即原有会员 34 人，新会员 18 人，总计为 52 人）。

成都分会会员为 9 人：李劼人、彭云生、周晓和、穆济波、胡少襄、孙少荆、李哲生、何鲁之、李小舫。

7 月

李大钊离京回乐亭故乡，妻子赵纫兰即将分娩需安排家乡亲人照料，然后携长子李葆华赴昌黎五峰山区，完成《我的马克思主义观》长篇论文的写作。

7 月

毛泽东在长沙创办《湘江评论》。

8 月 15 日

少年中国学会公布选举结果，曾琦、左舜生、王光祈、雷宝华为评

---

① 《少年中国》第一卷第一号，1919 年 7 月 15 日。

议员。易克嶷、黄日葵为候补评议员。王光祈为执行部主任，陈愚生为副主任。

李大钊此时不在北京，致信王光祈、曾琦，介绍昌黎五峰山景色，称其为旅游度假的一个好去处。

8 月 17 日

由于胡适在《每周评论》上发表了《多研究些问题，少谈些“主义”》，掀起“问题与主义”的论争，在全国知识界展开了一次问题与主义学理上的讨论，同时，也是一次关于中国向何处去意识形态选择上的论战。李大钊明确回答了这场争论要害在于对中国社会发展方向和道路的选择，同时表明了自己坚定的马克思主义立场。

8 月 25 日

上海会员举行饯别会，欢送曾琦赴法国留学。

8 月

纽约通信社成立于 1919 年 8 月。关于纽约通信社的具体情况，能够找到的史料很少。只是知道王光祈在向大会会员报告与清华仁友会聚会时说到“惟美国方面敝会只有会员一人，明年敝会会员亦有数人赴美，一时甚难着手，故极希望贵会办理”。当时，“仁友会会员郑鐘珪君即起立发言，极愿担任此事。俟今秋到美后，即积极进行”。（《少年中国》第一卷第一号，1919 年 7 月 15 日）

9 月

会员徐彦之在山东济南创办齐鲁通信社。徐彦之（1897—1940），字子俊，山东郓城人，在北京大学学习期间，参加新文化运动，传播新思想，为改革教育、妇女解放积极工作，为蔡元培所赞赏。曾任少年中国学会北京总会常务委员会委员、交际股长，与陈独秀、李大钊等交往，参与组织北京大学马克思主义研究会。1919 年初，与傅斯年、罗家伦、杨振声、康白情、俞平伯、顾颉刚等创办北大学生社团新潮社，创刊《新潮》杂志；11 月与山东旅京学生王统照、范予遂等创办《曙光》杂志。1931 年“九一八”事变后，加入中国“抗日救国会”。1935 年先后在菏泽女师、济南一中任教。1937 年任山东省参议会议员。

9 月 15 日

李大钊在《新青年》杂志第六卷第五号发表《我的马克思主义观》。这是我国首篇较为全面系统地介绍马克思主义理论的重要文献，同时也标志着李大钊已经成为马克思主义者。

同一天出版的《少年中国》第三期发表李大钊的《“少年中国”的“少年运动”》，阐述了少年中国的理想是自由的创造，各个不同的少年中国理想，“一定都集中在那光明里成一个结晶，那就是我们共同创造的‘少年中国’”。反映出李大钊对马克思主义理论必须与中国实际相结合的思想认识。

9 月 17 日

新中学会写信给少年中国学会，提出联成友会的建议。在《少年中国》月刊第一卷第四号，刊登了两封信件的全文。

9 月 30 日

少年中国学会于 9 月 30 日复函新中学会表示赞同，两学会联成友会得以实现。

10 月 9 日

北京总会王光祈、邓中夏、孟寿椿、黄日葵等 17 人，在北京嵩祝寺 8 号开会。讨论组织学术谈话会等项工作。学会执行部正式成立。新加入会员有邓康、张崧年、赵崇鼎、陈道衡 4 人。

10 月 11 日

新加入会员有：谢循初、恽代英、阮真、杨贤江、蒋锡昌、王克仁、沈泽民、王德熙、方东美、余家菊、梁绍文等 11 人。

10 月 15 日

李大钊在《少年中国》第四期发表《妇女解放与 Democracy》。

10 月 25 日

执行部主任王光祈赴武昌、南京、上海、天津各处，联系会务开展，签订《少年世界》出版合同。

11 月 1 日

少年中国学会南京分会成立。会员有：左舜生、黄仲苏、黄忏华、沈泽民、蒋锡昌、杨贤江、阮真、赵叔愚、谢循初等人。

11 月

周太玄主编《旅欧周刊》出版。

12 月 1 日

《少年社会》创刊，该刊由南京高等师范学校学生主办。

12 月 14 日

王光祈、李大钊、蔡元培、陈独秀、胡适等发起工读互助团。

12 月 15 日

南京分会会员为 10 人：左学训、赵叔愚、谢循初、黄仲苏、阮真、黄忏华、杨贤江、沈泽民、蒋锡昌、王克仁。

1920 年 1 月，《少年中国》第一卷第七号，会员通讯中说：南京分会会员为 11 人，增加了：查谦。

12 月

会员张闻天、刘泗英在日本创建东京通信社。

1920 年（庚申、民国九年）

1 月 1 日

《少年世界》月刊创刊。南京分会会员主办。李大钊在《新青年》第七卷第二号发表《由经济上解释中国近代思想变动的原因》，以经济的变动是思想变动的重要原因为依据，分析中国近代思想的变动。本月内，李大钊连续著文介绍《美利坚之宗教新村运动》、《欧文的传略和他的新村运动》显示出对开展新村运动的兴趣。

1 月 15 日

李大钊在《解放与改造》第二卷第二号发表《由纵的组织向横的组织》，指出为“反抗富权阶级、资本阶级”，需要“劳工阶级、无产阶级联合起来，为横的组织”。

1 月

新加入的会员有毛泽东、芮学曾。

2 月

李大钊开始实际参与少年中国编辑部工作。《少年中国》第一卷第八号刊登的《少年中国学会消息 · 会务记闻》：“组织少年中国编辑部：本会于去年 7 月创刊《少年中国》时，即已组织编辑部，惟当时推定编辑部主任李大钊、康白情两君，均因事忙未能执行职务，所有编辑事宜，暂由执行部主任王光祈君代理。现王光祈君将赴美留学，特于出京之前，开会讨论编辑事宜。议决组织编辑部，由李大钊、康白情、张崧年、孟寿椿、黄日葵五君担任编辑事宜。”

恽代英仿照北京总会的工读互助团，在武昌横街成立了利群书社。

3 月 3 日

北京总会会员孟寿椿、徐彦之等多人在中央公园的来今雨轩开欢迎会，欢迎南京会员王德熙，听取他介绍南京分会的会务工作情况。

3 月 13 日

李大钊被公推负《少年中国》发稿的责任。

午后 4 时，北京会员在北大图书馆开常会，提议的事情如下：一、组织《少年中国丛书》编译部；二、对《少年中国》编辑部进行整顿。议决《少年中国》的编辑由北京编辑部负完全责任，以后各处所有本月刊的稿件，务须寄交北京编辑部编辑发送。推举李大钊君负发稿的责任，黄日葵君负催稿、收稿的责任，陈愚生君负编《会务报告》的责任。

3 月 27 日

少年中国学会巴黎分会成立。

4 月 1 日

王光祈赴德国留学。《少年社会》由周刊改为半月刊。李大钊在《新青年》第七卷第五号发表《都市上工读团底缺点》，这是在北京工读团第一组宣告解散后写给陈独秀信的摘录。篇末有陈独秀的“附识”。

4 月 10 日

北京会员恽代英等 11 人，在中央公园的来今雨轩召开常会，筹备名人讲演会、组织学术谈话会。

4 月 21 日

午后 3 时，李大钊在北京大学法科大礼堂主持少年中国学会讲演大会。邀请李石曾讲演，题目是《中国少年与社会之新潮流》，到会者约六七百人。至 5 时许散会。

5 月 1 日

李大钊在《新青年》第七卷第六号发表的《五一运动史》，这是我国第一次为五一国际劳动节举行纪念活动。《少年世界》全文转载。李大钊在北京大学教职员、学生举行的五一纪念会上讲话。

5 月 8 日

北京会员在北京大学图书馆召开常会，决定增加常会次数，每隔一星期开会一次；名人讲演会，增加到每月举办一次。

5 月 22 日

北京会员召开常会，研究《少年中国》创刊一周年纪念号的内容及安排。讨论学术谈话会的试行办法。会员须选定研究课题。李大钊认定研究丹麦学者古里天森著《政治与群众道德》一书。（古里天森

[Arthur Christensen，1875—1945]，丹麦学者，今译为阿瑟·克里斯腾森）。

6月6日

北京会员陈愚生在中央公园的来今雨轩开欢迎会，欢迎来北京考察教育情况的南京会员蒋锡昌，并研究《少年世界》能否将编辑部移往巴黎。

6月15日

巴黎分会会员为7人：许德珩、陈登恪、李璜、曾琦、李劼人、何鲁之、胡助（少襄）。

6月19日

北京会员常会，研究纪念少年中国学会成立一周年。

6月20日

李大钊在少年中国学会上演讲《自然与人生》文稿，在《新生活》第三十八期上发表。

6月

新加入会员有恽震、吴保丰、王崇植3人。

7月1日

北京会员袁守和、黄日葵、康白情、孟寿椿、雷保华、李大钊、周炳琳、邓中夏、张崧年、陈愚生等人，在顺治门外岳云别墅召开少年中国学会成立一周年纪念大会。会上报告了一年的会务、学会会员人数，选举产生新的评议员、谈论修改学会规约、谈论会务报告。

南京分会会员黄仲苏、谢循初、王克仁、阮真、李儒勉、赵叔愚、刘衡如、杨贤江、方东美、邰爽秋等10人，在南京胡家花园召开少年中国学会周年纪念大会。讨论会务及少年世界的编务工作。

7月1日，《少年中国学会周年纪念册》，上海亚东图书馆出版，16开74页，共印1000册，赠送给会内外人士和学术机构。书前有72位会员照片及会员通信地址，留下了珍贵史料。可知此时会员总数为72人。

7月4日

李大钊在北京西城前京畿道美术学校讲演，题目是《群众心理与群众道德》。

7月8日

北京大学评议会议决将图书馆主任改为教授。

7月18日

南京会员黄仲苏等召开欢迎会，欢迎武昌会员陈启天、恽震；上海会员吴保丰等人，在暑期到南京高等师范学校求学。

7月21日

北京会员常会，讨论关于修改规约的提议。公布评议员选举结果，李大钊当选为评议员。

7月

新加入会员周佛海。

8月1日

南京会员及来宾约300人集会，讨论小学教育问题。

8月14日

北京会员开茶话会，欢迎上海会员沈怡及徐彦之，议决8月16日参加天津觉悟社在北京召开的茶话会。

8月15日

李大钊在《少年中国》第二卷第二号发表《亚细亚青年的光明运动》，提倡"我们爱日本的劳工阶级、平民、青年，和爱自国或他国的劳工阶级、平民、青年一样诚挚、一样恳切"。

8月16日

少年中国学会北京分会、天津觉悟社、北京人道社、曙光社、青年互助团等5团体联合召开茶话会，约有20人。会上，邓文淑（颖超）报告觉悟社的组织及发展经历，周恩来演说，李大钊代表少年中国学会致答词。李大钊在会上强调指出："本会同人已经两载之切实研究，对内对外，似均有标明本会主义之必要。"议决各团体推代表3人，明日继续筹商进一步联络办法。少年中国学会代表为李大钊、张申府、陈愚生。

8月18日

少年中国学会、觉悟社、曙光社、青年互助团、人道社等5团体代表，在北京大学通信图书馆召开联络筹备会，议决共同成立改造联合，草拟组织大纲。

8月19日

少年中国学会北京会员茶话会，陈愚生报告各团联络筹备会情况。李大钊提议：本会之创立，原系研究学问团体，思想须极自由，主义自不一致；惟两年以来，世界思潮既有显然之倾向，而国内应时发生之无数小团体，亦莫不各有鲜明之旗帜；本会同人已经两载之切实研究，对内对外似均应有表明本会主义之必要，盖主义不明，对内不足以齐一全体之心志，对外尤不足与人为联合之行动也。征求全体讨论公决。

8 月 28 日

北京会员常会，审查改造联合约章草案。

8 月

上海通信社、纽约通信社同时成立。

8 月

新加入会员有张明纲、高尚德 2 人。

9 月 6 日

北京会员茶会，通过《改造联合约章》，以相爱互助的精神，组织与各打破一切界限的联合，在改造的赤旗下；提出了到民间去，做社会实况之调查、农工运动支运动、妇女独立之促进；陈愚生建议编辑简明小册丛书。

9 月 18 日

北京会员常会，李大钊辞去《少年中国》月刊编辑部编辑，推举苏演存为编辑主任，黄日葵为副主任。改组执行部，推举陈愚生为执行部主任，邓中夏为副主任。李大钊、恽震、余家菊、孟寿椿、黄日葵、杨贤江、左舜生为评议部评议员。

李大钊此时发起成立北京共产党支部，着手建立社会主义青年团。每月从自己薪水中拿出 80 元，为各项工作开支之用。

9 月

李大钊再度当选年度评议员。新加入会员有陈政。陈政，浙江绍兴人，时为北京大学哲学系二年级学生。

10 月 17 日

巴黎会员李劼人、李璜、曾琦、周太玄、许德珩等人，在巴黎召开星期学术谈话会，会员胡助讲《物理化学之革命》。

10 月 25 日

北京会员常会，筹备延请名人演讲，对《少年中国》月刊的广告进行整顿。

10 月

新加入的会员有汤腾汉。

11 月 28 日

北京全体会员及应邀来宾 10 余人，在北大第一院第二教室召开学术谈话会，李大钊演讲《自然与人生》。邓中夏提出讨论“罗素·勃拉克与中国婚姻问题”。

12 月 17 日

北京会员欢迎会，欢迎会员朱铎民自南洋归来。

12 月 19 日

北京会员及听众数百人，举行讲演大会，邀请陆志韦、刘伯明讲演宗教问题。

12 月

《少年世界》月刊停刊。

1921 年（辛酉、民国十年）

1 月 6 日

北京会员常会，欢迎南京分会赵叔愚来京。

1 月

谢循初、黄仲苏在美国伊利诺州创建中美书报代售处。

梁绍文在武汉创办《武汉星期评论》。

1 月 12 日

南京分会召开欢迎会，欢迎北京会员苏演存至上海、南京；讨论会务；议决编辑会员所有图书目录，印制会员通讯录。

1 月 15 日

李大钊在《少年中国》第二卷第七号发表《自由与秩序》。

1 月 21 日

马克思主义学说研究会针对 23 日罗素学说研究会将在欧美同学会上继续讲社会主义何以不能实行与现在的中国，组织社会主义是否适合与中国的大辩论。参与者为北京各专门以上学校的学生和老师，邀请李大钊为裁判员。李大钊在最后发言，首先说明人类社会的发展规律，阐明由资本主义到社会主义正如由封建制度一定转变为资本主义一样，是必然的不以人们的遗志为转移的真理，社会主义必然到来。

1 月 26 日

梁漱溟应邀作宗教问题讲演。李大钊表示：关于不允许有宗教信仰者加入少年中国学会一事，并不清楚。

1 月 27 日

李大钊参加北京会员临时会。议决苏演存辞去《少年中国》月刊编辑；推荐左舜生仁编辑；因执行部主任陈愚生、副主任邓中夏均有在身，推举陈仲瑜为执行部代理主任。

李大钊在日文《新支那》上发表《中国的社会主义及其实行方法的考察》。

2 月 19 日

北京会员年会，讨论邓中夏提出的学会采取何种主义的问题。

2 月 24 日

李大钊分别写信给鲁迅、周作人。转发 1 月 9 日陈独秀的来信，调停《新青年》杂志今后的编辑和出版问题。针对陈独秀的来信，此前，李大钊已经写给胡适两封信。

3 月 13 日

北京会员改选会，执行部主任邓中夏赴保定省立高师国文教员，决议推举苏甲荣人执行部主任。评议部推举左舜生任评议部通信员。

3 月 15 日

李大钊被指定为北京国立专门以上各校教职员代表联席会议新闻股办事。从此，李大钊为次付出了巨大时间和精力。18 日又成为北京大学加派的代表。21 日，李大钊成为此会议《半周刊》的编辑。

3 月 27 日

上海会员杨贤江、沈泽民、张闻天、恽震、吴宝丰、王崇植、左舜生等，召开上海分会酝酿会。

南京会员召开 7 月 1 日少年中国学会南京大会筹备会，发出筹备通知。

巴黎分会成立，选举职员，周太玄当选分会书记，陈登恪当选通讯员。

4 月 8 日

李大钊参加少年中国学会上海与北京会员谈话会。恽震、吴保丰访问李大钊。恽震写的《北游初恋》，载于 1922 年 4 月出版的《少年中国》第三卷第九号，其中既有李大钊的谈话。会员汪德熙自请退会。

4 月

《少年世界》停刊后，四月份又出版了一期增刊：日本号。

5 月 20 日

会员易家钺在京报辱骂女高师学生苏梅，影响很大。晚 8 时，在李大钊家中，北京会员临时聚会。议决，由执行部批准在此之前易家钺本人提出退会申请，使此事告一段落。

5 月 31 日

北京会员留别会。为赴德国留学的沈怡、赴美国留学的孟寿椿饯行。在城南公园聚会，并摄影留念。到会的有李大钊、陈愚生、黄日葵、刘养初、高君宇、章一民、邓中夏、苏演村。

6 月 3 日

北大校长蒋梦麟与北京各校校长、教职员、同学千余人冒雨往国务院请愿。要求拨发教育经费，竟遭军警殴打。蒋梦麟、马叙伦、沈士远等 30 余人受重伤，轻伤者百余人。李大钊昏迷倒地，不省人事。

6 月 17 日

北京会员谈话会。讨论学会应否采取某种主义。

6 月 30 日

南京大会预备会，关于大会的费用、开会时间、地址、议事日程安排等。

6 月

新加入的会员有：杨钟健、沈昌、鄢祥褆。

7 月 1—4 日

少年中国学会在南京鹤鸣寺、玄武湖、清凉山扫叶楼、高师梅庵等地，召开第二次年会，又称南京大会。主要议题是讨论学会宗旨及采取主义问题、以及政治问题、会外活动问题、宗教信仰问题等。

李大钊对少年中国学会大至大政方针，小至新会员入会、会员留学出国，都曾参加并认真对待。但是并不存在因为参加少年中国学会的年会。而不去上海参加中共“一大”的问题。

7 月 20 日

参加陈愚生夫人金绮葬礼。此时，在回回营的李大钊家与陈愚生家是邻居。

7 月 23 日

中国共产党在上海召开“一大”，参加会议的有少年中国学会会员毛泽东、刘仁静、周佛海等。李大钊未能赴上海参加会议。

胡华、肖效钦：《中国共产党创建史实》一文中说：“李大钊正在北京召开‘少年中国学会’的会议，陈独秀在广东任教育委员会委员长，均未参加（党的一大）。”（《百科知识》1979 年第 2 期）“1921 年李大钊同志因筹备召开‘少年中国学会’之事，北京共产党早期组织另派两名代表参加了党的第一次代表大会。”（药英、陈文秀：《李大钊同志革命史略》，中国人民大学复印报刊资料《中国现代史》1979 年第 9 期）现在看来，此说缺乏事实依据。

7 月

少年中国学会消息，陈愚生已回四川重庆，邀请李大钊、邓中夏、杨效春、黄日葵赴川举行暑期演讲。

8 月 10 日

上海会员聚餐会。欢送方东美、沈怡、王崇植、恽震等分赴美国和德国留学。

8 月 19 日

李大钊参加发起北京国立八校教职员太平洋问题研究会。被推举为中文主持、研究院。

9 月 3 日

李大钊写信给会员周太玄，请他照顾赴法国的北京女高师学生林宝权、苏雪林。

9 月 10 日

选举产生少年中国学会第三届评议会。李大钊当选评议员。

9 月 14 日

北京会员谈话会。宣布选举结果，推举杨锺健为执行部主任，陈仲瑜为副主任。

9 月 15 日

少年中国学会教育研究会正式成立。提出简约草案，以谋求中国教育之改进为目的。

9 月 20 日

执行部通知有的会员未交会费、为填写终身志业表，被列上者在 10 月 3 日前务必完成此项要求。

9 月

少年中国学会留德学生王光祈、魏嗣銮、张尚龄、宗白华、孙少荆等人发起中德文化研究会，介绍交流中德文化为宗旨。

10 月 9 日

北京会员谈话会。商讨整顿越看问题。

10 月 16 日

北京会员常会，张崧年来信请求出会；邓中夏拟少年中国学会社会主义研究会。

10 月 20 日

北京会员常会，议决整顿月刊、会费、出版会员通讯录；组织社会主义研究会，由邓中夏负责组织工作。由黄日葵统筹组织文学研究会。另外议决会员终身志业调查表，限期在 11 月 15 日交齐，12 月出版，过期不候。

11 月 13 日

北京会员常会。宣布社会主义研究会、文学研究会，将于近日成立。

11 月 16 日

北京会员常会。杨钟健报告会务，会员终身志业调查表已经付印成册。沈懋德建议出版《婚姻问题专号》。

11 月 17 日

马克思学说研究会在《北大日刊》刊登启事，公开招收会员。

11 月

新加入会员有朱自清。

12 月 16 日

李大钊出席在北京大学二院会议厅召开的马克思学说研究会成立大会并讲话。会后留影纪念。

12 月

出版《少年中国学会会员终身志业调查表》，16 开 13 页，包括 52 位会员所填写的调查表。

1922 年（壬戌、民国十一年）

2 月 1 日

少年中国学会发出通电，响应非宗教同盟.

2 月

新加入会员有：金观海、曹刍。

3 月 1 日

《少年中国》发出“少年中国学会问题”专号，主要讨论政治活动与社会活动的关系。

3月9日

上海学生成立“非基督教学生同盟”组织，通电反对世界基督教学生同盟（World Student Christian Federation）拟定于4月4日借用北京清华学校召开第十一届年会，呼吁各地支持。《非基督教学生同盟宣言》宣称：“现代的基督教及基督教会，就是‘帮助前者（有产阶级）掠夺后者（无产阶级），扶持前者压迫后者’的恶魔，是我们的仇敌，非与彼决一死战不可。认彼（世界基督教学生同盟第十一届大会）为强盗会议，故愤然组织这个同盟，决然与彼宣战。”

3月11日

北京学生响应上海的呼吁，成立“反宗教大同盟”，蔡元培等人均予支持。

3月20日

由李石曾、陈独秀、李大钊、汪精卫、朱执信、蔡元培、戴季陶、吴稚晖等为数77人的学者名流以“非宗教大同盟”的名义联署发表宣言通电全国，《北京非宗教大同盟宣言》指出：“我们要为人类社会扫除宗教的毒害。我们深恶痛绝宗教之流毒于人类社会十倍于洪水猛兽。有宗教可无人类，有人类便无宗教。宗教与人类，不能两立。”此通电在《晨报》20—22日连载三天。

3月31日

北京的五位大学教授周作人、钱玄同、沈士远、沈兼士及马裕藻发表《一个主张信教自由之宣言》，即“北大五教授宣言”。重申信仰自由的精神，反对攻击基督教。

4月4日

李石曾、李大钊、邓中夏、萧子升等12人在《晨报》上发表《非宗教者宣言》。据《吴虞日记》1922年4月1日记事，此文为李大钊主笔。陈独秀、李大钊、罗章龙、萧子升分别发表文章，批判宗教。4月4日至8日，世界基督教学生同盟第十一届年会在北京清华学校如期召开，受到大批军警保护。

4月8日

世界基督教学生同盟第十一届年会闭幕的当天，北京大学举行非宗教演讲大会，有三千多人参加。会上宣读蔡元培的演说词，要求教会学校的教育与宗教分离。

5月

《少年中国学会会员通讯录》编印完成。

5月10日

北京非宗教同盟在北大第三院正式成立。到会者达500多人。李大钊、邓中夏等30多人被推举为干事。

5月14日

《努力》周报刊登《我们的政治主张》，主张组织好人政府。由蔡元培、胡适、李大钊等16人签名。

6月1日

北京会员李大钊等发表《北京同人提案——为革命的德莫克拉西（民主主义）的提案》，有李大钊、邓中夏刘仁静等6人签名。作为向1922年7月在杭州举行大会的提案，该文产生了广泛的影响。

6月15日

中共中央发表中国共产党对时局的主张，批评了好人政府主义。李大钊表示赞同。

6月18日

李大钊出席非宗教大同盟第一次干事会。被推举为常务干事（共8人），讨论了当前要开展的各项工作。

6月

非宗教大同盟编辑出版罗章龙编辑的《非宗教论》一书，该书收集了蔡元培、陈独秀、李大钊、吴虞、李石曾、萧子升、周太玄、朱执信、罗章龙等人写的31篇批判和否定基督教的文章。李大钊的文章是《宗教与自由平等博爱》。认为："我们反对宗教，不但不是破坏自由，而且实在是拥护自由"，"至于目我们以非圣以无法，是我们所不计的。"

7月1日

李大钊发表《平民政治与工人政治》，载于《新青年》第九卷第六号。

7月2—3日

少年中国学会在杭州召开第三次年会。主席左舜生报告一年来的会务，讨论政治活动问题。李大钊、黄日葵、刘仁静、沈昌、陈仲瑜等六位未能出席的北京会员联合向本届年会提出书面提案——《为革命的德谟克拉西（民主主义）提案》。本届年会经过激烈的辩论之后，通过了“本会对时局的主张”，提出了“对外反对帝国主义的侵略，对内谋军阀势力的推翻”。

7 月 16—23 日

中国共产党二大在上海召开。李大钊被选为中央委员。

7 月

新加入会员有：郝坤巽。

8 月 29—30 日

李大钊出席在杭州召开的中共中央执行委员会全体会议。李大钊促成此次西湖会议原则上接受共产国际的提议，实行国共两党合作。共产党员以个人身份加入国民党。

9 月 1 日

李大钊在上海，由孙中山主盟、张继介绍，加入中国国民党。

9 月 3 日

国际少年日七周年纪念。李大钊出席上海社会主义青年团举办的星期演讲会，并发表讲话讨论青年问题。该讲稿发表在《学生杂志》第九卷第十一号。

10 月 23 日

在中共北方党组织领导下，唐山开滦五矿 30000 多工人举行大罢工。中国共产党中央机构移到北京。

11 月 21 日

北京学生读书会成立大会，李大钊被聘为导师，出席大会并演讲。

12 月 14 日

在李大钊指导下，正太路工人举行罢工。27 日罢工胜利结束。

1923 年（癸亥、民国十二年）

1 月 28 日

曾琦发起中国青年党。

3 月

《少年中国》第四卷第一号：《本会会员最近通讯地址一览》，公布的会员名单（83 人）。同时公布了退会会员名单（2 人）：李思纯自请出会。汪德熙因任四川知事，亦提出自请出会。

5 月

推定杨钟健为执行部主任，刘云汉为副主任。新加入会员有：侯绍裘。

6 月 25 日

会员陈愚生病逝于重庆。

6 月

新加入会员有：杨亮功、须恺。

8 月 6 日

会员康白情、孟寿椿、康纪鸿在美国发起组建新中国党。

9 月 30 日

恽代英、邓中夏、杨贤江、刘仁静等会员，在上海左舜生家中召开会务问题谈话会。提出凡会员用个人名义为一切政治活动有绝对的自由；左舜生提议学会规约为正式修改之前，须产生一临时办法以维持会务。

杨钟健、曹刍、李儒勉、杨效春、倪文宙、陈启天等，在南京鸡鸣寺召开会务问题谈话会。议决学会对于会员个人不违背学会信条的各种活动和意见不加干涉；会员个人或少数人不得用学会全体的名义参加任何活动；学会对于国家根本问题表示意见或参加活动时，须经合法手续，预先征得全体会员多数的同意。

9 月

《少年中国》第四卷第七号：《本会会员最近通讯地址一览》，公布的会员名单，此次公布时增加了顺序号，共计为 93 人。

10 月 13 日

曾琦拟归国，鼓吹国家主义，并发行刊物，定名为醒狮报。

10 月 14 日

少年中国学会在苏州召开第四次年会。决定学会今后的方针是求中华民族独立，到青年中间去。并决定进行纲领，发表苏州大会宣言。当时正是曹锟贿选，学会对此加以谴责。会议决定少年中国学会总会自北京前往南京。

10 月

会员李璜、余家菊合著《国家主义的教育》一书出版。

11 月 1 日

南京分会召开第三次集会。欢迎新会员舒新城、吴俊升，讨论北京总会迁来南京以后会务工作的进行问题。国家主义的教育问题受到与会会员的重视。

11 月 16 日

舒新城、杨效春、曹刍拟定建筑会所创办学校的计划书。

11 月 23 日

曾琦与胡国伟商议组建中国青年党事宜。

确定中国青年党的宗旨是：以外抗强权，力争中华民国之独立与自由；内除国贼，建设全民福利的国家。

11 月

新加入的会员有：汪奠基、舒新城、吴俊升。

12 月 2 日

召开南京总会第三次会议，宣读并通过《何谓新国家主义》一文，议决《少年中国》月刊出版“国家主义”专号。中国青年党在巴黎成立。主要领导人是曾琦、李璜、何鲁之等少年中国学会会员。

1924 年（甲子、民国十三年）

1 月

中国国民党和共产党合作，掀起反对帝国主义，推翻北京政府的“大革命运动”，将非基督教运动提高到反对帝国主义文化侵略的认识高度上。

《少年中国》第四卷第九号刊登《本会会员最近通讯地址一览》，公布的会员名单，此次公布时增加了顺序号，这次名单只是增加了舒新城、吴俊升二人。共计为 95 人。

3 月

第五届执行部正副主任，评议部推定由陈启天、李儒勉担任。

新加入会员有：张鸿渐、任启珊。

5 月

《少年中国》月刊停刊。

依据对《少年中国学会 1924 年会务报告》、《少年中国》月刊、《少年中国学会周年纪念册》、少年中国学会第六届年会消息等综合，得知退会会员有：易家钺、李思纯、黄忏华、陈道衡、汪德熙、张涤非、张崧年、陈登恪、张明纲。

陈登恪、张明纲在提出退会以后，仍然参加了学会活动。

6 月

王光祈出版《少年中国运动》一书。恽代英在上海发行《中国青年》周刊。

7 月 7—8 日

少年中国学会在南京召开第五次年会。讨论苏州大会宣言，修改苏州大会议决的 9 条纲领。决定由左舜生拟定南京大会宣言。

10 月 10 日

曾琦等人主办的《醒狮报》在上海创刊发行。

8 月

在国共两党支持下，新的“非基督教同盟”在上海成立，共产党员唐公宪担任执行委员（主席）。同盟出版《非基督教特刊》。同年 12 月，该同盟策动了一个“非基督教周”活动。在圣诞节期间，长沙、广州、济南、武汉、九江、上海、苏州、徐州、杭州、绍兴、宁波等地，反基督教的群众拥上街头分队讲演，散发传单，游行示威，有些人则教堂和教会学校捣毁设施，围攻教士。

1925 年（乙丑、民国十四年）

3 月

陈启天等发表《国家主义论文集》。

1925 年，王光祈在《少年中国运动》一书中提供的会员数字：会员 102 人。国内 63 人，国外 36 人，死亡 3 人。①

7 月 17—20 日

少年中国学会在南京召开第六次年会。执行部主任杨效春报告一年的会务。讨论对于外患与内乱交逼之中国应采取何种方案，通过大会宣言草案，讨论学会改组问题，决议成立改组委员会，并散发改组委员会调查表。已知退会、死亡者为 10 人，与学会保持着联系的会员总数是 102 人。此时，学会能掌握情况的会员总数为 112 人。

此次年会实为少年中国学会最后一次年会。此后少年中国学会即终止了集体活动，学会自行解体。

1925 年，少年中国学会会员恽代英、邓中夏、杨贤江到上海拜访也曾是少年中国学会会员的中国青年党首脑曾琦、左舜生、陈启天。六个人“从早晨起，辩争至深夜……逐于深夜不欢而散”。邓中夏与曾琦等人握手告别：“与诸君再见于战场。”

---

① 《少年中国学会会务摘要》，见《少年中国运动》1925 年 3 月第二版，第 225—226 页。

“少年中国学会会员名单”考略

一、依据《少年中国》中有关资料统计的名单

1. 1919年5月1日《少年中国学会会务报告》第3期公布，在筹备会期间有会员34人：文科21人、工科4人、经济科4人、政治科4人、商科1人。

2. 1919年7月15日《少年中国》第一卷第一号：《少年中国成立大会》：“五六月新入会会员18人（包括成都分会会员），本会现在共有会员42人。”这里出现了计算错误，应是52人（即原有会员34人，新会员18人，总计为52人）。

成都分会会员为9人：李劼人、彭云生、周晓和、穆济波、胡少襄、孙少荆、李哲生、何鲁之、李小舫。

3. 1919年12月15日：

南京分会会员为10人：左学训、赵叔愚、谢循初、黄仲苏、阮真、黄忏华、杨贤江、沈泽民、蒋锡昌、王克仁。

1920年1月，《少年中国》第一卷第七号，会员通讯中：南京分会会员为11人，增加了查谦。

4. 1920年6月15日《少年中国》第二卷第十二号：3月27日巴黎分会成立。

巴黎分会会员为7人：许德珩、陈登恪、李璜、曾琦、李劼人、何鲁之、胡助（少襄）。

5. 1920年7月1日，《少年中国学会周年纪念册》，上海亚东图书馆出版，16开74页，共印1000册，赠送给会内外人士和学术机构。书前有72位会员照片及会员通信地址，留下了珍贵史料。可知此时会员总数为72人。

6. 1921年4月15日《少年中国》第二卷第十号：《本会会员最近通讯地址调查表》，公布的会员名单（79人）：周太玄、李璜、曾琦、李劼人、李思纯、何鲁之、胡助、许德珩、张申府、赵世炎、王光祈、魏使珍、宗白华、张梦九、孙少荆、雷国能、黄仲苏、谢循初、周炳林、康白情、袁同礼、徐彦之、陈宝锷、田汉、张涤非、李祚利、郑伯奇、沈懋德、芮学增、周佛海、涂开舆、梁空、朱镜宙、李大钊、孟寿

椿、苏甲荣、黄日葵、邓康、刘仁静、易家钺、章志、陈道衡、陈政、沈君怡、高尚德、张闻天、沈泽民、杨贤江、左舜生、王崇植、恽震、吴保丰、方珣、赵崇鼎、刘国钧、李贵诚、王克仁、郃爽秋、陈启天、杨效春、汪德熙、陈淯、穆世清、段子燮、周光煦、彭举、李珩、杨子培、刘正江、阮真、蒋锡昌、恽代英、毛泽东、张明纲、汤腾汉、葛沣、余家菊、雷宝华、赵世炯。

7. 1921 年 12 月出版《少年中国学会会员终身志业调查表》，16 开 13 页，包括 52 位会员所填写的调查表。

8. 1923 年 3 月《少年中国》第四卷第一号：《本会会员最近通讯地址一览》，公布的会员名单（83 人）：周太玄、李劼人、周晓和、何鲁之、李璜、黄仲苏、许德珩、陈登恪、曾琦、胡助、赵世炎、王光祈、张梦九、宗白华、孙少荆、魏嗣銮、沈怡、汤腾汉、余家菊、徐彦之、陈宝锷、方东美、恽震、刘衡如、王崇植、赵崇鼎、康洪章、孟寿椿、张闻天、郝坤巽、康纪鸿、童启泰、周炳林、袁同礼、雷国能、郑伯奇、周佛海、沈懋德、李初梨、苏甲荣、黄日葵、李守常、陈仲瑜、章志、邓仲懈、刘仁静、刘拓、李儒勉、段子燮、王克仁、郃爽秋、穆济波、陈启天、阮真、曹刍、沈昌、谢循初、陈愚生、杨效春、恽代英、卢作孚、张明纲、彭云生、刘泗英、李晓舫、杨贤江、常道直、左舜生、田汉、吴保丰、沈泽民、高尚德、金海观、朱自清、蒋锡昌、朱镜宙、雷宝华、涂开舆、赵世炯、芮学曾、赵寿人、葛沣、梁绍文。

同时公布了退会会员名单（2 人）：李思纯、汪德熙。

9. 1923 年 9 月《少年中国》第四卷第七号：《本会会员最近通讯地址一览》，公布的会员名单，此次公布时增加了顺序号，共计为 93 人：周太玄、李劼人、周晓和、何鲁之、李璜、许德珩、陈登恪、曾琦、胡助、赵世炎、汪奠基、王光祈、张梦九、宗白华、魏嗣銮、沈怡、汤腾汉、杨钟健、余家菊、徐彦之、陈宝锷、周炳林、方东美、刘衡如、王崇植、赵崇鼎、康洪章、孟寿椿、张闻天、郝坤巽、康纪鸿、童启泰、杨亮工、须恺、袁同礼、吴保丰、郃爽秋、王克仁、郑伯奇、周福海、沈懋德、李初梨、苏甲荣、黄日葵、李守常、陈仲瑜、章志、高尚德、黄公觉、刘拓、刘云汉、雷国能、李儒勉、穆济波、杨效春、曹刍、倪文宙、段子燮、陈启天、蒋锡昌、沈昌、沈泽民、黄仲苏、谢循初、唐懋、卢作孚、张明纲、彭云生、孙少荆、刘泗英、李晓舫、鄢祥禔、邓仲澥、刘仁静、恽代英、杨贤江、常道直、左舜生、田汉、梁绍文、涂九衢、金海观、恽震、朱自清、侯绍裘、朱镜宙、雷宝华、赵世炯、芮学曾、赵寿人、阮真、毛泽东、葛洋。

10. 1924年1月《少年中国》第四卷第九号：《本会会员最近通讯地址一览》，公布的会员名单，此次公布时增加了顺序号，这次名单只增加了舒新城、吴俊升二人，共计为95人：周太玄、李劼人、周晓和、何鲁之、李璜、许德珩、陈登恪、曾琦、胡助、赵世炎、汪奠基、王光祈、张梦九、宗白华、魏嗣銮、沈怡、汤腾汉、杨钟健、余家菊、徐彦之、陈宝锷、周炳林、方东美、刘衡如、王崇植、赵崇鼎、康洪章、孟寿椿、张闻天、郝坤巽、康纪鸿、童启泰、杨亮工、须恺、袁同礼、吴保丰、邰爽秋、王克仁、郑伯奇、周福海、沈懋德、李初梨、苏甲荣、黄日葵、李守常、陈仲瑜、章志、高尚德、黄公觉、刘拓、刘云汉、雷国能、舒新城、李儒勉、穆济波、杨效春、曹刍、倪文宙、吴俊升、段子燮、陈启天、蒋锡昌、沈昌、沈泽民、黄仲苏、谢循初、唐壳、卢作孚、张明纲、彭云生、孙少荆、刘泗英、李晓舫、鄢祥禔、邓仲澥、刘仁静、恽代英、杨贤江、常道直、左舜生、田汉、梁绍文、涂九衢、金海观、恽震、朱自清、侯绍裘、朱镜宙、雷宝华、赵世炯、芮学曾、赵寿人、阮真、毛泽东、葛洋。

11. 依据对《少年中国学会1924年会务报告》、《少年中国》月刊、《少年中国学会周年纪念册》、少年中国学会第六届年会消息等综合，得知退会会员有：易家钺、李思纯、黄忏华、陈道衡、汪德熙、张涤非、张菘年、陈登恪、张明纲。

陈登恪、张明纲在提出退会以后，仍然参加了学会活动。

12. 1925年，王光祈在《少年中国运动》一书中提供的会员数字：会员102人。国内63人，国外36人，死亡3人。①

13. 1925年7月21—29日学会寄出国内外各地会员调查表102份。已知退会、死亡者为10人，与学会保持着联系的会员总数是102人。此时，学会能掌握情况的会员总数为112人。

① 《少年中国学会会务摘要》，《少年中国运动》1925年3月第二版，第225—226页。

二、少年中国学会会员提供的名单

1. 李璜：《学钝室回忆录》第二章《五四运动与少年中国学会》提供的名单①：

（一）少中发起人7人：王光祈（润玙、四川），周太玄（四川），雷宝菁（眉生，陕西），陈淯（愚生，四川），曾琦（慕韩，四川，中青党籍），李大钊（守常，河北，中共党籍）。此外：

（二）中青党籍者14人：李璜（幼桩、四川），左舜生（学训、湖南），何鲁之（四川），余家菊（景陶、湖北），陈启天（修平、湖北），魏嗣銮（时珍、四川），彭举（云生、四川），刘正江（泗英、四川），杨永浚（叔明、四川），杨效春（浙江），曹刍（漱逸、江苏），黄玄（仲苏、安徽），陈登恪（江西），金海观（晓晚、浙江）。

（三）中共党籍者13人：毛泽东（润之、湖南），邓中夏（康、湖南），张闻天（江苏），黄日葵（广西），刘仁静（湖北），张申府（崧年、河北），杨贤江（英父、浙江），恽代英（湖北），赵世炎（四川），郑伯奇（陕西），高君宇（陕西），沈泽民（德济、江苏），侯绍裘（江苏）。

（四）学术事业界73人：田汉（寿昌、湖南），李家祥（劼人、四川），许德珩（楚僧、江西），周炳琳（枚荪、浙江），周佛海（湖南），康白情（洪章、四川），易家钺（君左、湖南），李思纯（哲生、四川），宗白华（之櫆、江苏），方珣（东美、安徽），陈宝锷（剑翛、江西），芮学曾（陕西），雷国能（人百、四川），谢循初（安徽），袁同礼（守和、河北），吴俊升（士选、江苏），涂开舆（湖北），梁绍文（广东），徐彦之（江西），苏甲荣（演存、广西），孟寿桩（四川），王克仁（鲁达、贵州），郃爽秋（江苏），王崇植（受培、江苏），恽震（荫棠、江苏），沈怡（君怡、浙江），沈昌（立孙、浙江），吴保丰（江苏），穆济波（四川），易克嶷（湖南），卢作孚（四川），雷宝华（孝实、陕西），舒新城（湖南），段调元（子燮、四川），罗世嶷（沅叔、四川），杨钟健（克强、陕西），朱镜宙（铎民、浙江），沈懋德（山东），鄢祥禔（公复、四川），陈平甫（道衡、南京），杨仲榆（浙江），王德熙（四川），李儒勉（江西），张明纲（四川），阮真（乐

① 台湾《传记文学》第十六卷第四号总第95号，1970年4月；1973年台北传记文学出版社出版。

真、浙江），刘国钧（衡如、江苏），倪文宙（哲生、浙江），古楳（广东），赵叔愚（四川），李珩（晓舫、四川），胡助（少襄、四川），朱自清（佩弦、江苏），汤元吉（江苏），周晓和（四川），常道直（导之、江苏），刘拓（泛弛、湖北），汪奠基（安徽），唐启宇（江苏），陈政（仲瑜），蒋锡昌，汤腾汉，章一民，刘养初（仁静），恽代贤（湖北），罗元恺（举白），黄忏华，赵曾俦（寿人、安徽），唐瑴，李祚利，张涤非，陈道衡，章志，赵世炯。

在这份107人的名单中：刘养初（仁静）、恽代贤（湖北）是重复列入；“陈平甫（道衡、南京）”和“陈道衡”为一人，是用了名又用了字；“章一民”、“章志”同为一人；罗元恺（举百）不是会员；杨仲榆（浙江）疑为陈仲瑜（浙江），即与陈政（仲瑜）为一人。

罗元恺（举百）不是会员，可参看《少年中国》的第一卷第十一号，刊登的罗元恺写给康白情的一封信（1919年11月10日该期杂志的第59—60页），在信中一再称呼“你们的《少年中国》”，“我极想你和你的同志讨论一个思想和事实并重的法子来援助我们的女同胞”，不然，“你们只有一个著作等身，垂空文以自见的美名罢了”。可知，其并非会员的身份。康白情的回信中使用的称呼是“举百兄”，已经是在将近半年之后的1920年4月27日了。可见，这并非是会员之间的书信往还。

杨永浚，字叔明（1894—1960），四川崇州人。仅在李璜提出的名单和其后司马璐据此列出的名单中被列为会员，而在其他名单中均无此人，还需进一步核实其确实是会员的有关史料。

所以，这份名单要减掉重复的刘养初、恽代贤、章志、陈道衡，不是会员的罗元恺、杨永浚、杨仲瑜。只能说是列出了100人。

2. 方东美《苦忆左舜生先生》：少年中国学会会员“共计一百有八人，皆‘个性独特，而思想自由，情感富瞻。居平生活抑又律己甚严。吁衡时艰，触发问题，写为文章，先后发行《少年中国》及《少年世界》两种杂志，风声所播，全国掀动。’”[①] 方东美所说的108人，很可能参照了李璜的说法，因为李璜的著作：《学钝室回忆录》第二章《五四运动与少年中国学会》，1970年4月发表在台湾《传记文学》第十六卷第四号上面；1973年该书在台北传记文学出版社。其中最早提

① 《方东美先生演讲集》，第376页。

供了少年中国学会会员名录。

三、少年中国学会研究者提供的名单

1. 司马璐在《马克思主义在中国的传播》中提供的名单①：自称是依据李璜提供的名单，进行了改编和补充。

发起人：王光祈（润玙、若愚）、周无（太玄）、雷宝菁（眉生）、陈淯（愚生）、曾琦（慕韩）、张尚龄（梦九）、李大钊（守常）。

会员中后日参加中共者：李大钊、毛泽东（润之）、邓中夏（仲澥）、张闻天、黄日葵、刘仁静、张申府（崧年）、杨贤江（英甫）、恽代英、赵世炎、郑伯奇、高君宇（尚德）、沈泽民、侯绍裘。

会员中后日参加中国青年党者：曾琦、张尚德、李璜、左舜生（学训）、何鲁之、余家菊（景陶）、陈启天（修平）、魏嗣銮（时珍）、彭举（芸生），刘正（泗英）、杨永浚（叔明）、杨效春、曹刍、黄仲苏、陈登恪、金海观。

其他会员：王光祈、周无、雷宝菁、陈淯、田汉、李劼人、许德珩、周炳琳、周佛海、康白情、易君左、李思纯、宗白华、方东美、陈宝锷、芮学曾、雷国能、谢循初、袁守和、吴俊升、涂开舆、梁绍文、徐彦之、苏甲荣、孟寿桩、王克仁、邰爽秋、王崇植、恽震、沈怡、沈昌、吴保丰、穆济波、易克嶷、卢作孚、雷宝华、舒新城、段调元、罗世嶷、杨钟健、朱镜宙、沈懋德、鄢祥禔、陈平甫、杨仲榆、王德熙、李儒勉、张明纲、阮真、刘衡如、倪文宙、古楳、赵叔愚、李珩、胡助、朱自清、汤元吉、周晓和、常道直、刘拓、汪奠基、唐启宇、陈政、蒋锡昌、汤腾汉、章一民、刘养初、恽代贤、罗元恺、黄竹华、赵寿人、唐悫、赵世炯。

据中共党史学家洪焕春：《五四时期的中国革命运动》一书中说：少年中国学会的会员还有：蔡和森、李达、缪伯英。

这份名单总数为108人。在其他会员中重复了发起人中的王光祈、周无、雷宝菁、陈淯四人，似乎没有什么道理；减少陈道衡、章志，避免与陈平甫、章一民重复；但是还是重复了刘养初、恽代贤；还沿用李璜的提供，保留了杨仲榆、杨永浚、罗元恺。此外，"刘正江"被误写为

① 《中共党史暨文献选粹》第一部：第51—52页。

“刘正”；“黄忏华”被误写为“黄竹华”。减少了李祚利、张涤非二人，没有任何说明；增加了蔡和森、李达、缪伯英三人，提出是依据洪焕春：《五四时期的中国革命运动》一书中所说。这些，都有待进一步定论。

2. 范体仁：《记“五四”运动前后北京若干团体》一文提供的名单①：“少年中国学会是各大学一部分学生、教授在一九一八年六月三十日发起的，发起人为李大钊、王光祈、陈愚生、曾琦、雷宝华、孟寿椿、康白情、邓中夏（仲懈）、田汉、宗白华、袁同礼、徐彦之、左舜生、周佛海、周炳琳、许德珩等，于一九一九年七月一日在北京宣武门内回回营二号陈愚生宅内开成立大会。”

“在大会成立时，“少中”会员如下：毛泽东、王光祈（润屿）、王克仁（鲁达）、王德熙、方（珣）（东美）、左学训（舜生）、田汉（寿昌）、朱镜宙、李诚、李璜（幼椿）、李劼人、李大钊、李珩（小舫）、李思纯（哲生）、沈怡、沈懋德、沈德济（泽民）、周佛海、周炳琳、周晓和、周无（太玄）、阮真、何鲁之、易家钺（君左）、易克嶷（敦伯）、孟寿椿、涂开舆、余家菊、袁同礼、徐彦之、陈淯（愚生）、陈道衡（平甫）、陈登恪、陈剑、陈启天（修平）、陈宝锷、张崧年（申甫）、胡昭（少襄）、孙少荆、倪文宙、金海观、查谦、唐启宇、芮学曾、梁空（绍文）、张尚龄、张闻天（洛甫）、杨效春、杨德培（子培）、杨贤江（英父）、章了天（梦九）、段调元、彭举（云生）、曾琦（慕韩）、曾俦、舒新城、雷宝华、雷宝菁、雷国能、黄玄（仲苏）、典忏华、黄日葵、曹刍（漱一）、康鸿章（白情）、恽震、恽代英（子毅）、刘仁静、刘国钧、刘正江（泗英）、苏甲荣、谢承训、赵崇鼎（叔愚）、邓康（中夏、仲澥）、郑伯奇、罗元恺（伯举）、罗益增、穆世清（济波）、魏嗣銮（时珍）、葛澧、范鸿劼、蒋锡昌、许德珩（楚僧）、宗之櫆（白华）、蔡和森。

这个名单中提出的会员总共是 84 人。一是对少年中国学会的发起人，涉及的人过于宽泛；二是说这份是学会成立大会时的名单也不切实际，少年中国学会成立时只有会员 42 人。此外，这份名单在抄写中造成的错误也比较多：例如：“陈剑”应是“陈剑修”；“胡昭”应是“胡助”；“曾俦”应是“赵曾俦”；“典忏华”应是“黄忏华”；“易克

① 中国社会科学院近代史研究所编：《五四运动回忆录》（续），北京：新华书局 1979 年版，第 186 页。全国政协编：《文史资料选辑》第六十一辑。

嶷（敦伯）”应是“易克嶷（赓甫）”等。

除了这些错误之外，名单中列出的查谦，是南京分会发展的会员，可见这就不是一份大会成立时的名单了；“罗元恺（伯举）”应是“罗元恺（举百）”，并不是会员；范鸿劼、蔡和森没有加入少年中国学会。

3．张允侯、殷叙彝等编：《五四时期的社团》（一）提供的名单①。

少年中国学会学会全体会员名单（121 人）：

王光祈（润屿、若愚）	周无（太玄）	陈淯（愚生）
李大钊（守常）	雷宝菁（眉生）	张尚龄（梦九）
曾琦（慕韩）	魏嗣銮（时珍）	赵曾俦（寿人）
沈懋德	李璜（幼椿）	易家钺（君左）
李劼人	雷宝华（孝实）	宗之櫆（白华）
左学训（舜生）	葛沣（卣濬）	黄日葵（一葵）
袁同礼（守和）	罗益增（季则）	许德珩（楚僧）
陈宝锷（剑修）	周炳琳（枚荪）	彭举（云生）
李思纯（哲生）	穆世清（济波）	周光煦（晓和）
李珩（小舫、晓舫）	何鲁之	孙少荆
胡助（少襄）	易克嶷（赓甫）	康白情（洪章）
孟寿椿	徐彦之（子俊）	刘正江（泗英）
苏甲荣（演存）	雷国能（人百）	涂开舆（九衢）
段子燮（调元）	陈登恪	赵世炯（子章）
赵世炎（琴荪）	郑尚廉	黄玄（仲苏）
黄忏华	田汉（寿昌）	刘仁静（养初）
郑隆瑾（伯奇）	章志（了天）	沈怡（君怡）
杨德培（子培）	朱镜宙（铎民）	张菘年（申甫）
陈道衡（平甫）	邓中夏（仲澥）	赵崇鼎（叔愚）
沈德济（泽民）	蒋锡昌	阮真（乐真、法贤）
杨贤江（英甫、英父）	王克仁（鲁达）	谢承训（循初）
方珣（东美）	王德熙	郃爽秋
恽代英（子毅）	余家菊（景陶）	梁空（绍文）

① 《五四时期的社团》（一），生活·读书·新知三联书店，第 239—241 页。

张闻天
刘国钧（衡如）
陈启天（修平）
吴保丰
高尚德（君宇）
杨效春
杨钟健（克强）
唐痣（现之）
刘拓
曹刍（守逸）
康纪鸿
须恺
倪文宙（哲生）
苏里乐
胡鹤龄
浦薛凤（逖生）
占楳（柏良）
汤元吉

芮学曾（道一）
李贵诚（儒勉）
恽震（秋星、荫棠）
周佛海
陈政（仲瑜）
张涤非
沈昌（立孙）
朱自清（佩弦）
卢思（作孚）
郝坤巽
侯绍裘
黄公觉
洪奠基
吴俊升
任启珊
朱公谦
程中行（晓湘）

毛泽东（润之）
章一民
王崇植（受培）
张明纲（芳谷）
汤腾汉（云卿）
李祚利（初黎）
鄢祥禔（公复）
常道直
金海观
童启泰
杨亮工
刘云汉（天章）
舒新城
张鸿渐
许应期
叶瑛（茂桐）
王潜恒

这份名单是经过认真和细心的工作而排定的，因为圈定这样一个名单最大的难度是对一个人的姓名，有时是用他的名字，有时用的是他的“字”或是“号”，这样一来，同时一个人，就有了两种或三种的称呼。例如王光祈，有时被称作“光祈”，有时被称作“润屿”，有时被称作“若愚”，而在排列一份完整的会员名单时，必须做出选择。所以，这份名单中把一些主要会员的“字”或是“号”，也一并列出来了。

这份121人的名单被广泛引用，但是大多采取了简化的方法，被简化成一人一“名”的名单，问题是有的用的不是“名”而是“号”或“字”，反而给查找带来了不便。其中：“朱公谦”应为“朱公瑾”（即朱言钧）；“李初黎”应为“李初梨”；“洪奠基”应为“汪奠基”。如果“章志”和“章一民”为一人；总数则应是120人。李璜和司马璐都提到的杨永浚、罗元恺，此名单均没有列入。

4. 陈正茂在《理想与现实的冲突——“少年中国学会”史》提供的名单：在该书的附录二，专门编制了一份《少年中国学会会员名录表》，对每位会员均以：序号、姓名、字号、籍贯、生年、卒年、后来加入之政党、留学国家、加入少中时最高学历、终身所欲从事之事业、加入时间等栏目，逐一填写。当然由于资料的限制，还留有许多空白，但其用心之缜密令人感佩。纠正了“章志”和“章一民”为两个人的排列；其所列出的会员总数为126人。这个数字后来为多数少年中国学会研究者所接受。

这份名单是在已有的120人名单基础上，加上了：

李清悚（祖荫）江苏江宁人，1902年出生，时为东京大学学生。

唐启宇（御仲）江苏江都人，1895—1977，时留学美国。

恽代贤（子强）湖北武汉人，1899—1963，恽代英胞弟。

冼　震（伯言）广东南海人，1891—1978，时武昌大学毕业生。

罗世嶷（沅叔）四川威远人，1889—1956，时留学法国耶鲁大学。

查　谦（啸仙）安徽当涂人，1896—1975，时留学美国。

5. 傅国涌：《“少年中国学会”会员们的不同选择》提供的会员人数：“1918年6月30日，几个年轻人开始筹备‘少年中国学会’，1919年7月1日正式成立，这个横跨全国、远到欧洲，拥有南京、成都、上海、巴黎等多个分会的青年社团最富有‘五四’的特征，阅读这个会员名单，我们可以发现在126个会员中，最年长的李大钊是1889年出生的，当时不过30来岁，已是北大教授，其他会员都是‘90’后和‘00’后，一群年轻人，大部分是来自北大、复旦、南洋大学、成都高师、金陵大学等校的大学生，他们中许多人以后都出国留过学，没有留学经历的反而是少数。”

这里提到的“126个会员”，显然是源自“我先后看到过两本关于“少年中国学会”的研究，一本是已故王小龙先生的《少年中国学会研究》，一本是陈正茂先生的《理想与现实的冲突——“少年中国学会”史》（大陆还没有出版）”。而在《少年中国学会研究》一书中并没有提出过少年中国学会会员的名单。

6. 王俊彦：《少年中国学会成立始末》[①]，其中有：“在李大钊、邓中夏、王光祁和毛泽东的积极推动下，少年中国学会于1919年7月1日正式成立后，在中华大地上得到很大发展，总会设立在北京，在南京

① 《炎黄春秋》2001年第11期。

和成都设立了分会，会员很快发展到108人，遍及全国各地，遥远的欧洲也有分会组织，每年召开一次全国性例会，造成一定的声势。”

7. 谢天开的《谁引爆了五四运动》一文（2010年10月5日），其中提供少年中国学会会员人数：“先后加入‘少年中国学会’的文化精英共有120多人，其中有红色政治家李大钊、恽代英、张闻天、毛泽东等人；灰色政治家曾琦、李璜、周佛海等人；哲学家方东美、历史学家何鲁之、美学家宗白华、剧戏家田汉、数学家魏时珍、实业家卢作孚、音乐家王光祈、科学家周太玄、文学家李劼人等人，这些人声名显赫的人物都是现代中国的民族精英，神州夜空上的璀灿星座。‘少年中国学会’是五四时期中国社团里横空出世最炫目的彩虹，成立后在北京设立了总会，南京和成都设立了分会，此外在湖北、湖南、山东、山西、福建、安徽、辽宁、陕西、上海、杭州、天津、广州等省市都有会员。在国外设有少年中国学会巴黎分会，在德国、美国、英国、日本和南洋等国家与地区也有会员。”

四、对有关史料的疏证

1. 对照陈正茂在《理想与现实的冲突——少年中国学会史》一书附录二的《少年中国学会学会会员名录表》（126人），可知若是在张允侯、殷叙彝等编：《五四时期的社团》（一）提供的名单上，经过把“章志”和“章一民”合为一人，然后补入：李清悚（祖荫，江苏）、唐启宇（御仲，江苏）、恽代贤（子强，湖北）、冼震（伯言，广东）、罗世嶷（沅叔，四川）、查谦（啸仙，安徽）。这样一来，参加过少年中国学会的会员总数为126人。

到1925年少年中国学会终结时，会员中先后有雷眉生（1918年）、陈愚生（1923年）、高尚德（1925年）3人死亡。易家钺、李思纯、黄忏华、陈道衡、汪德熙、张涤非、张菘年、陈登恪、张明纲等9名会员出会。其中，陈登恪、张明纲在提出退会以后，仍然参加了学会活动。

留下来的问题还有一个，即范体仁在《记“五四”运动前后北京若干团体》中提出的蔡和森、洪焕春在《五四时期的中国革命运动》中提出的蔡和森、李达、缪伯英是不是少年中国学会会员。在对少年中国所出版的刊物和书籍中，都找不到可以证明这几个人参加过少年中国学会的记载。目前只能说蔡和森、李达、缪伯英，都不是少年中国学会的会员。

这样，目前就可以提供出一份较为完整的少年中国学会会员名单如下：

序号	姓名	字号	籍贯	生卒年
1	曹刍	守逸、漱逸	江苏镇江	1895—1984
2	曾琦	昭琮、慕韩	四川隆昌	1892—1951
3	查谦	贵师、啸仙	安徽当涂	1896—1975
4	常道直	导之	江苏南京	1897—1975
5	陈宝锷	剑修	江西遂川	1897—1953
6	陈登恪		江西修水	1897—1974
7	陈平甫	道衡	安徽怀宁	1901—1937
8	陈启天	国权、翊林	湖北黄陂	1893 —1984
9	陈愚生	淯	四川泸州	？—1923
10	陈政	仲瑜	四川绍兴	1896—1978
11	程中行	晓湘、沧波	江苏武进	1903—1990
12	邓中夏	仲澥、康	湖南宜章	1894—1933
13	段调元	子燮	四川江津	1890—1969
14	方东美	珣	安徽桐城	1899—1977
15	高君宇	尚德、锡三	山西静乐	1896—1925
16	葛沣	卣濬		
17	古楳	柏良	广东梅县	1899—1977
18	郝象吾	坤巽	河南武陟	1899—1952
19	何鲁之		四川华阳	1891—1968
20	侯绍裘	墨樵	江苏松江	1896—1927
21	胡鹤龄		浙江嘉兴	1903— ？
22	胡助	少襄	四川青城	1895—1977
23	黄忏华	璨华、凤兮	广东顺德	1890—1977
24	黄公觉	駿	广西桂林	1898— ？
25	黄日葵	一葵	广西桂平	1898—1930
26	黄仲苏	玄	安徽舒城	1896— ？
27	蒋锡昌	海庭、思常	江苏无锡	1897—1974
28	金海观	晓晚	浙江诸暨	1897—1971
29	康白情	鸿章	四川安岳	1896—1959
30	康纪鸿		四川安岳	1892—1985

（续表）

序号	姓名	字号	籍贯	生卒年
31	雷宝华	孝实	陕西安康	1893 —1981
32	雷宝菁	眉生		？ —1918
33	雷国能	人百	重庆开县	1895—1963
34	李初梨	祚利	四川江津	1900—1994
35	李大钊	守常	河北乐亭	1889—1927
36	李珩	晓舫	四川成都	1898—1989
37	李璜	幼椿	四川成都	1895—1991
38	李劼人	家祥	四川成都	1891—1962
39	李清悚	晴翁	江苏江宁	1903—1990
40	李儒勉	贵诚	江西鄱阳	1900—1956
41	李思纯	哲生	四川成都	1893—1960
42	梁空	绍文	广东顺德	1896— ？
43	刘拓	泛驰	湖北黄陂	1897—1989
44	刘国钧	衡如	江苏江宁	1899—1980
45	刘泗英	正江、怀园	重庆南川	1895—1995
46	刘云汉	天章、望	陕西高陵	1893—1931
47	刘仁静	养初、亦宇	湖北应城	1902—1987
48	卢作孚	魁先、思	重庆市合川	1893—1952
49	罗世嶷	沅叔	四川威远	1889—1956
50	罗益增	季则	湖南湘乡	1891—1966
51	毛泽东	润之	湖南湘潭	1893—1976
52	孟寿椿		四川涪陵	1896—1954
53	穆济波	世清、孟然	四川合江	1895—1978
54	倪文宙	哲生	浙江绍兴	1896— ？
55	彭举	云生、芸生	四川崇庆	1887—1966
56	浦薛风	逖生	江苏常熟	1900—1997
57	任启珊	松如	湖北黄陂	1890—1973
58	阮真	乐真、法贤	浙江绍兴	1896—1972
59	芮学曾	道一	山西太原	1901— ？
60	沈昌	家蕃、立孙	浙江桐乡	1904—1942
61	沈懋德		四川巴县	1893—1932

（续表）

序号	姓名	字号	籍贯	生卒年
62	沈怡	君怡、景清	浙江嘉兴	1901—1980
63	沈泽民	德济	浙江桐乡	1902—1933
64	舒新城	玉山、维周	湖南溆浦	1893—1960
65	苏甲荣	演存	广西藤县	1895—1946
66	苏里乐			
67	孙少荆	今是	四川成都	1888—1927
68	郃爽秋		江苏东台	1897—1976
69	汤腾汉	云卿	福建龙溪	1900—1988
70	汤元吉		江苏南通	1904—1995
71	唐启宇	御仲	江苏江都	1895—1977
72	唐现之	嫛	广西灌阳	1897—1975
73	田汉	寿昌	湖南长沙	1899—1968
74	童启泰		四川南川	
75	涂开舆	九衢	湖南长沙	1892— ？
76	汪奠基	三辅	湖北鄂诚	1900—1979
77	王崇植	受培	江苏常熟	1897—1958
78	王德熙	伯权	四川渠县	1895—1946
79	王光祈	润屿、若愚	四川温江	1897—1936
80	王克仁	鲁达、兴仁	贵州兴仁	1894—1981
81	王潜恒	爱纯	湖南湘乡	
82	魏时珍	嗣銮	四川蓬安	1895—1992
83	吴保丰	嘉谷	江苏昆山	1899—1963
84	吴俊升	士选	江苏如皋	1901—2000
85	冼震	伯言、百言	广东南海	1891—1978
86	谢循初	承训	安徽当涂	1895—1984
87	须恺	君悌	江苏无锡	1900—1970
88	徐彦之	子俊	山东郓城	1897—1940
89	许德珩	楚生	江西德化	1890—1990
90	许应期		江苏江阴	1899—1976
91	鄢祥禔	公复	江西吉安	1892—1949
92	杨亮工	保铭	安徽巢县	1897—1992
93	杨贤江	英父、英甫	浙江余姚	1895—1931
94	杨效春	兴春	浙江义乌	1895—1938
95	杨钟健	克强	陕西华县	1897—1979

（续表）

序号	姓名	字号	籍贯	生卒年
96	杨德培	子培		
97	叶瑛	茂桐、石甫	安徽桐城	1896—1950
98	易君左	家钺	湖南汉寿	1899—1972
99	易克嶷	赓甫	湖南长沙	1895— ？
100	余家菊	景陶	湖北黄陂	1898—1976
101	袁同礼	守和	河北徐水	1895—1965
102	恽代贤	子强	湖北武汉	1899—1963
103	恽代英	子毅	湖北武汉	1895—1931
104	恽震	荫棠、秋星	江苏省武进	1901—1994
105	张鸿渐	逵程	湖北枝江	1896—1928
106	张明纲	芳谷	四川培陵	1896— ？
107	张尚龄	梦九	陕西西安	1893—1974
108	张申府	崧年、申甫	河北献县	1893—1986
109	张闻天	应皋、洛甫	江苏南汇	1900—1976
110	张涤非	鸿渐	吉林双城	
111	章志	了天、一民	浙江绍兴	1900 — ？
112	赵曾俦	寿人	安徽安庆	？ —1960
113	赵世炯	子章	重庆酉阳	1894—1972
114	赵世炎	琴荪、施英	重庆酉阳	1901—1927
115	赵叔愚	崇鼎、叔怡	河南新乡	1888—1927
116	郑伯奇	隆谨	陕西长安	1895—1979
117	郑尚廉	伯瀛	四川崇庆	
118	周炳琳	枚荪	浙江台州	1892—1963
119	周佛海	子美、福篁	湖南沅陵	1897—1948
120	周太玄	无、朗宣	四川成都	1895—1968
121	周晓和	光煦	四川成都	1892—1969
122	朱镜宙	铎民	浙江乐清	1890—1985
123	朱自清	佩弦	浙江绍兴	1898—1948
124	朱言钧	公瑾	浙江余姚	1902—1961
125	宗白华	之櫆、伯华	安徽安庆	1897—1986
126	左舜生	学训	湖南长沙	1893—1969

在各名单中提出的还有：范鸿劼、杨永浚、罗元恺、杨仲瑜、蔡和森、李达、缪伯英等。

主要参考文章条目索引：

● 《少年中国》第一卷第一号，1919 年 7 月 15 日。

● 《少年中国学会会务摘要》，《少年中国运动》1925 年 3 月。

● 陈正茂：《理想与现实的冲突——“少年中国学会”史》

● 陈长河：《五四期间成立的少年中国学会》，《北京档案史料》2002 年 2 期。

● 王俊彦：《少年中国学会成立始末》，《炎黄春秋》2001 年第 11 期。

● 张允侯、殷叙彝等编：《五四时期的社团》（一），生活·读书·新知三联书店 1979 年版。

● 范体仁：《记“五四”运动前后北京若干团体》中国社会科学院近代史研究所编：《五四运动回忆录》（续），新华书局 1979 年版。

● 司马璐：《马克思主义在中国的传播》《中共党史暨文献选粹》第一部。

● 李璜：《学钝室回忆录》第二章《五四运动与少年中国学会》，台湾《传记文学》第十六卷第四号，1970 年 4 月。

● 张梦九：《忆少年中国学会》，台北《传记文学》第三十五卷第二号。

● 《戊午日记——曾慕韩先生日记选》，台北文海出版社。

● 周太玄：《关于参加发起少年中国学会的回忆》，《五四时期的社团》（二），生活·读书·新知三联书店 1979 年版。

● 李劼人：《回忆少年中国学会成都分会之所由成立》，《五四时期的社团》（二），生活·读书·新知三联书店 1979 年版。

● 宗白华：《少年中国学会回忆点滴》，《五四时期的社团》（二），生活·读书·新知三联书店 1979 年版。

● 杨钟健：《关于少年中国学会的回忆》，《五四时期的社团》（二），生活·读书·新知三联书店 1979 年版。

李大钊与马克思学说研究会

1920 年 3 月 31 日，李大钊再度发起的北京大学马克思学说研究会，于 1921 年 11 月 17 日正式公开，其实在 1918 年秋马克思学说研究会就已经存在了。

最早的马克思学说研究会

关于 1918 年北京大学组织过马克思学说研究会，现在只能以高一涵、朱务善两人的回忆录为依据：

“五四前不到半年，守常在北京大学组织了一个研究马克思主义的学会。我们不是用‘马克思’，而是用‘马尔克斯’这个名字，为的是要欺骗警察。他们回去报告，上司一听研究‘马尔萨斯’（与马尔克斯相混），认为这是研究人口论的，也就不来干涉了。这个学会，先是公开的；后来就秘密起来。它的对内活动是研究马克思学说，对外则是举办一些讲演会。

“1918 年 11 月，第一次世界大战结束，蔡元培先生为庆祝‘公理战胜’，组织演讲会，在中央公园（现在的中山公园）里面讲，和在天安门内搭台讲演，一连讲了三天。首先上台讲演的是蔡先生，接着，守常和我也上了台去。我记得，那是初次上台讲演，两腿直打颤，还是硬坚持讲完。1918 年底我们办一个《每周评论》。经常是我们几个人写稿。”①

“记得还在 1918 年，李大钊同志为要宣传和研究马克思主义，曾与当时北大教授高一涵等发起组织了一个研究马克思主义的团体。为避免

① 高一涵：《回忆五四时期的李大钊同志》，转录自中共中央马恩列斯著作编译局研究室《高一涵先生谈李大钊同志的历史》手稿本。

当局的注意，这个团体并不叫马克思主义研究会。因为当时‘马克思’有译为‘马尔格时’的，与‘马尔萨士’之音相近似，所以他们把这个团体好象是定名为‘马尔格士学说研究会’，以便在必要时对警厅机构说这个团体是研究人口论的而非研究共产主义的。开始这个团体并没有展开它的工作，没有吸收广大的革命青年参加。”①

在尚恒其的《李大钊传略》中有：1918 年冬在北大红楼里“大钊同志邀请了一些志趣相投的人学习和研究马克思主义，建立了一个学会。……在一个深夜的学习会上，大钊同志作了关于马克思《资本论》的报告”②，却没有指出学会的名称。最早提出 1918 年北京大学马尔格士学说研究会的是日文著作《支那共产运动》（1933 年）。③

中共中央党史研究室的《中国共产党历史》（第一卷上册）、沙建孙主编的《中国共产党通史》、《李大钊年谱》④ 等书，都没提过这件事。

2004 年第 6 期《史学月刊》发表了英国卡迪夫大学历史考古学院李丹阳的论文《马克思学说研究会与中国共产主义组织的起源》，根据当时报载文章、早年俄国顾问撰写的《中共简史》，参以当事者的回忆，认为马克思学说研究会确曾于 1918 年底至 1919 年上半年存在过，其产生涉及苏俄人士与中国进步知识分子的联系，参加人员、组织形式都不固定的非正式的学会。

该文提出的主要论据是戴季陶《可怜的“他”》一文，因为文中有：“《每周评论》为什么事被封?”“你们不见报上说他们要禁止传布‘马尔格时主义’么? 他们要禁止‘马尔格时主义’，却不禁止‘马克思主义’，也不禁止‘马克司主义’，为什么呢? 因为命令上的文字是‘马尔格时’四个字，并不是三个字。……翻译马克司的著作和研究马克司批评马克司的著作。岂是可以禁止的吗? 又岂是能够禁止的吗?”⑤说明 1919 年 8 月 30 日《每周评论》被封，是由于研究“马尔格时主

① 朱务善：《回忆北大马克斯学说研究会》，见《“一大”前后（二）》，人民出版社 1980 年版，第 118 页。

② （中国社会出版社 1995 年版，第 173 页）

③ 刘弄潮：《领导五四的主将——李大钊》，见《五四运动文辑》，湖北人民出版社 1957 年版，第 55 页。

④ （甘肃人民出版社 1984 年版）

⑤ 《星期评论》十四号，1919 年 9 月 7 日出版。

义”引发的。而这个学会的名称正是马尔格时学说研究会。就是说，马尔格时学说研究会的发起和《每周评论》的创刊（1918 年 12 月 22 日）几乎同步。

据京师警察厅编译局编译的《苏联阴谋文证汇编》第三册《中国共产党简明历史》所述：中国共产党初创活动开端于 1918 年。1918 年至 1920 年主要工作是“集中于聚集各个革命者，并将他们组成一些能够成为各地核心的小团体”。马尔格士学说研究会的性质应当是朝着建立社会主义、共产主义政党演进的过渡性组织，起初是松散的、非正式的，在经过一段时间的检验之后，就定然会以新的严密组织的形式出现。

1920 年的马克思学说研究会

《发起马克思学说研究会启事》

1921 年 11 月 17 日在《北京大学日刊》上刊登《发起马克思学说研究会启事》：

> 马克思学说在近代学术思想界的价值，用不着这里多说了。但是我们愿意研究他的同志，都觉得有两层缺憾：一、关于这类著作，博大渊深，……更加上一重或二重文字的障碍。不消说单独研究是比较不甚容易完成的事业。二、搜集此项书籍也是我们研究上重要的先务。……我们根据这两个要求，所以各人都觉得应有一个分工互助的共学组织，祛除事实上的困难。上年三月间便发起了这一个研究会。现在我们已有同志十九人了。筹集了一百二十元的购书费，至少要购备马克思全集英、德、法三种文字的各一份。现在各书已陆续寄到，并且马上就要找定一个事务所，可以供藏书、阅览、开会、讨论的用。我们的意思，在凭着这个单纯的组织，渐次完成我们理想中应有的希望。现在谨致意校内外的同志们，盼望你们热心的帮助，并欢迎你们加入共同研究。今将我们暂拟的几行规约写在下面：
>
> 1. 本会叫做马克思学说研究会，以研究马克思派的著述为目的。
>
> 2. 对于马克思派学说研究有兴味的和愿意研究马氏学说的人，

都可以做本会的会员；入会手续，由会员介绍或自己请愿，但须经会中认可。

3. 研究的方法分四项：一、搜集马氏学说的德、英、法、日、中文各种图书；二、讨论会；三、讲演会；四、编译、刊印马克思全集和其他有关的论文。

4. 本会设书记二人，担任购置、管理和分配书籍事务。

发起人：高崇焕、王有德、邓中夏（仲懈）、罗章龙、吴汝明、黄绍谷、王复生、黄日葵、李骏、杨人杞、李梅羹、吴容沧、刘仁静、范鸿劼、宋天放、高尚德、何孟宏、朱务善、范齐韩。

李大钊没有列名，列名发起人就是这19人，都是北大的学生：

高崇焕，直隶人，北大法学院法律系学生；

王有德，云南人，德文班学生；

邓中夏，湖南人，中文系三年级的学生；

吴汝明，湖南人，法学院学生，长辛店工人补习学校的教师；

罗章龙，文学院本科一年级学生；

黄绍谷，湖南人，文学院学生；

王复生，云南人，法文班学生；

黄日葵，广西人，中文系学生；

李骏，湖北人，英文系学生；

杨人杞，湖南人，文学院学生；

李梅羹，湖南浏阳人，德文班学生；

吴溶沧，浙江人，中文班学生；

刘仁静，物理系学生；

范鸿劼，湖北人，英文系学生；

宋天放，文学院学生；

高尚德，山西人，英文系学生；

何孟雄，湖南人；

朱务善，法学院学生；

范齐韩，法学院学生。

马克思学说研究会于1920年3月开始酝酿组成。有一次在中央公园来今雨轩开会，大家谈来谈去，不少人想把组织公开出来，有人反对，认为若公开，问题还很多。最后还是决定在北大校刊上登一个启事，把牌子打出去。启事是罗章龙写的，写好了以后，由罗章龙和另一同志去找蔡元培校长，蔡元培看了一下启事和名单，沉默了一会，最后同意登了。为了公开招收会员，启事上登有联系通讯处，第一院是王有德，西斋是罗章龙。

马克思学说研究会公开成立，并在《北大日刊》登了启事，蔡元培校长答应在北大会议室开成立大会，应邀请参加了大会，并在会上讲了几句话。李大钊也出席讲了话。成立会还拍了照片，第一次会议参加者有四五十人。

罗章龙回忆："马克思学说研究会成立以后，没有地方活动，蔡元培校长同意给两间房子，一间当办公室，一间当图书馆。研究会有了办公室、图书馆。我们给它取了个名字，叫'亢慕义斋'（即共产主义小室），我们的图书上都盖有'亢慕义斋'戳记（现在北大还保存有亢慕义斋戳记的图书）。研究会成立后，我们大力宣传马克思主义，翻译出版马克思学说有关的书籍。主要是搜集马克思学说的德、英、法、日各种文字版本的图书资料加以编译，组织讨论会和专题研究，主办讲演会、纪念会等。在北大会议室开成立大会。蔡元培校长应邀参加大会，并在会上讲了几句话。"

"十月革命后一两年，我们开始较多地翻译一些马克思主义著作，这中间李先生也亲自参加了，其中包括《共产党宣言》和列宁在狱中写的《帝国主义是资本主义的最高阶段》。前者花了很大气力方完成初

马克思学说研究会部分会员合影

稿，后者只翻了一半，由于忙于工人运动就搁下了（关于《共产党宣言》从德文译出的片段，曾在1923年出版的《京汉工人流血记》中引用过）。我们一面翻译，一面研究，慢慢地对马克思主义的认识也提高了，感到很不满足，认为只靠少数人从事这项工作是不行的，要求有更多的人来共同学习和研究马克思主义。这时，我们在李先生指导下，开始想到酝酿组织马克思学说研究会。"①

马克思学说研究会通告

会员公鉴：

本会正式成立，已经一月有余。期间经过新旧两个年关，耽误日子不少。故仅仅只开过两次讨论会，以此纪念会。起初会员不足二十人，现在已增至六十三人了。

本会成立之时，都讲实用，不事虚文，所以简章未定，至今尚付阙如。惟经一月余试验的结果，每次开会，例必有新会员数人加入，因此书记又不能不将本会议决的几条实用的方法，当众重述一次。书记固不胜其麻烦，旧会员亦甚觉其讨厌。为免除这个困难起见，特详细通告于此，务希查照。

一、研究方法

（1）讨论会　每星期六晚七时开一次（准时到会，过时不候）。先由会员一人述释该题之内容及其要点，然后付之讨论。一次讨论不完，下次续之。

（2）讲演会　每月终开一次。暂时敦请名人学者担任讲解员，由书记负责接洽。俟本会研究确有成绩后，则完全自行担任。

（3）特别研究　完全由会员自动的自由组合，现在已经有了三个

A. 劳动运动研究　由几个感觉此项知识之需要的会员组成的。每星期三晚集会一次。

B.《共产党宣言》研究　由几个感觉英文程度不佳的会员组

---

① 罗章龙：《亢斋回忆录——记和守常同志在一起的日子》，见《回忆李大钊》，人民文学出版社1980年版。

成的。采此书为教本，每星期一、四、五晚，请会员一人教之。

C. 远东问题研究　材料分三种搜集，英文的、日文的、中文的。已在酝酿中，尚未开会。

以上三个小组合，任何会员皆可随时加入。

以后拟实行固定的分组研究如下：

第一组　唯物史观

第二组　阶级斗争

第三组　剩余价值

第四组　无产阶级专政及马克思预定共产主义完成的三个时期

第五组　社会主义史

第六组　晚近各种社会主义之比较及其批评

第七组　经济史记经济学史

第八组　俄国革命及其建设

第九组　布尔扎维克党及第三国际共产党之研究

第十组　世界资本主义国家在世界各弱小民族掠夺之实况——特别注意于中国

但会员研究，选一组选二四组或全选皆可，只要力量来得及。请即来函认定，以便刻期着手实行，至关至要！

二、入会手续

得会员一人以上之介绍，或径函及亲至本会接洽，本会亦得酌量请其入会。

三、会费

1. 常费　每年分三个学期，每学期缴常费五角，皆于开学时缴纳。

2. 买书费　由各人自由量力认捐，认百元亦可，十元八元亦可，不认一文亦可。又，认十元以上者，书籍所有权或归公或归私，可由认捐者自愿决定。

四、借阅书报的时间及手续

阅书时间　每日下午四时至八时开馆，唯星期日则在上午八时至十二时。

阅书手续　向值日员领取，不限册数。

借书手续　向图书经理员交涉，借期至多不得超过一星期，但得阅书经理员认可得连借。唯大本书籍暂不外借。

五、职员

本会为办事便利起见，暂设四种职员：（一）书记；（二）庶务并会计；（三）图书经理。以上三种为公举固定的。（四）值日员。此一种为挨次轮流的。

兹将此届公举固定的三个职员姓名、地址开列于下，有事可向他们接洽。

书　　记　　　黄绍谷（住井儿胡同十二号）

庶务并会计　　李　骏（住东斋天八号）

图书经理　　　范鸿劼（住西斋黄三号）

（原载《北京大学日刊》1922年2月2日）

马克思学说研究会通告（三）

本会第一次公开讲演会，不论会员或非会员皆欢迎自由来听。

讲演人　李守常先生

题　目　马克思经济学说

地　点　北大第二院大讲堂

时　间　本月十九日（星期日）下午一时起

（原载《北京大学日刊》1922年2月17日）

马克思学说研究会的工人会员

“研究会的活动时间是比较长的。第一次开会时，我们的会员只有四五十人，后又大量征求会员，北京国立八校和北京以外的，也可以通信加入，还征求了工厂方面的同志参加。我记得第一次统计时，有会员118人。那时我们还注意在工人中发展会员，其中工人有14人，即：

李宝成（津浦路工人）、梁鹏万（京奉路工人）、邓培（京奉路工人）、史文彬（京汉路工人）、张太清（京绥路工人）、姚佐唐（津浦路工人）、王壁（徐州铁路工人）、许鸿儒（津浦路工人）、葛树贵（长辛店工人）、王荷波（浦镇工人）、沈干城（沪杭路工人）、孙云鹏（正太路工人）、孙津川（沪宁路工人）、李青山（胶济路工人）等；主要是

长辛店、唐山、石家庄、郑州等大厂的工人。第二次又扩大到二三百人。这个会开始是我负责，后来我离开北京，就交给北方区委了。这个会活动时间达七八年之久。”①

这些工人会员简历如下：

梁鹏万（1898—1951），广东中山人。曾用名梁稿、梁志鹏。天津南开大学肄业后到唐山制造厂当学徒，后升工匠。1921 年 7 月，加人唐山社会主义青年团。1922 年 1 月，与邓培一道参加了在莫斯科召开的远东各国共产党及民族革命团体代表大会，开会期间经张国焘介绍加入中国共产党。回国后在上海劳动组合书记部工作。1923 年 10 月至 12 月，任中国社会主义青年团香港地方执行委员会委员长。1925 年 4 月，以卖肥皂为名来到辽宁沈阳皇姑屯，在工人蔡恩起家秘密成立了皇姑屯赤色工会。1928 年上半年到莫斯科东方大学学习；同年 6 月至 7 月，作为指定及旁听代表参加中国共产党第六次全国代表大会。1929 年回国后，在上海、天津等地工作。1931 年在唐山被反动当局逮捕，因无犯罪证据而获释放。1933 年在唐山由吴德介绍恢复党籍，同年 11 月任华北工运委员长。1934 年 1 月在天津被国民党当局逮捕后解送南京，同年 12 月自首叛党。1936 年加入洪帮。1937 年允仕日本特务联络员。1941 年参加国民党地下组织。1948 年加入国民党中央执行委员会调查统计局天津潜伏组织。新中国成立后被捕。于 1951 年 8 月被人民政府依法处决。

邓培（1883—1927），字少山，又名邓配，化名唐风鸣，广东三水人。14 岁到天津天德泰机器厂学徒，三年学徒期满后到京奉铁路唐山制造厂当工匠，曾参加孙中山领导的同盟会革命活动。1919 年北京五四运动爆发后，他在工人中组织职工同人会和十人团，领导全厂工人和交通大学学生举行游行示威。1920 年利用假日到北京结识李大钊、邓中夏等，接受社会主义革命思想。1921 年春加入北京共产党早期组织，同时领导成立唐山制造厂工会，被选为委员长。此后发展了一批党员，成立了中共唐山制造厂支部，任书记，并创办了唐山工人图书馆。1922 年 1 月出席在苏联莫斯科召开的远东各国共产党及民族革命团体第一次代表大会，受到列宁接见。4 月成立中共唐山地方委员会，任书记。8

① 罗章龙：《五四运动和马克思学说研究会》，1978 年 9 月罗章龙在全国政协文史资料研究委员会的座谈记录。

月正式成立唐山地方执行委员会，被选为书记，同时担任中共北方区委委员、中国劳动组合书记部北京分部领导成员。10 月 13 日领导唐山制造厂开滦五矿三万余工人总同盟大罢工，成为北方著名的工人运动领袖。1923 年京奉铁路总工会成立，被选为委员长。6 月赴广州出席中国共产党第三次代表大会，被选为中共候补中央执行委员。1924 年 2 月在北京参与领导召开全国铁路工人代表大会，正式成立中华全国铁路总工会，被选为委员长。1925 年 1 月在中共四大上，继续被选为候补中央委员，任中共中央驻唐山特派代表。2 月到郑州主持召开全国铁路工人第二次代表大会，被选为全国铁路总工会执行委员。5 月赴广州出席第二次全国劳动大会，被选为中华全国总工会执行委员。年底被调到北京，专做全国铁路总工会工作。1926 年 2 月在天津主持召开全国铁路工人第三次代表大会，继续被选为铁路总工会执行委员。不久作为全国铁路总工会总代表兼任驻广东办事处主任，到广州工作。5 月出席第三次全国劳动大会，再次被选为全国总工会执行委员。他领导广东铁路工人积极支援省港大罢工和北伐战争，并被选为广东省总工会委员长。1927 年 2 月到汉口参与主持召开全国铁路工人第四次代表大会，任主席团委员。“四一二”反革命政变后于 4 月 15 日被捕，6 月 22 日在广州英勇就义。

史文彬（1887—1942），字志卿，又名石志清，山东省青城县人。1912 年考入长辛店铁路工厂做工。1919 年五四运动中，组织工人支援学生的正义斗争。1920 年被推举为长辛店劳动补习学校校务委员，参加了北京早期共产党组织，成为其中唯一的工人成员。1921 年 5 月当选为长辛店机车工人俱乐部委员长。同年秋加入中国共产党。1922 年任京汉铁路总工会筹备会副主任委员。1923 年当选为京汉铁路总工会副委员长。“二七”大罢工中被军阀逮捕。1924 年 11 月经党组织营救出狱，同年底，北方区委任命史文彬为中共保定市委书记和保定铁路工会委员长，出席在郑州召开的京汉铁路总工会恢复大会，继续当选为副委员长。1925 年 3 月间，他代表全国铁路总工会赴京汉路各站抚慰“二七”难友家属，因工贼告密再次被捕，并被判 4 年徒刑，后经张家口工会保释。7 月，北伐战争开始，史文彬奉党组织的指示组织铁道大队，先是参加国民军胡景翼部和在南口战斗；后又转去广东国民革命政府，带领铁道大队为北伐抢修铁路，支援北伐，保证了铁路畅通无阻。国民革命军攻克武昌后，他受党组织派遣加入国民革命政府，任劳工部司长。1927 年蒋介石、汪精卫相继叛变革命后随中共中央到上海，从事地下斗争，负责中共中央的交通工作。1928 年当选为中共六大候补中央委员。1929 年曾在河南主持中共河南省委工作，建立了豫南、豫北特委。后出席第五次全国劳动大会。1931 年参加中共六届四中全会。会后参加了罗章龙的“中央非常委员会”，参与了分裂党的活动，被开除出党。1931 年 6 月，史文彬为摆脱“中央非常委员会”和为生活所迫，隐姓埋名，化名石志清回到济南，寻找家乡党的组织。1933 年返回家乡青城县。1941 年冬，八路军部队在青城县附近开展抗日活动，史文彬终于经清河区党委以电报形式向中央请示获准，回归革命队伍清河区党委机关。史文彬经连日劳顿突患重病，几天后病逝于清河区委机关驻地。

姚佐唐（1898—1928），安徽省桐城县人。1922 年加入中国共产党。曾担任徐州铁路站党组织负责人，铁道队大队副等职。在十月革命和五四运动的影响下，开始接触新思想，为抗议铁路当局欺压工人，曾领导工人罢工并取得胜利。1922 年初，加入北京大学马克思学说研究会。“二七”惨案后，作为工人代表之一向北洋政府请愿并向死难烈士家属表示慰问。率领铁路工人组成铁道队，在河南、广州与军阀进行斗争。1927 年初，随北伐军转战到了南京，在中共南京市委领导下工作，他的家成为南京市委的一个重要地下联络点。1928 年 7 月的一天，市委在他家正准备召开党的工作会议，突遭反动军警包围，他脱险逃至上海，但因叛徒出卖被捕，后关押于南京宪兵司令部看守所。10 月 6 日被枪杀。

葛树贵（1887—1923），山东人。1904 年到长辛店机车车辆厂当铆工。1921 年 5 月加入长辛店铁路工会。并组织了纠察队，他任队长。1922 年 8 月，铁路工人罢工时，他带领纠察队，占领火车站，截断了铁路运输。全体工人坚持斗争，迫使路局不得不答应罢工委员会提出的条件，罢工取得了胜利。1923 年 2 月初，京汉铁路总工会决定举行全路大罢工。4 日，长辛店铁路工人遵照总工会的命令，按时开始了大罢工。2 月 6 日夜，敌人在工贼带领下，逮捕了史文彬、吴祯等 12 名工会委员，全被押到警察局所在地火神庙。2 月 7 日上午，劳动组合书记部代表召集工会委员及骨干共同研究对策，决定由他负责集合工人队伍，到警察局要人。他和杨诗田带领 3000 工人队伍，高举大旗，喊着“还我工友！”“还我自由！”的口号，浩浩荡荡涌向火神庙，向警察局要人。当工人们准备冲进火神庙时，军警持枪站在火神庙的高台阶，企图对工人实行武力镇压。他手握大锤把高声喊着："工友们，往前上啊！"说着带头冲上去。敌人开枪了，他头部中弹，当夜光荣牺牲。为纪念烈士敢于斗争、不怕牺牲的革命精神，继承和发扬"二七"斗争的光荣传统，长辛店二七机车车辆厂于1966年7月在长辛店公园内为他建墓立碑，永志不忘。

王荷波（1882—1927），原名灼华。原籍山西太原，生于福建福州。工人出身。1916年在律浦铁路浦镇机厂当钳工。在十月革命和五四运动的影响下，开始投身工人运动。1920年底发起组织浦镇机厂工会。1921年3月工会正式成立，先后任工会副会长、会长。1922年春，率浦镇机厂工会加入了中国劳动组合书记部北方分部。同年6月加入中国共产党。不久组织了浦口铁路工会，以后又陆续组建了徐州、济南、天津等三大站的铁路工会，使津浦路上的铁路工人运动蓬蓬勃勃地开展起来。1923年1月底，代表津浦铁路总工会筹备组到郑州出席京汉铁路总工会成立大会，随后又组织津浦铁路沿线的工人举行罢工，有力地支援了京汉铁路工人的"二七"大罢工。又到济南津浦机车厂和青岛胶济铁路四方机厂指导、帮助他们成立工会和俱乐部。1923年6月出席中国共产党第三次全国代表大会，被选为中央执行委员。同年9月被补选为中共中央局委员，任中共上海区执行委员会委员长。6月赴莫斯科参加共产国际第五次代表大会和赤色职工国际大会。回国后在上海组织红色救济会（后改为互济会），对失业工人及被捕、遇难家属进行救济。1925年1月在中国共产党第四次全国代表大会上，当选为候补中央执行委员。2月当选为中华铁路总工会委员长。5月当选为中华全国总工会执行委员。后在南京、上海等地领导工人参加五卅运动。不久调任中共豫陕区委委员，与王若飞、张昆弟等领导河南的工人运动，并于同年9月组织了河南省总工会。1926年2月主持召开了全国铁路总工会第三次代表大会。5月出席第三次全国劳动大会，继续被选为中华全国总工会执行委员。后遵照中共中央的指示，多次去福州指导福建党的工作，在健全和加强中共福州地委、发展统一战线、策应北伐军入闽等方面作了大量卓有成效的工作。1927年3月回上海，参与组织领导了上海工人第三次武装起义。5月，在中国共产党第五次全国代表大会上当选为中央监察委员。8月7日出席了中共中央在汉口召开的紧急会议，并当选为临时中央政治局委员。9月任中共中央北方局书记，为了贯彻八七会议的精神，在北方开展农民武装暴动和土地革命，配合南昌起义和秋收暴动，亲自深入到玉田县农村，帮助县委制定暴动计划和各项准备工作。因叛徒出卖于10月18日在北京被捕。1927年11月11日壮烈牺牲。

沈干城（1896—1934），上海浦东县沈家宅三林塘人。1914年毕业于三林学堂，次年回家乡懿德小学教书。1921年，在五四运动新思潮的冲击下，他决心冲出学校这块小天地，到杭州铁路闸口机修厂当了一名钳工。同年11月17日，应征报名参加了北京马克思学说研究会，成为第一批会员。此后，他先后结识中国劳动组合书记部主任张国焘和北方劳动组合书记部主任罗龙章，担任了劳动组合书记部驻沪杭铁路特派员。1922年8月底，沈干城由徐梅坤介绍加入中国共产党，成为9月初成立的杭州党小组三成员之一。他积极在铁路工人中开展工作，1923年10月创办了闸口铁路机修厂工人夜校；随后，在夜校的基础上建立工人俱乐部，秘密组织工会，发动和组织工人罢工斗争，物色和培养建党对象。1925年11月，中共沪杭铁路支部正式成立，沈干城为书记。1926年1月，沈干城当选为中共杭州地委工人部长，负责领导全市工人运动。北伐战争开始后，沈干城组织杭州工人为配合北伐军胜利进军和上海工人第三次武装起义做了大量工作。1927年“四一二”反革命政变后，沈干城坚持斗争。5月27日上午，由于叛徒告密，沈干城被捕，先后被关押在浙江陆军监狱、苏州军人监狱、南京中央军人监狱等处，备受酷刑，坚贞不屈。1934年9月22日逝世于狱中，终年38岁。

孙云鹏（1882—1965），号晴霄，天津市人。1905年到石家庄正太铁路总机厂当技术工人。1921年冬加入中国共产党，成为石家庄市最早的中共党员。1922年12月任正太铁路总工会委员长，参与领导了正太铁路三次大罢工。1925年5月任中华全国总工会经济部长及驻上海办事处主任、驻湖北总代表。大革命失败后，1928年9月任郑州市工会党团书记，后到天津参加恢复全国铁路总工会工作。1931年天津党组织被破坏后，与党组织失去联系。石家庄解放后，到铁路分局工会工作。1965年12月病逝。

孙津川（1895—1928），又名孙竟川、孙继生，化名方淦，安徽寿县人。幼时随家沿途乞讨到南京，11岁入洋炮局当童工，出师后去上海大中华纱厂、兴发机器厂做工。1923年春进吴淞机厂。1925年参加五卅运动，参与组织厂工会。8月加入中国共产党。9月被选为沪宁铁路工人协进会委员。同年底任中共吴淞机厂支部书记。开办工人夜校，发展党的组织，领导工人进行加薪罢工获胜。1926 年 10 月率工人到镇江破坏铁路断绝行车三天，配合北伐军作战。1927 年 3 月率沪宁路工人参加上海工人第三次武装起义，任沪宁、沪杭铁路罢工委员会主任委员兼工人武装纠察大队大队长。3 月 21 日指挥武装工人攻占南市区警察局、参加攻打军阀上海防守司令部。不久主持成立沪宁沪杭铁路总工会，被推选为委员长。“四一二”反革命政变时被捕，经工人群众营救获释。5 月护送周恩来乘船去汉口，此后代表全国铁路总工会巡视指导苏浙皖等地铁路工会工作。不久出席第四次全国劳动大会，被选为各产业工会决议审查委员会委员。大革命失败后，被派到南京加强工人运动的领导，任中共南京市委职工运动委员，负责组织发动秘密的工人斗争，恢复重建各级工会组织。1928 年 3 月担任中共南京市委书记。在白色恐怖的险恶条件下，他不顾个人安危，积极领导整顿和发展党的各级组织，深入发动浦口、浦镇等地工人，开办夜校、俱乐部，领导南京郊区农民开展反对“黄枪会”的斗争。同年 6 月在苏联莫斯科召开的中共六大上，他被选为中共中央审查委员会委员（未出席）。同年 7 月初，因叛徒告密在南京被国民党当局逮捕。10 月 6 日在雨花台慷慨就义。

王璧，不详。

许鸿儒，不详。

张泰清，不详。

李宝成，不详。

李青山，不详。

中国共产党成立后，马克思学说研究会就逐渐成为党的外围组织，发挥着吸引群众扩大影响的作用。1922 年 2 月 19 日下午，马克思学说研究会组织了第一次公开讲演会，李大钊讲演《马克思经济学说》，地点在北京大学第二院大讲堂。后来会员发展到二三百人，后又组织过纪念马克思诞辰 104 周年、派人到唐山去组织工会，援助唐山开滦五矿工人罢工的斗争等活动。

北京大学图书馆现在还保存着 60 年前珍藏下来的盖有“亢慕义斋图书”图章的德文书八册。这些图书一部分原来就是由北大图书馆购进转给学会的，一部分是第三国际代表来国中国后，陆续由第三国际及其出版机构提供的。

马克思学说研究会在宣传马克思主义，为共产党培养干部方面作出了重要贡献。在常德发现这份《发起马克思学说研究会启事》原稿，一共4页，用的是民国早期国立北京大学附设内分泌学研究所稿纸，尺寸大小为19.2厘米×27.2厘米，属毛笔手写，于1921年3月22日发布。原文中写道“马克思学说研究会”是上年3月发起，也就是说，该会成立于1920年3月。

主要发起人一是筹集了120元购书费，买了德、英、法三种文字的马克思全集；二是讨论会；三是讲演会；四是编译，将德英、法、日文字的马克思学说翻译成中文，便于国人研究学习。“我们凭着这单纯的组织，逐渐完成我们理想中应有的希望。”

范斋韩（体仁）回忆说：“我忝列这会发起人的末席，深知这会成立的过程：这会是1920年3月便已发起组织，当时发起的没有19人之多，只19人中的一部分还加上李大钊先生。当时发起人的希望是普遍宣传马克思主义，以为人民革命的指南针，由宣传逐步进入实践，实行马克思主义，发起人共19人，不少人后成为中共党员及团员，许多人为革命事业而贡献出生命。这会的会址设在北京北河沿北京大学第三院内，书记王有德。

“在公开后一年内有会员二百余人，大多数是大专学生，一小部分是中、小学教员、学校工友。先后搜集马、恩、列中外书籍二百余种，每月开读书会一次，多为邓中夏、范鸿（吉力）、黄日葵轮流主持。每月开讲演会二次，先后请李大钊、陈启修、顾孟余、陶孟和、高一涵及鲁迅到会演讲，欢迎会员及会外人士听讲。”①

罗章龙回忆北京马克思学说研究会

1978年秋，中国革命博物馆和全国政协文史资料研究委员会就中国现代史上的一些重大事件，邀请罗章龙教授座谈亲身经历和所见所闻。

“我记得，马克思学说研究会最早发起的那19个成员，大都参加了五四运动，并且是运动中的中坚分子。马克思学说研究会的酝酿组织有一个过程，在1921年11月7日才公开。这19人都是北大的学生，我把他们的情况简单地讲一下：

高崇焕：直隶人，北大法学院法律系学生；王有德：云南人，德文

① 范体仁：《记五四运动前后北京若干团体》。

班学生；邓中夏：湖南人，中文系三年级的学生；吴汝明：湖南人，法学院学生，长辛店工人补习学校的教师；罗章龙：文学院本科一年级学生；黄绍谷：湖南人，文学院学生；王复生：云南人，法文班学生；黄日葵：广西人，中文系学生；李骏：湖北人，英文系学生；杨人杞：湖南人，文学院学生；李梅羹：湖南浏阳人，德文班学生；吴溶沧：浙江人，中文班学生；刘仁静：物理系学生；范鸿劼：湖北人，英文系学生；宋天放：文学院学生；高尚德：山西人，英文系学生；何孟雄：湖南人；朱务善：法学院学生；范齐韩：法学院学生。

马克思学说研究会于1920年3月开始酝酿组成。有一次，上述19个人在中央公园来今雨轩开了一个会。大家谈来谈去，不少人想把组织公开出来，有人反对，认为若公开，问题还很多。但是最后还是决定在北大校刊上登一个启事，把牌子打出去。启事是我写的，写好了以后，由我和另一个同志去找蔡元培先生，要他同意把启事刊登在《北大日刊》上。我向蔡元培宣传一番我们组织马克思学说研究会的道理。蔡看了一下启事和名单，沉默了一会，最后同意登了。为了公开招收会员，启事上登有联系通讯处，第一院是王有德，西斋是我。

蔡先生是浙江绍兴人，他周围的师爷们很有谋略，很能办事，但很顽固、保守。我们找蔡登马克思学说研究会启事这件事，就没让他的师爷们知道。等到《北大日刊》将启事登出来以后，这些师爷们对蔡说："今后学校不得太平了。"以后，我们马克思学说研究会想在北大会议厅开一个成立会，因蔡上次已经批准我们马克思学说研究会公开成立，并在《北大日刊》上登了启事，所以这次他不能翻悔，答应我们在北大会议室开成立大会。同时，蔡还应我们的邀请，参加了成立大会，并在会上讲了几句话。开完成立会后，我们还拍了一张照片。这样，马克思学说研究会就正式成立了。成立以后，我们要活动，没有地方，于是又去找蔡要房子，他同意给两间房子，一间当办公室，一间当图书馆。办这些事并不是很顺利的，因为蔡元培左右的人反对我们，公开同我们作对，不肯拨房子给我们，认为这样做，学校会不太平。而蔡元培先生则对他们说："给他们房子，把他们安置好，学校才会太平。"所以，从这件事情上讲，蔡元培先生当时确实很有勇气。

研究会有了办公室、图书馆。我们给它取了个名字，叫"亢慕义斋"（即共产主义小室），我们的图书上都盖有"亢慕义斋"戳记（现在北大还保存有亢慕义斋戳记的图书）。研究会成立后，我们大力宣传马克思主义，翻译出版马克思学说有关的书籍。

研究会的活动时间是比较长的。第一次开会时，我们的会员只有四五十人，后又大量征求会员，北京国立八校和北京以外的，也可以通信加入，还征求了工厂方面的同志参加。我记得第一次统计时，有会员118人。那时我们还注意在工人中发展会员，其中工人就有23人，即：李宝成（津浦路工人）、梁鹏万（京奉路工人）、邓培（京奉路工人）、史文彬（京汉路工人）、张太清（京绥路工人）、姚佑唐（津浦路工人）、王璧（徐州铁路工人）、许鸿儒（津浦路工人）、葛树贵（长辛店工人）、王荷波（浦镇工人）、沈干城（沪杭路工人）、孙云鹏（正太路工人）、孙津川（沪宁路工人）、李青山（胶济路工人）等；主要是长辛店、唐山、石家庄、郑州等大厂的工人。第二次又扩大到二三百人。这个会开始是我负责，后来我离开北京，就交给北方区委了。这个会活动时间达七八年之久。在现存文件中，有初期成立时的文件，其中也有反映该会派人到唐山去组织工会，援助唐山开滦五矿工人罢工的情况。

劳动组合书记部成立以后，搞工会需要人，就从马克思学说研究会里找人。这个研究会为革命输送了百把人，培养了一批干部。另外，翻译了一二十本书，有的出版，有的没有出版。如《共产党宣言》是从德文译出来的，有油印本。那时，我们马克思学说研究会译出的书，有康慕尼斯特丛书、列宁丛书、马克思全书。

马克思学说研究会成立以后，设立了一个翻译室，下设英文、德文与法文三组。我们这个组有七八个人是学习德文的，我们曾译了《共产党宣言》。毛泽东1920年到北京时，大概已有一个《共产党宣言》的油印本子了。我记得《共产党宣言》很难翻，译出的文字不易传神，所以进度很慢。如《共产党宣言》中，第一句话，“有一个幽灵，共产主义幽灵，在欧洲徘徊”。大家议论说，“幽灵”这两个字不太好，但又没有办法，最后还是不能解决。有个同志说，直译，然后把意思作一个说明。在那时，我们认为“幽灵”是一个贬义词，在德文中“幽灵”这个词的原意是“鬼怪”，“徘徊”也认为不好，没有指出方向。所以后来加说明，“欧洲那时有一股思潮，像洪水在欧洲泛滥，这就是共产主义”。这样的说明，大约有七八处之多。

研究会一面组织会员学习马克思主义，一面组织会员搞翻译，同时还组织讲演活动。李大钊常常参加讲演活动。李大钊还编了一本油印讲义《唯物史观》。马克思研究会成立以后，他就开始讲。他的英文、日文都很好，能用日语讲话，能看英文书，他作了多次讲演，如《唯物史观》、《马克思的经济学说》等等。他还号召我们翻译《资本论》。我们大家觉得很难，啃不动，我们请德文老师帮着讲。德文老师也说：我认得文字，但不懂得意思。但我们还是坚持啃下去，曾译了《资本论》的第一卷。我们当时是硬啃，实在不懂的地方，就把困难绕过去。后来我们把《资本论》第一卷译稿交给了一个教经济学的老师，名叫陈启修。他说日本人译的《资本论》，有些地方译得不是很合适，再从日本文译成汉文，更走神了。那时我们要结束这项工作，就由这位老师参照我们的本子，直接从德文译了出来，当时也印出来了，但不流行，这个本子在王亚南本子之前。

蔡元培先前留学德国，是学习美学教育的。他是中国第一个学习美学教育的。他提倡以美育代替宗教。他认为宗教是个偶像。如果一个人崇拜偶像（宗教），那这个人的思想就受到阻塞。他说，提倡美育，翻阅古代的书画雕塑，人们的思想就会超脱，所以用不着宗教，如耶稣教就用不着。所以蔡是积极主张反宗教的。他找我们给他做帮手，帮他记录，整理讲美学的稿子。他说我们记录得好，能表达意思。蔡对反宗教运动的意义谈得很深奥，而我们反宗教，政治目的是反对帝国主义。但尽管如此，我们还是合作得很好。

我们成立非宗教同盟时，请蔡元培参加，他同意了。我们出了一本《非宗教论》丛书，写文章的有蔡元培、陈独秀、李大钊、吴虞、李石曾、萧子昇、周太玄、朱执信、罗章龙等，共写了 31 篇文章。这样就出了一部内容充实的批判宗教的文集。正当准备出此书时，萧子昇从法国回来了，向我说愿参加我们的非宗教同盟，他还找了李石曾、汪精卫一块儿来参加。这本论文集出来了，它是反映当时思想战线上的重要革命文献。

后来，我们又组织了反基督教同盟，这个同盟参加的人，除北京大学外，还包括清华大学的。梁启超当时是清华大学的教师，他给我们扣帽子，说："宗教信仰有自由。"那时他在清华大学有讲座，和我们作对。北大、清华中有不少人赞成、同情反基督教同盟。后来北京大学、清华大学组织了共产党支部。

后来又组织了民权运动大同盟，是邓中夏参加组织的，学生有几百人，工人也不少。民权运动大同盟主要负责人有邓飞黄、郭春涛、李国暄等 30 人。除了上述活动外，我们还组织了工人运动。那时我们在工人群众中开展工作，发现工人中天主教的思想很盛行，我们就组织工会，吸收反宗教的工人参加我们的工会。再一个就是搞平民教育，张国焘也参加了这一活动。

再一个，我们还组织了妇女协会，是与党团组织同时并列的。开放吸收女学生最早的是北京大学，女学生先来校旁听，北大采取默认态度。1920 年左右各学校才先后正式招收女生。缪伯英是共产党员，妇女组织是她主持的。

马克思学说研究会存在长达八年

北京大学马克斯学说研究会在长达八年的时间里，会员发展到了两三百人，不仅包括北京国立八校的在校大学生，也有工人参加。研究会一面组织会员学习马克思主义，一面组织会员搞翻译，同时还组织讲演活动。李大钊常常参加讲演活动。李大钊还编了一本油印讲义《唯物史观》。马克思学说研究会成立以后，他就开始讲。他的英文、日文都很好，能用日语讲话，能看英文书，他作了多次讲演，如《唯物史观》、《马克思的经济学说》等等。他还号召我们翻译《资本论》。我们大家觉得很难，啃不动，我们请德文老师帮着讲。德文老师也说：我认得文字，但不懂得意思。但我们还是坚持啃下去，曾译了《资本论》的第一卷。我们当时是硬啃，实在不懂的地方，就把困难绕过去。后来我们把《资本论》第一卷译稿交给了一个教经济学的老师，名叫陈启修。他说日本人译的《资本论》，有些地方译得不是很合适，再从日本文译成汉文，更走神了。那时我们要结束这项工作，就由这位老师参照我们的本子，直接从德文译了出来，当时也印出来了，但不流行，这个本子在王亚南本子之前。

蔡元培提倡以美育代替宗教。认为宗教是个偶像。如果一个人崇拜偶像（宗教），那这个人的思想就受到阻塞。提倡美育，翻阅古代的书画雕塑，人们的思想就会超脱，所以用不着宗教，如耶稣教就用不着。他找我们给他做帮手，帮他记录，整理讲学的稿子。我们反宗教，政治目的是反对帝国主义。研究会成立非宗教同盟时，请蔡元培参加。出了《非宗教论》丛书，有蔡元培、陈独秀、李大钊、吴虞、李石曾、萧子昇、周太玄、朱执信、罗章龙等写文章的共 31 篇，是一部内容充实的批判宗教的文集，反映当时思想战线的重要文献。

研究会又组织了反基督教同盟。参加这个同盟的人，除北京大学的学生外，还包括清华大学的。梁启超在清华大学清华大学举办讲座，和反基督教同盟作对。研究会还组织了妇女协会，吸收女学生来北大校旁听。1920 年左右各学校才先后正式招收女生。缪伯英是妇女组织的主持。

在北京大学马克思学说研究会的影响下，上海、天津、广东、山西、河北、山东、湖南等地方研究和宣传马克思主义的团体相继成立。

在山东：1920 年秋，参加了李大钊在北京赞助组织的马克思学说研究会，成为研究会在山东最早的会员。下半年，王尽美、邓恩铭、王翔千等在济南成立“山东马克思学说研究会”。1921 年 9 月在济南读书的齐河籍学生贾逌甫、马馥塘在济南参加“马克思学说研究会”参加了“山东马克思学说研究会”。

在云南：王复生的弟弟王懋廷（1898—1930），又名德三、茂廷，字正麟，化名材登，笔名正零、齐人。云南祥云人。1920 年考入北京大学预科。怀着“科学救国”的意向，潜心研究数学、物理。1922 年后逐渐受马克思主义的影响，参加了北大马克思学说研究会，担任法文组的翻译，并加入中国社会主义青年团。

在武汉：刘伯垂（1887—1936），亦名芬，号笏祥，湖北武昌人。1909 年留学日本明治大学法科，加入中国同盟会。1917 年任广东军政府司法部高等审判厅厅长。1920 年夏在上海受中国共产党上海发起组书记陈独秀委派回武汉筹建共产党组织，武汉党组织成立后，参与领导马克思学说研究会的活动和组建武昌社会主义青年团。

在南京：1921 年 12 月，中国劳动组合书记部北京分部负责人罗章龙来浦镇实地调查，介绍王荷波及浦镇机厂工会加入中国劳动组合书记部。又介绍王荷波加入了北京大学马克思学说研究会。1922 年秋，王荷波建立了南京地区第一个党小组（浦口党小组），有 5 名党员，属中共北方区委领导。

在湖南：1922 年春，湖南省二师澧县籍学生严正谊、杨道瑞、姜见善，与蒋希清、宋先礼等在省二师建立了马克思学说研究会。不久，他们又帮助省二中学生建立了马克思学说研究会。这个组织的建立和活动，对湘西的革命斗争起了很重要的作用。

在洛阳：1920 年 12 月，北京马克思学说研究会成员游天洋到洛阳，在陇海铁路洛阳站任员司。

在江苏：1920 年夏马克思学说研究会成员陈德荣等到徐州，与江苏省立第七师范学生陈家安（陈亚峰）、徐怀云等联系，在第七师范内秘密成立了马克思学说研究小组。成员有陈家安、解慕唐、徐怀云、苏鸿鉴、张继超、郭邦清（郭子化）、冷启英等10余人。该小组与北京大学马克思学说研究会保持密切联系。小组的任务是学习和宣传马克思学说。

在江西：1923年1月赵醒侬、方志敏、袁玉冰等七人组建中国社会主义青年团江西地方团。3月又组建民权运动大同盟和马克思学说研究会，使南昌的革命宣传日益扩展。

在哈尔滨：1921年冬，李大钊委派北京地委委员兼任中国劳动组合书记部北方分部主任的罗章龙先到南满的沟帮子、沈阳、旅大等地考察，1922年初到哈尔滨，与马克思学说研究会会员张昭德、姜瑛、张赋祯等取得联系，先到中东铁路哈尔滨总工厂和工人生活区三十六棚考察，宣传中共和华北工人斗争情况，号召大家组织起来，为工人阶级的利益进行斗争。

杨东莼（杨东莆），湖南醴陵人，北京大学哲学系肄业，青年时代就积极追求真理，参加学生运动和工人运动。1921年参加及组织马克思学说研究会。

“发起马克思学说研究会启事”原稿发现

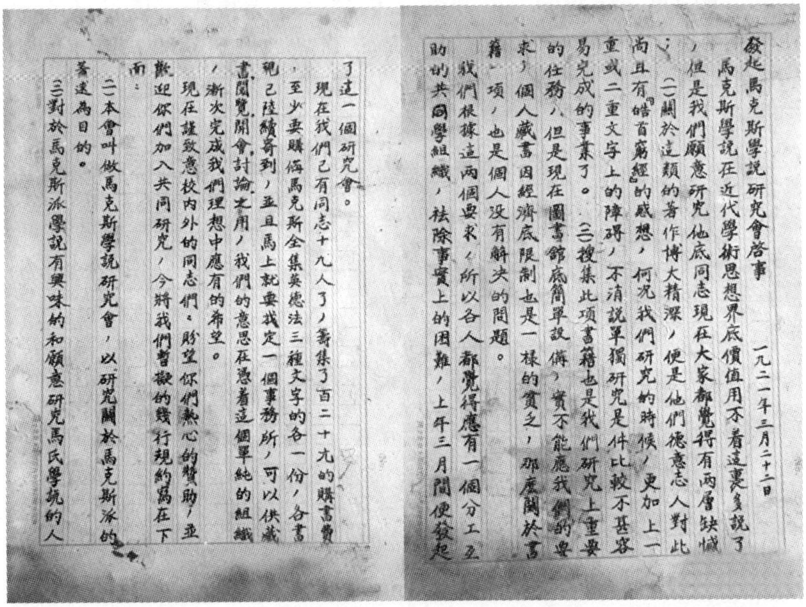

發起馬克斯學說研究會啓事　一九二一年三月二十二日

馬克斯學說在近代學術思想界底價值用不着這裏多說了，但是我們願意研究他底同志現在大家都覺得有兩層缺憾：(一)關於這類的著作博大精深，便是他們德意志人對此尚且有"皓首窮經"的感想，何况我們研究的時候，更加上一重或二重文字上的障碍，不消說單獨研究是件比較不甚容易完成的事業了。(二)搜集此項書籍也是我們研究上重要的任務，但是現在圖書館底簡單設備，實不能應我們的要求，個人藏書因經濟底限制也是一樣的貧乏，那麼關於書籍一項，也是個人没有解决的問題。

我們根據這兩個要求，所以各人都覺得應有一個分工互助的共同學組織，祛除事實上的困難，上年三月間便發起了這一個研究會。

現在我們已有同志十九人了，籌集了百二十九的購書費，至少要購備馬克斯全集英德法三種文字的各一份，各書現己陸續寄到，並且馬上就要找定一個事務所，可以供藏書閱覽開會討論之用，我們的意思在憑着這個單純的組織，漸次完成我們理想中應有的希望。

現在謹致意校内外的同志們，盼望你們熱心的贊助，並歡迎你們加入共同研究，今將我們暫擬的幾行規約寫在下面：

(一)本會叫做馬克斯學說研究會，以研究關於馬克斯派的著述為目的。

(三)對於馬克斯派學說有興味的和願意研究馬氏學說的人

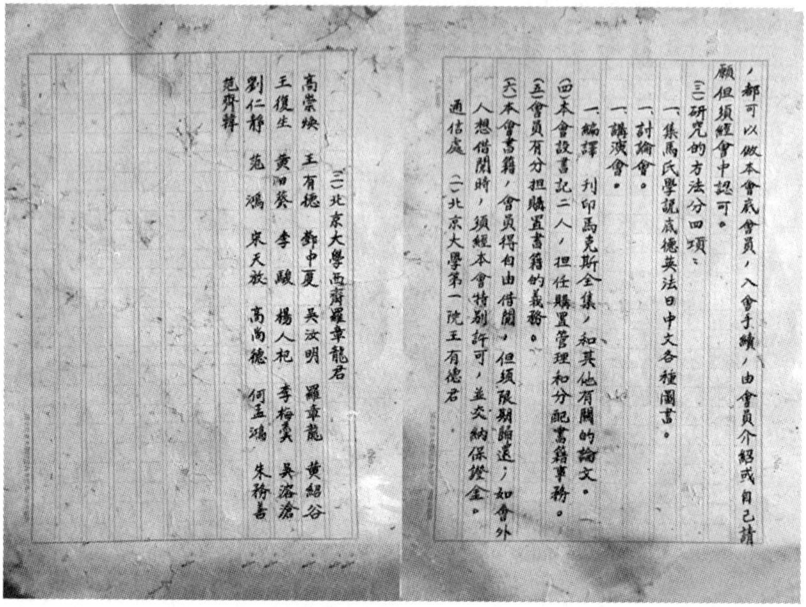

，都可以做本會底會員，入會手續，由會員介紹或自己請
願但須經會中認可。
（三）研究的方法分四項：
一、集馬氏學說底德英法日中文各種圖書。
一、討論會。
一、講演會。
一、編譯 刊印馬克斯全集，和其他有關的論文。
（四）本會設書記二人，担任購置管理和分配書籍事務。
（五）會員有分担購置書籍的義務。
（六）本會書籍，會員得自由借閱，但須限期歸還，如會外
人想借閱時，須經本會特別許可，並交納保證金。
通信處 （一）北京大學第一院王有德君
（二）北京大學西齋羅章龍君
高崇煥 王有德 鄧中夏 吳汝明 羅章龍 黃紹谷
王復生 黃日葵 李 駿 楊人杞 李梅羹 吳溶滄
劉仁靜 范 鴻 宋天放 高尚德 何孟雄 朱務善
范齊韓

这份“发起马克思学说研究会启事”原稿共4页，尺寸为19.2厘米×27.2厘米，于1921年3月22日发布。原文中写道“马克思学说研究会”是上年3月发起，即该会成立于1920年3月。发起人：高崇焕、王有德、邓中夏、吴汝明、罗章龙、黄绍谷、王復生、黄日葵、李骏、杨人杞、李梅羡、吴溶沧、刘仁静、范鸿劼、宋天放、高尚德、何孟雄、宋务善、范斋韩等19人。①

主要参考文章条目索引：

- 范体仁：《记五四运动前后北京若干团体》
- 罗章龙：《五四运动和马克思学说研究会》，1978年9月罗章龙在全国政协文史资料研究委员会的座谈记录。
- 罗章龙：《亢斋回忆录——记和守常同志在一起的日子》，《回忆李大钊》，人民文学出版社。
- 高一涵：《回忆五四时期的李大钊同志》，转录自中共中央马恩列斯著作编译局研究室《高一涵先生谈李大钊同志的历史》手稿本。

① 黄明军：《“发起马克思学说研究会启事”原稿惊现常德》，中国红色旅游网2010年6月21日。

• 朱务善:《回忆北大马克思学说研究会》,《“一大”前后(二)》第 118 页,人民出版社 1980 年版。

• 刘弄潮:《领导五四的主将——李大钊》,《五四运动文辑》第 55 页,湖北人民出版社 1957 年版。

李大钊与《国民》杂志社

1918 年 5 月，中国留学生因反对《中日共同防敌军事协定》罢学归国后，在上海成立了学生救国团。5 月 21 日，北京 2000 多名学生前往新华门总统府请愿，要求取消中日军事协定。这次请愿虽无结果，但学生们却组织了起来，成立了学生救国会。当年暑假，救国会代表许德珩等南下联络，得到了天津、济南、南京、上海等地学生的积极支持，最后成立了全国性的学生救国会。1918 年秋，李大钊担任了反日本帝国主义情绪强烈的《学生救国会》的顾问。为便于开展活动，救国会成员于 1918 年 10 月 20 日在北京成立国民社。在李大钊指导下，《救国会》组织了南下宣传团，到天津、济南、南京、九江、武汉、长沙、上海等地作爱国宣传，串联学生，组织革命力量，在他们的鼓动下，这些城市有大批青年学生参加了这个组织。到五四前夕，《学生救国会》已发展成全国性进步青年组织。北京的黄日葵、邓中夏、高君宇、许德珩，天津的马骏、郭隆真、周恩来、张太雷，武汉的恽代英，江西的方志敏，南京的张闻天、沈笑民，上海的邵力子、史景才，湖南的毛泽东、蔡和森、李维汉等都是这个组织中的骨干。1919 年 2 月，北京大学成立学生会，这个学校的救国会成员全部参加了学生会，成为中坚力量。为加强联系，扩大影响，救国会于 1918 年 10 月成立国民社，成员有 100 多人，聘请李大钊为该社导师。李大钊对国民社进行了热情帮助和精心的指导。

1919 年 1 月《国民》杂志创刊号正式发行。国民社在其成立启事中说：本杂志由学界同志组织而成，抱定下列四大宗旨：1. 增进国民人格；2. 研究学术；3. 灌输国民常识；4. 提倡国货。宗旨所反映的是一般的爱国主义思想，所以它团结了许多不同类型的知识分子。在先后参加国民社的许多成员中，有邓康、高尚德（君宇）、黄日葵等这样一些具有初步共产主义思想的知识分子；也有许多无政府主义者；后来成为AB（反布尔什维克）团头子的段锡朋，当时也任过国民社的评议部部长。由于中日民族矛盾的激化，《国民》杂志针对日本帝国主义的侵略行径进行了抨击。在这方面，除经常的时事评述外，还有一些专文发表。国民社虽然是一个学生团体，但它受到一些社会人士的支持。蔡元培、《京报》主笔邵飘萍都予以帮助，都曾出席国民社的成立大会，蔡元培还为《国民》创刊号写了序言。

李大钊在五四时期致力于组织社团工作，通过组织社团，吸收广大青年走上社会认识自己，团结广大青年走上革命的道路，达到改造社会的目的。李大钊对国民社给予了热情的帮助和指导。许德珩在回忆中说："李大钊是《国民》杂志的总顾问，我们有事都和他商量。"李大钊起了重要的作用，实际上是《国民》杂志的总顾问，进行了热情帮助和指导。在《国民》上发表文章，增强了《国民》杂志的反日倾向，其思想内容和强烈的时代精神，促进了青年思想意识的提高和《国民》杂志的进步。《国民》在五四爱国运动的兴起上，起了很大的作用。

在李大钊指导下，发表了很多反帝反封建的文章，突出强调反对日本对中国的侵略。李大钊也常在《国民》杂志上发表文章，尖锐地揭露日本帝国主义侵略阴谋。《国民》杂志第五期还发表了《共产党宣言》中译本前一部分，这是在我国最早出现的马克思主义著作的中译本。它的大多数成员，在五四学生运动中都成为积极的参加者、组织者和领导者。①

李大钊对国民社的影响，实际上是为中国共产党的创立阶段准备了一批基本力量，如邓中夏、许德珩、高君宇、黄日葵等人都是由李大钊直接教育和培养的进步力量的代表，后来都成为北京共产党早期组织的最初成员。

国民杂志社成立纪事

《国民》杂志社启事中说："同人感于世界潮流之剧，国民智识不足以资为因应，实为国家前途之一厄象；爰集同志组织一月刊杂志，名曰《国民》，以增进国民智识为主，主本研究之所得贡献国民。"《国

① 许德珩：《在五四运动的激流中》，载《百科知识》1979年第一期。

民》杂志 1919 年 1 月 1 日正式出版，是北京进步学生团体“学生救国会”的刊物，宣传爱国、反帝、反军阀。杂志编辑是北京大学为主的高等学校学生，邓中夏、高君宇、许德珩、张国焘、段锡朋、孟寿椿、易克嶷等。

《国民》杂志最初是用文言发表文章，因为它是全国性刊物当时社会上对于白话文还不容易接受。五四以后的《国民》杂志就改为白话文了。

蔡元培:《〈国民〉杂志序》

《国民杂志》者，北京学生所印行也。学生唯一之义务在求学，胡以牺牲其求学之时间与心力，而从事于普通国民之业务，以营此杂志？曰：迫于爱国之心不得已也。向使学生而外之国民均能爱国，而尽力于救国之事业，使为学生者得专心求学，学成而后有以大效于国，诚学生之幸也。而我国大多数之国民，方漠然于吾国之安危，若与己无关。而一部分有力者乃日以椓丧国家为务，其能知国家主义而竭诚以保护之者，至少数耳。求能助此少数爱国家，唤醒无意识之人多数国民，而抵制椓丧国家之行为，非学生而谁？呜呼！学生之牺牲其时间与心力，以营此救国之杂志，诚不得已也。

学生既不得已而出此杂志，则所出杂志之务有以副学生之人格，其要有三：

一曰正确。有一事焉，与吾人之所预期者相迎合，则乍接而辄认为真；又有一事焉，与吾人之所预期者相抗拒，则屡闻尚疑其伪。此心理上普通作用也。言论家往往好凭借此等作用，以造成群众心理，有因数十字之电讯而酿成绝大风潮者。当其时无不成如荼如火之观，及事实大明，而狂热顿熄，言论家之信用荡然矣。故爱国不可不有热诚，而救国之计划则必持以冷静之头脑，必灼见于事实之不诬而始下判断，则正确之谓也。

二曰纯洁。救国者，艰苦之业也。墨翟生勤而死薄，勾践卧薪而尝胆，范仲淹先天下之忧而忧后天下之乐而乐，断未有溺情于耳目之娱，侈靡之习，而可以言救国者。近来我国杂志，往往一部分为痛哭流涕长太息之治安策，而一部分则杂以侧艳之诗文，恋爱之小说，是一方面欲增进国民之人格，而一方面则转以陷溺之也。愿《国民杂志》慎勿以无聊之词章充篇幅。

三曰博大。积小群而为大群，小群之利害，必以不与大群之利害相抵触者为标准。家、群之小者也，不能不以国之利害为标准。故有利于家，而又有利于国，或无害于国者，行之。苟有利于家，而有害于国，则绝对不可行。此人人所知也。以一国比于世界，则亦为较小之群。故为国家计，亦当以有利于国，而有利于世界，或无害于世界者为标准。而所谓国民者，亦同时为全世界人类之一分子。苟倡绝对的国家主义，而置人道主义于不顾，则虽以德意志之强而终不免于失败，况其他乎？愿《国民杂志》勿提倡极端利己的国家主义。

以上三者，皆关于内容者也。至于《国民杂志》社之进行，最所希望者曰有恒。《国民杂志》之酝酿，已历半年，卒底于成，不能不佩社员之毅力。自此以前尚为一鼓作气之时期。若前数期出版以后渐渐弛其责无旁贷之决心，则此后之困难，正不弱于酝酿时期。愿社员永永保此朝气，进行不怠，则于诸君唤醒国民之初心，始为无负也。是为序。①

《国民》杂志社社员名单

这份《国民》杂志社社员名单是依据《国民》杂志第一卷第一、二号及第二卷第一号上面的有关资料整理而成的。这里省略了每位社员的具体机关和别号。

安徽：鲁学淇、吴勤、章维燮、章韫贻、袁廷曜、黎世蘅、江绍原、许登瀛。

四川：丘甲、康宗潞、肖玉楼、刘维汉、孟寿椿、鄢祥禔、何恩枢、张韩、冷廷昌、王兆荣、曾琦、任翱。

江苏：张煊、顾翊群、陈兆衡、陈曾植、陶肇武、陈钟凡、汪宝珊、吴澄、杜廷续、代嶽、肖鸣籁、孙人和。

湖南：方乘、周长宪、易克嶷、陶勋、钟巍、王文斌、彭钧、刘瑛、吴相如、黄时杰、俞劲、夏镜澄、晏才钟、李锽、邹傅先、熊梦飞、吴定绍、周显政、王雍、田奇瑞、胡封晋、李积庆、彭究德、何升

① 《五四时期期刊介绍（第一集、下册）》，第392—393页。

第、邓康、肖镇湘、夏秀峰、谢璧、陈锡、彭德芳、刘裕序、陈习丁、李培、晏才英、陈存庄、易庆年、陈兴霸、申焘、曹骧、阮湘、廖书仓、唐伟、陈伯吨、瞿宜颖、汤启铸、向大光、李希贤、何侃、罗超彦、易家钺、杨亦曾。

湖北：刘范祥、黄健中、江以奥、张继龄、黎寿昌、费秉铎、张继良、杨昭恕、李继赓、尹国辅、刘颐、严山谦、刘人骥、谢玉树、金邦彦、熊南荒、胡鸣盛、黄文弼、刘国藩、李泽民、金跃冶。

江西：胡致、许德珩、吕日奎、张广鸿、余芾堂、张国焘、刘正经、陈宝锷、段锡朋、肖赣、游嘉德、谢馥南、陈泮藻、陈颖春、龙石强、于柽培、刘克儁、汤潤、龙沐仁、钟灵秀、孙镜亚、邹怀葛、曹天颐、杨傅荃。

贵州：鲁士毅、谢绍敏、张纪、谌志笃、谭克敏。

甘肃：水梈、庞天籁、聂从铎、周冕、魏继祖。

浙江：周炳琳、吴载盛、徐文纬、许际春、朱一鹗、郑奠、徐世錡、俞九桓、袁纶。

直隶：耿述之、于桂馨、张书箴、朱廷勋、高崇焕、孙希渠。

吉林：林冠英。

陕西：曹永福、傅瀛。

山东：张润芝、闵宪章、李树竣、刘昂。

山西：常乃德。

广东：李仲强、陈乃渠、王季子、周烈亚。

云南：施俊霖、陈强华、李永清。

福建：刘庆平、龙礼贤、林志昌。

奉天：宋震寰、陶明濬。

籍贯不明者：倪品真、高尚德、黄绍谷、陶汉、陈迪光、张绰陵、瞿世英、顾文萃、倪士伉、李芳、朱羲胄、樊渊溥、谢濂、王希天、徐廷展、傅缉光、吴鹤艇。

《国民》杂志社组织大纲

第一条　本杂志社定名为“《国民》杂志社”。

第二条　本杂志社系由学界青年组织而成，并未一般青年学子公共言论机关。

第三条　本杂志社抱定下列之四大宗旨：

一、增进国民人格；

二、灌输国民常识；

三、研究学术；

四、提倡国货。

第四条　凡学界青年赞成本社宗旨者，经本社社员五人以上之介绍，得为本社社员。

第五条　本社杂志每月刊行一册。

第六条　本社设评议部及干事部。

第七条　凡本社兴革事项及财政事项，由评议部议决及监察之。

第八条　评议员额数由常会临时酌定之。

第九条　评议部议事细则由评议部另定之。

第十条　本社事务由干事部执行之。干事部之组织分下列四股：

一、总务股　综理本社对内对外之事，不属下列三股者；

二、编辑股　主持撰写杂志及其他一切文字事务；

三、调查股　主持关于本社应行；

四、会计股　管理本社一切开支。

第十一条　各股办事细则由各股另定之。

第十二条　评议部设评议长一人；干事部之总务股、编辑股、调查股各设干事十人，会计股设干事四人，每股各设主任二人。

第十三条　评议员及各股干事由常会选举之；评议长及各股主任由评议员及各股干事推举之；任期均以一年为限；得连举连任。

第十四条　本社经费以下列四项充之：

一、入社金　社员入社时应纳入社金四元；

二、常年捐　每人年纳一元；

三、特别捐；

四、社外捐助。

第十五条　本社于京外设经理员若干人，经理京外一切社务。

第十六条　本设集会分下列四种：

一、常会　每年举行一次；

二、评议会　由评议长随时召集之；

三、干事会　各股主任随时召集之；

四、临时会　如有临时发生重要事项或社员十人以上之提议，得由总务股主任随时召集之。

第十七条　凡社外有赞助本社进行或捐助本社经费者，得由评议会议决，认为本社名誉会员。

第十八条　本社组织大纲除第三条外，如有未妥之处，由社员十人以上之提议经常会或临时会议决，的随时修正之。

（原载《国民》第一卷第一号，1919年1月）

《国民》杂志第一卷第三号封面。
这期封面是由著名画家徐悲鸿设计并绘画的

《国民》杂志社历届职员名单

第一届（1918.10—1919.10）

总务股主任	鲁学淇　熊梦飞
干事	易克嶷　张国焘　林冠英　宋振寰　张书箴　俞　劲　夏秀峰　陶　勋
编辑股主任	黄建中　周长宪
干事	俞九恒　陶明濬　刘正经　许德珩　陈钟凡　周炳琳　邓　康　肖　赣

特别编辑员 李 芳 汪宝珊 朱羲胄 廖书仓 樊渊溥 代 嶽 付缉光 陈宝锷 黄日葵 孟寿椿

调查股主任 朱一鹗 谢绍敏

干事 吕日奎 陈兴霸 顾翊群 陈曾植 徐广武 陶肇武 晏才英 陈国渠

会计股主任 彭 钧 张广鸿

干事 肖镇湘 刘维汉

评议部议长 段锡朋

议员 胡 政 刘 瑛 李 鍠 庞天籁 刘庆丰 晏才钟 鲁士毅 王 雍 易庆年 张润之 陈宏勋

京外经理员

日本 吴 勤 阮 湘

上海 瞿宜颖 闵宪章

天津 谌志笃 高崇焕

第二届（1919.10— ）

经理部主任 易克嶷

干事 夏秀峰 刘正经 刘克儁 张广鸿 段锡朋

编辑部干事 周长宪 孟寿椿 周炳琳 常乃德 黄日葵

《国民》杂志社社员规则

第一条 本社社员不得有违背本社组织大纲之行动。

第二条 本社社员不得以本社名义图个人之利益。

第三条 本社社员不得假本社名义干涉政治。

第四条 本社社员有互相规劝之义务。

第五条 本社社员有担任经费、投稿杂志及促进本社一切事项不得之义务。

第六条 本社社员有违背本社规约者，由全体大会议决，令其退社。

第七条 本社社员有特别情形，得声明出社，但所交社金概不退还。

（《国民》第二卷第一号，1919 年 11 月 1 日）

《国民》杂志例言

一、本杂志由学界同志组织而成，抱定下列四大宗旨：

（一）增进国民人格

（二）灌输国民常识

（三）研究学术

（四）提倡国货

二、本杂志内容略例如下：

（一）插图　历史上可作国民纪念之影片、各地风景影片及其他关于教育实业之摄影；

（二）通论　登载有关道德及智识之普通论说；

（三）专著　登载学术上之专门著述；

（四）译述　迻译欧美日本名著及外报论事、论学之文；

（五）调查　国内教育实业之现状、国内教育实业之新制及本国风俗、物产，为国民所必知者，详细调查，著之记录；

（六）艺林　录最有知趣之诗文、笔记及小说；

（七）通讯　与全国学子商榷意见，剖析疑义；

（八）记载　中外大事，为有系统之记述；

（九）附录　本社特请名人讲演之稿及其他重要文字，经本社认为有转录之必要者。

三、本杂志敦请国内有名学者，每期担任两篇以上之著述。

四、本杂志无党无偏，一惟真理之是尚，凡不背本志宗旨之投稿，极表欢迎！刊录时无社员与投稿者区别。

五、本杂志第一卷第一号定于民国八年一月十日发行。

六、本杂志社设北池子五十三号，电话二七三六。如索组织大纲，通函即寄。

（《北京大学日刊》1918 年 12 月 19 日）

《国民》杂志社大事记

1918 年 10 月 13 日

发出《国民》杂志社成立大会的通告，但未能如期召开会议。

1918 年 10 月 20 日

《国民》杂志社召开成立大会。蔡元培、徐彬彬、徐伯轩、陈独秀、李大钊、蓝公武等均出席会议并讲话。会议选举产生了第一届各部门职员。

1919 年 1 月 1 日

《国民》杂志创刊号出版，邓中夏（康）、黄日葵、高尚德（君宇）、陈宝锷（剑修）、陈钟凡、马骏、许德珩、张国焘、段锡朋、孟寿椿、易克嶷等编辑。约请李大钊为总指导，《京报》主笔邵飘萍、画家徐悲鸿为顾问。创刊号上的文章还都是文言文。

1919 年 2 月 1 日

《国民》杂志第一卷第二号出版，这一期开始全部文章都是白话文。刊登了李大钊的《大亚细亚主义与新亚细亚主义》，这是我国第一次按照马克思主义观点提出“帝国主义”这个概念，因而具有重要的历史意义。这期还刊登了《国民思想与世界潮流》。

1919 年 3 月 1 日

《国民》杂志第一卷第三号出版。这一期刊登了樱宁的《国民之自觉与自勉》、周邦式的《改革之手段》。

1919 年 4 月 1 日

《国民》杂志第一卷第四号出版。这一期刊登了周长宪的《国家主义与中国》、许德珩的《人道与和平》。

1919 年 11 月 1 日

《国民》杂志第二卷第一号出版。在李大钊指导下，译者李泽彰发表了马克思、恩格斯著《共产党宣言》前半部分中译文。这是《共产党宣言》介绍到中国来的第一个译本。刊登了李大钊的在《国民》杂志社成立周年纪念会上的演说和《再论新亚细亚主义》。还刊登了周炳琳译自 Henry C. Emery 的《鲍尔锡维克主义底研究》。这一期还刊登了许德珩的《五四运动与青年的觉悟》和杨毅亦曾《社会为什麼要改造》。

1920 年 6 月 1 日

《国民》杂志第二卷第二号出版。刊登了常乃德译自 W. Paschal Larkin 的《马克思历史的唯物主义》（至第二卷第三号连载完结）。

1920 年 10 月 1 日

《国民》杂志第二卷第三号出版。刊登了费觉天译的马克思《资本论》自序。

1920 年 10 月 20 日

《国民》杂志社成立一周年纪念。陈独秀、李大钊都在会上发表了讲演。

1921 年 5 月 1 日

《国民》杂志出版至第二卷第四号停刊。

李大钊在《国民》杂志发表讲演及文章

1920 年 10 月 20 日国民杂志社召开成立一周年纪念大会，李大钊作了演讲明确指出：此次五四运动，系排斥“大亚细亚主义”，即排斥侵略主义，非有深仇于日本人也。斯世有以强权压迫公理者，无论是日本人非日本人，吾人均应排斥之！故鄙意以为此番运动仅认为爱国运动，尚非恰当，实人类解放运动之一部分也。诸君本此进行，将来对于世界造福不浅，勉旃！①

日期	刊号	文章题目	署名
1919 年 2 月 1 日	第一卷第二号	大亚细亚主义与新亚细亚主义	李大钊
1919 年 11 月 1 日	第二卷第一号	在《国民》杂志社成立周年纪念会上的演说	
1919 年 11 月 1 日	第二卷第一号	再论新亚细亚主义	李大钊

《大亚细亚主义与新亚细亚主义》、《再论新亚细亚主义》，这两篇文章是针对日本的大亚细亚主义提出的，要以新亚细亚主义的旗帜反对日本帝国主义的大亚细亚主义。第一篇文章发表后，高承元提出了疑问，故有再论。这是我国第一次按照马克思主义观点提出“帝国主义”这个概念，因而具有重要的历史意义。李大钊提出必须要“拿民族解放作基础，根本改造”中国和亚洲，然后与世界各民族结成“大联合”，从而“益进人类的幸福”。

《国民》杂志第 5 期于 1919 年 5 月出版，在李大钊指导下，发表了马克思、恩格斯著《共产党宣言》前半部分的中文译文。这是《共产

① 1919 年 11 月 1 日《国民》杂志第二卷第一号。

党宣言》介绍到中国来的第一个译本。译者为李泽彰。

许德珩回忆《国民》杂志的问世

为了加强联系，做好宣传工作，学生救国会筹备出版一个刊物《国民》杂志，经费由南北各地学生自己凑集，每人出五块大洋，共凑了1500余元，这在当时是个不小的数字，可见大家热情之高。因为办这个杂志的目的是宣传爱国、反帝、反军阀，不是谈文学革命，参加的人又不限于北大的学生，所以北大当局不让我们在北大校内挂牌子（虽然北大的同学参加的很多），于是我们只好在北池子骑河楼路南一所房子里租了一大间房子，通信、开会、讨论问题都在这里。原定于1918年10月杂志正式出版，但在筹备就绪之际发生了问题，学生救国会管理会费的学生鲁学祺，竟挪用了会费五六百元，使刊物的出版受到了影响，只得推迟于1919年1月1日出版。

据我所能记忆，担任编辑的有邓中夏（康）、黄日葵、高尚德（君宇）、陈宝锷（剑修）、陈钟凡、马骏、许德珩以及张国焘、段锡朋、孟寿椿、易克嶷等。还约请了李大钊先生做我们的指导，约《京报》主笔邵飘萍和画家徐悲鸿做我们的顾问，并约杨昌济（怀中）先生为我们写文章。尤其是李大钊先生经常给《国民》写稿，他有两篇批判胡适的文章就是在《国民》杂志上发表的。邓康（中夏）同学用“大壑”的笔名每期都为杂志撰述“国内外大事”，介绍国际新闻。《国民》杂志第五期上还发表了《共产党宣言》的前半部，这是《共产党宣言》介绍到中国来的第一个译本。译者为李泽彰，全书已经译完，因限于《国民》杂志的篇幅，只能陆续发表。前半部出版后胡适特地把李泽彰找去，说：“你快毕业了，毕业后你还做不做事？你要做事就不要再登下去（指《共产党宣言》译文连载）；如要出风头，那你就登下去！”由于胡适的威胁利诱，李泽彰抽出译稿的下半部不敢登下去了，所以《共产党宣言》在《国民》上没有全部登完。李泽彰后来变质，由胡适介绍给王云五，到商务印书馆当编辑，成为王云五的亲信了。

《国民》杂志最初是用文言发表文章，因为它是全国性刊物，当时社会上对于白话文还不容易接受。五四以后的《国民》杂志就改为白话文了。①

1919 年 10 月《国民》杂志社成立一周年纪念合影

《国民》杂志出版状况及主要文章导向

《国民》杂志 1919 年 1 月 1 日在北京出版时，原定为月刊，16 开本。出版到了第一卷第四号（1919 年 4 月 1 日）以后，实际上成为了不定期出版的刊物，出版至第三卷第四号（1921 年 5 月）停刊。《国民》杂志的经费由京、津、沪等地的学生和同情他们的教授与社会人士捐腊，凡捐款者都为《国民》杂志社社员，具体操办杂志的仍是少数骨干分子，邓中夏、黄日葵起了很大的作用。李大钊对《国民》杂志的出办进行了帮助和指导。

从内容上看，此它原定的宗旨更为急进，反帝爱国的色彩比较鲜明，这在 1919 年五四运动之前的杂志中少见。但是它当时也有一个明显的缺点，即所有的文章都是用文言写作，政论之外，还发表一些脱离实际的旧词章。五四运动之后，《国民》杂志开始了马克思主义的宣传，从形式到内容都有很大的进步。

① 许德珩：《五四运动六十周年》，载《中国青年报》，2009 年 4 月 21 日。

反帝锋芒首先指向日本帝国主义

日本帝国主义是当时中国最凶恶的敌人，“国民”的反帝锋芒，自然首先指向它。李大剑的《大亚细亚主义与新亚细亚主义》，是最先吹响反对日本帝国主义的战斗号角，揭穿了日本帝国主义所提倡的“大亚细亚主义”的侵略本质，指出大亚细亚主义“不是和平的主义，是侵略的主义；不是民族自决主义，是并吞弱小民族的帝国主义；不是亚细亚的民主主义，是日本的军国主义；不是适应世界组织的组织，乃是破坏世界主义的一个种子。”号召亚洲被压迫和被奴役的殖民地附属国人民，提倡“新亚细亚主义”，在“民族自决”和“民族解放”的基础上联合起来对抗日本帝国主义的大亚细亚主义。

黄日葵的“东亚永久和平之基础”，系统地列举了自1915年以来日本帝国主义侵略中国的罪恶活动。指出日本帝国主义的“东亚门罗主义”，认定要保持东亚永久和平，日本必须无条件取消与袁世凯的密约，放弃在华的特殊地位，取消军事协定，交还朝鲜和台湾，在日本国内实行民主政治以杜绝军国主义等等。

其他文章也列数日本帝国主义侵赂中国的罪恶，号召人民起来救亡。

中国的自由与和平，必须依靠中国人自己的力量

随着巴黎会议的进一步发展，国民社的社员逐渐看清了所谓“和会”，“不知其优于柏林会议、神圣同盟者几何，而去其所谓征服、压迫、分脏、打击之野蛮名词者又几何。”（第一卷第四号：《人道与和平》），协约国虽然“竞标公理战胜之旗帜……实则何尝因此稍戢其侵略之野心”，日本不用说，法、意也是野心勃勃，美国竭力扩张海军，“令人莫测”“五强”把持和会，“弱小诸国，莫能抗争”，为维持和平所必要“限制军备，废止征兵”等项，都没有认真贵彻，可见“虽口唱和平，时言正义，一日利益冲突驰于极端，脱去假面具，现出真庐山，以兵戎相见，益意中事耳”。（第一卷第四号：《股价利益与中国》）结论是依赖欧美是要落空的。

把“国民性改造”提到首位，期期有国民思想改革的文章

虽然在整个《国民》杂志的文章中比较彻底的民主主义主张并未占主流，但是《国民》杂志对待新旧势力和新旧文化的态度，还是认为“破坏与建段，同为改革之要素”。当应该改革的旧思想和旧制度，与新思想绝对不能相容时，必须先破，然后才能立，中国的情况正是如此，“故居今日而欲言改革，非以大刀阔斧，破坏旧日社会一切遗传之信条，大声而疾呼，直捣其受病之处，使之赤裸裸的而为新观念之涵养，新生命之追求，则黄雾漫空，阴风匝地，欲拨云雾而兄见青天，安可期也，安可期也”。（第一卷第四号：《改革之手段》）

五四运动之后从形式到内容的巨大转变

在五四运动影响下，《国民》杂志从形式到内容都有了突出转变，这主要表现为：（一）杜绝了国粹主义的宣传，不再刊登章太炎、刘师培等人的文章，开始一律采用白话文。（二）开始发表介绍十月革命后涌现出来的不可抗拒的世界革命潮流的文章，但其中指责布尔什维克为“过激派”，说布尔什继克“矫枉过正”、“违反民治精神”的也有存在。在介绍马克思主义文章的同时，也登载了一些介绍非马克思主义的社会主义流派。自第二卷第一号起，刊登李泽彰译的《马克思与恩格斯共产党宣言》。1920 年，《国民》杂志第二卷第三号刊载由费觉天翻译的《马克思底资本论自序》（即《资本论》第 1 版序言）。

《国民》杂志各期主要目录

● 第一卷第一号（1919 年 1 月 1 日）

序	蔡元培
祝词	黄侃　彬彬
颂辞	顾名　君谊
近东与大战　都保斯科	梅僧　译
列强新旧均势之过渡与远东和平	陈宝锷
收回领事裁判权问题	周长宪

吾人所望于今后之国民者	许德珩
欧化枝谭	吴敬恒
破除锢蔽思想之偶像	蓝公武
自了派之谬误与罪恶	孟寿椿
告学生	杨昌济
中国哲学之宇宙论	黄建中
老子学说略	陈钟凡
历史上战争之研究	梦非
原微	H. S. WIilliams　顾翊群　译
名学发微	W. S. Jevones　庾麓　译
农商部权度制造所调查报告	本社
中日制造品在欧销售之调查	京报
通讯四则	
国内外大事记　10 则	周邦式
国民杂志社组织活动四则	
旧体诗文　13 则	章炳麟　刘师培　黄侃　周长宪 庾麓　汪东　顾名　吴瞿安

● 第一卷第二号（1919 年 2 月 1 日）

收回领事裁判权问题	周长宪
大亚细亚主义与新亚细亚主义	李大钊
东亚永久和平之基础	黄日葵
争回海关税率国定问题	梅僧
外力与内力	梦非
中国问题	F. Moore　刘正经　译
国民思想与世界潮流	许德珩
国民浅说	梅僧
劳工神圣	陈宝锷
中国哲学之宇宙论	黄建中
原微	H. S. WIilliams　顾翊群　译
老子学说略	陈钟凡
柏格森之智慧论	张东荪　译

学校组合制之商榷	朱一鹗
财政部印刷局调查报告	本社
中国对外贸易之物产	
民气与民德	赵万璧
裁兵废督问题	非我
国内外大事记　9 则	大壑　周邦式
国民杂志社组织活动二则	
旧体诗文　12 则	黄侃　宋振寰　陈钟凡　章炳麟 汪东　顾名　吴梅　杨亦曾

● 第一卷第三号（1919 年 3 月 1 日）

我国不怕了	剑修
假	楚僧
亲善就是这么说吗	楚僧
中国新交涉与国际联盟之前途	陈宝锷
外交与民气	许德珩
人战争之回想	瞿宜颖
西藏与中英	黄日葵
建设论	常乃德
德意志之败北与我国所得之教训	晨钟
论近世经济学说之趋势及中国所有权制度之宜改	李四杰
英雄与民治主义	孟寿椿
论纳妾之害	胡致
国民之自觉与自勉	撄宁
改革之手段	邦式
老子学说略	陈钟凡
原知	黄建中
天津工商业参观记	朱一鹗
致国民社记者	胖天籁
国内外大事记　3 则	大壑
旧体诗文　12 则	黄侃　章炳麟　汪东　等

● 第一卷第四号（1919 年 4 月 1 日）

可敬可佩的朝鲜人	楚僧
慈善事业	剑修
兵……非裁不可	远斋
对内蒙古独立的感想	邦式
南北的武人煞是都爱国	楚僧
国家思想与中国	周长宪
击毙韩人之交涉	林冠英
人道与和平	许德珩
结婚之真意义	易家钺
中国女界之进步	胡致
金钱·卖	楚僧
西游杂记	子昇
原微	H. S. WIilliams　顾翊群　译
原知	黄建中
庄子学说略	陈钟凡
游欧琐谈	子昇
通信二则	
国内外大事记　3 则	大壑　一觉
旧体诗文　3 则	章炳麟　汪东　黄侃

● 第二卷第一号（1919 年 11 月 1 日）

再论亚细亚主义	李大钊
五四运动与青年的觉悟	许德珩
社会为什麽要改造	杨亦曾
世界的国家主义	费觉天
爱国——为什麽	常乃德
女子之作战及其备战的步骤	黄绍谷
妇女问题评论	黄日葵
马克思恩格斯共产党宣言	李泽彰　译
鲍尔锡维克主义底研究	H. C. Emery　周炳琳　译

新村之说明　黄日葵

本社成立周年大会记事　一觉

通信二则

国内外大事记　5 则　大壑　一觉

新诗·小说　5 则　俞平伯　伊真　耿匡

● 第二卷第二号（1920 年 6 月 1 日）

劳工之意义及价值　周长宪

社会主义在中国应该怎样运动　周炳琳

说说这不是地狱　李树峻

一个月的监狱试验　S. T

马克思历史的唯物主义　W. P. Larkin　常乃德　译

通信四则

新诗·小说　6 则　罗家伦　孟寿椿　潘景让

● 第二卷第三号（1920 年 10 月 1 日）

东方文明与西方文明　常乃德

日本文明与中国　鲁安

马克思资本论自序　费觉天　译

马克思历史的唯物主义　W. P. Larkin　常乃德　译

我不满意法律　M. L

罗素的将来世界改造观　陈国榘

罗素对于教育的批评　陈国榘

欧游随笔　行佚

新诗·小说　63 则　常乃德　黄日葵

● 第二卷第四号（1921 年 5 月 1 日）

苏维埃俄国底经济组织　陈国榘

苏维埃俄国底新农制度　陈国榘

新诗·小说　7 则　新光　阿瑜　金镒

主要参考文章条目索引：

● 许德珩：《我的回忆——纪念辛亥革命70周年》，《人民日报》1981年10月6日。

● 许德珩：《五四运动六十周年》，《中国青年报》2009年4月21日。

● 吴汉全：《李大钊与〈国民〉杂志社》，《井冈山师范学院学报》1994年第5期。

● 《〈国民〉分类索引》，《五四时期期刊介绍》第一集下册，第464—468页。

李大钊与北京大学新闻学研究会

北京大学新闻学研究会是蔡元培发起组织的。1918 年 10 月 14 日正式成立，是中国新闻学教育和新闻学研究的开端。蔡元培以校长身份在会上讲述自己和新闻界之缘分，勉励会员们总结“我国新闻界之经验”、“归纳之而印证学理”。徐宝璜教授作了《新闻纸之职务及尽职之方法》学术报告。

1919 年 3 月 10 日晚 7 时，李大钊在北大理科 16 教室，为北京大学新闻研究会举办的讲演会演讲。此间李大钊要参与少年中国学会、国民社、新潮社的一些活动，又要参与《新青年》、《每周评论》和《晨报》副刊的编务，还要指导在 3 月 7 日开始征集团员的北京人学平民教育讲演团，工作异常忙碌；加之 3 月 6 日共产国际（第三国际）在莫斯科成立，急需加强对《共产党宣言》的介绍和宣传。李大钊决定辞去北京大学学余俱乐部庶务干事的职务，精力专注于巴黎和会的进展，并表示对之失望，一场爱国主义运动的风暴不可避免。5 月 4 日，北京大学等十三校 3000 余人举行示威活动，火烧交通总长曹汝霖赵家楼住宅，殴打驻日公使章宗祥，军警逮捕学生，郭钦光被殴打致死，五四运动爆发。北京大学新闻学研究会的《新闻周刊》也停止出版，研究会除讲授新闻学课程之外，一直到 1919 年 10 月才恢复其他活动。

蔡元培发起组织北京大学新闻研究会

1917 年，北京大学就聘请留美研习新闻学的徐宝璜教授为文科各系学生开设“新闻学”选修课，介绍欧美各国新闻概况及理论。在《蔡元培与北京大学》一书中的《蔡元培先生生平事略年表（1868—

1940)》中记有："1918 年 7 月 6 日发起组织北京大学新闻研究会。"①

1918 年 10 月 14 日北京大学新闻学研究会正式成立，被公认为中国新闻学教育和新闻学研究的开端。戈公振则在《中国报学史》中称之为"中国报业教育之发端"。新闻学研究会以"研究新闻学理，增长新闻经验，以谋新闻事业之发展"为宗旨，北京大学校长蔡元培兼任会长，北京大学文科教授徐宝璜任副会长，徐宝璜、邵飘萍是专任导师。主持会务的徐宝璜教授则作了《新闻纸之职务及尽职之方法》的学术报告。

邵飘萍（1886—1926），又名邵振青，浙江金华人。1918 年 10 月 5 日《京报》创刊，邵飘萍任社长。筹办新闻学研究会期间，多次致函蔡元培，极力促成研究会成立，应聘为导师，每周定期到会讲课，联系实际，现身说法，讲办报和当记者的经验和体会，深受欢迎。五四、五卅、"三一八"他都亲临现场。将《京报》提供学生作实习基地。1923 年出版了中国第一部论述新闻学的专著《实际应用新闻学》，又名《新闻材料采集法》，同徐宝璜的《新闻学》、戈公振的《中国报学史》一起被公认为是中国新闻学体系产生的三大标志。秘密加入共产党，1926 年 4 月 26 日被奉系军阀枪杀。1936 年，毛泽东在接受美国记者埃德加·斯诺采访时说："特别是邵（飘萍），对我帮助很大。他是新闻学会的讲师，是一个自由主义者，一个具有热烈理想和优良品质的人。"毛泽东在研究会听课之余，曾多次到邵府拜访。在困难时期，邵飘萍帮过毛泽东的忙，给过一些资助。据邵夫人汤修慧回忆："那时毛泽东是北大职员，平易近人，到我家里来，很有礼貌，叫飘萍为先生，叫俺为邵师娘。"②

新闻学研究会虽然是北大校内的社团，但成员不限于校内师生，按照它的简章，"校内外人均可入会为会员"，只是在会费的收费标准上略有差别。新闻学研究会在历史上存在时间不长，至 1920 年 12 月只有不到三年的时间。在《北京大学日刊》上十分详实地记录了北大新闻学研究会的主要活动。在 1918 年至 1920 年期间的《北京大学日刊》上面，有对北大新闻学研究会研究学者进行过统计，共有 122 篇关于北大新闻学研究会的报道，在"本校布告"中有"启事"、

① 梁柱主编：《蔡元培与北京大学》，山西教育出版社 1994 年版，第 289 页。

② 邓涛：《毛泽东与北京大学新闻学研究会》。

“函”、“通知”等；在“本报纪事”和“杂录”中，记录了北大新闻学研究会的活动和各位导师的演讲文稿；另有广告类，主要是招收新会员及新书出版。

1918年10月16日，《北京大学日刊》在新闻学研究会在成立的第三天，刊出了“新闻研究会业于月之十四日晚间八时，开成立会。会员到会者数十人。蔡校长亲临演说，略述设立新闻研究会之目的，并其对于我国新闻之一种特别感想。徐宝璜教授演讲“新闻纸之职务及尽职之方法”，并谓新闻学乃世界幼稚学问之一种，伊不过会经研究，并不敢云高深，好在研究会乃大家公共研究，责任并不在一人之身云云。”

同时刊出新闻学研究会启事：“本会自今日起每逢星期一、星期三、星期五七点至八点在理科第十六教室开常会。此启。”

10月16日当天正是星期三，学会研究活动正式开始。

据《毛泽东自传》，“我参加哲学研究会和新闻学研究会，想藉此能听大学里的课程”。毛泽东获得了北京大学新闻学研究会的“听讲半年证书”，表明曾系统听过徐宝璜、邵飘萍讲授的有关课程。这对后来毛泽东在长期的革命实践活动中，对新闻工作始终保持浓厚兴趣，为报刊写作大量消息、报导、述评、社论，把新闻工作视为革命工作重要的组成部分。通过新闻报刊的宣传实现党对革命工作的领导，成为的学养和气质的鲜明特色。

徐宝璜：《新闻周刊》发刊词

北京大学何为，而设立新闻学研究会乎？会中又何为而发刊此周刊乎？谨作简约之答案，以为本报之发刊辞。

民智开通之国，如英美有不看书者，无不看报者。新闻纸之有用于人，几若菽粟水火之不可一日无，其势力实驾乎学校教员、教堂牧师而上之。自科学发达以来，小之如医牙烹饪之事，尚有人细心研究，因成专门之学问，况势力伟大如新闻纸者耶。故美英各大学近多设新闻学一科，以研究新闻学原理，培植新闻人材，冀于新闻纸之职务及其尽职之方法。有此发见，渐导其入正当之途，而补救其流弊也。吾国新闻事业，现虽无英美之盛，然日益发达，则可必也。使今日国人所不满于新闻纸者，如新闻之纷乱而欠实，议论之琐屑而无当，不加改良，则发达愈甚，国人之不满意之程度，亦将愈高。北京大学有鉴于此，遂设立新闻学研究会，可介绍欧美所已发见之新闻学识于中国。二以继为精深之研究，期有所贡献。三以培植明白新闻事业方法及记者责任之人材。一言以蔽之，欲解决新闻界各问题，使新闻纸之势力足为改良政治与社会之利器也。

至本会发行此周刊之重要目的有三：（一）便会员之练习。新闻事业，最贵敏速。而敏速为习惯之养成，由于勤练。本会会员，虽于新闻学识多有所得，使无练习之机会，或致知之而不能行，行之而不能得其道。今有此周刊之发行，则会员之研究学理之余，复可得采集新闻撰著社论种种之实地经验，练习既久，敏捷之习惯当能养成，则将来出而办报时，可望其效率非徒知学理或仅有经验之士，所刻比也，此其一。（二）便新闻学识之传播。新闻为何物乎？如何求之，如何述之，如何构造题目，如何撰著社论，种种问题，内均含有至理。知而能行之者，则业兴，否则业败。吾国之新闻纸，多昙花一现，瞬生瞬灭，即能于久存之大报，其销路亦不及英美之大报。则新闻学识之亟应传播，从可知矣。本报同人，愿竭棉薄。每期论文一篇，将研究结果一一公之于世。愚者一得，尚荷新闻界之采用，则多少必是以助新闻事业之进步也。此其二。（三）便同志之商榷。有此周刊，国内同志可自由投函，提出新闻界之问题，互相商榷。此其三。

北京新闻学研究会摄影

研究会进行的主要活动

如果将《北京大学日刊》上的“新闻学研究会启事”，按照日程顺序排列出来，足以反映出该学会的主要研究活动。

1918 年 10 月 14 日

晚 8 时，北京大学新闻学研究会召开成立大会，蔡元培以校长身份作演讲，讲述自己和新闻界之缘分，勉励会员们总结“我国新闻界之经验”、“归纳之而印证学理”。主持会务的徐宝璜教授作《新闻纸之职务及尽职之方法》学术报告。

1918 年 10 月 17 日

“徐宝璜教授讲演‘新闻纸之职务及尽职之方法’。”

1918 年 10 月 28 日、11 月 2 日、3 日、4 日、25 日、26 日，12 月 3 日、4 日、5 日、6 日

接续刊登了徐宝璜教授在新闻研究会之演说。

1918 年 10 月 30 日

“本校现增聘邵振青先生为本会导师。自本星期起，本会集会办法改订如后：（一）每星期一及星期三晚 7 时至 8 时由徐先生担任演讲；（二）每星期日上午 10 时至 11 时由邵先生担任演讲。此启。”

1918 年 11 月 3 日

邵飘萍第一次给新闻研究会会员作了一场热情、诚挚的演讲。他在开场白中，首先简单地介绍了自己以及同蔡校长的交谊情况，然后自豪地说到自己倡议设立新闻研究会的细节，并谈到他出任导师的原因。最后，谦逊地表示：“今之来此，深愧从知为振青求益计，而无毫发之长足，以俾益于诸君子也。无已其草就数篇，聊为相见之资，幸与诸君子切实研究者，有徐教授先生在，振青则稍补缺略，籍以增诸君子研究之兴味，不敢当演讲之名也。”然后开始演讲《新闻社之组织》，指出各国新闻社，“最普通者，大约以三部分组织而成，即（一）营业、（二）工场、（三）编辑”。

1918 年 12 月 17 日

“本会因瞬届年假且会员在此星期内多有考试，自本星期起停止开会。俟本校下学期开学后再定期继续开会。此启。”

1919 年 1 月 11 日

“本会现拟开一新班，校内外人有愿入会者，请于下星期内到文科大楼第二层日刊编辑处报名缴费，如足三十人时即定期开班。此启。”

1919 年 1 月 27 日

“（一）本学期内会中指导事务现定请徐伯轩先生担任，每周一时，注重编辑新闻之联系，请邵飘萍先生担任，每周二时，注重评论新闻之练习并新闻记者之外交术，至开会日期现定自阳历二月五日为始。此启。

（二）本会原拟于本学期内开一新班，现因报名人数不满三十人，未便成立。已报名诸君如愿随同旧班研究请即到日刊编辑处缴费。此启。”

1919 年 2 月 19 日

“新闻研究会改组纪事新闻研究会主任徐宝璜因担任之事过多，精力不及，恐于会务之发展有碍，特向会员提出改组意见。业经多数赞成并举出徐宝璜、谭鸣谦、陈公博、曹杰、黄欣五人为起草员，修改会章以备开大会时通过。兹将起草员修正之会章登布于后。”新闻研究会改组大会宣布将“北京大学新闻研究会”改名为“北京大学新闻学研究会”，同时宣布将研究会宗旨改为“研究新闻学理、增长新闻经验、以谋新闻事业之发展”，突出强调新闻学理论研究与实践的结合。会员毛泽东出席了这次会议。

1919 年 2 月 24 日

北京大学新闻学研究会召开全体会员大会。讨论“讲演会大纲”，作出筹办通讯社和出版“传播新闻学识之报”：《新闻周刊》的决定。会上提出了筹办周刊的大纲为：“（甲）周刊。（一）周刊每周出纸一大张，于每星期一发行。（二）周刊设编辑主任一人。（三）于周刊主任之下分设三部：（A）新闻部，掌编辑新闻事项；（B）评论部，掌著撰社论评论事项；（C）翻译部，掌翻译东、西洋报纸之最近新闻及短覆之评论。（乙）通讯社部。（一）本部独立于周刊之外，专对于周刊供给新闻，及承周刊之委任采集特别消息。（二）通讯部设主干一人，职员六人至七人。（丙）附则。（一）会员支配之方法。以上四部，每部设主干一人，每主干之下，设职员六人至七人，由会员每月遴值之分任。（二）供给新闻之方法。于部员调制稿件之外，拟请新闻编辑社供给。（三）各部门之细则，俟各部成立时，各别自定之。”

1919 年 2 月 26 日

晚 7 时，研究会在理科第十六教室再次召开会员大会，领票选举各部主干，并讨论通过了筹办周刊及通讯社计划大纲。这就为《新闻周刊》制定了创办模式和搭建起组织框架。

1919 年 3 月 7 日

进行《新闻周刊》组织机构的选举。

1919 年 3 月 10 日

“本日晚七时半，本会敬请本校图书馆主任李守常先生在理科十六教室演讲，请会员诸君务早到会为幸。”李大钊此次的讲演，依据《李大钊年谱长编》的记载，最可能就是在本月 4、5 两日发表在《晨报》上的《新旧思潮之激战》。

1919 年 3 月 11 日

新闻学研究会正式公布了选举结果：“第一组，曹杰四票、何邦瑞、谭植棠、缪金源各一票。第二组，黄欣四票、谭鸣谦三票、区声白一票。第三组，陈公博三票、徐恭典二票、丘昭文、朱云光、来焕文各一票。第四组，严显扬二票、杨亮功、章韫昭、杨立诚、易道尊、倪世积、罗汝荣、翟俊千各一票。故曹杰为第一组主干。黄欣当选为第二组主干。陈公博当选为第三组主干。严显扬当选为第四主干。”

1919 年 3 月 14 日

新闻学研究会召开各主干谈话会，决定《新闻周刊》“春假后出版”，并进行了工作分工。周刊主任徐宝璜，新闻部主干陈公博，评论部主干黄欣，翻译部主干严显扬，通信部主干曹杰。

1919 年 3 月 17 日

“本月十四日主干谈话业已决议周刊定于春假后出版，各主干亦已认定分担各部，兹公布于左，凡我会员请向下列职员接洽可也。周刊主任徐宝璜，新闻部主干陈公博，评论部主干黄欣，翻译部主干严显扬，通信部主任曹傑。”

1919 年 3 月 22 日

将文科二层二号，即文科第 34 教室确定为北京大学新闻学研究会办公场所。

1919 年 3 月 25 日

徐宝璜决定辞去北京大学新闻学研究会的干事职务，专心担任《新闻周刊》主任一职。

1919 年 4 月 16 日

北京大学新闻学研究会决定出版《新闻周刊》。

1919 年 4 月 19 日

北京大学新闻学研究会《新闻周刊》的创刊号出版。

1919 年 4 月 20 日

北大新闻学研究会主办的《新闻周刊》创刊，《新闻周刊》一共发行了三期。办刊的目的是："便会员之练习，便新闻学识之传播，便同志之商榷（《发刊词》）。它为中国唯一传播新闻学识之报，且为中国首先采用横行式之报。"是中国新闻史上的第一家新闻学专业刊物。

1919 年 4 月 21 日

《北京大学日刊》刊出："《新闻周刊》发刊之目的：本校新闻学研究会仝人所组织之《新闻周刊》，业于昨日出版。据云，不仅为中国唯一传播新闻学识之报，且为中国首先采用横行式之报。至该报发刊之目的，徐宝璜教授于发刊辞中已详言之。兹录该发刊辞于后。""一、乃中国唯一传播新闻学识之报。二、对于一周之新闻，为系统之记载，下公允之评论。三、每份铜元二枚。由文理两科号房零售。"

1919 年 10 月 14 日

"旧会员诸君公鉴：本会进行业已一年，理应小作结束。兹定于本月十六日晚八时在本会事务室举行研究期满式，由会长发给证书，并同时开一恳亲会，略备茶点，并摄影以作纪念。务请诸君届时惠临为盼。敬此顺颂，大安。"

1919 年 10 月 23 日

"旧会员注意：纪念摄影事现定于本星期日（二十六日）午后二时在本校文科大楼举行，请旧会员诸君届时务必驾临。此启。新会员注意：本会以后于每星期日上午九时至十一时在文科第三十五教室由导师演讲，请诸君按时到会并携带笔墨以便笔记。”

1919 年 12 月 9 日

“徐宝璜导师所著之《新闻学》刻已出版，本会会员购买只收五折以示优异，凡欲购者请至日刊编辑处接洽可也。”

1920 年 5 月 11 日

“本会会员诸君公鉴：赴财政部印刷局参观事，刻已得该局复函允许。因定于本星期六（十五日）上午八时前赴该局参观，请会员诸君先时在本会事务所聚集为盼。”

1920 年 9 月 9 日

“本会近发现盖用《北京大学新闻研究会》图章之函件，查本会素无此项图章且与外界素无书信往来。特此申明。”

《北京大学新闻学研究会简章》

这份《北京大学新闻学研究会简章》，最早是蔡元培亲自拟定的八条，发表在 1918 年 7 月 6 日《北京大学日刊》（第 178 号）上面。

一、本会定名为北京大学新闻学研究会。

二、本会以研究新闻学理、增长新闻经验、以谋求新闻事业之发展为宗旨。

三、本会研究之重要项目暂定如左。

（甲）新闻学之根本知识。

（乙）新闻之采集。

（丙）新闻之编辑。

（丁）新闻之造题。

（戊）新闻之通信。

（己）新闻社与新闻通讯社之组织。

（庚）评论。

（辛）广告术。

（壬）实验新闻学。

四、本会为增长会员新闻经验起见，应办事项如左。

（甲）日刊或周刊。

（乙）中外通信社。

以上两项当视本会会务发达之程度，然后举行之。

五、本会隶属于北京大学，凡本校内外人均可入会为会员。

六、本会设会长一人、副会长一人、导师若干、干事二人。

（甲）会长由校长任之，副会长由会员公推，本会导师一人兼任之，其职务均为维持会务，督促进行。

（乙）导师由会长聘请之。

（丙）干事办理会内一切事务，由会员互选充之。至文牍会计事务，由会长指定本校事务员一人任之。

七、本会开会分为三种。

（甲）大会每年举行两次。改选职员于此时行之。

（乙）研究会每周举行两次，但得临时增加之。研究之方法，采讲授、联席二种形式。

（丙）临时会无定期。遇有特别事项发生时，由会长召集之。

八、校内会员每人年纳会费现洋六元，校外会员年纳现洋十二元，分三期缴纳。既缴之费无论何种形式概不退还。

九、研究满一年以上，由本会发给证书。

十、本会会章有未尽善时，得于开大会时，提出修改之。

李大钊论说《新旧思潮之激战》

1919年3月10日“本日晚七时半，本会敬请本校图书馆主任李守常先生在理科十六教室演讲，请会员诸君务早到会为幸”。

李大钊此次的讲演，依据《李大钊年谱长编》的记载，最可能就是在本月4、5两日发表在《晨报》上的《新旧思潮之激战》。

李大钊理性的审视新思潮与旧思潮，认定新与旧是处于一个不可脱节、相互作用的整体过程之中，两者的关系应是“并存同进”。他指出：“宇宙的进化，全仗新旧二种思潮，互相挽进，互相推演，仿佛象两个轮子运着一辆车一样；又象一个鸟仗着两翼，向天空飞翔一般。我确信这两种思潮，都是人群进化所必要的，缺一不可。我确信这两种思潮，都应知道须和他反对的一方面并存同进，不可妄想灭尽反对的势力，以求独自横行的道理。我确信万一有一方面若存这种妄想，断断乎不能如愿，徒得一个与人无伤、适以自败的结果。我又确信这两种思潮，一面要有容人并存的雅量，一面更要有自信独守的坚操。”

李大钊直接揭露了那些抱着腐败思想的人，妄图假借军阀势力实行武装镇压新思潮的阴谋；号召真正觉醒的青年，断不怕陈腐势力的摧残，要有决心同旧势力作斗争的坚强决心与非凡勇气。

研究会出版我国第一本《新闻学》

1919 年 11 月 17 日、12 月 6 日《北京大学日刊》刊登北大新闻学研究会广告：《新闻学》出版预告：“此书乃徐宝璜教授所著，对于新闻业之各重要问题为有系统之说明，而于吾国新闻界之弱点尤特别本意……”徐宝璜对讲稿曾反复研究修改，四易其稿，最后汇集成书。他说：“蔡校长设立新闻学研究会，命余主任其事，并兼任导师。余乃于暑假中，正式加以研究，就所得著《新闻学大意》一篇，以为开会后讲演之用（此稿曾登客岁（1918 年）九、十、十一、三月发刊之《东方杂志》）。开会后，余继续研究，加以会员之质疑问难，时有心得，遂将原稿加以修正，成第二次之稿（散见客岁秋间之《北京大学日刊》）。今年暑假前，复修正一次，为第三次之稿，曾登于第六、第七、第八等号之《新中国》。此则第四次之稿也。”“吾国之报纸，现多徘徊歧路，即已入迷途者，亦复不少。此书发刊之意，希望能导其正当之方向而行，为新闻界开一新生面”。

《北京大学日刊》刊登北大新闻学研究会广告：“《新闻学》本日午后出版发售处：出版部、日刊编辑处。定价：每本大洋五角（本校同人购买实售八折）。”

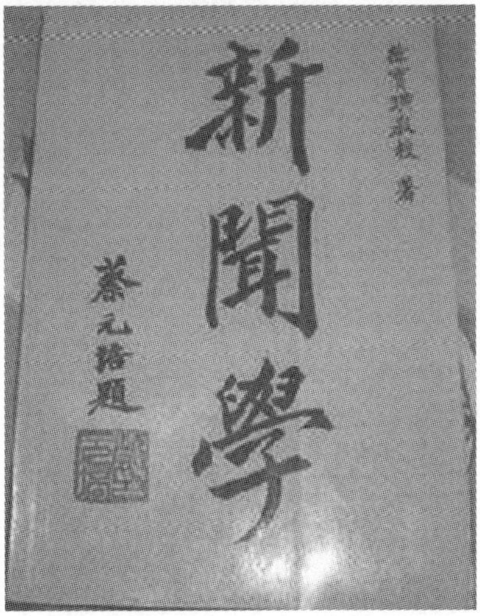

徐宝璜著《新闻学》

徐宝璜（1894—1930），字伯轩，江西九江人。1912 年毕业于北京大学，考取官费生留学美国密歇根大学，攻读经济学、新闻学。1916 年回国，先任北京《晨报》编辑，继任北京大学教授兼校长室秘书。1918 年与蔡元培发起成立北京大学新闻学研究会，被推为副会长、新闻学导师和会刊《新闻周刊》编辑主任，并代蔡元培负责处理日常事务，定期为会员讲授新闻学基本知识。1920 年后，相继任教于北平、朝阳、中国、平民等四所大学，讲授新闻和经济方面的课程。1930 年 6 月 1 日，因患风寒痰症逝世，终年仅 36 岁。遗著有《新闻学》一书。《新闻学》经四次修改于 1919 年 12 月由北京大学新闻学研究会出版。全书共 14 章，6 万字左右。

第一章：新闻学之性质与重要；第二章：新闻纸之职务；第三章：新闻之定义；第四章：新闻之精采；第五章：新闻之价值；第六章：新闻之采集；第七章：新闻之编辑；第八章：新闻之题目；第九章：新闻纸之社论；第十章：新闻纸之广告；第十一章：新闻社之组织；第十二章：新闻社之设备；第十三章：新闻纸之销路；第十四章：通信社之组织。

该书对从新闻学定义到报纸的各个方面，进行理论与实践的探讨。蔡元培在该书序言中称其为“‘破天荒’之作”。邵飘萍在当时《京报》上评价为：“无此书，人且不知新闻为学，新闻要学。”

北大新闻学研究会存在两年多，章程明确，名师指导，研究系统，成绩斐然。在中国新闻事业史上成为影响深远的一段历史。

新闻学研究会颁发证书纪事

1919 年 10 月 21 日《北京大学日刊》刊出：

“新闻学研究会第一次研究期满式，业于本月十六日下午八时，在文科事务室举行。首由干事曹杰君主席，报告开会理由，及一年中过去情形。次由会长蔡元培先生发给证书，并致训词，次由导师徐宝璜教授演说中国报纸之将来，后由会员李君吴、黄君欣、陈君公博相继演说。陈君公博所说者为新闻记者之道德与我十年的经验。后略用茶点即散会。兹将蔡先生训词、及徐教授与陈君之演说词、并得证书者之名单，记录如下：

（一）得证书者之名单

（甲）得听讲一年之证书者。共 23 人。

陈公博　何邦瑞　谭檀棠　区声白　倪世积　谭鸣谦　黄　欣
严颂扬　翟俊千　张廷珍　曹　傑　杜近渭　徐思远　杨亮功
章韫诒　傅馥桂　温锡锐　缪金源　冯嗣贤　肖鸣籁　欧阳英
丘昭文　罗汝荣

（乙）得听讲半年之证书者。共 32 人。

李吴祯　陈秉潮　徐恭兴　朱云光　姜绍谟　来焕文　马义述
杨立诚　易道尊　毛泽东　罗璈阶　钟希尹　常　惠　吴世音
王南邱　鲍　贞　韩荫縠　陈光普　朱存粹　华　超　朱如濡
舒启元　刘德泽　梁颖文　倪振华　杨兴栋　曲宗邦　尉士杰
黄　琴　吴宗屏　高尚德　陈　鹏

（二）略

北京大学新闻学研究会恢复成立

2008 年 4 月 15 日，北京大学 110 周年校庆前夕，北京大学新闻学研究会恢复成立，在海内外聘请第一批导师；10 月 14 日，在研究会成立纪念日召开了“北京大学新闻学研究会成立 90 周年暨中国新闻教育、新闻学研究 90 周年”大型纪念活动，举办了专题学术研讨会以及馆藏报刊资料展览。北京大学新闻学研究会开启了一个崭新的新闻学教育篇章；北京大学新闻学研究会是中国新闻学研究和新闻学教育的起点；北京大学新闻学研究会在教学内容和研究方法上立足中国现实的社会状况，引入欧美的新闻理论，理论联系实际，树立了优良学风；北京大学新闻学研究会许多会员投身到办报理论与实践结合的新探索中，给中国新闻事业带来勃勃生机；北京大学新闻学研究会为中国共产党的建立和中国新闻事业培养了一批优秀的人才。

恢复后的北大新闻学研究会，将秉持蔡元培校长创会时的宗旨、继承优良传统，开展新闻史论研究，关照社会现实，以学术研究服务于新闻人才的培养。融入现代意识，面向全国、面向世界，搭建国际化的大平台，推动中国新闻学教学和新闻学研究迈上一个新的台阶。

北京大学新闻学研究会成立90周年学术研讨会

许智宏、邵华译向徐宝璜、邵飘萍的后人赠书

北大新闻学研究会恢复成立暨导师聘任仪式

主要参考文章条目索引：

• 方汉奇：《新闻学研究会》，《新闻战线》1979 年第 2 期。

• 陆彬良：《我国第一个新闻学研究团体——北京大学新闻学研究会始末》，《新闻与传播研究》1980 年第 3 期。

• 章玉梅：《北京大学新闻学研究会》，《新闻大学》1985 年第 9 期。

• 肖东发：《新闻学在北大》，北京大学出版社 2006 年版。

• 文尚、单蕊、韩冰等：《〈北京大学日刊〉记录下的北大新闻学研究会》，北京大学新闻网 2008 年 4 月 3 日。

• 肖东发：《蔡元培与北京大学新闻学研究会》，《新闻爱好者》2008 年 12 月下半月。

• 程曼丽：《北大新闻学研究会：扛起历史留下的这面大旗》，新华网传媒频道 2008 年 4 月 9 日。

• 邓绍根：《北京大学新闻学研究会〈新闻周刊〉初探》，福建师范大学学报 2009 年第 1 期。

• 邓涛：《毛泽东与北京大学新闻学研究会》，《中国出版》2013 年第 19 期。

李大钊与新潮社

新潮社是北京大学的重要社团组织之一，1918年秋天开始发起，主要发起人是傅斯年、罗家伦、顾颉刚、俞平伯、康白情、杨振声、徐彦之等北京大学文科学生21人（李小峰在《新潮社的始末》中写成22人，是加上了入会的自己）。10月13日召开了预备会议，正式成立于1918年11月19日。1920年8月15日，经社员大会决议，改组为新潮学会。

《北京大学日刊》于1918年12月3日刊登了《新潮杂志社启事》："本部敬请图书馆主任、庶务处主任为顾问。所有本志印刷、登广告、发行及其他银钱出入事项，即由两主任分派出版部杂务课、会计课事务员执行之。"北京大学图书馆主任是李大钊，庶务处主任是李辛白。

李小峰在《新潮社的始末》中写道："1919年10月13日，《新青年》编委会改组后两个月，《每周评论》首次发刊不久，二十二个北大学生为筹办新潮社举行了首次会议。他们当中最小的是二十二岁的文学系学生俞平伯（他后来成为红学家，既获得了名望又被批斗的声名狼藉），最长的是三十二岁的哲学系学生、广州人谭鸣谦（即谭平山，后来成为烈士的中国共产党创建者和组织者）。这些被老师们当作是中国希望的化身而选拔出来的学生，对空谈感到厌倦。"①

李大钊和新潮社的关系十分密切，为解决新潮社无社址活动的困难，专门在图书馆内拨出一间房屋。傅斯年在《新潮之回顾与前瞻》中写道："李守常先生把图书馆的一个房间拨给了新潮社用。""我们聚合的场所，一个是汉花园北大一院二层楼上国文教员休息室，如钱玄同等人，是时常在这个地方的。另外一个地方是一层楼的图书馆主任室（即李大钊的房子），这是一个另外的聚合场所。在这两个地方，无师

① 李小峰：《新潮社的始末》，载《文史资料选辑》第61辑，第81—128页。

生之别，也没有客气及礼节等一套，大家到来大家就辩，大家提出问题来大家互相问难。大约每天到了下午三时以后，这两个房间人是满的。所以当时大家称二层楼这个房子为羣言堂”。李大钊和这些青年在一起，指导学会开展活动，给以深刻影响。

《新潮社成立启事》

同人等集合同趣组成一月刊杂志，定名曰《新潮》。专以介绍西洋近代思潮，批评中国现代学术上、社会上各问题为职司。不取庸言，不为无主义之文辞。成立方始，切待匡正，同学诸君如肯赐予指教，最所欢迎！

所有本社社员姓名及组织章程如下：

（甲）社员（以姓氏笔画简繁为序）

毛准（子水）	成平（舍我）	王敬熙（缉斋）
吴康（敬轩）	俞平伯	高　元（承元）
徐彦之（子俊）	黄健中（离明）	张崧年（申甫）
陈兆畴（穗庭）	陈嘉蔼（杭甫）	康白情（洪章）
傅斯年（孟真）	杨振声（金甫）	刘敌（名洋）
潘元耿	潘家洵（介泉）	戴岳（毓峰）
谭鸣谦（诚斋、平山）	罗家伦（志希）	顾颉刚

（乙）组织

一、本社由全体社员组成之。

二、本社全体社员均为撰述员，担负杂志材料供给之责任。

三、本校同学投稿三次经本志登载者，得由本社约为社员。

四、非本校同学投稿三次经本志登载者，有社员二人以上之介绍，得由本社约为社员。

五、本社组织分下列各部：甲、编辑部，乙、干事部。

六、编辑部

（丙）职员

主任编辑　傅斯年　　编辑　罗家伦　　书记　杨振声。

主任干事　徐彦之　　干事　康白情　　书记　俞平伯。

（丁）社址（略）

（原载《北京大学日刊》1918 年 12 月 3 日）

《新潮》杂志创刊号（1919 年 4 月）

《新潮发刊旨趣书》

“新潮”者，北京大学学生集合同好撰辑之月刊杂志也。北京大学之生命已历二十一年，而学生之自动刊物，不幸迟至今日然后出版。向者吾校性质虽取法于外国大学，实与历史上所谓“国学”者一贯，末足列于世界大学之林；今日幸能脱弃旧型，入于轨道。向者吾校作用虽曰培植学业，而所成就者要不过一般社会服务之人，与学问之发展无与；今日幸能正其目的，以大学之正义为心。又向者吾校风气不能自别于一般社会，凡所培植者皆适于今日社会之人也；今日幸能渐入世界潮流，欲为未来中国社会作之先导。本此精神，循此途径，期之以十年，则今日之大学固来日中国—切新学术之策源地；而大学之以思潮未必不可普遍国中，影响无量。同人等学业浅陋，逢此转移之会，虽不敢以此弘业妄自负荷，要当竭尽思力，勉为一二分之赞助；一则以吾校真精神喻于国人，二则为将来之真学者鼓动兴趣。同人等深惭不能自致于真学者之列，特发愿为人作前驱而已。名曰“新湖”，其义可知也。

今日出版界之职务，莫先于唤起国人对于本国学术之自觉心。今试问当代思想之潮流如何？中国在此思想潮流中位置如何？国人正复茫然昧然，未辩天之高地之厚也。共敢于自用者，竟谓本国学术可见离世界趋势而独立。夫学术原无所谓国别，更不以方土易其性质。今外中国于世界思想潮流，直不成自绝于人世。既不于现在有所不满，自不能与未来者努力获求。长此因循，何时达旦。寻其所出，皆缘不辨西土文化之美隆如彼，又不察今日中国学术之枯槁如此；于人于己两无所知，因而不自觉其形秽。同人等以为国人所宜最先知者有四事：第一，今日世界文化至于若何阶段？第二，现代思潮本何趣向而行？第三，中国情状去现代思潮辽阔之度如何？第四，以何方术纳中国于思潮之轨！特此四者刻刻在心，然后可云对于本国学术之地位有自觉心，然后可以渐渐引此“块然独存”之中国同浴于世界文化之流也。此本志之第一责任也。

中国社会，形质极为奇异。西人观察者恒谓中国有群众而无社会，又谓中国社会为二千年前之初民宗法社会，不适于今日。寻其实际，此言是矣。盖中国人本无生活可言，更有何社会真义可说。若干恶劣习俗，若干无灵性的人生规律，桎括行为，宰割心性，以造成所谓蚩蚩之氓；生活意趣，全无领略。犹之犬羊，于己身生死、地位、意义茫然末知。此真今日之大戚也。同人等深园願为不平之鸣，兼谈所以因革之方。虽学浅不足任此弘业，要不忍弃而弗论也。此本志之第二责任也。

群众对于学术无爱好心，其结果不特学术消沉而已，堕落民德为尤巨。不曾研诣学问之人恒昧于因果之关系；审理不瞭而后有苟且之行。又，学术者深入其中，自能率意而行，不为情牵。对于学术负责任，则外物不足縈惑；以学业所得为辛劳疾苦莫大之酬，则一切牺牲尽可得精神上之酬偿。试观吾国宋明之季甚多独行之土；虽风俗堕落，政治淪胥，此若干“阿其所好”之人终不以众浊而易其常节。又观西洋“Renaissance”与”“Reformation”时代，学者奋力与世界魔力战，辛苦而不辞，死之而不悔。若是者岂真是好苦恶乐，异乎人之情耶？彼能于真理真知灼见，故不为社会所征服，又以有学业鼓舞其气，故能称心而行，一往不返。中国群德堕落，苟且之行遍于国中。寻其由来；一则原于因果观念不明，不辩何者不可为；二则原于缺乏培植“不破性质”之动力，国人不觉何者谓“称心为好”。此二者又皆本于群众对于学术无爱好心。同人不敏，窃愿鼓动学术上之兴趣。此本志之第三责任也。

本志同人皆今日学生，或两年前曾为学生者；对于今日一般同学，当然怀极厚之同情，挟无量之希望。观察情实，乃觉今日最危险者，无过于青年学生。迩者恶人模型、思想厉鬼，遍于国中，有心人深以为忧。然但能不传谬种，则此辈相将就木之日，即中国进于福利之年。无如若辈专意鼓簧，制造无量恶魔子；子又生孙，孙又生子：长此不匮，真是殷忧。本志发愿协助中等学校之同学，力求精神上脱离此类感化。于修学立身之方法与途径，尽力研求，喻之于众。特辟“出版界评”、“故书新评”两栏，商榷读书之谊；此两栏中书籍本身之价值批评者甚少，借以讨论读书之方法者甚多。其他更有专文论次。总期海内同学去遗传的科举思想，进于现世的科学风想；去主观的武断思想，进于客观的怀疑思想；为未来社会之人，不为现在社会之人；造成战胜社会之人格，不为社会所战胜之人格。同人浅陋，惟有本此希望奋勉而已。此本志之第四责任也。

本志主张，以为群众不宜消灭个性；故同人意旨，尽不必一致；促抉同 之希望，遵差近之途径，小节出入，所不能死者。若读者以“自相矛盾”见责，则同人不特不讳言之，且将引为荣幸。又本志以此批评为精神，不取乎“庸德之行，庸言之谨”。若读者以“不能持平”腾誚，则同人更所乐闻。

既以批评为精神，自不免有时与人立异，读者或易误会，兹声明其。立异之目的若仅在于立异而止，则此立异为无谓。如不以立异为心，而在感化他人，但能本“哀矜勿喜”之情，虽言词快意为之，要亦无伤德义。同人等所以不讳讥评者，诚缘有所感动，不能自已于言。见人迷离，理宜促其自觉之心，以启其向. 上之路；非敢立异以为高。故凡能以学问为心者莫不能推诚相与；苟不至于不可救药，决不为不能容受之誚让。然而世有学问流于左道，而伪言伪旨足以惑人者，斯惟直发其复，以免他人重堕迷障。同人等皆是不经阅历之学生，气盛性直，但知“积心为好”；既不顾顾此虑被，尤惧世人多多顾虑者。读者想能体会兹意，鉴其狂简也。

本志虽曰发挥吾校真精神，然读者若竟以同人言论代表大学学生之思潮，又为过当。大学学生二千人，同人则不逾二十，略合私人集合之性质；所有言论由作者自负之，由社员共同负之，苟有急进之词，自是社中主张，断不可误以大学通身当之。

发刊伊始，诸待匡正，如承读者赐以指教，最所欢迎。将特辟通信一栏，专供社外人批评质询焉。

（原载《新潮》第一卷第一号，见《五四时期期刊介绍（一、下）》，第394—397页）

新潮社成员1920年夏季合影

1919年、1920年召开两次年会

《新潮》杂志初期，曾有本校教员及校外人士参加编辑，其英文译名为“The Renaissance”（文艺复兴）。傅斯年为主任编辑；五四之后不久，傅斯年、杨振声出国留学，由罗家伦编辑；罗家伦出国后，由周作人主持，毛子水、顾颉刚、陈达材、孙伏园为编辑。

新潮社成立以后，校长蔡元培决定，每月由北京大学的4万元经费中拨出2000元供新潮社办《新潮》。图书馆主任李大钊拨出一间房子给新潮社当办公室。北大红楼的二层就成为了新潮社的活动场所。

《新潮》以用白话文“介绍西洋近代思潮，批评中国现代学术上、社会上各问题为职司”，第一期印出后大为风行，以至于连印3版，销售3万多册。青年学子们奔走相告，一本杂志“已经翻阅得破破碎碎了还是邮寄来，邮寄去”。

《新潮》杂志得到李大钊、陈独秀、鲁迅等的支持和帮助。《新潮》杂志出版至第三卷第二号停刊。

罗家伦在《蔡元培时代的北京大学与五四运动》一文中，十分细致地谈到有关新潮社的情况，他这样写道：

“当时我们除了读书以外实在有一种自由讨论的空气，在那时我们几个人比较读外国书的风气很盛，其中以傅斯年、汪敬熙和我三个人，尤其以喜买外国书，大学的图书馆，对于新书的设备比以前也好些，大家见面时候，便讨论着自己所读的书籍而回去的时候便去看书或写信给日本凡善书社去定买外国书。除了早晚在宿舍里面常常争一个不平以外，还有两个地方是我们聚合的场所，一个是汉花园北大一院二层楼上国文教员休息室，如钱玄同等人，是时常在这个地方的。另外一个地方是一层楼的图书馆主任室（即李大钊的房子），这是一个另外的聚合场所。在这两个地方，无师生之别，也没有客气及礼节等一套，大家到来大家就辩，大家提出问题来大家互相问难。大约每天到了下午三时以后，这两个房间人是满的。所以当时大家称二层楼这个房子为群言堂（取群居终日言不及义语），而在房子中的多半是南方人。一层楼那座房子，则称之为饱无堂（取饱食终日无所用心语），而在这个房子中则以北方人为主体。（李大钊本人是北方人；按饱食终日无所用心，是顾亭林批评北方人的；羣居终日言不及义，是他批评南方人的话。）这两个房子里面，当时确是充满学术自由的空气。大家都是持一种处士横议的态度。谈天的时候，也没有时间的观念。有时候从饱无堂出来，走到羣言堂，或者从羣言堂出来走到饱无堂，总以讨论尽兴为止。饱无堂还有一种好处，因为李大钊是图书馆主任，所以每逢图书馆的新书到时，他们可以首先看到，而这些新书遂成为讨论之资料。当时的文学革命可以说是从这两个地方讨论出来的，对于旧社会制度和旧思想的掊击也产生于这两个地方。这两个地方的人物，虽然以教授为主体，但是也有许多学生时常光临，至于天天在那里的，恐怕只有我和傅孟真（斯年）两个人，因为我们的新潮座和饱无堂只隔着两个房间。

“可见北大当时各种份子杂居一处的情形及大家有一种学术自由的空气。因为大家谈天的结果，并且因为不甚满意于新青年一部分的文章，当时大家便说：若是我们也来办一个杂志，一定可以和新青年抗衡，于是新潮杂志便应运而产生了。新潮的英文名字为 The Renaissance，也可以看见当时大家自命不凡的态度。这个志第一期出来以后，忽然大大的风行，初版只印一千份，不到十天要再版了，再版印了三千份，不到一个月又是三版了，三版又印了三千份。以后亚东书局拿去印成合订本又是三千份。以一部学生所做的杂志，陡然有这样大的销数，是出乎大家意料之外的。最初大家办这个杂志的时候，还抱着好玩的心理，等到社会看重了，销数一多，大家一方面有一种高兴的心理，一方面有一种害怕的心理，因为害怕，所以研究的空气愈加紧张，而新潮第二、三、四、五各期从客观方面看来，却比第一期要进步一些。当时负责编辑的是我和孟眞两个，经理人是徐产之和康白情两个，社员不过二十多来人，其中有顾颉刚、汪敬熙、俞平伯、江绍原、王星拱、周作人、孙伏园、叶绍钧等几位，孟眞当时喜欢谈哲学，谈人生观，他还做了几个古书新评，是很有趣味的；我着重于谈文学和思想问题，对于当时的出版界常常加以暴烈的批评。有些文字，现在看过去是太幼稚了，但是在当时于破坏方面的效力，确是有一点。比较起来，我那篇《什么是文学》在当时很有相当的影响，《驳胡先驌文学改良论》也很受当时的注意。颉刚的文字，多半是关于掊击旧家庭制度和旧社会制度，关于妇女问题，也有许多篇文章加以讨论，在当时大家以为是骇人听闻的话，有妇女人格问题一篇，主张女子应当有独立的人格，这篇东西，被江瀚看见了，拿去给徐世昌看，说是近代的青年思想至此，那还得了。于是徐世昌拿这本新潮交给傅增湘，傅示意于蔡孑民，要他辞退了两个教员，开除了两个学生，就是当时所谓四凶，这两个是《新青年》的编辑，两个是《新潮》的编辑。蔡孑民先生当时坚持不肯，他覆林琴南的那一封信，不只是对林琴南说话，并且是对徐世昌而发的。”

关于新潮社和国民社的关系，罗家伦是这样写的：“北大有一部分学生，组织一个国民杂志社，其中重要的人物是易克嶷、段锡朋、许德珩、周长宪、孟寿椿等，当时，他们也要我加入这个组织，但是我对于这种比较狭义国家观的刊物不很热心，而且自己还要专心去办《新潮》，对于《国民》杂志，只算是一个赞助者吧！《国民》杂志里面的人，多半是实行的人；《新潮》杂志社的人，多半是偏重于学术方面的人，所以五四运动发生以后，学生会里面组织分为七股，各股的主任几乎是《国民》杂志和《新潮》杂志二社的人平分的，这两个杂志，所以也可以说是五四运动的基础。”①

新潮社的发起人及主要成员

毛子水（1893—1988），名准，字子水，以字行，浙江衢州江山县人。1913 年考入北京大学理学预科，升入本科攻读数学；性喜文史，以章太炎、胡适为宗师。1919 年参与发起创办《新潮》，发表了《国故和科学的精神》，成为思想启蒙的先驱者。1920 年，毕业留校工作任史学系讲师。1922 年冬，与姚从吾等赴德国柏林大学治科学史。1930 年春，回国，在北京大学讲授科学史、文化史。1932 年任北京大学图书馆馆长。抗日战争爆发后，为护送北大图书馆的珍善本免受损失，由长沙往桂林、经虎门、过香港、经安南（今越南）海防、再由滇越路抵昆明。1949 年应台湾大学校长傅斯年邀请，在台湾大学中国文学系任教教达 37 年之久。毛子水说：“稍能思想的人，都知道台湾是决没有脱离祖国而独立的理由的。”《毛子水全集》包括学术论文、学术著作、社论、杂文与传记等近 400 篇。

成舍我（1898—1991），原名希箕，又名汉勋，后名成平。湖南湘乡人，北京大学中文系毕业。1924 年起，先后创办《世界晚报》、《民生报》、《立报》、《香港立报》等，言论公正，灵通正确，不畏强权，对五卅惨案主张惩凶、赔偿；对“三一八”惨案提出段祺瑞政府引咎辞职、惩办凶手和抚恤死难者三项要求，报纸销路极佳。后出任国民参政员。1952 年由香港去台湾，在台北创办世新大学、《台湾立报》。1967 年起任世界书局董事长。一生创办媒体、刊物近 20 家，遭遇挫折无数，是以个人力量从事最长的新闻教育家。其子成思危曾任第九、十届全国人民代表大会常务委员会副委员长。

王敬熙（1893—1968），山东省济南市人。1919 年毕业于北京大学，1923 年获美国约翰霍普金斯大学哲学博士学位。回国后中州大学，

① 罗家伦：《蔡元培时代的北京大学与五四运动》。

中山大学和北京大学等任教。1948 年任联合国科学部主任。1953 年至 1968 年在美国威斯康星等大学任教。主要从事生理心理学的研究，特别对皮肤电反射的实验贡献甚大。他指出，皮肤电反射的变化是汗腺的分泌有关的，于意识现象毫无关系。此外，他还研究了白鼠的生活与内分泌腺的关系以及两栖动物胚胎的行为关系。他是本世纪研究电反射的先躯者之一。早在 1934 年，他曾利用示波器记录过光影通过猫的视野运动时，猫的外膝体内产生的诱发电位。他是第一个将电子仪器引入中国比用于脑功能研究的人。

吴康（1895—1976），字敬轩，号锡园主人。广东省平远县东石镇锡水村人。1918 年在北京大学与傅斯年等创办《新潮》杂志社。1920 年毕业。1924 年任国立广东大学中国文学系教授、文学院长。同年冬赴法国留学从事康德哲学研究，获博士学位。1931 年回国，先后任教于广东高等师范学校、中山大学。1942 年秋，在广东省乐昌县坪石镇创办中华文化学院国文专科学校，并任校长。1949 年迁至香港。1956 年并入联合书院。1963 年并入香港中文大学。1951 年春赴台，任台湾大学、台湾师范大学教授。专著有：《西洋古代哲学史》、《人文教育哲学概论》、《苏格拉底哲学思想》、《希腊哲学之唯物思想》、《亚德来个人心理学》等。台湾出版有《吴康先生全集（1—8 册）》。

康白情（1896—1959），字鸿章，四川安岳县来凤乡人。1918 年秋在北京大学与傅斯年、罗家伦等组织“新潮社”，创办《新潮》月刊。1919 年，参加“五四”运动，率领北京学生代表团赴南京请愿，当选为全国学生联合会主席，为学生会领袖之一。7 月参加少年中国学会，与李大钊一起负责编印《少年中国》月刊。1920 年留学美国，途中曾与日本共产党联络。在美国加入旧金山洪门致公堂。1923 年 7 月，发起组织新中国党，自任“党魁”，在上海、北京等地设立党部，自已抛却大学学业。1926 年以领袖身份回国，而这个以华侨社团为基础的政党顷刻间消弭无形，学业荒废无成、更失去了蔡元培、李大钊等的信任。后在山东大学、中山大学、厦门大学任教。1957 年被错划为右派分子，于返乡途中病逝。著有诗集《草儿》、《河上集》等。

高承元（生卒年不详），1918 年 11 月 27 日，陈独秀召集《每周评论》创刊会议，参加者有李大钊、高一涵、高承元、张申府、周作人等人。1919 年元旦，李大钊在《国民》第一卷第二号发表《大亚细亚主义与新亚细亚主义》，高承元当即著文论驳，李大钊为又写了《再论新亚细亚主义》，作为回答。1927 年 4 月南京政府成立后曾任代理外长。1929 年出版《承元文存》。曾发行《穷汉》，组织社会民主党，后又组织新党，都不了了之。1964 年，以亲身经历提供罕为人知的史料《唐绍仪被刺原因之商榷》，指唐绍仪并无勾结日寇行为（《广东文史资料》第 13 辑）。

黄健中（1889—1959），字离明，号尧卿，又名士申。随县高城镇人，祖籍江西清江县人。1914 年考入北京大学哲学系。1917 年毕业聘为北京大学预科补习班国文教员。1918 年 3 月参加发起北京大学哲学研究会。1919 年曾参加《国民》杂志编委会。五四运动后与林辛、林损创办《唯是学报》。1921 年秋赴英国留学，留学期间曾赴法国、比利时、瑞士等国考察教育。1925 年加入中国国民党。回国后先后任北京大学讲师，中国大学、民国大学教授。1927 年 8 月应聘为上海暨南大学教务长。1928 年 7 月，奉命与刘树杞、李四光、王星拱等八人在武昌中山大学基础上组建武汉大学，后任国民政府教育部参事、高等教育司司长、常务次长。1930 年任湖北省政府委员兼教育厅厅长，普及和整顿中小学教育。培养师资筹建湖北省立教育学院。1934 年 12 月复任教育部高等教育司司长兼中央政治学校讲席。抗战期间随教育部转徙湘、鄂。入川后任四川大学教授兼师范学院院长，并被遴选为第一届国民参政会湖北省参政员。1942 年 7 月任国民参政会湖北省参政员、国民党湖北省党部主任委员。1945 年 5 月，当选国民党第六届候补中央监察委员。1949 年 5 月去台湾，续任立法委员。著有《比较伦理学》、《中国哲学通论》、《中国哲学史》（上卷）、《文教与哲学》、《民族道德与知行问题》、《教育哲学》等。

陈兆畴（生卒年不详），字穗庭。与弟弟陈兆楹，都是北大文科学生。五四运动中，在天安门集会，兄弟俩高呼“外争国权、内惩国贼”等口号。1919 年 6 月 3 日，军警围占北大法科，陈兆畴兄弟及参加游行的教职员、学生及等多人被拘，后被释放。1923 年参加“爱情定则”的讨论，写出《四问张竞生》。1930 年 1 月，在《社会学》第三卷第一号上发表《中国政治家的分类及其历史的背景》。1940 年 4 月，在辰溪与湖南大学教授吴绍熙等组织五溪诗社，杨树达、曾星笠、王疏庵、熊丙生、谭鹤松等人参加。1942 年秋，任桂林师范学院英语系教授、系主任。学术造诣深厚，热情关心学生，积极倡导民主，在学运中总是站出来表示支持。1953 年 9 月 30 日，陈兆畴随着私立大学终结，广西大学文教学院各系教授、讲师、学生均并入中山大学相应各系。

陈嘉蔼（生卒年不详），字杭甫，北大哲学系学生。1919 年 1 月 1 日《新潮》第一卷第一号陈嘉蔼发表文章：《新》，强调："'旧'是众数的，'新'是单数的，旧的众'众到无限'，新的单'单到无偶'。"研究因明学，曾致书梁漱溟，梁漱溟有《答陈嘉蔼论因明书》。1930 年在《交大月刊》第二卷第一号发表《因明浅说自叙》。抗战初期，在广州任私立国民大学文学院长，未随民大迁移而后避往澳门，致使生活来源拮据。1940 年伪广东省政府成立，9 月接陈公博函邀去南京任立法院立法委员，因政治敏感，决定回广州参加创办广东大学，任教务长兼文学院长。1941 年夏，调任广州社会局长。

潘元耿（生卒年不详），北京大学化学系研究生毕业。1919 年 10 月 12 日，北京大学平民教育讲演团第二次大会选举职员，当选小组书记。1920 年 5 月平民教育讲演团决定组织"科学讲演组"，指定由潘元耿、杨钟健两人为筹备员。后任北京大学教授。1950 年 4 月，任中国医科大学药学院生物化学教授。1957 年出版《生物化学》一书。

潘家洵（1896—1989），字介泉，江苏苏州人。1919 年加入新潮社及文学研究会。1920 年毕业于国立北京大学文学系。读书时翻译易卜生、王尔德和萧伯纳的戏剧，译有王尔德的《扇误》、萧伯纳的《华伦夫人之职业》及易卜生的 15 部剧本，对五四运动后的社会解放和新兴话剧运动产生过影响。1921 年至 1926 年任北大讲师。1927 年至 1929 年在浙江农学院任副教授。1929 年至 1938 年在北大任副教授。1938 年至 1942 年在昆明西南联合大学任文学院院长兼教授，1942 年至 1946 年任贵州大学教授。1949 后在北大西语系任教授。1952 年加入中国作家协会，出版译著《易卜生戏剧集》（四集）、《萧伯纳戏剧选》等。1954 年起先后任中国科学院文学研究所研究员、中国社会科学院外国文学研究所研究员。

谭平山（1886—1956），原名谭鸣谦，别号聘三、诚斋，广东高明人。1917 年，入北京大学哲学系学习。1919 年积极参加五四运动。1920 年参与组织广州中共早期组织。1921 年任中共广东支部书记。1923 年出席中共三大、四大、五大均为中央委员。国共合作时期参加中国国民党第一、二次全国代表大会，当选中央执行委员会常务委员、组织部部长。1927 年 8 月，参加南昌起义，后流亡海外。11 月，被中共临时中央政治局扩大会议开除党籍。1930 年参与组织"中国国民党临时行动委员会"，进行反蒋斗争。1937 年 7 月抗战爆发回国。历任第

一、二、三、四届国民参政会参政员。1943 年发起组织三民主义同志联合会。抗日战争胜利后，积极参加民主运动。1948 年 1 月在香港参与组织成立“中国国民党革命委员会”，任中央常务委员。1949 年 9 月参加中国人民政治协商会议。中华人民共和国成立后，任政务院人民监察委员会主任、全国人民代表大会常务委员会委员等职。1956 年 3 月为中国国民党革命委员会副主席。

傅斯年（1896—1950），山东聊城人。1913 年考入北京大学预科。1916 年升入本科国文门，提倡白话文，著有《文学革新申义》响应胡适《文学改良刍议》。1918 年与罗家伦等组织新潮社，编辑《新潮》月刊。1919 年五四运动期间，为学生领袖之一。1919 年底赴欧洲留学，先入英国爱丁堡大学，后转入伦敦大学，研究实验心理学、物理、化学和高等数学。1923 年入柏林大学哲学院，学习比较语言学等。1926 年冬回国。1927 年任中山大学教授。1928 年受蔡元培之聘，筹立中央研究院历史语言研究所任所长。1929 年起，先后任社会科学研究所所长、中央博物院筹备主任、国民参政会参政员、中央研究院总干事、政治协商会议委员、北京大学代理校长等职。曾组织殷墟甲骨发掘 15 次，推动考古学的发展和商代历史研究；组织进行专门整理明清大库档案，使明清史研究取得了突破性的进展。1948 年当选为中央研究院院士。1949 年任台湾大学校长。

罗家伦（1897—1969），浙江绍兴人。1917 年入北京大学文科。1919 年与傅斯年、徐彦之等成立新潮社，并当选为北京学生界代表，到上海参加全国学联成立大会，支持新文化运动。五四运动中，起草印刷传单《北京学界全体宣言》，提出了“外争国权，内除国贼”的口号。在 1919 年 5 月 26 日的《每周评论》上第一次提出“五四运动”这个名词。后接任《新潮》主编，刊物改良主色彩浓厚。1920 年秋，去美国普林斯顿大学、哥伦比亚大学留学，后又去英国伦敦大学、德国柏林大学、法国巴黎大学学习。1926 年归国后参加北伐，任国民革命军总司令部参议、编辑委员会委员长等职。“四一二”政变后，支持蒋介石的政策。1928 年 8 月，任清华大学校长，使清华大学由教会学校转为国立大学。1930 年后，任武汉大学历史系教授、南京中央政治学院教育长、中央大学校长等职。1941 年 9 月起，任滇黔考察团团长、新疆监察使兼西北考察团团长。抗战胜利后，任国民党中央党史编纂委员会副主任。1947 年 5 月，任驻印度大使。后任国民党中央编纂委员会主任委员、“考试院”副院长、“国史馆”馆长、中国笔会会长等职。

李小峰（1897—1971），字荣弟，笔名林兰，江苏江阴人。1918 年入北京大学哲学系。期间参加新潮社，担任《新潮》的校对和记录。孙伏园编辑《晨报副镌》后，负责新潮社的全部编印工作。1924 年，负责出版发行《语丝》周刊。1925 年，在鲁迅支持下，集资在北京创立北新书局，负责组稿、编稿、出版。1927 年 4 月张作霖查封北新书局，逮捕李小峰，幸亏避入苏联大使馆绕道大连南下上海。担任鲁迅和郁达夫合编《奔流》的编务，其时为上海北新书局的黄金时代。抗战时期在安徽勉强维持营业，抗战胜利后迁回上海。新中国成立后，成立四联出版社，任副社长兼代总编辑。1956 年，加入农工民主党，当选上海市政协委员。1958 年 5 月被错划为右派分子。1962 年撰写《新潮社的始末》等回忆录。1971 年含冤逝世。著译有《疯狂心理》、安徒生《旅伴》、爱华耳特《两条腿》等。

杨振声（1890—1956），山东蓬莱人。1915 年入北京大学国文系。1918 年秋，与傅斯年、罗家伦筹备成立“新潮社”，为《新潮》杂志编辑部主任。从 1919 年在《新潮》上发表小说《渔家》、《一个兵的家》、《贞女》、《磨面的老王》等，反映社会现实，描写民间疾苦。参加五四运动，是学生联合会四名代表之一，到警察总署抗议时曾被逮捕关押。1919 年底赴美国哥伦比亚大学攻读教育学，后入哈佛大学攻读教育心理学。1924 年回国，先后任武昌大学、北京大学、燕京大学、中山大学教授，清华大学教授，青岛大学校长。1924 年创作中篇小说《玉君》。抗战爆发后，任西南联合大学教授。1942 年起，主编《世界学生》杂志。抗战胜利后，任北京大学中文系教授。1949 年后，任北京市文联创作部主任。1952 年调任东北人民大学教授。

俞平伯（1900—1990），原名俞铭衡，字平伯，浙江德清人。1919 年北京大学文科毕业。五四时期俞平伯积极参加新文学运动，是新潮社、文学研究会、语丝社的成员。初以创作新诗为主，有诗集《冬夜》、《西还》、《忆》等，与朱自清等创办最早的新诗刊物《诗》月刊。20 年代后期起多写作散文，文笔含蓄委婉，情理交融。1923 年出版《红楼梦辩》，后改名《红楼梦研究》，在学术界引起广泛的批评和讨论。古典诗词研究有《读词偶得》、《清真词释》等著作。先后被选为第一、二、三届全国人民代表大会代表，中国人民政治协商会议第五届全国委员会委员。

顾颉刚（1893—1980），江苏省苏州人。1913 年，入北京大学预科。1915 年完成《清代著述考》20 册。1916 年转北大本科，读哲学。1918 年与罗家伦等发起组织新潮社。1920 年，毕业留校任助教。1922 年，为商务部书馆编纂中学历史教科书。1923 年底，回北大研究所，成为《歌谣》周刊的主要撰稿人。1927 年后，历任广州中山大学、燕京大学、云南大学、齐鲁大学、兰州大学、复旦大学教授等。新中国成立后任中国科学院历史研究所第一所研究员。“文革”中被戴高帽，受批判，到历史所劳动，一直持续到 70 年代初才解脱。在孟姜女故事和歌谣学、民俗学等方面的研究，赢得很高声誉。

张申甫（1893—1986），名崧年，张岱年之兄，河北沧县人。1913 年考入北京大学预科学习数理，第二年考入北大文学院攻读哲学。1917 年，留校任助教，通过郭晓峰，认识李大钊、陈独秀。1918 年冬创办《每周评论》，负责编务，同时还担任过《新青年》编委、少年中国学会会员、新潮社社员。1920 年 8 月陈独秀创党只与申甫、守常可二人谈，可见作用之重。1920 年冬赴法国深造，回国后任北京大学、清华大学教授，张国焘、周恩来入党介绍人，与周恩来一起介绍朱德入党。大革命时期因政见不同退出中共，曾任黄埔军校政治部副主任，“一二 · 九运动”的组织者和领导者。1957 年被错划为资产阶级右派分子，平反后曾任全国政协常委。

徐彦之（1897—1940），字子俊，山东郓城县仁怀庄村人，升入北京大学后曾发表《北京大学男女共校记》。1918 年，徐彦之与傅斯年、罗家伦等创办新潮社和《新潮》杂志，任干事部主任，得到蔡元培、陈独秀支持。1918 年，参加少年中国学会，任北京总会常委、交际股长。1919 年，和山东旅京学生宋介、王统照、王晴霓、范予遂等人创办《曙光》杂志，并多次回山东活动，与王尽美、邓恩铭建立友谊，在推动马克思主义在山东的传播发挥了重要作用。1920 年 3 月 31 日，李大钊秘密组织发起北京大学马克思学说研究会，徐彦之是成员之一。1920 年 5 月作为北京大学学生访日团团员访日。后赴美留学，又考取英国伦敦大学研究生。归国后，积极参加抗日运动，加入中国“抗日救国会”。1935 年起，先后在菏泽、东昌、济南等地做代课教师。1937 年，任山东省参议会议员。1940 年，在重庆遇日军空袭，不幸中弹身亡，时年 43 岁。

刘敌（生卒年不详），字名洋，1917 年考入北京大学历史系。

戴岳（生卒年不详），字毓峰。

李大钊的支持和帮助

李大钊对新潮社的支持和帮助，是十分真诚和具体的。

第一，新潮社得到李大钊、陈独秀、胡适的支持，蔡元培亲自为刊物题写刊名，李大钊还从红楼东北角的图书馆里拨出一间房子给新潮社作办公室，学校每月资助大洋四百。

第二，新潮社聘请图书馆主任李大钊为顾问，和李辛白一起对有关杂志印刷、刊登广告、出版发行及其他银钱出入事项，均负责分派出版部杂务课、会计课事务员执行，可以说是承担了《新潮》月刊的全部事务性工作的监督管理。

第三。李大钊和胡适等为支持新潮社，共同参与发表过为谣传新潮社的傅斯年、罗家伦被安福俱乐部收买一事进行辩白的启事。

第四，李大钊在刊物上发表文章。新潮杂志在青年知识分子中流传逐渐广泛，李大钊为之提出的反对封建军阀统治、建立民主共和的口号，使他们在李大钊帮助下，接受了反帝口号，从把成员团结起来，所发表的文章：《物质变动与精神变动》、《青年厌世自杀问题》着重讨论物质文明与精神文明两者的相互关系，李大钊对这各问题还有进一步的论说。他所发表的关于青年厌世自杀的主客观原因的分析，引起了社会的关注。

此后，李大钊发表《青年与农村》、《现代青年活动的方向》，引导和教育青年，要把自己的命运和国家的前途，紧紧地与劳动人民联系起来。青年人想“要把现代的新文明，从根底输到社会里面，非把知识阶级与劳工阶级打成一气不可”。“知识阶级要加入劳工团体。”① 号召青年到民间去，到农村去开展工作，“我们中国是一个农国，大多数劳工阶级就是农民。他们若不解放，就是我们国民全体不解放，他们的痛，就是我们国民全体的苦痛”。“农村很有青年活动的余地，并且有青年活动的需要。”因此，革命青年应以俄罗斯青年为榜样，“应当发动农民起来斗争”，“消灭苦痛的原因”，把劳苦大众“从苦痛里救出来，把黑暗的农村变成光明农的村”②。对革命青年寄于无限殷切希望，“新世

① 《李大钊选集》，第160页。

② 《李大钊选集》，第148页。

纪的曙光现了！新世纪的晨钟响了！我们有热情的青年啊！快快起来！努力作人的动”①。

新潮社组织章程

一、本设由全体社员组成之。

二、本设全体社员均为撰述员，担负杂志材料供给之责任。

三、本校同学投稿三次经本志登载者，得由本社约为社员。

四、非本校同学投稿三次经本志登载者，有社员二人以上之介绍，得由本社约为社员。

五、本社组织分下列两部：（甲）编辑部；（乙）干事部。

六、编辑部置主任编辑一人，由社员公举，担任配置杂志材料、审定稿件去取及其他关于编辑等事务。

七、编辑部置编辑一人，协助主任编辑，由主任编辑推定，请社员承认，与主任编辑负连带责任。

八、编辑部置书记一人，推定手续与编辑同，担任编辑部事务之记载、对外函件之往还及其他与编辑部相关之文件。

九、干事部置主任干事一人，由社员公举，总理本社编辑以外诸事务，如本社对外交际及砸纸质出版、发行等。

十、干事部置干事一人，协助主任干事，由主任干事推定，请社员承认，与主任干事负连带责任。

十一、干事部置书记一人，推定手续与干事同，担任干事部事务之记载、对外函件之往还及其他与干事部相关之文件。

十二、本志每年发刊十期，每五期为一卷。职员于每卷终了之时改选之。但新职员未举出时，旧职员仍旧负责。

新潮社社员名单

新潮社社员的入会时间不尽相同，先后在《新潮》杂志上面刊登出来，1918 年 12 月 3 日《北京大学日刊》上公布了第一批社员 21 人的名

① 《李大钊选集》，第 158 页。

单，其后，《新潮》杂志第一卷第一号增加了4人；《新潮》杂志第一卷第五号又增加了3人；《新潮》杂志第二卷第二号增加了9人；《新潮》杂志第二卷第三号增加了3人；《新潮》杂志第二卷第四号增加了1人。成平、黄建中、刘敌三人则因未履行章程被视为自行退社者。

新潮社社员名单如下：

毛　准（子水）	成　平（舍我）	汪敬熙（缉斋）
吴　康（敬轩）	俞平伯	高　元（承元）
徐彦之（子俊）	黄建中（离明）	张崧年（申甫）
陈兆畴（穗庭）	陈家蔼（杭甫）	康白情（洪章）
傅斯年（孟真）	杨振声（金甫）	刘　敌（名洋）
潘元耿	潘家洵（介泉）	戴　嶽（毓峰）
谭鸣谦（平山）	罗家伦（志希）	顾颉刚
陈达材（彦儒）	叶绍钧（圣陶）	叶　麐（石荪）
刘秉麟（南陔）	江绍原	何思源（仙槎）
刘光颐（叔和）	王星汉（仲宸）	王钟麒（伯祥）
李荣第（小峰）	宗锡钧（甄甫）	孟寿椿
高尚德（君宇）	郭希汾（绍虞）	孙福源（伏园）
赵承易（子经）	朱自清（佩弦）	冯友兰（芝生）
孙富熙（春台）	周作人（启明）	

新潮社职员名单

1918年11月19日选举

主任编辑	傅斯年	编辑	罗家伦	书记	杨振声
主任干事	徐彦之	干事	康白情	书记	俞平伯

1919年11月19日改选

编辑	罗家伦
经理	孟寿椿
代派赠阅交换等	顾颉刚
广告	高尚德
记录及校对	王星汉　宗锡钧　李荣第

1920年10月28日改选

主任编辑	周作人
编辑	毛子水　顾颉刚　陈达材　孙伏园
主任干事	孟寿椿
干事	王星汉　孙伏园　高尚德　宗锡钧　李荣第　郭绍虞

《新潮》月刊各期的目录

这是根据阿英在《中国新文学大系史料·索引》整理而略有更正的一份文献资料。

● 第一卷第一号（1919年1月1日）

新潮发刊旨趣书		
傅斯年		人生问题发端
罗家伦		今日之世界新潮
傅斯年		去兵
陈家蔼		新
谭鸣谦		哲学对于科学宗教之关系论
汪敬熙		雪夜
徐彦之		逻辑者哲学之精
叶绍钧　王钟麒		对于小学作文教授之意见
汪敬熙		谁使为之
评论	志希	今日中国之小说界、今日中国之新闻界
	孟真	万恶之源、社会革命——俄国式的革命
出版界评	孟真	王国维之宋元戏曲史马叙伦之庄子札记、蒋维乔之论理学讲义
故书新评	孟真	清梁玉绳之史记志疑、宋郭茂倩之乐府诗集、英耶芳斯之科学原理
讲演	蔡元培	大战与哲学

● 第一卷第二号（1919 年 2 月 1 日）

李大钊	联治主义与世界组织
顾诚吾	对于旧家庭的感想
傅斯年	怎样做白话文
罗家伦	怎么是文学
康白情	论中国之民族气质
汪敬熙	一个勤学的学生
叶绍钧	女子人格问题
谭鸣谦	法理与伦理之本质区分论
欧阳予倩	断手
汪敬熙	一课
诗　胡适	十二月一日到家
叶绍钧	春潮
罗家伦	雪
顾诚吾	悼亡妻
俞平伯	冬夜之公园
傅斯年	深秋永定门城上晚景
无是	嘲非有君
德苏德曼　宋春舫　译	推霞
张崧年	砾庆掇拾
徐彦之　译	逻辑漫谈
傅斯年	中国文学史分期之研究
吴康	吾国今日道德之根本问题
斯宾塞　作　吴康　译	行为概论
评坛　宋春舫	评新剧本新村正
孟真	心气薄弱之中国人、中国文艺界之病根、自知与终身之事业、社会—群众、社会的信条、破坏
蔡元培讲	劳工神圣
书报介绍	记者　《新青年》杂志、《每周评论》

● 第一卷第三号（1919 年 3 月 1 日）

康白情	难思想律
刘炳麟	经济学上之新学术
陈达材	物质文明
傅斯年	汉语改用拼音文字之初步谈
陈家蔼	因明浅说
诗　康白情	雪后、棒子面、先生和听差
罗家伦	除夕入香山
傅斯年	老头子和小孩子
裴庆彪	爱的神
杨振声	渔家
罗家伦	是爱情还是痛苦
叶绍钧	这也是一个人
沈性仁	高尔基小说二篇：一个病的城里、私刑
王尔德　潘家洵　译	扇误
傅斯年	答时事新闻记者
评坛　傅斯年	译书感言
俞平伯	打破中国神圣思想之一种主张
书报介绍　记者	《国民公报》、《晨报》
孟真	朱勒《形式逻辑》
通信　　　傅斯年　顾诚吾	
余裴山　史志元	

● 第一卷第四号（1919 年 4 月 1 日）

汪敬熙	什么是思想
译诗　胡适	关不住了
诗　康白情	牛、风里的蜘蛛、梦境、窗外
俞平伯	春水船、花匠
顾诚吾	杂诗两首、山中
杨振声	一个兵的家
刘秉麟	分配问题

谭鸣谦　译　劳动问题之解决
叶绍钧　今日中国之杂志界
何思源　思想的真意
陈达材　文学之性质
张崧年　砾厂掇拾
徐彦之　译　哲学问题
张厚载　生活独立
高元　非秘密主义
小说　佚名　怪我不是
评坛　康白情　太极图与 Phallicism
罗家伦　“出世?”
傅斯年　一段疯话、朝鲜独立运动之新教训
陈兆畴　朝鲜独立运动感言
故书新评　傅斯年　诗经集传和诗序辩、清代学问的门径书
通信　诚吾·斯年·家伦
附录　蔡校长　致公言报记者函、答林琴南君函

● 第一卷第四号（1919 年 5 月 1 日）

傅斯年　对于中国今日谈哲学者之感念
毛子水　国故和科学的精神
江绍原　最近代基督教义
罗家伦　驳胡先骕君的中国文学改良论
诗　仲　密　背枪的人、京奉车中
傅斯年　咱们一伙儿
康白情　鸡鸣、车行郊外
洛启荣　爱情
程裕清　秋千歌
任鈃　新婚前后七日记
堺利彦　郭须静　译　男女关系的进化
谭鸣谦　译　德谟克拉西之四面谈
戏剧　易卜生　潘家洵　译　群鬼
叶绍钧　春游

俞平伯	我之道德观
赫格尔　吴康　译	真理
傅斯年	白话文学与心理的改革、随感录
吴景超	平等谈
通信　梁漱溟　冯友兰　陈家蔼 鲁迅　傅斯年　余裴山 杨钟健　罗家伦	

● 第二卷第一号（1919 年 10 月）

罗家伦	妇女解放
陈达材	社会改制问题
何思源	近世哲学的新方法
毛子水	“驳新潮‘国故和科学的精神’篇订误
郭绍虞	新村研究
周作人	访日本新村记
诗　康白情	桑园道中、送客黄浦
罗家伦	大安门前的冬夜
寒　星	老牛、E 弦、铁匠
俞平伯	“他们又来了”
叶绍钧	我的伴侣
鲁迅	明天
KS	砍柴的女儿
俞平伯	炉景
寒星	写给 Mr. Williaws 的一封短信
萧伯纳名剧　潘家洵	华伦夫人之职业
俞平伯	社会上对于新诗的各种心理观
王钟麟	拟编高等小学史地教材的大纲
评坛　志希	欢迎我们的兄弟牛津大学的新潮、古今中外派的学说
书报评论　志希	杜威博士的学校与社会、杜威博士的德育原理、少年中国月刊
附录　傅斯年	新潮之回顾与前瞻

● **第二卷第二号（1919 年 12 月）**

李大钊	物质变动与道德变动
王星拱	科学的真实是客观的不是
罗家伦	近代西洋思想自由的进化
杜威　讲　吴康　罗家伦　记	思想的派别
诗　胡适	上山
傅斯年	心悸、心不悸了
俞平伯	送金甫到纽约、菊、芦
汪敬熙	方入水的船
康白情	日观峰看浴日、石头和竹子
胡适	李超传
汪敬熙	死与生
潘家洵	炉火光里
杨钟健	一个好百姓
江绍原	一回稀有的经验
法郎士　剧本　沈性仁　译	哑妻
叶绍钧	小学教育的改造
高元民	民主政治与伦常主义
吴康	人生问题
评论　志希	学术界的骗局、是青年自杀还是社会杀青年
梦麟	北大学生林德扬自杀问题
守常	青年厌世自杀问题
书报评论　徐彦之	心灵现象论
志希	解放与改造
通信　张溥泉　施存统　徐彦之　潘介泉　罗家伦	
张崧年	精神独立宣言
工学互助团启事	
新潮社记事	

● 第二卷第三号（1920 年 2 月）

江绍原	耶稣以前的基督
叶麐	“无强权主义的根源”及“无强权的社会”略说
胡适	非个人主义的新生活
杜威 讲 吴康 罗家伦 记	思想的派别
诗 傅斯年	登东昌城、自然
俞平伯	风的话、别她
康白情	疑问
罗家伦	送楚僧赴法
小说 俞平伯	狗和褒章
小说 Herric	格兰莫尔的火
梅德林 作 赵承易 译	白黎爱和梅立桑
朱自清	心理学的范围
吴康	我的白话文学研究
叶绍钧	职业与生计
朱洪	女权与法律
谭鸣谦	现代民治主义的精神
杜威 讲 高尚德 记	大学与舆论
罗家伦	舆论的建设
评坛 康白情	一星期在上海的感想
罗家伦	批评的研究
孙伏园	海外中国大学为什么不成舆论
书报评论 汪敬熙	社会学方法论
孙伏熙	美术与美育

● 第二卷第四号（1920 年 5 月）

蔡元培	美术的起源
何思源	社会学中的科学方法
江绍原	耶稣以前的基督
顾诚吾	对于旧家庭的感想
郭绍虞	从艺术上企图社会的改造

杜威　讲　吴康　罗家伦　记	思想的派别
诗　俞平伯	和你撒手、去来词、仅有的伴侣
小说　叶绍钧	两封回信
托尔斯泰　孙伏园　译	高加索的囚人
萧伯纳　潘家洵	陋巷
书报评论　汪敬熙	本能与无意识
通信　熊真子　何思源　傅孟真 俞平伯　罗家伦	
附录　罗家伦	一年来我们学生运动的成功失败和将来应取的方针

● 第二卷第五号（1920 年 9 月）

罗家伦	近代中国文学思想之变迁
汪敬熙	心理学之最近的趋势
顾诚吾	对于旧家庭的感想
杜威　吴康　罗家伦　记	思想的派别
诗　康白情	天亮了、鸭绿江以东、从连山关到祁家堡、庐山纪游
尼采　唐俟　译	察拉图斯忒拉的序言
江绍原　译	古佛教
弥里珍那　著　周作人　译	老乳母
托尔斯泰　孙伏园　译呆子	伊凡的故事
叶绍钧	伊和他
杨振声	贞女
剧　苏德曼　潘家洵　译	福利慈欣
评坛　何思源	哲学与常识、个人创造
附录	孟寿椿本社记事

● 第三卷第一号（1920 年）

王星拱	物和我
冯友兰	柏格森的哲学方法
吴康	从思想改造到社会改造

达微思　著　江绍原　译	古佛教
俞平伯	诗的自由和普遍
诗　俞平伯	屡孟真醒来长作此寄之、无名的哀诗、黄鹄
朱自清	怅惘、小草
叶绍钧	不快之感
杨振声	磨面的老王
潘垂统	贵生与他的牛
王尔德　著　穆敬熙　译	自私的巨人
千家元磨　著　周作人　译	狂热的小孩们
西尔雪般　著　孙伏园　译	暗中
冯友兰	与印度泰谷尔谈话
孙伏熙	赴法途中漫画
评坛　何思源	社会共同化
俞平伯	现行婚制的片面批评

● 第三卷第一号（1920 年名著介绍特号）

爱因斯坦　著　饶毓泰	相对原理
威尔斯　著　朱经	世界史大纲
杜威　著　罗家伦	哲学改造
柏格森　著　冯友兰	心力
华特生　著　汪敬熙	行为主义的心理学
谭嗣锐　著　杨振声	新心理学
罗素　著　何思源	布尔塞维克主义
韦勃　著　刘光一	大不列颠社会民主国宪法
戴荣延纳　著　冯友兰	美国人的品性与意见
劳斯　著　何思源	社会学原理
柯耳　著　金岳霖	社会通论
潘铁　著　金岳霖	行为主义家之历史观
华克海　著　江绍原	印度宗教书籍大纲
芝加哥大学出版　江绍原	宗教杂志
袁同礼	一九二零重要书籍表

《新潮丛书》、《新潮文艺丛书》书目

《新潮丛书》共 6 种：

1. 王星拱：《科学方法论》32 开 318 页，1920 年 4 月。

2. 陈大齐：《迷信与心理》32 开 190 页，1920 年 5 月。

3. 周作人译：《点滴》（外国近代短篇小说）32 开 370 页，1920 年 8 月。

4. 蔡元培：《蔡孑民先生言行录》32 开 580 页，1920 年 10 月。

5. （日）速水滉著，陶孟和译：《现代心理学》32 开 256 页，1922 年 2 月。

6. （英）哈忒著，李小峰、潘梓年译：《疯狂心理》32 开 208 页，1923 年 4 月。

《新潮文艺丛书》共 10 种：

1. 冰心：《春水》44 开 148 页 1923 年 5 月。

2. （俄）爱罗先珂著，鲁迅译：《桃色的云》32 开 285 页，1923 年 7 月。

3. 鲁迅：《呐喊》25 开 272 页，1923 年 8 月。

4. （法）孟代著，CF（张近芬）译：《纺轮的故事》（童话集）32 开 216 页，1925 年。

5. 孙福熙《山野掇拾》32 开 273 页，1925 年。

6. （丹麦）爱华尔特著，李小峰译：《两条腿》（童话集）32 开 126 页，1925 年。

7. 周作人译：《陀螺》（诗歌小品集）32 开 278 页，1925 年。

8. 冯文炳（废名）：《竹林的故事》（短篇小说集）32 开 206 页，1925 年 10 月。

9. 李金发：《微雨》32 开 262 页，1925 年 11 月。

10. 李金发：《食客与凶年》32 开 325 页，1927 年 5 月。

《新潮》杂志社改为新潮学会

本社成立快要两年了，用记载来正式宣布社务，除开本号，只

有二卷二号登过《新潮社记事》。这是因为本社的组织简章，社务也是直线的进行，所以用不着把平常开谈话会啊、干事会啊，一些无谓的“照例文章”来填占篇幅！

但是现在有五个原因，不能不有一篇记载在本号上发表：

1. 本社已由杂志社扩充为学会。

2. 本社既改为学会，则其组织上当然有一部分的变更。

3. 第三任职员的改选，适于前月开会发表，其结果当于本号宣布之。

4. 本社杂志出版愆期的原因，有向大家说明的必要。

5. 近来社员留学欧美或出居京外的日益增多，对于本社一年来经过的社务及此后进行的计划，要约略报告他们一下。

现在且分别记述于后方：

（一）由杂志社改为学会之经过

本社最初仅发行《新潮》杂志一种，自经去年十一月十九日全体社员议决（见二卷二期纪事），即积极为扩充成一学会之准备。发行丛书、筹备基金，均有成效。于是在京全体社员于本年八月十五日开会议决正式改成学会，并备函通知各地社员。兹节录原函如下：

“本社虽然最初是个办杂志的团体，但我们都是智识上和志行上的结合，实在是一个学会的性质；况且丛书出版之后，当然见得我们不是专办杂志；加之我们同社毕业的在本校或社会中任教或任职者甚多，当然不能专限定学生的资格，所以大家议决正式改为学会，以符名实。而且我们的结合，也是很不容易，所以我们对新潮社更应当极力维持，做一种永久文化上的团体，如科学社对于科学的尽忠一样。我们想我们全部的同社都是赞成的。我们因时间上的关系，虽不能出全力以为社会贡献，但对于文化上的事业，我们想是万万无可推诿的了。”

（二）组织的变更

（1）本社旧制分编辑、干事两部，各置主任一人，其余职员均由主任推定。至去年十一月改选，改置编辑一人、经理一人、记录校对等若干人（见二卷二期纪事），算是与原先的组织有些不同。但在本年八月议改学会之时，因社务更加繁杂，即议决：恢复两部旧制，以利进行。

同时又有议决案数起，都是于组织上有关系的，兹再赓续纪之。

（2）分设旅欧及旅美编辑部。两年以来国人之往国外求学者日见其多。去年，傅孟真君等赴英、杨金甫君等赴美时，同人已有驻外通信员之约。是则国外编辑注之设，其已决和实现虽在今年，而雏形则以具于往岁。今年罗志希君等又赴美，徐子陵君等又赴英，社员之在国外者，已见其发达。国外稿件之收集与审择，为事实上所难免，是则国外编辑部之设亦不容缓。社中同人即以旅居英美者为多，故拟先设英美两处之编辑部；其大陆方面之稿件，亦暂归旅英编辑部接收。至于编辑部之集中，当然仍在北京，一方面接收国内稿件，办理国内一切事务；一方面接收国外编辑部之稿件而总其成。

（3）社员入社，必须经二人以上之介绍及全部社员三分之二之承认（按本条系原定简章（三）、（四）两条之修正案）。

（4）本社社员既散居欧美及国内各省，则社务之报告自不能如以前在校是之检单，故拟在国内编辑部添设通信书记二人，每月将社务用通信报告于各处社员。

（5）本社社员虽属散居各处，但遇选举等事，其权利仍与在京时相等。故议决凡未届选举期一个月以前，必须由社员将选举票分散各处社员，使可通函选举，亦仍以通函报告之。

（6）在京社员为讨论社务及交换感情起见，每月开常会一次。其讨论结果之重要者，亦通函报告国内外各处社员。

（原载《新潮》第二卷第五号，1920年6月1日）

新潮社大事记

《新潮》杂志站在时代变革的最前沿，提倡白话文学，翻译西洋文字，介绍国外思潮，批评国内问题，为文学革命呐喊助威，为思想革命鸣锣开道，扩大了新文化运动的影响，成为新文化运动的重要阵地。

1918 年 10 月 13 日

新潮社召开了预备会议。

1918 年 11 月 19 日

新潮社正式成立。

1919 年 1 月 1 日

《新潮》第一卷第一号出版，编辑部是傅斯年、罗家伦和杨振声；干事部是徐彦之、康白情和俞平伯。杂志出版受到了读者的广泛欢迎，一个月内再版了 3 次。

1919 年 2 月 1 日

《新潮》第一卷第二号出版。

1919 年 3 月 1 日

《新潮》第一卷第三号出版

1919 年 4 月 1 日

《新潮》第一卷第四号出版

1919 年 5 月 1 日

《新潮》第一卷第五号出版

1919 年 10 月 30 日

《新潮》第二卷第二号出版

1919 年 11 月 19 日

新潮社举行全体社员大会，决议将该社从杂志社改变为学会，并正式启动新潮丛书的出版。新潮丛书后来出版了 6 种。原计划作为丛书第七本罗家伦译的《思想自由史》和第八本陈达材著的《政治原理》未能实现。

1919 年 11 月

傅斯年去英国留学，新潮社的组织发生一些变更。在第 2 届职员中，只设编辑 1 人，由罗家伦担任。设经理 1 人，由孟寿椿担任。另外，由顾颉刚负责代派赠阅交换，高尚德负责广告，王星汉、宗锡均、李小峰负责记录与校对。

1919 年 12 月 1 日

《新潮》第二卷第三号出版

1920 年 5 月 1 日

《新潮》第二卷第四号出版

1920 年 6 月 1 日

《新潮》第二卷第五号出版

1920 年 8 月 15 日

经社员大会决议，改组为新潮学会。罗家伦出国留学，新潮社的组织又做了一次调整，他们恢复旧制，重设编辑和干事两部，周作人任主任编辑，毛子水，顾颉刚，陈达材，孙伏园任编辑，孟寿椿任主任干事，王星汉、孙伏园、高尚德、宗锡均、李小峰、郭绍虞等人任干事。

1921 年 10 月 1 日

《新潮》新潮第三卷第一号出版

1922 年 3 月

《新潮》第三卷第二号出版。第一号与第二期好发行整整相隔了 5 个月，这是《新潮》的最后一期杂志。不能按期正常出版，除了“五四”运动的短暂耽搁，主要是社团成员总共 40 余人，竟有 30 多人出国在外，留学生活无暇写稿；留在国内的社员如叶绍钧、朱自清、孙伏园、郭绍虞等人分心于文学研究会，稿源中断。经济方面虽然《新潮》销路很好，但回款不及时，加之开始出版丛书，分流了出版资金，使得杂志出版向后延期了。《新潮》出版了 12 期，历时 2 年零 5 个月。

高一涵回忆所说与历史事实不符

高一涵在《从五四运动中看究竟谁领导革命?》一文中说，五四运动爆发后，正当全国各省市学生纷纷起而响应时，“北京的学生总会和北大的学生会开始组织起来。乘机夺取学生会的领导权的，就是胡适的得意门生和后来加入国民党的投机分子北京学生总会的主席段锡朋霸占去了，新潮社的编辑部也被傅斯年、罗家伦等钻进去了”①。

一是关于段锡朋其人，要把他的早期作为与晚期作为加以区分。

段锡朋（1896—1948），字书诒，江西永新人。1916 年毕业于江西省立高等师范学校英文科，考入北京大学商科，一年后并入法科，学制三年，于 1919 年 6 月毕业。在北京大学学习期间，段锡朋逐步成为学生运动领袖。1918 年 5 月，留日学生 1000 多人为了反对段祺瑞同日本秘密签订《中日共同防敌军事协定》，罢学回国，曾琦等在上海组织“留日学生救国团”，同时还到北京发动各高校进行声援。5 月 21 日，段锡朋作为 13 名学生代表之一，组织了 2000 多名学生赴新华门请愿，会见大总统冯国璋提出抗议。此后，段锡朋等人组织“学生救国会”，曾任国民杂志社评议部部长。1919 年 5 月 3 日晚，北京大学等高校的学

① 高一涵：《从五四运动中看究竟谁领导革命?》，见中国社会科学院近代史研究所编：《五四运动回忆录》（上），知识产权出版社 2013 年版，第 337 页。

生商量对策并组建学生联合组织，时任北京大学学生会主席的段锡朋和傅斯年等被推为天安门大会主席与游行总指挥。1919 年 5 月 4 日五四运动爆发。五四运动之后，段锡朋历任北大学生干事会总务股主任、北京中等以上学校学生联合会会长。6 月 16 日，中国各省学生代表在上海大东旅社开会，成立中华民国学生联合会，段锡朋任首任主席，任期一年。1919 年夏，段锡朋毕业后留校任职。1920 年 10 月赴美国留学。获哥伦比亚大学文学硕士学位，先后在英国伦敦政治经济学院、德国柏林大学、法国巴黎大学游学。1925 年秋，段锡朋归国，任教于国立武昌大学历史系，后转任广东大学（中山大学）史学系主任。广州国民政府开始北伐，段锡朋到中国国民党中央组织部任职，在江西任职期间，1927 年 1 月，他和程天放、周利生等人成立 AB 团，反对联俄、联共、扶助工农，取消民主主义。大革命结束后，段锡朋任中国国民党清党委员会委员，中国国民党南京特别市党部整理委员及执行委员。在中国国民党第四次全国代表大会上当选中执会候补委员，曾接替陈布雷任教育部政务次长。1938 年 1 月，辞去政务次长职务，任中国国民党中央常务委员直至病故。

二是没有理由说新潮社的编辑部也被傅斯年、罗家伦等钻进去。

新潮社职员名单是经由 1918 年 11 月 19 日选举产生的：主任编辑傅斯年；编辑罗家伦；书记杨振声。1919 年 11 月 19 日改选后，编辑是罗家伦。因此，没有理由说新潮社的编辑部也被傅斯年、罗家伦等钻进去。《新潮》杂志上的 66 位作者中（一至三卷），傅斯年发表文章最多，有 44 篇，其次就是罗家伦，共有 36 篇。有论文、评论、诗歌、通信。傅斯年在《新潮之回顾与前瞻》中说："我们的杂志是由觉悟而结合的，至于将来，若不死于非命，我敢担保必定放个光彩。"罗家伦说："我们天天与《新青年》主持者相接触，自然彼此间都有思想的交流和相互影响。不过，从当时的一般人看来，仿佛新潮的来势更猛一点，引起青年人的同情更多一点。《新潮》的第一卷第一号，复印到三版，销到一万三千多册，以后也常在一万五千册左右，则声势不可谓不浩大"。这就有力地说明傅斯年、罗家伦同为胡适的学生，同为五四的健将，引领学界风骚。只是在 1920 年，经由胡适的安排下，段锡朋、傅斯年、罗家伦等得到了实业家穆藕初的资助赴美国留学，随着对世界事物视野的开阔，与先前的朋友在中国发展前途的认识上逐渐产生了距离，如同闻一多所说："靠五四起家的罗家伦、段锡朋之流，都堕落成反民主的人物了。"这是历史发展过程中的大浪淘沙，是历史发展中产生的必然现象。

主要参考资料条目索引：

●张德旺：《论五四运动中的新潮社》，《求是学刊》1986 年第 4 期。

●齐成民：《论新潮社对新文化建设的意义》，山东师范大学 2000 年硕士论文。

●张用蓬：《鲁迅与新潮社》，《鲁迅研究月刊》2001 年第 3 期。

●张用蓬：《新潮社始末片谈》，《泰安师专学报》2001 年第 1 期。

●李娟：《新潮社扩充为新潮学会的原因初探》，《贵州大学学报（社会科学版）》2003 年第 3 期。

●朱寿桐：《新潮社与中国现代文学社团的雏形》，《东南大学学报（哲学社会科学版）》2004 年第 7 期。

●吴永贵、王孙晓燕：《从激烈的社会批判到沉稳的学理探求——1919—1922 年：五四时期新潮社的观念转变研究》，河南大学 2006 年硕士论文。

●刘心力：《新潮社研究》，华东师范大学 2006 年硕士论文。

●陈树萍：《新潮社：五四青年知识分子掌握现代传媒的尝试》，《山西师大学报（社会科学版）》2007 年第 6 期。

●胡少山：《新潮社的历史贡献及意义》，《沧桑》2008 年第 2 期。

●王亚涛：《〈新潮〉编辑特色研究》河南大学 2008 年硕士论文。

●蔡秋彦：《〈新潮〉的历史、内容及编辑思想》，《汕头大学学报（人文社会科学版）》2008 年第 5 期。

●任璐：《新潮社社会伦理观探究》，《河北师大学报》2009 年学位论文

●刘静：《新潮社与〈新潮〉杂志（民国时期中小书局研究之一）》，《出版史料》2004 年第 2 期。

●刘静：《新潮社与〈新潮〉杂志》，北京新文化运动纪念馆，2011 年 7 月 28 日。

●《〈新潮〉杂志创办始末》，凤凰网读书综合，2011 年 4 月 19 日。

李大钊与曙光社

《曙光》杂志，是北京中国大学、法文专修馆、俄文专修馆及山东旅京的院校学生宋介、王统照、王晴霓、范予遂、徐彦之等于1919年11月在北京创办的。初期是提倡科学救国、教育救国，强调美育是改造社会的根本手段。重点介绍各种哲学思想和流派。

1920年以后，随着形势的发展，开始由“促进社会改革”转变为传播马克思主义，发表了大量介绍苏俄情况的文章和列宁著作的译文。

主编宋介成为北京共产党早期组织的成员。李大钊的一些著作在这里发表，由于李大钊与宋介（宋维民）的关系，使之成为了北京共产党小组的宣传阵地。该刊在济南、烟台都设有代派处，对推动马克思主义在山东的传播，发挥了重要作用。

《曙光月刊宣言》

（1919年11月1日）

我们为什么要办这个杂志？

我们为什么要用这个名称？

（一）我们处在中国现在的社会里头，觉着四围的种种环境、层层空气，没有一样不是黑暗恶浊悲观厌须，如问探在九幽十八地狱里似的。若果常常如此不加改革，那么还成一种人类的社会吗？所以我们不安于现在的生活，想着另创一种新生活；不满于现在的社会，想着另创一种新社会。但是这新生活新社会的基础，都建在科学上边。必须科学发达，文明才能进步。无论是群众的幸福，个人的幸福，也就可以随着文明的进步渐渐圆满了。所以我们发愿根据科学的研究，良心的主张，唤醒国人彻底的觉悟，鼓舞国人革新的运动。虽然能力有限，愿力却大。谨将宗旨列下：本科学的研究，以促进社会改革之动机。

（二）用这“曙光”两个字的意义，也很容易了解。因为现在的社会，都在“长夜漫漫”、“迷梦惝恍”的时候，不有“鸡声啼晓”、“东方既白”的警告，那能有醒悟的感觉？我们虽不敢说“先知先觉”的活，但是这一钱“曙光”的贡献，问诸良心，却也“责无旁贷”。或者由此朦胧清新的“曙光”发现在“卧榻鼾睡”的时候，竟能“万方钟动”，“旭日中天”，将一丝一丝的光线都照在大地之上，人民也从黑暗的深夜到了光明的白昼，也未可知。所以本志要用这个名称。

以上两段是说明本志的宗旨名称。若不願在黑暗中生活的呀，请快起来大家协力向光明的前途走去！

（原载《曙光》第一卷第一号，1919 年 11 月 1 日）

曙光社社员名单

曙光社社员是先后分批加入的：

第一批：丁镇华、王晴霓、王统照、宋介、祁大朋、李树峻、段澜、范煜遂、徐彦之。

第二批：耿济之、刘静君、李鲁航。

第三批：郑振铎、瞿世英。

总共有社员 14 人：丁镇华、王晴霓、王统照、宋介、祁大鹏、李树峻、段澜、范煜璲、徐彦之、耿济之、刘静君、李鲁航、郑振铎、瞿世英。

对曙光社社员的情况简要介绍如下：

宋介（1893—1951），又名宋价、宋维民，别号木鸡，山东滋阳人。1918 年秋，在北京中国大学政治经济系学习，参加过五四运动，此前曾参加《新中国》杂志社。1919 年 11 月宋价与王统照、王晴霓等创刊《曙光》杂志，为该刊主要撰稿人。宋介受到李大钊等人的影响，接触并接受马克思主义。《曙光》是一份“促进社会改革”的进步刊物，1920 年以后转变为传播马克思主义的刊物之一，李大钊、瞿秋白、何孟雄等是该杂志社的重要撰稿人。1920 年 10 月，中共北京共产党小组织成立，宋介曾加入北京早期共产党组织。刘仁静在《回忆党的“一大”》一文中说：“当时，参加北京组织的有李大钊、张国焘、邓中夏、罗章龙、刘仁静、李梅羹、陈德荣、宋价、吴汝明等九人。”

1921年初，宋介参加北京社会主义青年团，任教育委员。1921年1月4日，宋介曾参加郑振铎、叶聖陶、茅盾、王统照、许地山等12人在北京组织的“文学研究会”。它是我国现代最早成立的新文学团体，该会倡导为人生的写实主义文学，该会在反对旧文学，发展新文学的创作、文艺批评和外国文学的研究介绍上都做出了贡献。1921年宋价在中国大学毕业，10月赴美国留学。在阿桑那大学经济系学习，获硕士学位。

宋介在1925年从美国留学毕业回国后，就没有资料显示他参加过党的活动，宋介脱离中共党组织，至今未能有确切资料。可能是到美国留学后就脱离了党组织。宋介回国后赴沈阳，任东北大学政治系主任及东北第一交通中学校长。

1931年“九·一八”事变后，宋介一度被日本宪兵逮捕，日军占领沈阳，日本南满公学学堂堂长到东北大学，伪装进行慰问，劝说东大学生照常上课，称学校所需经费由日本供给。全校师生严词拒绝，决意向内地流亡，9月26日东北大学开始分批迁往北平。1932年宋介回到北平，任中国大学教授兼秘书主任，北平大学法学院政治系主任。说明此时宋介已经变节。

1937年“七七”事变后，宋介任伪北平维持会委员，北平《晨报》社社长。1938年1月任日汉奸组织新民会中央教化部长。1942年4月改任新民会事务总长兼顾问。在《新民会大纲之说明》中鼓吹说“今也友邦举兵西来，在友邦则谓为吊民伐罪，在吾辈民众观之，勿宁谓为友军代吾人而举政治革命之义帜。故七月七日夜卢沟桥之事变，与法国大革命，七月十四日黎明攻下巴士提尔之性质略同”。法国大革命是推翻封建王朝的革命，日本则是侵略中国的战争，两者性质截然不同，由此可见，宋介的汉奸无耻嘴脸。1942年8月，宋介任日伪华北“防共”委员会秘书主任、企划处长。1945年5月任伪济南道道尹。

日本投降后，1946年国民党山东省高等法院以汉奸罪将宋介逮捕，并判处有期徒刑5年。中华人民共和国成立后，1951年宋介被人民政府处决。

王晴霓，当时是中国大学学生，担任《曙光》主笔之一、兼任经理事务。王晴霓和山东的进步人士王乐平、王翔千同属诸城王氏家族，交情很深。王晴霓等人多次回山东活动，与山东的学生领袖王尽美、邓恩铭建立了深厚的友谊，王晴霓就出席了励新学会成立大会，在推动马克思主义在山东的广泛传播的过程中，发挥了重要的作用。王晴霓在《曙光》发表的《两性教育观》和《两性的道德》，从理论和实践上阐述了进行性教育的必要性。

王统照（1897—1957），字剑三，笔名息庐、容庐，山东诸城人。1916 年处女作文言小说《新生活》发表。1916 年为纪念反对帝制、再造共和一周年，编写话剧《云南起义》，自饰蔡锷。1918 年考入北京中国大学英国文学系，被推选为学报编辑。1918 年参与创办《曙光》杂志。1919 年参加五四运动。1920 年冬，与郭绍虞、郑振铎、耿济之等 12 人，发起组织文学研究会。曾编辑《曙光》、《晨光》等杂志，主编《晨报·文学旬刊》。1922 年 10 月，出版第一部长篇小说《一叶》。1924 年任中国大学教授，后迁居青岛出版长篇小说《一叶》、《黄昏》，短篇小说集《春雨之夜》、《霜痕》，诗文集《童心》等，作品反映下层人民的不幸生活。长篇小说《山雨》，反映北方农村的破产和农民的觉醒。1934 年赴欧洲游历。1935 年回国，任上海《文学》月刊主编。抗日战争爆发后，从事编辑和写作宣传抗日。1946 年秋应聘山东大学文史系教授。全国解放后出任中文系系主任。1949 年底任山东省文教厅副厅长、省文联主席、省文化局局长等职。1957 年 11 月 29 日，病逝于济南。与李大钊一起英勇就义的国民党北京党部执行委员路友于曾与王统照一起在省立一中上学，因为文章写的好，两人和另一个同乡杨金城被誉为“诸城三杰”。中共山东省委挽联是：“文艺老战士，党的好朋友。”

祁大鹏（1896—1958），名鹏，辽宁康平人。当时是中国大学学生，北京社会主义青年团团员。据潜入北京社会主义青年团内部的北洋政府密探关谦密报，祁大鹏多次参加北京社会主义青年团的会议。在 1921 年 4 月 2 日的北京社会主义青年团第四次大会上，祁大鹏当选为组织委员。1923 年被聘为北京政府国务院顾问。1924 年任中塑交涉督办公署驻奉办事处处长。1927 年任西北水利局帮办、代理总办。1928 年任外交部处长。1932 年，任中国大学总务长，但在 1936 年 7 月，因反对中大学生救国会开展的活动，遭受学生的反对和驱除，9 月间被迫离校。1943 年任赈济委员会委员。1947 年任河北区禁烟特派员。1948 年任第一届监察院委员。1949 年任云贵区监察行署委员，后病逝于台湾。

段澜（生卒年不详），又名子安、子清，江西鄱阳人。斋名碧月居、古月阁。为著名新粉彩文人瓷画家，活跃于1920年至1949年。绘花鸟人物，尤擅山水。笔意空灵，设色斑斓。其一生坎坷，在20世纪20年代或再早一点成名。常见款识如：段澜、子新、子珍。早期山水比较工，后因妻子被洋教士污辱，一改画路，山水凄凉。40年代因长期压抑疯而离世。

徐彦之（1897—1940），字子俊，山东郓城县仁怀庄村人。天津南开中学毕业后，升入北京大学，是男女同校首倡者之一，颇得蔡元培赏识，曾发表《北京大学男女共校记》。1918年，徐彦之与傅斯年、罗家伦等创办新潮社和《新潮》杂志，任干事部主任，得到蔡元培、陈独秀支持。1918年，参加少年中国学会，任北京总会常委、交际股长。1919年，和山东旅京学生宋介、王统照、王晴霓、范予遂等人创办《曙光》杂志，并多次回山东活动，与王尽美、邓恩铭建立友谊，在推动马克思主义在山东的传播中发挥了重要作用。1920年3月31日，李大钊秘密组织发起北京大学马克思学说研究会，徐彦之是成员之一。1920年5月作为北京大学学生访日团团员访日。后以官费赴美留学，又考取了英国伦敦大学研究生。归国后，积极参加抗日运动，加入中国"抗日救国会"。1935年起，先后在菏泽、东昌、济南等地做代课教师。1937年，任山东省参议会议员。1940年，在重庆遇日军空袭，不幸中弹身亡，时年43岁。

耿济之（1899—1947），原名耿匡，字孟邕。笔名济之、狄谟、C. Z等，上海人。1917年18岁考入北京俄文专修馆，与瞿秋白同学。1918年与郑振铎相识结为挚友。五四运动时积极参加示威游行。1920年与郑振铎等人发起成立文学研究会时，已翻译屠格涅夫、托尔斯泰等俄国作家作品，并与郑振铎以C. T. 和C. Z. 的笔名合译《国际歌》。1922年起，耿济之赴苏联赤塔、伊尔库茨克、列宁格勒等地中国领事馆、大使馆工作。翻译的作品有：果戈理的剧本《巡按使及其他》；屠格涅夫的《父与子》、《猎人日记》及剧本《村中之月》；托尔斯泰的《短篇小说集》（与瞿秋白合译）、《复活》、剧本《黑暗之势力》及《艺术论》；陀思妥耶夫斯基的《罪与罚》（译稿毁于"一二八"战火）、《白痴》、《少年》、《死屋手记》、《卡拉马佐夫兄弟》；奥斯特洛夫斯基的剧本《大雷雨》；《柴霍甫短篇小说集》（与其弟耿勉之合译）；高尔基的《家事》、《俄罗斯浪游散记》、《马特威·克日米亚金的一生》及剧本《蒲雷曹夫》。在翻译俄国文学方面作出了重要贡献。

刘静君（1890—1971），到抗日根据地后，改名刘仁，新中国成立后恢复原名，江苏丰县人。刘静君是北大的旁听生，师从李大钊。1920年她进入北京大学旁听，因为当时不招女生，加入曙光社，创办《曙光》杂志，为主要撰稿人之一。她特别敬重李大钊，到李大钊家中拜见，敬重地称李大钊夫人为师母，有时还留下来吃饭，师母每次都为其加一个炒鸡蛋。后受聘于熊希龄创办的香山慈幼院做国文教员。刘静君离婚后独自带着3个孩子在北京生活，秘密加入了中国共产党，为党做了许多工作。特别是协助李大钊夫人参加李大钊公葬。1939年北平陷落，刘静君与组织失去联系，经大半年不懈努力，才到了组织。刘静君是刘导生的姑母和革命引路人。1957年春，刘静君的《记忆中的李大钊同志》，刊登在《人民日报》上。

李鲁航（1895—1984），字可良，邹平县长山镇北关村人。1912年加入同盟会。1917年参加护法军。五四运动爆发后，代表南京学生加入全国学生联合会和全国各界联合会，参加请愿、游行活动，参加曙光社。1920年金陵大学毕业，选送日本实习。先后在山东、山西、安徽等地农业学校任教。1924年加入国民党。后对国民党由失望转为不满，闭门潜心学术研究。1930年后任山东模范林场场长（驻崮山）。抗日战争爆发后寓居重庆，考察黔、桂、湘等省林业。抗战胜利后任国民政府农林部视察。曾协助中共南京地下党组织保护农林部财产和资料。1950年初，被任命为西北军政委员会农林部林业局工程师。1955年调中国科学院农业生物研究所农林牧组组长。1957年被错划为右派分子。1979年被平反改正，并以80高龄写出《对当前开展林业工作的建议》。

郑振铎（1898—1958），浙江温州人。1919年五四运动爆发时，在北京铁路管理学校读书，以学生代表身份投身革命洪流。回到学校依旧是学生，思想却无法“依旧”。郑振铎是北京社会主义青年团团员，多次参加北京社会主义青年团的会议。在1921年4月2日的北京社会主义青年团第四次大会上，郑振铎当选为出版委员。他思考着怎样把新文学家们组织起来共谋发展。1920年的多个傍晚约了朋友于北京沙滩一带边走边谈：“月光如水，人影在地，当前景色成为谈话资料的时候，有时恬适，有时感慨，甚至有时也吐些狂言……当然，所谈的，也有一部分计划怎样组织文学研究会的事。”（见郭绍虞《“文学研究会”成立时的点滴回忆》）参加交谈有瞿秋白、耿济之、瞿菊农、王统照、许地山等，后来郭绍虞加入。交流对撞出了火花，见解达成了共识：筹备文学会的发起，以“灌输文学常识、介绍世界文学、整理中国旧文学并发表个人的创作”。1920 年 11 月 29 日，北京大学图书馆主任李大钊的办公室里，郑振铎召集朋友们开会，“议决积极的筹备文学会的发起，并推郑振铎君起草会章。至于《小说月报》，则以个人名义，答应为他们任撰著之事，并以他为文学杂志的代用者，暂时不再出版文学杂志”（《文学研究会会务报告（第一次）》）。

瞿世英（1901—1976），即瞿菊农。原名士英。江苏武进人。与郑振铎、瞿秋白、赵世炎等创办《新社会》旬刊、《人道》月刊。五四运动中为北京学生联合会代表。1920 年底，与郑振铎、茅盾等发起成立“文学研究会”。1922 年毕业于燕京大学研究科。1926 年获美国哈佛大学哲学博士学位，曾任清华大学、北京大学、上海自治学院、北京师范大学、北京女子师范大学教授，湖南大学文学院院长，中华平民教育促进会研究部主任、代总干事长，重庆乡村建设育才院院长，联合国教科文组织中国代表团顾问兼秘书长。毕生从事哲学、教育理论的教学与研究工作，推行平民教育，著有《教育哲学》、《教育学原理》、《乡村教育文录》、《现代哲学》、《西洋教育思想史》，译有《西洋哲学史》等。

范煜璲（1893—1983），字予遂，山东省诸城县（今五莲县）范家车村人。北京高等师范学校毕业。1921 年任济南省立第一中学校教务主任。1922 年在北京发起组织民权运动大同盟。1924 年 9 月帮助成立国民党益都县临时党部。1925 年 6 月，领导济南市民雪耻会。1925 年 7 月当选国民党山东省党部执行委员。后任道清铁路局局长。曾赴欧洲考察铁路事宜。1940 年编著《国民参政会》出版。1944 年 10 月，增选国民政府参政员，先后任国民政府农民部部长、汉口特别市党部常委、组织部部长、《民国日报》社总主笔、国民党中央执行委员、国民政府立法委员。1946 年，编著《中国宪法》。1949 年 4 月，范予遂等 50 余人发表通电，声明和国民党脱离关系。1954 年范予遂当选为民革山东省委主任委员、山东省政协副主席。1957 年 6 月，被错划为右派分子。1977 年 12 月起为第四届、第五届山东省政协副主席。1983 年 6 月，为政协全国委员会委员，在济南病逝。

李树峻，1921 年毕业于北京高等师范学校史地系。史学理论翻译家，德国历史学家、西方史学方法鼻祖伯伦汉（Ernst Bernheim，1850—1942）1880 年出版著作《历史研究法教科书》；1897 年法国的朗格诺瓦、瑟诺博司对伯伦汉原著增删后以《史学原论》出版。该书由李思纯译，商务印书馆1923年出版；1899年美国的付舲博士对伯伦汉原著再度增删出版《史法纲要》。1925年又出版《历史研究法》，该书由李树峻译出，先在报刊陆续发表，后经胡适校阅。1932年在北京立达书局出版。

丁镇华，为北京高等师范学校第八届及第九届教育研究科（1921）史地系校友。

《曙光》月刊主要内容简介

1919年11月1日，《曙光》杂志创刊。主编宋介，主要撰稿人有王统照、王晴霓等。第一卷第五号（1920年3月）前，宣传唯心主义哲学和社会改良主义，提倡科学救国和教育救国。1921年6月停刊，出版9期。

宋介主要担任编辑，祁大朋主要担任发行。初期王统照、王晴霓、宋介、刘静君等是主要撰稿人。只有丁镇华、李鲁航未在《曙光》上发表过文章。

开始时期，《曙光》的观点比较杂乱，宋介的《科学与社会》、《社会的自由》，王统照的《美之解剖》、《美育的目的》等，都是在求索社会改革的道路，但方向并不明确。

从第一卷第六号起，开始倾向社会主义。1920年11月，《曙光》在第二卷一号上刊登《本志改良启事》，言称："此前本志言论，理想的多，现实的少。第二卷一号起，于卷首增添短评数篇。对于社会、政治、经济、学术，本直觉之观察，为严重之批评。"《曙光》开始从根源出发对社会不平等进行揭露。"现代社会所以发生贫民，由于经济组织之不正当、不合理，经济组织之所以不正当、不合理，则资本主义之作祟也。故资本家者社会之虎狼也，贫民者犬羊也，犬羊与虎狼遇，乌行免吞噬哉。""故资本主义不灭，则贫民势难断绝，推其极非实行经济革命不足以言贫民问题之根本也。"并以大量篇幅刊登介绍苏俄十月革命以后的情况及列宁著作和讲演，如宋介的《新俄罗斯之建设》、《克鲁泡特金之安那其的社会学》、《赞》（赞列宁）、《劳动家与专利者》；段澜译的《黑面包与茶》、《康尼老人之秘密》；郑振铎翻译的《彼得克鲁泡特金与苏维埃》、《我们从什么着手呢》、《红色军队》；王统照翻译的《俄国之农业的社会化》、《劳农大学》、《新俄罗斯艺术之谈屑》、《罗素游俄感想之批评》、《俄罗斯文学之片面》、《旧治更新》（即列宁的《从破坏历来的旧制度到创造新制度》全文）等。W. P. K 翻译的《过渡时代之经济》（即列宁著《无产阶级专政时代的经济和政治》）、《全俄经济委员会第三次大会上兰宁之演说》（即列宁的《在全俄国民经济委员会第三次代表大会上的讲话》）。还刊登了瞿秋白以“愀”为笔名的大量苏俄报道：《新纪元之第三年》、《莫斯科之教育》等。

马克思主义在中国的广泛传播，为《曙光》接受马克思主义创造了客观条件。1918 年 11 月 15 日，《新青年》5 卷 5 号上发表李大钊《庶民的胜利》以后，《新青年》、《每周评论》相继发表文章介绍马克思主义和俄国十月革命，唤起了中华民族解放的新希望，研究和宣传社会主义逐渐成为进步思想界的主流。

《曙光》的第二卷第二号封面，刊登了列宁的照片，在封内，刊登了季诺维也夫的照片。明确地显示了编辑方针重大的转变。宋介当时还是北京德文专修馆的学生，和李大钊交往密切（李树峻致刘静君的信证实了这种关系），宋介还曾经是李大钊创办的学习和研究马克思主义的小型图书室——“亢慕义斋”的成员。据张国焘回忆：“北京小组成立……北京新中国杂志宋介也加入。”并且说是他和李大钊发展宋介入党的。张国焘在中国共产党第一次全国代表大会上发言，报告了北京共产党早期组织成立以来的工作，“在知识分子中的宣传工作”一节里有：“《曙光》杂志虽有我们的一个同志负责出版，但不纯粹是我们的刊物，而是一个混合性的刊物，我们刊登了一些翻译的和创作的文章。”①

1920 年 8 月 16 日，天津觉悟社为了联合进步团体，采取共同行动，邀请北京宗旨相同的各团体在陶然亭慈悲庵举行茶话会，拟组织“改造联合”。到会者除觉悟社的 10 余人外，还有曙光社、人道社、青年互助团和少年中国学会的成员，共 20 余人。李大钊、张申府代表少年中国学会参加。茶话会由觉悟社的刘清扬主持并报告开会的宗旨，邓颖超介绍了觉悟社的组织工作和一年多来的活动，周恩来发表了演说，说明觉悟社提出联合进步团体，共谋社会改造的意义。各团体的代表都发言介

① 张国焘：《北京共产主义组织的报告》，译自共产国际中共代表团档案的俄文稿，原载《党史研究资料》1981 年第 6、7 期合刊。

绍了本团体的情况。李大钊代表少年中国学会对觉悟社的邀请作了答谢，张申府发表了意见，极力赞成组织改造联合。随后，李大钊提出各团体有标明主义的必要，“盖主义不明，对内既不足以齐一全体之心志，对外尤不足与人为联合之行动，全体间此后似应有进一步的联络”。此建议得到各团体的响应，并决定各团体推选三名代表，于8月18日在北京大学图书馆开筹备会，筹商办法。李大钊、张申府作为少年中国学会推举的代表，与各团体代表先后在北京大学图书馆和中山公园的来今雨轩开会研究，通过了少年中国学会代表起草的《改造联合宣言》和《改造联合约章》。《改造联合宣言》提出：“我们集会在‘改造’赤旗下的青年同志，认今日的人类必须基于相爱互助的精神，组织一个打破一切界限的联合：在这个联合里，各分子的生活，必须是自由的，平等的，劳动而愉快的。要想实现这种大同世界—人类大联合的生活，不可不先有自由人民按他们的职业结合的小组织作基础。”《改造联合约章》的第二条规定：“本联合定下列各项为即须举行之事业……一、宣传事业之联络；二、社会实况之调查；三、平民教育之普及；四、农工组织之运动；五、妇女独立之促进。”“改造联合”的成立，成为五四以后进步团体走向合作的重要标志，曙光社作为“宗旨相同”的团体之一，积极参与了这次联合。此时，李大钊和张申府正在筹划建党工作，刘清扬、周恩来、邓颖超正在思想转变过程中，刘清扬和周恩来还先后于1921年初在勤工俭学中加入中国共产党。在与这些进步团体的交往和与具有初步马克思主义思想的先进人物的接触中，《曙光》的编辑们思想上必然受到深刻影响。

李大钊十分关注《曙光》及这个团体的发展。李大钊专门为《曙光》写文章，发表了《团体的训练与革新的事业》和《社会主义下之实业》。何孟雄发表了《发展中国的实业究竟要采用什么方法》。

《曙光》还登载了陈独秀与无政府主义者的论战文章《社会主义批评》、《陈独秀先生答区声白先生书》。陈独秀的《社会主义批评》介绍了各种社会主义形式，对无政府主义进行了批判。该文于1921年1月18、19日在《广东群报》上刊出后，立即遭到无政府主义代表人物区声白的攻击。区声白先后三次发表了《致陈独秀先生书》、《答陈独秀先生书》、《区声白再答陈独秀书》。而陈独秀也先后三次发表了《陈独秀答声白的信》、《陈独秀再答区声白书》、《陈独秀三答区声白书》，拉开了与无政府主义者辩论的大幕。宋介是在北京无政府主义者退出共产党早期组织后加入北京小组的，不能不对这场论战深切关注。而《曙光》第一时间刊登陈独秀的演讲和陈区第一轮交锋的书信，也表明了其立场。这些有力地促使《曙光》杂志在内容一新上发挥作用。

另外，郑振铎、瞿秋白等人对曙光社的影响也不能低估。郑振铎、瞿秋白和瞿世英、许地山等原来在青年会的支持下曾经创办《新社会》杂志，宣传激进的社会主义思想。《曙光》与《新社会》可以说是一对孪生兄弟，二者同一天创刊，并相互支持，对社会的认识有许多共鸣。《新社会》刊物的宗旨是“尽力于社会改造事业”。在所出版的18期当中，发表了许多介绍和论述世界各国社会运动的文章，从这些文章中可以看出，《新社会》的作者们已经认识到资本主义的罪恶，看出资本主义制度必然要被推翻的趋向。特别是瞿秋白“那时已有了马克思主义者的倾向，把一切社会问题，作为一个整体来看”。瞿秋白本人也说：“李大钊、张崧年他们发起马克思主义研究会（或是“俄罗斯研究会”罢?），我也因为读了俄文的倍倍尔的《妇女与社会》的某几段，对于社会—尤其是社会主义的最终理想发生了好奇心和研究的兴趣，所以也加入了。”[①] 瞿秋白在《新社会》上发表了许多具有马克思主义倾向，抨击中国反动统治阶级和旧社会道德观念的文章。《新社会》于1920年5月被当局查封，《新社会》的成员并没有屈服，他们又出版了新的刊物《人道》。《新社会》成员耿济之、郑振铎、瞿世英也曾是《曙光》的成员，宋介、王统照为《新社会》写过不少文章。瞿秋白、耿济之、郑振铎、瞿世英在《曙光》发表多篇文章，《新社会》改为《人道》后，能够与《曙光》共同被邀请参加了陶然亭的“改造联合”成立大会。《人道》仅出版一期就又被迫停刊，停刊后，具有一定进步思想的编辑瞿秋白等在《曙光》发表了介绍俄罗斯革命的文章，而郑振铎、瞿世英还成为《曙光》的编辑，把《曙光》作为继续战斗的阵地，这必然对《曙光》的编辑工作产生影响。

王统照等人和郑振铎、瞿秋白、瞿世英等早已建立有深厚友谊，在写作和出版刊物中相互支持。所以后来由于王统照、郑振铎等人更多关注新文学的发展，决定以上海《小说月报》、北京《晨报·文学旬刊》作为阵地，发起成立文学研究会。文学研究会的成员就包容了在《曙

---

① 瞿秋白：《多余的话》，江西教育出版社2009年版，第6页。

光》、《新社会》发表文学作品的中青年作者和他们的文学朋友，如孙伏园、耿济之、许地山、郑振铎、王统照、宋介、蒋百里、朱希祖、易家钺、瞿世英、郭梦家、黄英（庐隐）等。从这一点上可以说，曙光社是文学研究会的前身，至少在北京地区如此。

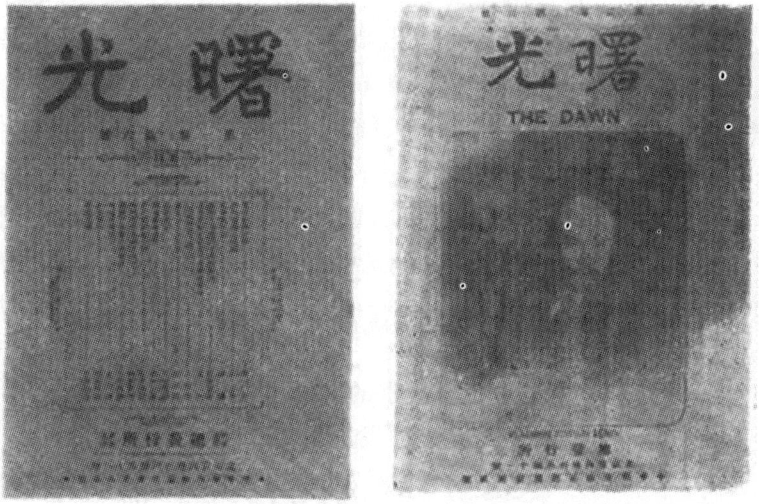

《曙光》从一卷六期起大量刊载介绍苏俄的文章

《曙光》月刊各期主要目录

● 第一卷第一号（1919 年 11 月 1 日）

宣言	
科学与社会	宋介
美之解剖	王统照
诗　阳光、望月、人力车夫	晴霓
秋夜对月、山居、荫	王统照
工学主义	范煜璲
人	李树峻
真爱（小说）	王统照
优生学	宋介

哲学上之品性观

祀孔

北京之小报

乱谈

君不惯（七则）　宋介

如是我闻（五则）　晴霓

通信（六封）

附录　全俄知识界之宣言（巴黎通信社稿）

● 第一卷第二号（1919 年 12 月）

社会的自由　宋介

美育的日的　王统照

诗　镜、津浦路上　晴霓

　　中秋的月　李鲁航

　　初冬京奉道中、鹈鹕鹄、梦　王统照

自杀　宋介

剧后　耿匡

英国十六世纪之戏剧　段澜

他为什么死？　王统照

女学生的现在　刘静君

优生学（续）　宋介

战与爱　王统照

恋爱的牺牲　宋介

乱谈（九则）

通讯（三则）

附录　美国之新式学校

● 第一卷第三号（1920 年 1 月）

家庭与社会　宋介

最初的回忆　耿匡　译

诗　往前、我的道路黑暗真黑暗　耿匡　译

　　汽炉、雪、赠木鸡　晴霓

　　八年的末日、铁道边的小孩、蛛丝　王统照

恋爱	宋介
一百五十天	晴霓
优生学（续）	
教育的罪恶	范煜璲
女子剪发问题	刘静君
读东荪妇女问题杂评的意见	谢世豪
乱谈（七则）	

● 第一卷第四号（1920 年 2 月）

完成与文明	宋介
新文学的问答	晴霓
天才与社会	宋介
诗　乞儿哭、画个圈?	晴霓
折花	段澜　译
无耻	劬髯
马德志尼不死书	瞿秋白　译
美性的表现	王统照
谗谤	耿匡　译
应酬	晴霓
忏悔	王统照
仆御室	瞿秋白　译
通信（三封）	

● 第一卷第五号（1920 年 3 月）

两性与社会	宋介
家庭中之两性	王晴霓
自由恋爱	宋介　译
两性的教育观	王统照
诗　燕子	王晴霓
我与你	刘静君
紫藤花下	王统照
两性的道德	王晴霓

与育两性　王统照
诗与两性　王晴霓
附录　欢迎朝鲜的曙光、曙光发行辞、迎新时代

● 第一卷第六号（1920 年）

贫民救济问题　宋介
新俄罗斯之建段　宋介
黑面包与茶　段澜　译
克鲁泡特金与苏维埃　郑振铎　译
克鲁泡特金安那其的社会学　宋介
“是艺术杀了他！”　王统照
康尼老人之秘密　段澜　译
旧治更新　王统照　译
俄国革命纪念　瞿秋白　译
近代俄罗斯小说　瞿世英　译
我们从什麽着手呢　郑振铎　译
俄国农业的社会化　王统照　译
母亲与婴儿　宋介　译
红色军队　郑振铎　译
劳农大学　王统照　译

● 第二卷第一号（1920 年）

本志改良启事
自治运动　宋介
中国的艺术革命　王统照
社会现象之研究与社会改造　宋介
印度诗人葛拜尔的略开传与其诗的表象　王统照
鬼火（短剧）　（德）W. L. Schmlle　段叔泉 译
哲学家的一段笔记　王统照
诗　秋天的一夜　王统照
　　前与后　Katharine　王统照　译
人依何为生　托尔斯泰　著　济之　译

过渡时代之经济	列宁　著　W. P. K　译
俄罗斯之女劳动家	宋介　译
全俄经济委员会第三次大会蓝宁之演说	W. P. K　译
彼得格勒之食粮的分配	宋介　译
新俄罗斯艺术之谈屑	王统照　译
罗素游俄感想之批评	王统照　译
片段的感想	剑三
由沪赴德行程略记	陈作纪

● 第二卷第二号（1921 年 3 月）

劳动家与专利者	宋介
发展中国的实业究竟要采用什么方法	梦雄
诗　冬日出京前一夕示唯民	王统照
柏格森的世界观与人生观	瞿世英
社会的观测与社会学	宋介　译
意大利文学的最近趋势	王统照　译
不平鸣	Goldsmith　王统照　译
赞列宁	高尔基　著　宋介　译
苏维埃俄罗斯的现在	晴霓　译
新纪元之第三年	W. P. K　译
俄国工市之组织	W. P. K　译
群众运动	炳文　译
人依何为生	济之　译
雪后	王统照
歌女	王统照
乱谈（四则）	
团体的训练与革新的事业	S. C.（李大钊）
社会主义之实业	S. C.（李大钊）
通信（五封）	

附录　社会主义批评（陈独秀在广东法政学校演讲）
　　　区声白致陈独秀、陈独秀答区声白

● 第二卷第二号（1921 年 6 月）

城市与乡村	宋介
俄罗斯文学的片面	王统照
诗　泰戈尔的诗（五首）	郑振铎　译
爱之循环	滕固
中国的新剧还没有迎合群众心理吗	陈大悲
彼得·克鲁泡特金	宋介　译
莫斯科之大学	W. P. K　译
欧洲市镇与乡村的对抗	睛霓　译
文艺的讨论	王统照　滕固
断片	李茂斋　译
红灵（剧）	滕若渠
梦	王统照
宛可	柴霍夫　著　刘英　译
鞭痕	王统照
两周中之山东	宋介
通信（四封）	
附录　语体文欧化的商榷	剑三

李大钊在《曙光》杂志发表的文章

日期	刊号	文章题目	署名
1921 年 3 月	第二卷第二号	团体的训练与革新的事业	S. C.
1921 年 3 月	第二卷第二号	社会主义下之实业	S. C.

李大钊在《团体的训练与革新的事业》中论述了建立共产党组织的重要和必要性，在文中，公开提出建立共产党的主张："我们现在还要急急组织一个团体。这个团体不是政客组织的政党，也不是中产阶级的民主党，乃是平民的劳动家的政党，即社会主义团体。"这个团体应是"一个强固精密的组织，并注意促进其分子之团体的训练"。这是一篇在秘密建党的状态下公开发表的文章，有些话不可能说得那么直白，但意思却十分清楚，就是要创建一个"主义"明确、旗帜鲜明、组织精密强固、能负起领导中国革命重任的无产阶级革命政党。这篇文章，

基本上阐明了当时中国的马克思主义者关于建党的正确主张。李大钊希望中国“C派的朋友”“成立一个强固的精密的组织”，“那么中国彻底的大改革，或者有所付托”。

《社会主义下之实业》一文则是驳斥了罗素所谓“中国需要振兴实业”的谬说，李大钊指出：“俄罗斯既是社会主义国家，为何还能振兴实业？单就铁路一端二论，苏维埃政府于过去三年间，添造铁路五千七百俄里。现在还派员四处测绘，预备再筑新路两千俄里，今年年内即可通车……中国共和现在已竟十年，添造的铁路在哪里？且俄国于改良农业，开垦荒地，都有切实之计划。中国以农立国，然而农业腐败得不堪过问。”强调中国“用资本主义发展实业，还不如用社会主义为宜”，断言“中国实业之振兴，必在社会主义之实行”。

《曙光》杂志在刊登李大钊这两篇文章时，放在了“乱谈”的栏目下面，署名“S. C.”，而没有直接署名“守常”，就是要听取广泛性的反应和意见。其时，北京的共产党小组已经成立了。

主要参考资料条目索引：

• 《张国焘关于中共成立前后情况的讲稿》，《百年潮》2002年第2期。

• 刘静君：《记忆中的李守常先生》，《回忆李大钊》，人民出版社1980年版，第178页。

• 王立诚：《曙光社考》，《近代史研究》2004年第5期。

• 何洪：《五四时期〈曙光〉杂志研究》，《中国国家博物馆馆刊》2012年第9期。

• 张允侯：《五四时期的曙光社》，《史学月刊》1965年第4期。

• 刘明义：《曙光杂志社与北京、济南共产主义小组》，《中共党史研究》1994年第5期。

• 常进军：《李大钊对宋介思想的影响及二人交往关系述论》，《滨州学院学报》2011年第4期。

• 王艳萍：《李大钊与刘静君的师生情》，《兰台世界》2012年2月。

李大钊与北京图书馆协会

李大钊任北大图书馆主任后，很注意吸收各图书馆工作经验，带北大图书馆工作人员到清华图书馆、北京高师图书馆参观学习。在李大钊带动下各校图书馆之间往来逐渐频繁，一些图书馆在此基础上提出了理应建立协作组织，私立北京汇文大学图书馆馆长高罗题随后与李大钊等共同发起，决定成立北京地区图书馆协作组织，定名为北京图书馆协会。1918 年 11 月 21 日下午，在北大文科事务所举行成立大会到会图书馆代表 21 个，会上通过北京图书馆协会章程及附则。会议选举清华学校图书馆袁同礼为会长，高罗题为副会长，李大钊为中文书记，协和医学学校吉非兰为英文书记。这就是我国历史上建立的第一个图书馆界的协作组织。

李大钊让贤副会长

1919 年 1 月 21 日的《北京大学日刊》刊登了《北京图书馆协会成立纪闻》，全文如下：

北京图书馆协会于去年 12 月 21 日午后二句钟，假本校文科事务室开成立会，各馆代表到会者公 20 人。当将章程及附则各六条议决通过，并即选举职员。清华图书馆代表袁同礼君当选为正会长，副会长本校图书馆代表李大钊君，与汇文大学图书馆代表高罗提（Mr Galt）得票相同，即提出高君请众认可，高君当选为副会长，李君当选为中文书记，协和医学校图书馆代表击非兰女士（Miss Crilfillon）当选为英文书记，北京图书馆协会遂完全成立。

兹闻将于本星期六日，即 25 日下午一时半，仍假本校开第一次职员会，商议进行方法云。[①]

李大钊与高罗提（Mr Galt）得票相同，李大钊谦让，即提出高罗提（Mr Galt）为副会长，请大家认可。充分显示出李大钊的人格风范。北京图书馆协会开创了中国图书馆之间业务上合作、工作上相互支持的先例，北京图书馆协会章程及附则等文件，还为1925年成立中国图书馆协会提供了重要参照。

北京图书馆协会章程

一、本会定名为北京图书馆协会。

二、本会宗旨在图谋北京各图书馆间之协助胡益。

三、本会会员以图书馆为单位，但须设有专职者，始得入会。

每馆派代表一人，有投票权，其他职员亦可到会与议，但无投票权。

四、本会设会长一人、副会长一人、中文书记一人、西文书记一人，每年春季常会选举之。

上列各职员得组织职员会，如须委员协助时，职员会得由会员中指定之。

五、本会每年开常会两次，于春秋两季举行。其地点及日期，由职员会商定，遇有必要时，职员会得召集特别会。

六、本章程经出席代表三分之二之肯定，得行修正。惟修正案须于开会前一星期通告各会员；附则之修正，得以出席代表多数通过之。

北京图书馆协会附则

一、以个人书藏加入本会者，经本会职员认可，得为准会员，有会员同等权利，但无投票权。

二、各图书馆所藏图书，凡经本会会员之介绍者，得互相来往参考之。

三、各图书馆互借图书，应由各图书馆自为交涉。

---

① 转引自《李大钊史事综录》，第193页。

四、各图书馆应于每年春季常会报告各该馆一年之成绩，其报告书，应由书记保存之。

五、各图书馆应谋互换其出版物。

六、本会如需费用时，经大家议决，由各图书馆均担之。

（原载《北京大学日刊》，1919 年 1 月 21、22 日）

中国现代大学图书馆的奠基者

李大钊认为：“古代图书馆与现在的性质完全不同。古代图书馆不过是藏书的地方，管理员不过是守书的人。他们不叫书籍损失，就算尽了他们的职务。现在的图书馆是研究室，管理员不仅只保存书籍，还要使各种书籍发生很大的效用，所以含有教育的性质。”

李大钊担任北京大学图书馆主任后，认定大学图书馆要服务好教师的研究教学，为学生学习提供好辅助性书刊参考，首先要成为“研究室”，因为只有研究、了解了学术，才能发挥出各种书刊的最大效用。决定以身作则，对图书馆进行一系列整顿、改革。

(星期六) 中華民國十三年一月五日 (第一版)

北京大學日刊

The University Daily

第一三七八號

本校布告

總務處布告

註冊部布告（一）

註冊部布告（二）

國文學系讀書會啓事

體育部布告

《北京大学日刊》

他刻苦钻研图书馆学，先后发表《在北京高等师范学校图书馆二周年纪念会演说辞》、《美国图书馆员之训练》、《关于图书馆的研究》等一系列图书馆学方面的论文。成为最早从理论上对我国图书馆尤其是学校图书馆进行理论研究的学者，对我国图书馆学的早期研究作出了贡献。

1919年12月13日，李大钊应邀在北京高师图书馆成立二周年纪念会发表演说演说中，他希望北京高师添设图书馆专科，或是简易的传习所，使管理图书的都有图书馆教育的知识，并认为这是关系中国图书馆前途的事情，也是关系中国教育前途的事情。同时，他还认为，图书馆员的职业，女子最为相宜，国内女子图书馆人才极缺乏，若能要求学校增设图书馆讲习科，岂但图书馆幸甚，女界也幸甚。1917年北大图书馆拥有中文图书147190册，外文图书9970册，中外杂志120种。到1920年，藏书达162031册（中文书142115册，西文书17485册，日文书2431册），订购杂志近600种（中文杂志370余种，西文杂志170多种，日文杂志48种），中外报纸40种左右。到1923年，藏书已达184008册（中文书约140000余册，西文书26356册，日文书2480册，杂志15170册），订有杂志已近600种，中外报纸40种左右。1918年至1922年，北大图书馆藏书每年增长1万册左右，使藏书量居当时全国大学图书馆第一位、全国图书馆第三位，在国际上产生了声望和影响。①

北京高等师范学校图书馆讲习会简章

第一条　本会以利用假期，讲习图书馆学，谋图书馆事业制发展为宗旨。

第二条　本会讲习事项规定如下：

一、图书馆教育。

二、图书馆组织法及管理法（学校图书馆、公共图书馆、儿童图书馆）。

三、图书馆编目及分类法（学校图书馆、公共图书馆、儿童图

---

① 吴晞：《北京大学图书馆九十年记略》，北京大学出版社1992年版，第53页。

书馆）。

四、课外实习。

五、临时讲演（幻灯讲演）。

六、参观及调查。

第三条　本会讲习日及时间规定如下：

日期，8月2日起，23日止。

时间，每日午前8时至11时。

第四条　本会讲习员姓名列下：但临时得加请中外名人讲演。

沈祖荣　戴　超　李大钊　李贻燕　程时烽

第五条　本会听讲资格规定如下：但男女得共学。

一、从事与图书馆教育者。

二、中等学校毕业，有志研究图书馆教育者。

第六条　本会听讲费每人五角。

第七条　本会讲习地点，在琉璃厂本校内。

（原载《北京大学日刊》，1920年6月23日）

北高图书馆讲习会广告及盛况

1920年8月，李大钊在讲习会上讲授了“图书馆教育”课程，传授图书馆的基本知识。“到会所讲者不下百余人，内有女子十余人，多系各省或各校选派来京或有志研究此项教育者，每日开讲座为之满，洵吾国图书馆教育发展之一新纪元也。”①

当时参加听讲的谈感受说：“中国自从开办图书馆以来，大家只知道图书馆，不知道什么图书馆学，到了这会讲演图书馆组织法、管理法、分类编目，以及图书馆教育科学，一切听讲的人，都知道图书馆是一种科学，大有研究的价值。”

可见，这次讲习会，达到了普及图书馆学知识的目的。《晨报》在报导这次讲习会的消息时，曾称之为“中国图书馆界空前的大会”“吾国图书馆教育发展之新纪元”。戴志骞也有记“庚申夏，北京高师办有图书馆讲习会，虽直皖之战而各省图书馆员，前来听讲者，仍形踊跃，

① 张静如等：《李大钊生平史料编年》，上海人民出版社1984年版，第114页。

此可见国人，对于改良旧有图书馆之积习，固甚及也。”①

这次讲习会达到了普及图书馆学知识的目的：

一是丰富了我国现代图书馆学的思想理论基础。

阐明了现代图书馆与古代藏书楼的区别；阐明了现代图书馆在被压迫人民和被剥削人民的解放斗争可以发挥的重要作用；阐明了现代图书馆是社会教育的不可或缺的重要组成部分；阐明了在现代社会中的社会图书馆与学校图书馆的区别与联系；阐明了各类图书馆都必须建立健全必要的规章制度；阐明了图书馆管理人员业务素质训练之必要等等。

二是强调发展图书馆事业关键是要发展图书馆学教育。

“使管理图书的都有图书馆教育的知识，这是关系中国图书馆前途的事情，也是关系中国教育前途的事情”。为了促进图书馆事业的发展，普及图书馆学知识。1920 年暑期，李大钊还参加与北京高师举办的暑期图书馆讲习会，担任图书馆教育课程讲授讲习会历时三周，各省立及学校图书馆人员 78 人参加听讲这次讲习会，不但是我国历史上的第一次，而且讲习会收到的良好效果是发起者始料未及的。《晨报》就 1920 年 8 月 8 日以《吾国图书馆教育发展之新纪元》为题，对这次讲习会进行报导，称之为中国图书馆界空前盛会，在图书馆教育事业中具有开拓性。

三是完善、创新了图书馆的各项规章和管理制度。

“旧图书馆采用文库式，取书的手续非常麻烦。……现在欧美各国为节省无谓的手续和虚费的时间，并且给阅览的人一种选择的便利，所以主张开架式。”吸纳和参照西方国家图书馆的理念与治理模式，倡议和推动北京大学成立图书委员会。委员会既是咨询机构，又是决策机构，这使北大图书馆的发展有了权威性的学术决策保障。书刊的订购是图书馆的重中之重，北京大学书刊订购要先提交给图书委员会审查，通过后才能购买。为弥补订购方式的不足，采用多种方法收集书刊，组织寄存读者书刊加强交流。编出书名、著者、类别三种卡片目录，形成多种检索途径，方便了读者借阅。注意听取读者的意见，改进图书馆业务工作。在《北京大学日刊》上登出布告：“望同学诸君检查之际遇有不合，随时指告，必需力求改善。”李大钊在任北京大学图书馆主任期间

① 杨昭哲：《民国丛书》第一编卷 46《图书馆学 3》，上海书店 1989 年版。

所做的工作，对北京大学图书馆转型起了决定性的作用。

李大钊对北京大学图书馆的创新

1918 年年初，李大钊任北大图书馆主任时，开始了把旧式图书馆变成与学术研究和教育需要相适应的现代图书馆的改革。北大图书馆的前身是京师大学堂藏书楼，建于 1902 年，是我国历史最悠久的国立大学图书馆。北京大学红楼位于北京市东城区沙滩北街（今五四大街）29 号，原为北京大学第一院。整座建筑通体用红砖砌筑，红瓦铺顶，故名。始建于 1916 年，1918 年落成。楼高 4 层，有半地下室，总面积约 1 万平方米。红楼建成后成为前北京大学的校部，并作图书馆和文科教室。半地下室设有印刷厂，第 1 层为图书馆，第 2 层为行政办公室，第 3、4 层为教室。1918 年 10 月李大钊组织实施了图书馆搬迁到红楼的新规划。10 月 22 日日新馆开馆。各类图书兼容，中外文化并存，推行外国图书馆的先进经验，提倡开架阅览。

大力增加书刊。1917 年 12 月，北大图书馆有：中文书籍 147190 册，外文书籍 9970 册；到了 1923 年 9 月北大图书馆有：中文书籍 184008 册，外文书籍 28836 册（西文书 26356 册，日文书 2480 册）。五年中，中、外文图书增加很多，中文书籍增加 36800 余册，外文书增加 18800 余册。日、德、英、俄的图书中，有很大一部分是马克思列宁主义理论书籍。

调整服务机构。1920 年 5 月 10 日，由李大钊亲自修订图书馆借书规则，1920 年 5 月又拟定了《北京大学图书部试行条例 13 条》。增设各类阅览室。将原来只有 4 个室改为 4 个科，即购书、登录、编目、典书。典书科下设 6 个阅览室。图书馆员经过考核，聘任为大学助教。

健全规章制度。为寄存书规定。凡一种书两本以上的，不论是教员、职员、学生概不借出，尽可能在阅览室里看；与国史馆及各科研究所商榷后，施行互相借书这一方法；可以将个人私有图书寄存在馆内，供大家阅览，以改变图书馆里的书少不够读者借阅的情况。

改革藏书制度。“藏书贵在活用”，藏书实施“兼容互需”方针。主张开架借阅，节约读者时间。李大钊在仔细分析图书搜集、登录、分类、保存、借阅的每一方面后，指出“借书之事乃成为图书馆中最重要的问题”，主张开架借阅，废弃繁琐的文库式借阅。当时的北大图书馆闭架借阅，文库式排架，书本式目录，找一本书很是费时费力。

实现资源共享。校内文献交流，促成馆际互借。书是图书馆赖以存在的基础，而当时北大图书馆的藏书少又陈旧，不能满足读者的需要，李大钊意识到图书馆最重要的事务，就是管理好图书馆的流通，为读者找书，为书找读者。图书馆的图书丰富程度极为重要。为此，他一方面千方百计力争增加经费，直接从国外购书。但是，图书馆总是无法及时满足读者所有读者阅读需求的，所以，李大钊提出采用馆际之间的互借，实现资源共享。1919 年 1 月，李大钊在当选北京图书馆协会中文书记之后，参与制定的《北京图书馆协会章程》中也明确提出了“各图书馆互借图书，应由各图书馆自为交涉”。

加强与国外联系。李大钊在 1921 年 6 月接待了由金陵大学校长介绍的美国华盛顿国会图书馆汉文书籍编目员卫德女士来北大图书馆研习汉文书籍编目事宜。1921 年 9 月 17 日，卫德女士自华盛顿致函李大钊，对给予的热情接待表示感谢，并表示愿意为北大图书馆与国会图书馆的联络尽力。①

倡导无私捐赠。李大钊特别特别重视捐赠书刊给图书馆。在当时的《北京大学图书馆试行条例》中，规定有图书馆的登录科应负责赠书答谢和加以公布以倡导的规定，李大钊任图书馆主任后，先后捐出 400 多册中外图书给北大图书馆。在《李大钊史事综录》一书中，收录有李大钊捐赠书刊的日期和目录。②

李大钊利用图书馆传播马克思学说

五四运动前夕，马克思主义理论的介绍主要是通过报刊登载。北大图书馆开放两个阅览室的目的就是为广大读者学习研究马克思主义及各种新思潮提供方便条件。李大钊在补充书刊资料时，大力入藏马克思主义著作和介绍苏联十月革命方面的书刊。如《共产党宣言》、《资本论》、《马克思主义》以及外文期刊《苏维埃俄罗斯》等等。

李大钊凭借着北大图书馆工作之便，传播新思想、新文化，组织学习马克思主义著作，研究马克思学说。1920 年，李大钊先后参加创建

① 《北京大学日刊》1921 年 9 月 30 日。

② 《李大钊史事综录》，北京大学出版社 1989 年版，第 191—193 页。

北京大学马克思学说研究会、北京大学社会主义研究会，并在图书馆特辟出为研究会服务的图书室——“亢慕义斋”（Communism，德文“共产主义”译音）。在亢慕义斋中，李大钊组织有志于研究马克思主义的青年成立翻译马克思、恩格斯、列宁等人著作的小组。这个小组中设有英、德、法三个翻译组进行翻译、出版、发行马克思主义著作，供人们学习研究。据 1922 年 2 月 6 日《北京大学日刊》所载，当时亢斋已有马克思学说的英文书籍 40 余种，中文文献 20 余种，基本上包括了马克思、恩格斯和列宁的主要著作，如英文版的《共产党宣言》、《哲学的贫困》、《雇佣劳动与资本》、《空想社会主义和科学社会主义》、《共产主义运动中的“左”派幼稚病》、《家庭、私有制和国家的起源》、《德国的革命与反革命》、《路易·波拿巴的雾月十八》和《法兰西内战》等，中文图书有：陈望道译《共产党宣言》、李义俊译《马克思资本论入门》、恽代英译《阶级斗争》和李达译《马克思经济学说》等。到了 1922 年其藏书已达到数百种，其中包括德、英、日、汉等各种文本。现在的北大图书馆中仍保存着一本 1920 年 9 月再版的《共产党宣言》和 8 册封面印有“亢慕义斋”图章的德文文献，如《伟大的创举》和《共产主义运动中的“左”派幼稚病》等。

马克思学说研究会成员在李大钊组织领导下，开展了多项研究活动，开设了“唯物史观”、“阶级斗争”、“剩余价值”、“无产阶级专政”、“社会主义史”、“晚近各种社会主义之比较及其批评”、“俄国革命及其建设”等十余个专题研究。这是我国最早以收藏马克思主义著作为使命的专业图书室。它的建立，帮助北大青年加深对马克思学说的了解，促进了马克思主义在中国的传播，对图书馆事业的发展产生了深远影响。

李大钊参加编辑《新青年》，主编《少年中国》，指导《国民》、《新潮》杂志的编辑和发行，创办《每周评论》，把北大图书馆变成了马克思主义理论的研究中心、学习中心。毛泽东曾经在北大图书馆任职，他说：“我在李大钊手下当国立图书馆员时，就迅速地朝马克思主义发展。”

李大钊被誉为中国现代图书馆之父

在中国图书馆学发展史上，李大钊获有“中国现代图书之父”的赞誉。美国图书馆协会（American Library Association，简称ALA）成立于1876年，目前拥有61103名会员。《ALA世界图书馆和情报工作百科全书》（1980年初版，1986年第2版）称李大钊为“中国现代图书馆之父”。《世界图书情报百科全书》也称李大钊为“中国现代图书馆之父”，这里所指是图书馆而不是图书馆学。

有的学者提出中国现代图书馆建设，应从20世纪初美籍教师玛丽·伊丽莎白·伍德（韦棣华，1861—1931）在武昌昙华林的文华书院教基础英语时，1903年主动棣筹办阅览室，开展多种图书阅览活动。1910年5月16日，扩大馆舍，命名为文华公书林，附设于文华大学。这应是中国第一座现代公共图书馆。1920年文华公书林创设文华图书科。据1918年3月调查，该馆藏书有汉文1012种11771本，西文6704本。馆内设编目室、参考室、阅览室、报纸杂志室、书库和商学书籍、研究中国的外文书籍专藏室，图书采用《杜威十进分类法》分编。每季阅览人数达7238人，年经费达3500元。1927年，文华图书科经武汉国民政府立案。1929年8月，南京国民政府教育部核准，定校名为私立武昌文华图书馆专科学校，这应是中国第一所图书馆学专业学校。北京大学图书馆在1917年，就已经拥有中文图书147190册，外文图书9970册，中外杂志120种1920年，藏书达162031册（中文书142115册，西文书17485册，日文书2431册），订购杂志近600种（中文杂志370余种，西文杂志170多种，日文杂志48种），中外报纸40种左右。一个是公共图书馆，一个是大学图书馆，两者并不具有可比性。可是要说中国现代图书馆建设一定要从武昌文华公书林谈起，就有认真进行一番研讨的必要了。

有的学者认为：比李大钊对图书馆学及图书馆史研究功力深厚者大有人在，例如王余光在其《图书馆学史研究与学术传承》一文中就列举了沈祖荣、王云五、杨昭悊、施廷镛、朱家治、洪有丰、袁同礼、刘咸炘、马宗荣、许振东、李小缘、万国鼎、陈子彝、蒋镜寰、金步瀛、裘开明、蒋复璁、毛坤、沈学植、刘国钧等40余位对图书馆学及图书馆史研究功力深厚的学者。有关著述更是不胜列举。范凡著有《民国时期图书馆学著作出版于学术传承》的博士论文，30万字的篇幅中更附有《民国时期图书馆学著作书目》943种。若与李大钊对图书馆建设相比较，理论与实践各有侧重，学术研究之外，对图书馆作用的创造性贡献，还是当推李大钊为首。当然，不应因此把图书馆学及图书馆史研究与对图书馆作用的创造性贡献等同起来。

主要参考资料条目索引：

• 袁付成、袁红军：《李大钊在北大图书馆》，《河南图书馆学刊》2001 年第 4 期。

• 刘学平：《李大钊图书馆学思想研究》，《山东图书馆季刊》2004 年第 3 期。

• 华济芬：《试论李大钊图书馆理论及实践》，《黄冈师范学院学报》2004 年第 4 期。

• 金丽华：《李大钊：中国图书馆事业的先驱》，《安庆师范学院学报》2004 年第 1 期。

• 罗继龙、王爱萍、韩淑芬：《李大钊图书馆工作的理论与实践》，《河北科技师范学院学报（社会科学版）》2005 年第 3 期。

• 宗玉梅：《李大钊的图书馆学理论与实践》，《史学月刊》2005 年第 6 期。

• 焦青：《李大钊对中国现代图书馆的影响》，《兰台世界》2006 年 1 月工作版。

• 朱巧兰：《李大钊在图书馆学理论方面的贡献》，《科技情报开发与经济》2007 年 9 月。

• 葛海燕：《李大钊——中国现代图书馆之父》，《四川图书馆学报》2009 年第 5 期。

• 谷姝蕊：《李大钊与中国现代图书馆事业》，《沧桑》2010 年第 4 期。

• 李彦芝：《李大钊对北京大学图书馆的管理改革》，《中华医学图书情报杂志》2010 年 6 月。

李大钊与社会主义研究会

1919年下半年，李大钊和张西曼等人在北京大学曾经发起组织“社会主义研究会”。1920年12月2日在李大钊指导下的北京大学社会主义研究会正式成立。1920年12月4日《北京大学日刊》上发布《北京大学社会主义研究会成立通告》，北京大学社会主义研究会公开进行活动。

社会主义思想在中国的传播

李大钊最早谈到社会主义思想，是1912年12月在天津北洋法政学会出版的《〈支那分割之运命〉驳议》一书。日本当局于1910年6月逮捕了“大逆事件”的首犯幸德秋水，目的是扼杀日本人民的革命运动和社会主义思想的传播。1911年1月18日，在秘密审判下，判处幸德秋水等24人死刑（有12人改为无期徒刑）。1月24日晨，幸德秋水昂首走上绞刑架，撰写了《二十世纪之怪物——帝国主义》、《社会主义神髓》等著作、不满40岁的幸德秋水结束了战斗的一生。而中岛端在《支那分割之运命》论说此事时竟说成：“彼幸德一辈，何物鬼畜，以日本民族一分子，甘谋大逆不道！其本身之悖乱，直不可以人类视。岂非明治昭代一大污点乎？”李大钊等则写道：“此真志士仁人从容就义者矣！”在评介日本学者幸德秋水的社会主义思想时写道：“日本伪立宪，而幸有幸德秋水鼓吹社会主义。”“幸德秋水慨然提倡社会主义，欲以平其不平，且其处死刑也，以公道之在人心，世界万国国民无有不痛斥日本政府之惨无人理者。著者乃詈之为鬼畜，诋之为大逆，岂真别有肺肠软？”[①] 表明李大钊此时对社会主义思想之态度是予以肯定的。李大钊此时已经读过幸德秋水的《社会主义神髓》。[②]

1914 年至 1916 年早稻田大学的政治经济学科课程表显示，安部矶雄曾在李大钊所在班次讲授过“都市问题”和“社会政策”等课程。“李大钊曾在大学部政治经济学科学习，深受安部矶雄经济学的影响……”李大钊自己在 1918 年时也回忆说：“在东京，我同安部矶雄接触中受到他的影响。”安部矶雄 1901 年 5 月参与创立日本社会民主党，是日本著名的社会主义学者，正在早稻田大学任教授，以社会主义立场讲授经济学，并对社会问题进行先驱性的研究。

从李大钊当时所读的日本杂志上可以看到：1914 年 11 月 1 日出版的《六合杂志》34 卷 11 月号，有安部矶雄介绍欧洲社会主义的《法兰西、比利时的社会主义》。介绍了第一、第二国际时期的共产主义运动的有关情况；1914 年 12 月 1 日出版的《六合杂志》34 卷 12 月号上，载有安部矶雄的《大战后的欧洲诸国》；1915 年第 1 号——“俄罗斯文化号”，有安部矶雄的《俄罗斯的社会主义》。李大钊不仅读过这些文章，还把这些杂志带回中国，有的还捐赠给了北京大学图书馆。可以得知李大钊在此时已经对各国的社会主义思潮和进展情况有所了解。

日本社会主义者同盟是由堺利彦、山川均、大杉荣等于 1920 年 12 月在东京正式建立的。在 1971 年 8 月号上日本的《图书》杂志刊载的山道健太郎《巴黎公社与日本》，介绍了他所保存的日本社会主义同盟名册中有：“李大钊（加）支那北京大学内；丸山幸一郎（加）支那新支那社”的记载。在李大钊名字上方写有“50 枚”字样，大约是指已付给其日本社会主义同盟宗旨书 50 份。说明李大钊在此时对日本社会主义研究组织的积极关注。毫无疑问，这是李大钊接受社会主义思想的一条重要的渠道。

与此同时，在中国国内对于社会主义思想的宣传，同样是一条重要的渠道，国内在接触欧洲各种社会主义学说中，知道了马克思的名字和马克思主义的社会主义学说。1899 年广学会主办的《万国公报》月刊刊登英国进化论者颉德所著《社会进化论》前三章的中译文，提到了马克思和《资本论》。1902 年梁启超在《新民丛报》上提到“麦喀士

① 《李大钊全集》第 1 卷，河北教育出版社，第 535 页。

② 刘民山：《李大钊与幸德秋水》，载《近代史研究》1995 年第 4 期。

(马克思),日尔曼人,社会主义之泰斗也”。

孙中山对社会主义情有独钟。1903 年,孙中山就曾指出“社会主义乃弟所极思,不能须臾忘者”。1905 年孙中山在游历欧洲后,宣称自己是“社会主义者”,认为中国“可以直接从中世纪的行会制度过渡到社会主义的思潮组织,而不必经历资本主义制度带来的艰难困苦”,用不了几年,中国人就将“生活在完全的集体主义制度下”,“表明集产主义并不是虚构和空想”。他在《民报》发刊词中说:“民生主义就是共产主义,就是社会主义。”1906 年朱执信在《民报》上发表《德意志社会革命家小传》,介绍了马克思和恩格斯的生平、《共产党宣言》、《资本论》的要点。直到 1912 年孙中山在多次演讲中还说:“我当选中华民国总统时,原计划以社会主义的理想来建设中国。”1912 年 10 月,孙中山在上海发表了题为《社会主义派别及其批评》的演说,称赞马克思“发阐真理,不遗余力”。

邵力子也是早期宣传社会主义的重要人物之一。他 1907 年春从日本回国,与于右任等一起创办《神州日报》,宣传反清思想。1909 年 5 月,在上海创办《民呼日报》,宣传革命思想,三个月后被反动当局查封。10 月,又创办《民吁日报》,继续革命宣传,仅仅过了 42 天又遭查封。11 月后,到陕西高等学堂任教,因宣传新思想被当局驱逐出境。1910 年夏末回上海,与于右任等人一起创办《民立报》。1913 年,《民立报》停刊后,到复旦公学、复旦大学任中国文学科主任。1914 年,参加南社。7 月,加入中华革命党。1919 年 1 月,与叶楚伧在上海创办《民国日报》,报道“十月革命”和五四运动。1919 年,《民国日报》辟《觉悟》副刊,创刊于 1919 年 6 月 19 日,随报附送。“邵力子主持的《觉悟》副刊发表的宣传马列主义的政论性文章达 950 篇左右,特别是对社会主义进行了专门的介绍,他自己撰写的主要作品有:《提倡社会主义决不是好奇》、《布尔什维克有真像》、《共产与公道》、《拒受遗产和共产主义》、《主义与时代》、《心与力》、《马克思底思想》、《救中国的对症良药》、《社会主义与公妻》、《读苏维埃俄罗斯代表加拉罕氏宣言》等。”“……在《觉悟》副刊上发表过文章的共产党人有:李大钊、陈独秀、李达、瞿秋白、李汉俊、恽代英、陈望道、施存统、沈雁冰、沈泽民、肖楚女、向警予、包惠僧、刘仁静、张闻天、张太雷、方志敏、蒋光赤、任弼时、罗章龙、陈毅、杨之华等。”1920 年 5 月,邵力子与陈独秀等人在上海发起建立马克思主义研究会。8 月,转为中共党员并参加上海共产党早期组织。

1919年成立的社会主义研究会

张西曼1908年加入中国同盟会。1909年进入京师大学堂并宣传三民主义。1911年被派往中国东北，按照黄兴、宋教仁、陈其美等人的安排，进入俄国东方语文专科学校学习。在这里，其看到并接触了秘密传播俄罗斯社会民主工党列宁、普列汉诺夫著作和革命党人，开始研究社会主义，为辛亥革命奔走，做了大量工作。1912年曾经到彼得堡、莫斯科等地进行考察，接触了一大批革命党的著作和马克思主义著作。

十月革命期间，张西曼受哈尔滨苏维埃的直接影响，更加坚定了世界革命必须走俄国道路的信念。1918年，他到海参崴，搜集十月革命有关材料，并到西伯利亚等地考察，搜集到许多有关十月革命的著作和宣传品，试图治俄文穷俄事。五四运动爆发以后，张西曼致电孙中山、蔡元培，希望他们组织社会主义研究会。蔡元培邀请他到北京大学共同进行此项工作。

1919年7月，张西曼来到北京，被安排在李大钊任馆长的北大图书馆里担任了编目员。之后，在北京俄文专修馆兼任教员，与李大钊、陈独秀等人交往密切，热情宣传十月革命的组织方法和经验，搜集和整理有关社会主义文献，开始秘密翻译《俄国共产党党纲》，成为李大钊研究传播马克思主义的重要助手。张西曼非常敬重李大钊的为人，并受其影响，1919年冬一起创立了社会主义研究会、新俄罗斯研究会等组织，研究十月社会主义革命经验，以资中国革命的借鉴。

据张西曼著《历史回忆》① 及《十月革命怎样地感召了我》②、《中苏应合力防制日寇的再起》③ 等有关文章，关于“社会主义研究会”，可以得知：

张西曼于1919年就认为：革命理想不是教条，而始终要服务于实践。如何才能算是革命理论的实践呢？“第一、要‘学习民众’，充实先进的革命理论；第二、要‘组织民众’，领导民众，争取和建立革命

---

① 姚雪垠主编：《现代史料丛刊》，东方书社发行，1949年1月。

② 《新华日报》1945年4月20日。

③ 《中苏文化》1946年11月。

政权；第三、‘服务民众’，使民众自己不断提高他本身的政治生活、经济生活和文化生活水准”，“如是，就将个人客观观察所得分别缕陈于国父和在北京的革命元勋之一万福华先烈和北京大学蔡元培校长之前，积极主张发起‘社会主义研究会’，接受十月革命的经验”。

因该文写于 1945 年，这里的国父是指孙中山先生。万福华（1866—1919）曾于 1904 年在上海组织刺杀清朝广西巡抚王之春而未中，后入同盟会，为辛亥革命元老，其女万重英（1897—1979）毕业于北平女子师范大学，20 年代初与张西曼结婚，指出这点是想说明有理由确信，此时张西曼得到万福华的赏识和器重。

在张西曼提出成立“社会主义研究会”的动议后，万福华、蔡元培两人于 1919 年五四运动之后，联名发出电报，邀张西曼回北京，推动组建“社会主义研究会”。1919 年 7 月，张西曼回国到达北京，不幸此时万福华病逝，蔡元培当时的处境也不便公开出面参与其中，但是，蔡元培对“社会主义研究会”始终给予了多方面的帮助，包括安排他到北大图书馆任李大钊的助手。

张西曼回忆：“当时先后参加‘社会主义研究会’的积极分子，就我现在贫弱的记忆所及，有李守常（大钊，北大图书馆主任）、毛泽东、周恩来、陈顾远、范体仁、易克嶷、郭梦良、徐六几、易家钺（君左）、孟寿椿、张国焘、邓中夏、瞿秋白（北京外交部俄专学生）、朱谦之、费觉天、陈独秀（北大文科学长兼中国文学系主任教授）等百数十人。分会也分布于全国大都会。”

张西曼回忆：社会主义研究会成立之后，由于入会者的观念和主张出现了差异，使得内部产生了分化，也出现了一些不同的社会主义研究组织。如：“1. 基尔特社会主义研究会——郭梦良、徐六几等；2. 工团社会主义研究会——陈顾远等；3. 无政府主义研究会——朱谦之等。”

张西曼回忆：“到了 1920（民九）年，‘社会主义研究会’因鉴于声势日趋浩大，北洋军阀更未敢横加干涉，也进一步分别成立了‘马克思主义研究会’和‘俄罗斯研究会’。”在此期间，张西曼以“希曼”为笔名翻译了《俄国共产党党纲》，1920 年出版单行本。①

① 张西曼：《历史回忆》，东方书社 1949 年版，第 136—148 页。

《俄国共产党党纲》一书，后来列入“康民尼斯特丛书第二种”，1922年1月在广州人民出版社印行。这极为珍贵的文物史料，1992年张西曼之女张小曼应邀赴俄罗斯参加友好活动时，惊喜地在俄罗斯国立图书馆（原列宁图书馆）找到了。

张西曼的《历史回忆》写于1945年4月20日，是在史事发生的25周年之后，他还专门说明此文是以旧有底稿为基础，加以整理而成的。后来他在《历史回忆》中还加上一条这样的注解，特别提到：“关于科学社会主义运动的发轫工作，闻易家钺、陈顾远诸先生曾以最初参加分子的资格早有所记述，惜多未获读，不便一一列举，唯其实际应以本文为准。”这说明张西曼对所写的内容，自己认定是最为符合实际的。

《新华日报》1946年11月7日，发表了张西曼的《十月革命怎样地感召了我》一文，其中有：“随后巴黎和会偏袒日寇而不利中国的决议，激起了中国广大青年学生的爱国运动。我在当时联合了北京大学校长蔡元培博士，李大钊诸先生发起（科学的）社会主义（随改为马克思主义）研究会，主要在学习十月大革命的前进思想和方法改造中国革命的落后方式。”此文写于前文后一年有余，却只是说“发起”（科学的）社会主义研究会，和“随改马克思主义”研究会。这表明所记史事不十分准确。

1947年2月28日，出版的《中苏文化》第十八卷第二号，刊登张西曼的《中苏应合力防制日寇的再起》一文，又提到“1919（民八）年五四运动中与蔡元培博士、李大钊、陈独秀创设社会主义研究会”。这里用的是“创设”。此时已经是抗战胜利后蒋介石集团排除异己，大搞白色恐怖的时候，张西曼依然放言不忌地写出李大钊、陈独秀的名字，说明他坚信“史事无法更改”。

张西曼是“社会主义研究会”的主要发起者和创设者之一，从有关“马克思主义在中国传播史料”、“中国共产党历史研究资料”中都得到支持和认可。

这就是说，在1920年12月2日“北京大学社会主义研究会”公开成立之前，1919年7、8月至1920年12月间，有过一个“社会主义研究会”的存在。一年以后，“北京大学社会主义研究会”的活动公开了，首先在北京大学征求会员，再后来，也向全国发展会员。在事物的发展演变过程中，名称的改变不是最主要的，关键是看它所起的作用的一贯性。可以确信在“北京大学社会主义研究会”之前，有过一段

“社会主义研究会”的创设阶段。

据张西曼回忆：先后参加“社会主义研究会”的有李守常、毛泽东、周恩来、陈顾远、范体仁、易克嶷、郭梦良、徐六几、易家钺、孟寿椿、张国焘、邓中夏、瞿秋白、朱谦之、费觉天、陈独秀等人。因为回忆中特别地说明了是“先后参加”的，很难断定其先其后。

根据1920年12月4日的《北京大学日刊》所刊登的“北京大学社会主义研究会成立通告”首批社员名单是：“李大钊（守常）、何恩枢（北衡）、徐其湘（六几）、陈学池（儒康）、郭弼藩（梦良）、陈顾远（晴皋）、费秉铎（觉天）、鄢祥禔（公复）。”这个名单共8人，其中5人是在张西曼提出的名单之中的，其余诸人——毛泽东、周恩来、范体仁、易克嶷、易家钺、孟寿椿、张国焘、邓中夏、瞿秋白、陈独秀，与“社会主义研究会”何时发生关系？

陈独秀在五四运动之后，1920年2月间就不得不离开北京，经天津，于2月19日到了上海。8月，陈独秀在上海创建“中国的第一个共产党组织”。李大钊与陈独秀的联系是十分紧密的，张国焘和张申府都先后去上海听取并在回到北京后，完整地向李大钊转达陈独秀的意见。李大钊当即决定继上海之后，于1920年10月，正式创建中国共产党北京支部。应该说，在上海、北京创建中国共产党的这段时间，对李大钊、陈独秀关注“社会主义研究会”的记述，我们都没能找到翔实的史料。唯一的一件史料，就是《北京大学社会主义研究会成立通告》。而这个通告中首批社员名单中，却没有张西曼。

邓中夏1917年入北京大学中文系，是1920年3月秘密组织马克思学说研究会的成员、李大钊的得力助手。张国焘是1916年入北京大学的，学生运动中的骨干，也是李大钊的重要助手，1920年3月秘密组织马克思学说研究会的成员。邓中夏和张国焘，在这几年中是和李大钊朝夕相处的，而且思想认识一致，结下了深厚的革命友情，所以，也只能推论，“社会主义研究会”一事，李大钊参加了，他们二人也会参加。

毛泽东在1918年冬到北京大学，任职于图书馆，后离京。1920年春又到北京，2月间在写给陶毅的信中，曾说到与李大钊等商谈留俄勤工俭学之事，并表示自己要回湖南建立“自由研究社”（自修大学）。毛泽东在北京大学期间是少年中国学会的会员、北大新闻研究会的会员、马克思学说研究会的会员。在众多的毛泽东传记资料中，几乎没有关于毛泽东与“社会主义研究会”的记述。

周恩来于1919年6月从日本回国，在天津参加五四运动，组织觉悟社。1920年觉悟社成员与北京的少年中国学会等社团成员一起，共商中国革命进程。还曾邀请李大钊到天津讲演。但是在他的传记中，没能找到于1919年至1920年间，参加过“社会主义研究会”的确切记述。

瞿秋白于1916年到北京，在北京外交部俄文专修馆学习，曾经师从张西曼学习俄语，是张西曼的学生。在北京参加五四运动后，1920年3月得以北京《晨报》特派记者身分赴苏俄。1922年经张太雷的介绍加入中国共产党。瞿秋白回国后，多次参加马克思学说研究会的活动，但现在没有史料确切证明他是“社会主义研究会”的成员。

易家钺于1919年参加李大钊等发起的少年中国学会，为文科十二人之一，在7月以前为编译部临时编译员，后任第二组月刊（第四期）编辑员。易家钺在1921年还把自己的住家（北京西城区宗帽胡同1号）作为新知书社募股的经收处（共13处），新知书社成立后当选为董事（共11人）。易克嶷于1919年少年中国学会正式成立后，任评议部评议员。孟寿椿也是少年中国学会的成员，在第一届职员中任会计股的主任。易克嶷、易家钺、孟寿椿，这三位都是少年中国学会的早期成员。

查找了这几位关系人的史料以后，都没有史料可以确切地证明，在1919年冬至1920年3月间，他们参与“社会主义研究会”的活动。在当前没有充分的依据可以让我们得出什么结论来，只能说：对于成立于1919年冬天的“社会主义研究会”，可以确信其存在，而活动内容有待于进一步从史料中加以发掘。

另据许德珩在《“五四”运动六十周年》一文所说，他自己在1919年底出国前曾在北京大学参加过社会主义研究小组的活动。许德珩当在1919年10月离京，因他提到离京前数日曾经接待以周恩来为首的天津赴京请愿代表团。而周恩来在第二次请愿时于9月30日至10月3日数次进京。这说明，1920年12月才公开通告正式成立的北京大学社会主义研究会，至迟在1919年秋就开始存在了。①

---

① 《文史资料选辑》61辑，1979年4月。

张西曼说社会主义研究会“随改为马克思主义研究会”。有没有过“马克思主义研究会”呢？有过的。李大钊在1920年夏秋之间，帮助天津的共产主义分子成立的组织，就名为“马克思主义研究会”，发起人是周恩来、于方舟等人。1921年根据李大钊的指示，改为社会主义青年团。“俄罗斯研究会”也是有过的。这足以证明张西曼所说是可信的。

张西曼的几次回忆中，对社会主义研究会与马克思学说研究会的关系、社会主义研究会与马克思主义研究会的关系，社会主义研究会与俄罗斯研究会的关系等等关键问题，作为当事人之一，只是以过于简略的文字交代。在经过了大半个世纪之后要使之明晰起来，是十分困难的。

综上所能查找到的资料进行相互对照分析，可以有下面的初步认识：

不能把1920年12月初公开的“北京大学社会主义研究会”，与可能成立于1919年冬的“社会主义研究会”割裂开来。事情发生发展有一个过程。这符合当时的历史事实。

1919年的“社会主义研究会”，在创建方面，张西曼起了重要作用，是创建人之一。这是由于张西曼与孙中山、万福华、蔡元培有着一层特别的关系。张西曼于1908年就经宋教仁、谭人凤介绍，加入了同盟会。1909年入京师大学。1911年赴俄国入帝国国立东方语专（东方大学）研究政治经济。1914年回国研究民族问题。1917年在哈尔滨参与创办东华中学，结识周恩来。1918年再度赴苏俄考察十月社会主义革命。1919年应万福华、蔡元培之召回到北京大学，时年24岁的张西曼，被安排在李大钊任主任的北京大学图书馆编目室工作，这不是偶然的。因为此时的北京大学，以陈独秀、李大钊为代表的五四精神集体，对马克思主义先进思想进行传播，已经成为全国民主、科学思潮的发源地和革命运动的中心。正是在这样的客观条件下，张西曼才得以结识陈独秀、李大钊等知名学者，才有可能成为社会主义研究会的发起和创建者之一。

张西曼将在社会主义研究会和此后的主要活动（1920—1924年），总结为：一是“译出《俄国共产党党纲》（民九出单行本，民十六绝版）和编著其他有关十月革命后苏联党政建构的重要资料，以供国父改造中国国民党的参考”。二是“1920年秋季北京大学俄文系的成立和北京各大学俄文班的纷纷设立”。要以很大精力编写俄文教材，如《俄文文法》（出版于1921年）、《中等俄文典》（出版于1923年）、《新俄罗斯》（出版于1925年），成为探索俄文新教学方法的知名前辈。这两者都是功不可没的。

因此，1995年时任中共中央统战部王兆国部长在张西曼诞辰百周年纪念座谈会上说：“在十月革命前后，他（指张西曼）两度到苏俄学习，接触了普列汉诺夫、列宁的著作。1919年在北京与李大钊、陈独秀创立了社会主义研究会。翻译出版过《俄国共产党党纲》、《苏联宪法》等一些有关十月革命的著作，为在中国传播马克思列宁主义做出了积极的贡献。”

周子信的《“社会主义研究会”初探》[①] 引述了张申府（崧年）对作者的谈话，指出了社会主义研究会是张西曼组织，1919年下半年成立的，参加者成年人居多，间有部分青年学生，宗旨是介绍十月革命的经验，为国家培养人才，张申府也参加了。

易君左（家钺）著文《五四人物杂忆》在香港《祖国周刊》227号上登载，所述与以上内容相一致。

1920年底的北大社会主义研究会

1920年秋冬时节，“社会主义”已经成为国内思想界和舆论界的热门话题，有关“社会主义”的讨论，在一些报刊已经展开。李大钊审时度势，决定因势利导，在北京大学组建社会主义研究会，把社会主义的研究工作开展起来。同时，他也准备在北京大学开社会主义研究课，将社会主义研究纳入教学的轨道。

经过一段时间的酝酿和组织，1920年12月2日，李大钊与何北衡、徐六几、陈儒康、郭梦良、陈顾远、费觉天、梅思平、鄢公复等北京大学等对社会主义研究颇有兴趣的学生，成立了北京大学社会主义研究会。

1920年12月4日，《北京大学日刊》刊发《北京大学社会主义研究会成立通告》，全文如下。

---

① 载《团结报》2010年3月18日第7版。

北京大学社会主义研究会成立通告

（1920 年 12 月 4 日）

本会于本月 2 日正式成立。编译丛书及请名人讲演，均在积极进行中。特县将简章宣布如下：

北京大学社会主义研究会简章

一、宗旨　集合信仰和有能力研究社会主义的同志，互助的来研究并传播社会主义思想。

二、定名　暂定名为“北京大学社会主义研究会”（会员暂时限定北大同学）。

三、方法：1. 文字宣传　A. 编译社会主义丛书　甲种（大丛书）乙种（小丛书）B. 翻译社会研究集　C. 发表社会主义论文　2. 讲演

四、会员　对于社会主义有信仰和有研究能力的北大同学，由本会会员介绍或自愿入会，均经全体会员通过入会。

五、出会　会员因（1）自愿、（2）信仰变更、（3）于一年期内对于本会无所贡献者，得自由或由本会认为退会。

六、职务　会务由全体会员负责，采轮流或自由担任制度。

七、所得捐　会员用本会名义发行之书报或论文，所得报酬应抽百分之五为本会会费，又百分之五为公共购书费。

八、特别捐　会中遇有特别需款时，用绝对自由的方法，征收特别捐。无入会金及常年捐。

社员名单（依姓氏笔画繁简为序）

李大钊（守常）　何恩枢（北衡）　徐其湘（六几）
陈学池（儒康）　郭弼藩（梦良）　陈顾远（晴皋）
费秉铎（觉天）　鄢祥禔（公复）

通信处　本校第一宿舍郭梦良处。

（《北京大学日刊》1920 年 12 月 4 日）

在 1921 年 1 月 27 日出版的日文的《新支那》上，李大钊发表了对该刊记者谈话。谈话中李大钊介绍了“社会主义研究会”成立的宗旨、参加人员和所开展的活动。

李大钊说：建设社会主义“究经采取怎样的手段才好，也是比较困

难的问题，为此本校有志诸君组织了‘社会主义研究会’，我想本会所要研究的就是这种方法问题。我也是这个研究会的一名成员。本会于去年冬季成立以来，曾邀请罗素博士作了有关社会主义的演讲，此外在社会上还没有进行什么活动。为了使一般人民了解什么是社会主义，应首先翻译各国最简明扼要的关于社会主义的名著，进而深入研究中国与社会主义的关系以及其实行的方法。但在现阶段应着力介绍优秀书籍，组织编辑研究丛书，作为它的第一编已出版《基尔特社会主义》一书（本书为卡尔所著，以《基尔特社会主义发凡》为题，引为北京大学社会主义研究会乙种丛书，由郭梦良、徐六几两君翻译，书价大洋一角）。目前正在翻译中，今后将陆续出版的书籍还有数种。”①

社会主义研究会的主要活动

从 1920 年 7 月起，李大钊陆续被聘为北京大学政治学系教授、史学系教授，也曾在经济系兼课。这为他提供了学习、研究和传播社会主义的方便。在北京大学的讲坛上，李大钊陆续讲授过“唯物史观研究”、“社会主义史”和“史学思想史”等课程。他还曾作过“马克思的经济学说”、“工人的国际运动与社会主义的将来”、“马克思的历史哲学”、“社会主义与社会运动”、“社会主义下的经济组织”等讲座。在这些课程和讲座中，他系统地介绍了马克思主义的主要著作，如《哲学的贫困》、《共产党宣言》、《政治经济学批判序言》、《资本论》（全三卷）、《哥达纲领批判》等书当中的主要内容，阐述了历史唯物主义的基本原理、阶级斗争学说、劳动价值论、剩余价值论、平均利润论、资本集中论，直到论证了资本主义制度的逼人灭亡和社会主义制度的必然胜利。

李大钊还和陈启修、陶孟和、张慰慈一起承担学校的“现代政治讲座”。李大钊运用马克思主义观点，研究现代政治问题，主讲“工人的国际运动”、“印度问题”、“人种问题”、“现代普选运动”等多个专题。他是如此系统如此深入，而且联系中国实际地讲授马克思主义学说，在中国大学里实在是第一次，具有重要的历史意义。

张东荪和梁启超等人在《解放与改造》杂志上宣传基尔特社会主

① 1921 年 1 月 27 日《新支那》（日文），韩一德译，《辽宁师范大学学报》1986 年第 5 期。

义，主张在保存现有国家的条件下，建立“产业自治”，从而消灭剥削，实现劳动者的解放。李大钊认为，“要在现存制度下发展实业，只能越发强化现在的统治阶级而迫使下层农民为少数的统治者阶级付出更多的劳动”；“在现存制度下谋求实业的兴盛，实质上就是要使我国的统治阶级与各国的资本阶级结合起来，这样只能加强统治阶级的力量，而决不会带来其他任何好结果”。“要使人们了解为什么在现存制度下不可能发展实业，并进一步使人们了解发展社会主义实业的方法”，这“不是很容易的事”，但“将来是必定要进入这一步的，这是最终而且必须达到的目的”。梁启超、张东荪强调在中国“真的劳农革命决不会发生”。

1921 年 1 月 15 日，北京大学社会主义研究会邀请英国学者罗素作有关社会主义的演讲。罗素很注重教育与实业的发展，认为中国的当务之急是开发实业，兴办教育，认为中国适宜基尔特社会主义。使张东荪、梁启超就基尔特社会主义挑起了社会主义的论战。北京大学社会主义研究会开展的活动，在于探索中国应当走怎样的社会主义道路。

李大钊在 1921 年 1 月 27 日出版的日文《新支那》发表《中国的社会主义及其实行方法的考察》，介绍北京大学社会主义研究会的情况：“现在的中国能否即刻实行社会主义，这件事目前已经成为议论的中心问题。不少人认为要实行社会主义，必须首先着力于发展实业，以开发全国的事业，增加富力，从而使一般人尤其是广大的下层农民富裕起来，认为这是最稳妥和最好的方法。然而我的想法却与此相反，我认为要在现存制度下发展实业，只能越发强化现在的统治阶级而迫使下层农民为少数的统治者阶级付出更多的劳动。有人认为历来的借款多用于政界，而最近成立的四国新借款团已决定将借款用作实业方面，这样既可不使政界发生骚动，又能使我国逐渐繁荣起来，我也反对这种说法。如前所述，在现存制度下谋求实业的兴盛，实质上就是要使我国的统治阶级与各国的资本阶级结合起来，这样只能加强统治阶级的力量，而决不会带来其他任何好结果，这是显而易见的。”接着，他谈到：“但是要使人们了解为什么在现存制度下不可能发展实业，并进一步使人们了解发展社会主义实业的方法，就是说劳动者能为自身的利益而发展实业需要有一个过程，掌握这些并不是很容易的事。然而我坚信，将来是必定要进入这一步的，这是最终而且必须达到的目的。但在这个过程中，究竟采取怎样的手段才好，也是比较困难的问题，为此本校有志诸君组织了社会主义研究会，我想本会所要研究的就是这种方法问题。我也是这个研究会的一名成员。本会于去年冬季成立以来，曾邀请罗素博士作了有关社会主义的演讲，此外在社会上还没有进行什么活动。为了使一般人民了解什么是社会主义，应首先翻译各国最简明扼要的关于社会主义的名著，进而深入研究中国与社会主义的关系及其实行的方法，但在现阶段应着力介绍优秀书籍，组织编辑研究丛书，作为它的第一编已出版《基尔特社会主义》一书（本书为卡尔所著，以《基尔特社会主义发凡》为题，引为北京大学社会主义研究会乙种丛书，由郭梦良、徐六几两君翻译，书价大洋一角）。目前正在翻译中，今后将陆续出版的书籍还有数种。”“关于社会主义的小册子除此之外，尚有《新青年丛书》第一编，《社会主义史》第三编，《哲学问题》第五编，到《自由之路哲学研究小从书》第一编，《共产党宣言》第二编，《资本论入门及改造的原理》等。”

“社会主义是否适合于中国”辩论会

研究会还曾以“社会主义是否适合于中国”为题举行辩论会，参加者有好几个大学的学生和教员，辩论十分激烈。最后听众都想听一听马克思主义专家李大钊的意见。李大钊用唯物史的观点说明了人类社会发展的规律，指出由资本主义到社会主义是历史的必然，不是人的意识和感情所能左右的。

1921 年 4 月 30 日北京《晨报》载“北京大学社会主义研究会在五一劳动节举办讲演会的公告”，在北大法科大礼堂举办讲演大会，北大教授李大钊、陈启修、高一涵等出席并讲演，讲题为关于劳动运动及社会主义个问题。李大钊强调指出在中国社会主义必然到来，这绝不意味着工人阶级可以不要斗争而垂手以待社会主义的到来，从唯物史观的观点来论说社会主义之必然到来，才是有说服力的论说，才能使人们确信，这是社会发展不以人们意识为转移的客观规律。只有走社会主义道路，才能富强中国。

主要参考文章条目索引：

• 张西曼：《历史回忆》，姚雪垠主编：《现代史料丛刊》，东方书社发行 1949 年 1 月。

• 周子信：《“社会主义研究会”初探》，《团结报》2010 年 3 月 18 日第 7 版。

李大钊与北京大学新知书社

五四运动之后，20 世纪 20 年代初期，传播新思想、新文化，影响最大的事情是创办书社，广泛发行新思想、新文化的书刊。湖南长沙的文化书社、北京大学的新知书社，上海的新时代丛书社，都是传播新思想、新文化的重要的阵地，也是进步人士秘密活动的联络点和聚会场所，对传播新思想、新文化起了积极推动的作用。这些书社的创建和书刊的发行，都曾经和李大钊有过较为密切的关系，是李大钊思想宣传活动的重要组成部分。

担当北京大学新知书社募股人

北京大学新知编译社和新知书社的实际负责人是成平（成舍我）。

成舍我在上海时与陈独秀、李剑农相识。1918 年初，接受陈独秀、李剑农建议，北上报考北京大学，因没有中学毕业的文凭，只好写信给蔡元培校长请求照顾。蔡元培以其蓄志可嘉，准以同等学历报考旁听生，然后以优良学习成绩转为正式生。其生活来源经由图书馆主任李大钊推荐，任职于《益世报》。成舍我在《益世报》的工作很出色，所写《安福与强盗》，鞭挞了北洋政府，致使报纸销量骤增，成舍我也成了公众关注的人物。

1920 年，成舍我在校邀集罗敦伟、郭梦良、吴范寰等同学在校内经蔡元培批准，成立了“北京大学新知编译社”，其宗旨是翻译世界名著向国内介绍。为了及时出版所译作品，经商量决定募股集资成立“新知书社”。在推举募股人时，首先是依靠北京大学学生银行，其次是邀请本校的部门负责人，经征得本人同意，请到李辛白（北大出版部主任）、沈士远（北大庶务主任）、沈兼士（北大国文教授）、李大钊（北大图书馆主任）为募股人。此外还有杨钟健、吴前模、姚文林、邱艺祥、罗敦伟、郭梦良、易家钺、成平（成舍我）等同学。在《北京大学日刊》（1921 年 1 月 11 日）上刊登了《新知书社招股广告》。

这篇广告有李大钊的名字和联系地址的，应属于“联合署名”而收入《李大钊全集》，可能考证出该文不是出自李大钊的文笔，所以在“联合署名”中未收录，《李大钊史事综录》则录有全文如下。

《新知书社招股广告》

本社附属于北京大学新知编译社内，以印刷发行新知编译社之图书杂志为主要营业，以（一）代售国内各种有价值之图书杂志；（二）由欧美日本返运书籍；（三）代印各处出版品等；（四）代售教育用品，为附属营业。

资本总额暂定为两万元，共分四千股，每股五元，分四期招足。第一期先招五千元，业已开始招募，限于本年 3 月 31 日截止，募足时即行开办。凡本校教职员及同学诸君愿入股者，请向下列各处，交足股款，领取收据，即于 4 月 1 日起换取股票。所有招股简章、组织简章，除已揭载本月 7、8 日本校日刊及京沪各重要报纸外，有愿索阅者，请函致：南河沿大纯公寓成舍我君，当即寄奉。

募股经收处：

一、北京大学学生银行（北河沿第三院）

二、李辛白君（第一院出版部主任室）

三、沈士远君（第一院庶务主任室）

四、沈兼士君（第一院国文教授会）

五、李大钊君（第一院图书主任室）

六、杨钟健君（第二寄宿舍）

七、吴前模君（第二寄宿舍）

八、姚文林君（第一寄宿舍）

九、邱益祥君（第一寄宿舍）

十、罗敦伟君（第一寄宿舍）

十一、郭梦良君（第一寄宿舍）

十二、易家钺君（西城宗帽胡同一号）

十三、成平君（南河沿大纯公寓）

（《李大钊史事综录》，北京大学出版社 1989 年版，第 283—284 页）

接着，《新知书社开会记事》在《北京大学日刊》（1921年3月8日）上刊登。记事详细介绍了3月6日新知书社召开的募股人大会，有关收款、书社地点、筹备委员会的组成等问题。推定了总务股、庶务股、编辑股、营业股、印刷股、的人选，李大钊被推举为总务股委员，成舍我为总务股主任。①

新知书社正式成立的消息，则是在1921年4月18日《晨报》上刊出。报道了4月14日新知书社在干面胡同3号召开书社创立会，选举出董事会、监事会、总经理。李大钊当选为监事。发行、印刷、编辑三部组建完成，15日举行书社开幕典礼。出版计划初步定为罗素的五大讲演：社会构造学、物之分析、数理的论理学、哲学问题、心之分析等。②

新知书社后来出版书籍有：勒拉克讲演，李小峰记：《政治思想与经济状况》；《罗素五大讲演：社会构造学、物之分析、数理的论理学、哲学问题、心之分析》；王世杰：《女子参政之研究》；高一涵译，《经济思潮史》；非宗教大同盟编：《非宗教论》；成平编：《罗素、勃拉克讲演合刊》；谢国桢：《白话诗研究集》等。

新知书社由于所制定的翻译计划选题凌乱，加之资金短缺，虽然开展了一些工作，如后来在《京报》创办《青年之友》专栏，主导方向并不明确，思想基础欠缺，不久，就发生谢国桢的《白话诗研究集》，因遭受苏梅（苏雪林）批评，引发书社成员对苏梅不当评论的种种不愉快。李大钊、胡适、成舍我等批评了易家钺、罗敦伟，并决定在新知书社予以除名。

新知书社是北大学生的社团组织，得到了蔡元培、李大钊等的支持，但是原定的崇高设想并未能全部实现。从1921年1月募股集资，李大钊被推举为募股人；3月份，李大钊被推举为总务股委员；4月份，李大钊当选为监事，直至书社解体。没有记录下李大钊参与过具体活动，几次会议也没有李大钊参加的明确记载。在新知书社的全部活动中，李大钊只是开创期的支持者，书社创立后的具体活动均没有过多参与。

---

① 参见《李大钊史事综录》，北京大学出版社1989年版，第284—285页。

② 《李大钊史事综录》，第286页。

支持毛泽东创建文化书社

1920 年 7 月 31 日的湖南《大公报》的广告栏里，有一则题为《发起文化书社》的广告，由毛泽东所写：“我们认定，没有新文化，由于没有新思想；没有新思想，由于没有新研究；没有新研究，由于没有新材料。湖南人现在脑子饥荒，实在过于肚子饥荒，青年人尤其嗷嗷待哺。文化书社愿以最迅速最简便的方法，介绍各种新杂志。以充青年及全体前进的湖南人研究的材料……”①

文化书社　1920 年 7 月，毛泽东和新民学会的会友们发起成立“文化书社”，把建设中国的以至于世界的新文化看作是“大家公负”的责任。毛泽东在他起草的《发起文化书社》中还这样写道：“一枝新文化小花，发现在北冰洋岸的俄罗斯。几年来风驰雨骤，成长得好与成长得不好，还依然在未知之数。诸君，我们如果晓得全世界尚没有真的新文化，这倒是我们的一种责任啊！”② 可见毛泽东要建设新文化的强烈责任感和高度热情。

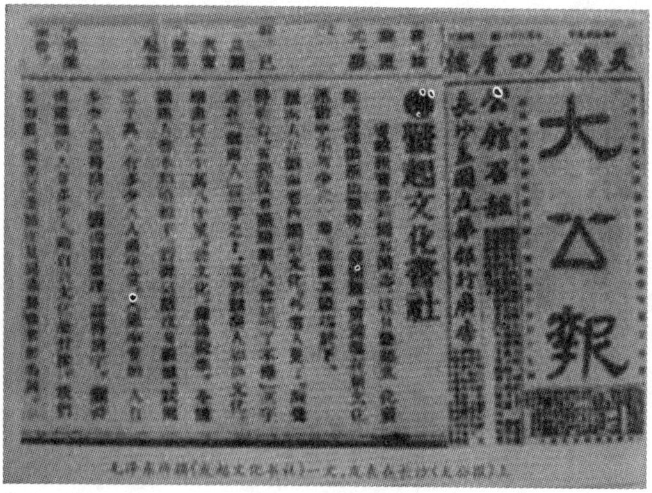
大公報

發起文化書社

《发起文化书社》

① 《发起文化书社》，《毛泽东早期文稿》，湖南出版社 1990 年版。

② 《发起文化书社》。

1920年4月，毛泽东离开北大，但此后的很长时间里他仍与李大钊保持着密切的联系。同年六七月间，毛泽东发起创建文化书社，李大钊大力支持。

毛泽东写出了《文化书社敬告买这本书的先生》（1920年11月）：

> 先生买了这一本书去，于先生的思想进步上一定有好多的影响，这是我们要向先生道贺的。倘若先生看完了这本书之后，因着自己勃不可遏的求知心，再想买几本书看——到这时候，就请先生再到我们社里来买，或者通信来买，我们预备着欢迎先生哩！
>
> 我们社里所销的东西，曾经严格的选择过，尽是较有价值的新出版物（思想陈旧的都不要）。书——一百二十四种，报——四种，杂志——五十种（月刊三十三种，半月刊二种，季刊二种，周刊十三种）。我们的目的——湖南人个个像先生一样思想得了进步，因而产生出一种新文化。我们的方法——至诚恳切的做介绍新书报的工〔作〕，务使新书报普播湖南省。
>
> 我们很惭愧自己的能力薄弱，不能担负这传播文化的大责，希望各界有心君子予以援助。先生若能帮我们费一点口舌介绍之劳，那我们是特别感激先生的。本社印有很多的书目，先生或先生的朋友要看，函索即寄（不要邮费）。本社经理员易礼容君，营业事项由他负责。他天天在社，无论那位先生要书，要报，要杂志，要书目，以及其他事项，写信来问，都由他手复，绝不延搁。敬祝
>
> 先生天天健康！
>
> 文化书社同人

文化书社于8月2日举行成立会，9月9日开始正式营业。在书社的经营活动中，所遇到的困难莫大于资金问题。而书社“为稳固信用起见，亦不愿向人赊欠，因此本钱太少，周转颇难。”在这种困难的情况下，李大钊向毛泽东伸出了援助之手。在书社所销售的书籍中，有新潮丛书、北京大学丛书，以及非丛书的书籍约50多种，均来自北京大学出版部，遂由李大钊出面“为信用介绍”，实行“免去押金”的办法。从现存的文化书社“销售目录”来看，这种业务关系至少保持有两年多的时间。这50多种书籍，几占书社所售书籍总数的三分之一，因此，李大钊的“信用介绍”，在很大程度上缓解了书社的资金困难，增强了

书社的经营活力。

来自北京大学出版部的50多种书籍，主要有：罗素政治理想、罗素社会改造原理、马格斯资本论入门、杜威五大讲演、赫克尔一元哲学、达尔文物种原始、社会主义史、女性论、旅俄六周见闻记、爱的成年、科学方法论、迷信与心理、欧洲政治思想小史、托尔斯泰传、胡适中国哲学史大纲幄欧洲文学史、心理学大纲、印度哲学概论、国际联盟讲评、人类学、波斯问题、科学的社会主义、欧美各国改造问题、革命心理、创化论、近代思想、柏拉图之理想国、中国人口论、新道德论、生物之世界、孙文学说、科学通论、现代思潮批评、近世经济思想史论、近世社会学、胡适短篇小说、吴稚晖上下古今谈、新式标点的水浒、三叶集、俄罗斯名家小说、克鲁泡特金的思想、新俄国之研究、吴稚晖朏庵客座谈话，劳农政府与中国、心灵现象论、实验主义、杜威现代新教育的趋势、杜威美国民治的发展、现代心理学、天文学、西洋新派画、社会与伦理、社会与教育、动的新教授、蔡元培伦理学原理、蔡元培中国伦理学史、婚姻哲嗣学、杨怀中西洋伦理学史、杨怀中伦理学之根本问题、新闻学、哲学概论、周作人译点滴。①

长沙文化书社以“专经售新出版物”为宗旨，以“售价至多比出版原店一样，有些比原店更减，仅以取到相当之手续费及邮费为限”为经营原则，颇受各界读者的欢迎。书社的经营活动不以赢利为唯一目的，它实际上是毛泽东在湖南建立的一个研究与传播革命真理，进行革命活动的重要阵地。它的存在，不仅在传播马克思主义方面，起到了很大作用，而且在创建中国共产党及在建党初期作为秘密联络机构，也发挥了重要的作用。这是毛泽东在湖南所进行的一项有重要意义的革命活动，而李大钊是这项革命活动的有力后援者。

1920年10月22日，毛泽东在起草的《文化书社第一次营业报告》中说：“正式约定与本社为出版物之交易者，有上海泰东图书局，亚东图书馆，中华书局，群益书社，时事新报馆，新青年社，北京大学出版部，新潮社，学术讲演会，晨报社，武昌利群书社等十一处。因经李石岑、左舜生、陈独秀、赵南公、李大钊、恽代英诸君为信用介绍，各店免去押金。”②

① 毛泽东：《文化书社通告好学诸君》，《湖南通俗报》1920年11月10日。

② 中共中央文献研究室、中共湖南省委《毛泽东早期文稿》编辑组编：《毛泽东早期文稿》（一九一二年六月——一九二〇年十一月），湖南人民出版社2008年版，第536页。

毛泽东于1920年9月，受聘湖南省立第一师范学校附属小学，经济收入微薄。创办文化书社的资金是从哪里筹措的？“外祖父杨昌济病逝时，家境已很萧条，北京的一些朋友们赠送了一笔‘奠仪’费，这笔钱为安葬外祖父用了一部分。后来妈妈看到爸爸为筹措革命经费而到处奔忙，就动员外婆将这笔剩余的钱拿出来，协助爸爸办了文化书社。”①

“湖南驱张运动胜利了，军阀张敬尧灰溜溜滚出了湖南。趁此机会，毛决定创办文化书社……钱从哪里去弄呢？当时，毛泽东和他的同志都穷得叮当响，平时与商界富翁绅士又没有什么交往，要依靠自己筹足创办一个书社的资金，很不容易。毛泽东邀集新民学会会员开了一个会，决定每人分担股金数十元；又商请长沙教育界进步教师支持赞助，量力投资；但也仅筹得400多元。剩下的款项怎么办？正在一筹莫展之际，杨开慧向毛泽东伸出了友谊之手。她想起父亲病逝时，北京的朋友们曾经赠过一笔‘奠仪’费，这笔钱为安葬父亲用去了一部分，剩余的母亲则把它做了家庭生活费用。老人家省吃俭用，不肯轻易动用。现在用它支持毛泽东办书社不是很好吗？杨开慧开始对母亲耐心劝说。母亲终于被女儿公而忘私的精神所感动，慨然拿出余下的几百元‘奠仪’费给了女儿，由她交给毛泽东办书社。就这样用筹集到的1000来元资金，办起了文化书社。”②

这种说法有欠全面。文化书社于1920年8月2日在长沙楚怡学校召开发起人会议，推定易礼容、毛泽东、彭璜为筹备员，书社开业后，易礼容任经理。8月20日，租好长沙潮宗街门牌56号湘雅医学校三间房为社址，9月9日营业。10月22日召开第一次投资人议事会。“从8月2日成立会起截至10月22日第一次议事会止，投资者有姜寰、毛泽东……等27人，共收银519元。”③ 姜济寰、周世钊三次投股，长沙总商会会长左学谦一次投股，毛泽东一次投股10元。说明“杨开慧劝说母亲给毛泽东创办书社筹资的说法”不符合实际。文化书社的创办，起初主要靠招股集资，后期则得到了有关人士拨款援助。

易礼容后来回忆创办文化书社时也说：“文化书社是在1920年8月由毛泽东号召新民学会一些会员和长沙社会文教界若干人开办的。最初

---

① 毛岸青、邵华：《两个90周年诞辰——回忆爸爸尊老敬贤的一件往事》，《中国青年报》1983年12月22日。

② 曾维东、严帆：《毛泽东的足迹》，群众出版社1993年版，第33—34页。

③ 《湖南通俗报》1920年11月6日。

只有陈子博和我两个人工作，开办的经费只有20块钱，是由赵运文（赵鸿钧，湘雅医科专门学校斋务兼庶务主任）经手借来的。有人说开办时才400多元钱，其实当时400多银洋是一笔大的钱。”①

长沙文化书社1920年8月创办，1927年“马日事变”时被封禁，存在7年。它以“专经售新出版物”，“售价至多比出版原店一样，有些比原店更减，仅以取到相当之手续费及邮费为限”，受到读者欢迎。毛泽东在湖南进行的这项活动，李大钊是有力后援者。1924年冬，毛泽东由上海中央机关请假回湘养病，仍非常关心文化书社，曾主动与湖南省委书记李维汉商量，由省委拨款800元为书社清理债务。1926年1月，毛泽东到广州参加国民党二大，还多次与易礼容、夏曦研究书社问题，提议由易礼容给国民革命军第二军军长谭延闿写信，请求拨款支持书社的发展。后来，谭延闿接受易礼容的请求，给文化书社拨款400毫洋，解决书社存在的困难。

“文化书社”创办了7年，为传播新文化新思想、宣传马克思列宁主义作了很大贡献。1927年“马日事变”后，“文化书社”被国民党反动派强行关闭。

发起新时代丛书社的双重背景

1921年6月，李大钊、李季、李达、李汉俊、邵力子、沈玄庐、周作人、周佛海、周建人、沈雁冰、夏丏尊、陈望道、陈独秀、戴季陶、经亨颐等15人发起成立新时代丛书社，其宗旨是普及新文化运动，“以增进国人普通知识”。该社的通信处设在上海贝勒路树德里108号，即望志路108号。望志路106号、108号均为李汉俊和他哥哥的寓所，两院的后天井相通。6月24日，上海《民国日报》“觉悟”副刊登出《〈新时代丛书〉编辑缘起》，着重说明：“起意编辑这个丛书，不外以下三层意思”：“想普及新文化运动”；“为有志研究高深些学问的人们供给下手的途径”；“想节省读书界的时间与经济”。因此，“丛书内容包括文艺、科学、哲学、社会问题，及其他日常生活所不可缺乏知识”。

6月28日，北京《晨报》上也刊登了《〈新时代丛书〉编辑缘起》

---

① 易礼容：《关于文化书社的一次谈话》，《文化书社——中国早期传播马克思主义的书刊发行机构》，湖南出版社1991年版，第81页。

一文。现在收录在《李大钊全集》第五卷中的就是使用的《晨报》的文本。却没有与上海《民国日报》"觉悟"副刊登的文本进行校正，而把"李达"印成了"李发"。

一种丛书的编辑缘起启事，要在上海、北京两地多处刊登，有没有特别的背景？只要从刊登时间、联络地点上加以思考，就不难看出其中的缘由了。这是特意为中国共产党第一次全国代表大会召开而制造外部环境的假象。

正如周佛海在《往矣集》中所记："在贝勒路李汉俊家，每晚开会。"这么多人、多日集会，是容易引起当时外界注意的，如果有一个对社会公开的编辑机构的各界人士联络点，就方便多了。后来的实践也证明了这一点。这才是"新时代丛书社"成立的真实背景。

彼时，李大钊正忙于北京国立八校教职员的索薪斗争，6 月 3 日到国务院请愿，多人遭受军警殴打，"李大钊昏迷在地，不省人事"。(1921 年 6 月 5 日《晨报》) 尽管如此，李大钊还是把上海《民国日报》"觉悟"副刊登出《〈新时代丛书〉编辑缘起》，按照预定的意图，分别刊登在《晨报》、《时事新报》上面。因为参加中共一大的与会者，中共"一大"会议进行中，确曾受密探骚扰，马林提出与会人员需要及时转移后，又有法租界巡捕来此搜查。法国巡捕盘问留下来的李汉俊，李汉俊用法语答话：

"谁是这屋子的主人?"

"我。"

"你们刚才开什么会?"

"北京大学的几位教授谈谈编辑新时代丛书的问题，不是在开会。"

"为什么家里藏着这么多书?"

"我是教员，这些书是为参考、研究用的。"

"为什么有许多社会主义书籍?"

"我兼任商务印书馆的编辑，什么书都要看。"

"那两个外国人是什么人?"

"他们是英国人，是北京大学教授，暑假来到上海，常到这里谈天。"

李汉俊以《新时代丛书》编辑部来应对，巡捕们知道这里是公开的编辑机构联系点后，搜查比较马虎。这样，"写字台抽屉有一份中国共产党党纲草案没有来得及收捡，他们竟没有发现。"(《"一大"回忆录》)

《新时代丛书》社于1922年和1923年两年间，出版了10种书，现在上海图书馆藏有9种（缺第二种）。计有：《女性中心说》，夏丏尊译；《马克思主义和达尔文主义》，施存统译；《马克思学说概要》，施存统译；《遗传论》，周建人译；《进化论》，太朴译；《妇人和社会主义》，祁森焕译；《儿童教育》，沈泽民译；《社会主义与进化论》，夏丏尊、李继桢译。皆由商务印书馆发行，为32开本。封面设计简朴庄重，32开本，黑体字书名；中间为地球图案，上端印有“新时代丛书”，下面紧握的双手图案，象征全世界无产者联合。丛书第一版的首页均为《〈新时代丛书〉编辑缘起》，然后是《译者序言》，每册的字数都没有超过十万字，页数虽少，而内容却很充实。

新时代丛书社确实和中共的组织活动关系密切，但是把新时代丛书社出版的这套丛书说成是宣传马克思主义却有失全面，应该说成：新时代丛书是包括马克思主义在内的社会科学知识丛书。李大钊参与发起成立“新时代丛书社”具有着双重目的。

主要参考资料条目索引：

• 《新知书社招股广告》，《北京大学日刊》（1921年1月11日），《李大钊史事综录》，北京大学出版社1989年版，第283—284页。

• 《新知书社开会记事》，《北京大学日刊》（1921年3月8日），《李大钊史事综录》，北京大学出版社1989年版，第284—285页。

• 《〈新时代丛书〉编辑缘起》，上海《民国日报》1921年6月24日，《李大钊史事综录》，北京大学出版社1989年版，第303页。

• 杜艳华：《李大钊文化思想对毛泽东早期文化观形成和发展的影响》，《中共党史研究》2003年第1期。

• 陶红霞：《李大钊与毛泽东中西文化观的趋同性》，《西南大学学报（人文社会科学版）》2010年第1期。

• 易礼容：《关于文化书社的一次谈话》，《文化书社——中国早期传播马克思主义的书刊发行机构》，湖南出版社1991年版。

• 曾维东、严帆：《毛泽东的足迹》，群众出版社1993年版，第33—34页。

• 毛岸青、邵华：《两个90周年诞辰——回忆爸爸尊老敬贤的一件往事》，《中国青年报》1983年12月22日。

• 《李大钊史事综录》，北京大学出版社1989年版，第283—284页。

李大钊与非宗教运动大同盟

1922 年 4 月 9 日，在北京大学第三院开非宗教运动大同盟成立大会，李大钊在会上讲演《宗教妨碍进步》，并被推举为非宗教运动大同盟的干事。其后在临时大会上，再次被推举为非宗教大同盟的干事。1922 年 6 月 19 日非宗教大同盟召开第一次干事会议，被选举为非宗教大同盟常务干事。

据《吴虞日记》1922 年 4 月 1 日所记："'非宗教同盟二次宣言'，李守常主稿（中夏持来签名），李石曾，余阅后为署名。"他这里所说的"非宗教同盟二次宣言"，就是指《非宗教者宣言》（现已收入《李大钊全集》第 4 卷第 66—67 页）。李大钊不仅主稿了宣言，在被选举为常务干事后，还参与了《非宗教论》论文集的编辑及其他会务工作。

非宗教运动的发起

1922 年 3 月 9 日，中国社会主义青年团机关刊物《先驱》发表上海各校"非基督教学生同盟"宣言，指出：世界的资本主义"先后拥入中国，实行经济的侵略主义了，而现在的基督教及基督教会，就是这经济侵略的先锋队。"宣言对世界基督教学生同盟准备于当年 4 月 4 日集合全世界基督教徒在北京清华学校开会表示抗议，号召广大青年学生和工人起来反对帝国主义的这种"学生同盟"。全国各地爱国学生和教育界爱国人士积极响应。继上海、北京之后，广州、南京、长沙、湖北、杭州等 30 余地也纷纷成立了这类组织。4 月 4 日至 8 日，"世界基督教学生同盟"在军阀政府的大批军警保护下在清华学校开会，北京学生前往抗议。

北京各界人士刘复、陶孟和、李大钊、邓中夏、徐炳昶、谭熙鸿、张竞生、高一涵、周作人、朱务善、郭春涛、范体仁、杨钟健、李寿雍、许孝炎、杨副时、罗驭雄、范鸿劼、邓文辉、高尚德、张特立（国焘)、杨子烈、李世军、王用宾、焦易堂、胡鄂公、彭临九(以上四人是国会议员)等发起非宗教运动(签名发起的有二百余人,大多数为各大、专、中学教职员学生,有少数商人和工人)。

《非宗教运动发起词》中指出,人是“由猿类经过劳动生活”“自己创造”的,“世界上并没有上帝和天神”,宗教迷信起源于“原始社会人类知识不足,对自然界一切事物变化不能认识”,而“统治阶级为了便于统治人民”,“便故意张大天神的作用”,利用宗教来“愚民”,那些“教主”,则是“统治阶级的帮凶”。发起词认为“人们信教只是满足一种幻想,自欺欺人”。“而传教的人,如和尚、方丈、牧师、神父等,更是藉此混饭吃,从事不劳而获,过剥削享受生活。”发起词列举了帝国主义利用宗教对我国进行侵略的种种罪行,揭露了“耶稣教是帝国主义侵略落后国家和民族的工具,传教士是侵略的先锋队”。

发起词郑重地宣布,“我们为尊重科学、破除迷信,提高自信力、保持国民人格、反对帝国主义侵略、力图自强自治起见,决定发起非宗教运动”。提出:“我们非宗教的最后目的,是笃信科学,尊重人们的自觉,拒绝帝国主义者的愚弄、欺骗,反对他们的侵略,要求自主、独立。极力铲除依赖性,铲除靠天、靠上帝、靠外国人帮忙的奴隶思想,力求自力更生,自求多福,加强四万万人民的觉悟和团结,争回已经丧失的领土主权,做一个有理智没有迷信,头脑清爽,自由自在和自信的国民。努力钻研科学,追求真理,为广大的人类造福。使四万万同胞从迷信中解放出来,向新的、民主的、自由的社会前进。”高呼“非宗教运动万岁!”发起词最后要“凡赞成这个运动者请签名并广为宣传”。

非宗教运动得到北京各界广大人士的响应,北京《晨报》、《京报》亦以相当大的篇幅登载这一消息,一些刊物并著论宣传。这引起帝国主义报纸如《顺天时报》、天津《庸报》著论攻击。研究系梁启超、张东荪等,则做起了“非非宗教运动”的文章。

非宗教大同盟讲演及成立大会

1922 年 4 月 9 日,在北京大学第三院开非宗教大同盟成立大会,到会者 500 余人,由范鸿劼主席。会上发言者踊跃,蔡元培、张耀翔、李石曾、李大钊、吴又陵等在会上演讲。蔡元培因病不能出席,讲演词由肖子昇代读。

经推定，李大钊、胡鄂公、谭熙鸿、彭邦栋（参议院议员）、刘相臣（商人）、邓中夏、黄日葵、范鸿劼、郭春涛、成舍我、李石曾、范体仁、刘仁静、邹德高、张竞生15人为干事。

非宗教大同盟简章

一、定名　定名为非宗教大同盟。

二、宗旨　专以解脱宗教羁绊，发挥科学真理为宗旨。如研究学术，而发挥崇尚一派一人之学说，无宗教作用者，（如研究佛学，孔子哲学，老子哲学……）不视为宗教。

三、入会　本同盟会员，无种族国家男女长幼党派阶级等别，凡赞成本同盟宗旨者，将志愿、姓名、籍贯、年龄、职业、住址详细告知本同盟，即为本同盟会员。凡与本同盟总值一致之团体，本同盟亦认为同志会，愿尽协进之义务。

四、组织　由会员中推举干事若干人，又由干事中推举8人为常务干事，组织干事会，互选主任干事1人，书记2人，交际4人，会计1人。干事会未成立前，暂由大同盟在会同人组织临时书记处施行之。

五、经费　会员不征会费，平时用费，由同志乐捐。遇必要时，再由干事会酌定，特别募捐。

六、开会　遇必要时，由干事会随时通告，召集大会。

七、附则　本章程有不适用时，得由会员三分之一以上之提议，过半数通过修改之。

通讯处，北京北河沿北京大学第三院（霰电临时通讯处暂时似可代收）

（《晨报》1922年3月28日）

《非宗教者宣言》

我们相信在宗教的迷信下，真理不能昌明，自由不能确保，故当世界基督教学生同盟将在北京开第十一次大会的时候，联合非宗教的同志，作非宗教的宣传运动。我们对于背反科学原理的迷信的宗教，不论它是中国的，外国的，一律反对。对于影响所及较为普遍的宗教，尤其反对。

信仰一种宗教，固然是他们的思想自由，不信仰一种宗教，亦是我们的思想自由。他们信仰一种宗教的人，可以有组织同盟，作他们的宣传运动的自由，我们不信仰一切宗教的人，亦有组织同盟，作我们的宣传运动的自由。我们反对宗教的运动，不是想靠一种强有力者的势力压迫或摧残信仰一种宗教的人们，乃是想立在自由的真理上阐明宗教束缚心灵的弊害，欲人们都能依自由的判断，脱出他的束缚于蒙蔽。信教自由，原是因为宗教互争的结果，没有全胜，只有分立，弱小的宗派，乃依此亦为自存的方法。其实仰自由，在宗教势力之下，只是一句空话，欧美诸国没有能够实行的，只有在人人的灵明都能脱出宗教的范围看宗教为无足轻重的时候，思想自由，才能存在。我们反对宗教，正是为此，不但不是破坏自由，而且实在是拥护自由的。我们希望各处非宗教的同志们和那时对我们非宗教同盟运动表示反对的朋友们，要切实了解我们的真正意思，然后表示赞成和反对。至于我们以非圣以无法，是我们所不计的。

王星拱　吴　虞　李石曾　李守常
阮永钊　金家凤　陈爱梅　张佐汉
邓仲瀞　钟继璜　颜燮夫　肖子昇

1922 年 4 月 4 日

非宗教大同盟大事记

1922 年 3 月 9 日

上海学生成立“非基督教学生同盟”组织，反对世界基督教学生同盟（World Student Christian Federation）第十一届年会拟定于 4 月 4 日在北京清华学校召开，通电呼吁各界共同反对次会议在中国召开。

1922 年 3 月 11 日

北京学生响应上海的呼吁，成立“反宗教大同盟”，蔡元培等人均予支持。“反宗教大同盟”，蔡元培等人均予支持。

1922 年 3 月 21 日

由李石曾、陈独秀、李大钊、汪精卫、朱执信、蔡元培、戴季陶、吴稚晖等为数 77 人的学者名流以该同盟的名义联署发表宣言通电全国，指出：“我们要为人类社会扫除宗教的毒害。我们深恶痛绝宗教之流毒于人类社会十倍于洪水猛兽。有宗教可无人类，有人类便无宗教。宗教与人类，不能两立。”

1922 年 3 月 31 日

北京的五位大学教授周作人、钱玄同、沈士远、沈兼士、马裕藻发表《一个信仰自由之宣言》，重申信仰自由的精神，反对攻击基督教。

1922 年 4 月 4 日

世界基督教学生同盟第十一届年会在北京清华学校如期召开，受到大批军警保护。李石曾、李大钊、邓中夏、萧子升等 12 人在《晨报》上发表《非宗教者宣言》。陈独秀、李大钊、罗章龙、萧子升分别发表文章，批判宗教。

1922 年 4 月 8 日

世界基督教学生同盟第十一届年会闭幕，北京大学举行非宗教演讲大会，有三千多人参加。会上宣读蔡元培的演说词，要求教会学校的教育与宗教分离。

1922 年 5 月 10 日

北京非宗教同盟在北京大学第三院正式成立。

1922 年 6 月 18 日

非宗教大同盟召开第一次干事会议，选举萧子昇、李石曾、朱务善、张耀翔、李守常、韦玉、范鸿劼、缪伯英八人为常务干事。讨论了以后五项工作事项及进行方法。

1922 年 6 月

非宗教大同盟编辑出版李大钊、罗章龙等编辑的《非宗教论》一书，该书收集了蔡元培、陈独秀、李大钊、吴虞、李石曾、萧子升、周太玄、朱执信、罗章龙等人写的 31 篇批判基督教的文章。

非宗教大同盟得到各地响应

非宗教大同盟成立后，在上海、汉口、天津、长沙、成都等处，都设立分会。对耶稣教（包括天主教）确实打击了一下，尤其对帝国主义利用宗教进行侵略的揭露，迫使一些教会学校不得不改变一下那种强迫学生做礼拜及禁止爱国运动的状况，如燕京大学即取消学生必须做礼拜，长沙雅礼大学即不再禁止学生参加爱国运动。

1922 年 5 月 5 日至 10 日召开的中国社会主义青年团第一次全国代表大会会址就设在广州。中共领导人陈独秀等和青年共产国际代表也出席了会议。大会的主要任务是制定和通过团的纲领和章程，建立团的中央领导机构。会上还通过了支持非基督教及非宗教组织的决议。[①] 共产国际代表书记处成员的 C. A. 达林在 1922 年的报告中写道：基督新教青年会当时在中国 30 个城市和 174 个专门的学生组织中拥有 7.2 万名会员，这些组织的 400 个领导人中有 80 个美国人，仅在 1920 年，美国花在中国青年会的经费就有 15 万美元，因此基督教青年会“是我们很有力量的一个仇敌，也是我们要尽力去反对的一个仇敌”[②]。

李大钊演讲：《宗教妨碍进步》

1922 年 4 月 9 日，李大钊在北京大学召开的非宗教同盟第一次大会上的演讲。同日，刊载于《北京周报》（日文）第 12 号。署名：北京大学教授李大钊，中译者为周丰一。

> 为什么组织反宗教同盟呢？关于这件事已经发表了宣言书，现在没有必要再作新的说明。我们坚信宗教是妨碍人类进步的东西，把所有的问题都想依赖宗教去解决，那是一种不承认科学文明的态度。换言之，这是不懂得进化论为何物。我们只是依赖廉价的宗教幻想是无法生活下去的。为什么把宗教称之为廉价的幻想呢？这是因为宗教不能探求真理，无论什么问题最后都说成是依靠所谓神的力量或佛的力量去解决的原故。因此，我们反对宗教的目的，并不是像一些人所想像的那样单单是反对基督教，而是反对阻碍人类进步的所有的宗教。然而，这次为什么突然组织这一同盟会呢？那是因为我们历来认为宗教对探求真理，亦即对人类进化上是非常有害的东西，为此我们曾利用一切机会来讲这个道理。最近在北京召开

① 罗成全：《关于中国社会主义青年团正式成立的时间问题》，载《中国青运》1990 年第 4 期。

② 陶飞亚：《共产国际代表与中国非基督教运动》，见《边缘的历史——基督教与近代中国》，第 77 页。

了世界基督教学生大会，从各国来了很多人，使这个会变成了宣传的会议，这就更多地散布了宗教的毒害。因此，我们为了反对这种活动而便首先组织起来。更确切地说，在现代社会中，基督教是最发达的，有最多的信徒，最大的势力，因此应首先反对这个最有势力因而流毒最广的基督教，随着必要也要反对佛教，或发动反对儒教和道教的运动。有的人说，基督教不是妥协性的，说基督在布教之初就说："贫穷的人有福了，因为天国是你们的。"这种使人安于贫穷的说教，是要使他们卑躬屈从，而人的本性是决不甘于忍受贫穷的。也有人说，由于基督教徒的宣传，富人也具有这种心情不就可以了吗？但是富人决不会无缘无故地来施舍他人的，这是不知人类本性的一种怪论。其最有力的证据就是，看看资本主义是从何处发达起来的就可以完全明白了。资本家听了基督的"富人进天国比骆驼钻针眼还难"的说教，就真有舍弃自己钱财的吗？大资本家难道不是顶多拿出一点与自身无关痛痒的微不足道的财产吗？所以宗教是向人们宣传廉价的妥协性的东西，它妨碍彻底探求真理的精神，是人类进步的巨大的障碍，因而我们必须竭力加以反对。

对信仰自由的不同认识

1922年3月间，"非宗教大同盟"组成，并在北京大学召开成立大会，会后发表《非宗教者宣言》。国内几个大城市的一些知识界人士纷纷响应，并成立分盟，发表宣言、声明，声势不小。周作人、钱玄同等人对这场"非宗教"运动则不以为然。钱玄同在3月24日给周作人信中说："近来有什么'非基督教的大同盟'，其内容虽不可知，但观其通电（今日晨报），未免令人不寒而栗，我要联想及一千九百年的故事了。""一千九百年的故事"是指1900年的义和团运动。

3月29日，周作人以笔名"式芬"在《晨报副刊》上发表《报应》一文："我所害怕的，——虽然我不是基督教徒，一是声讨的口气的太旧——太威严了，我平常怕见诏檄露布等的口气。因为感到一种迫压与恐怖，虽然我并不被骂在里面。"3月31日在《晨报》上，周作人与钱玄同、沈兼士、沈士远、马裕藻共五人发表《一个主张信教自由之宣言》，全文是："我们不是任何宗教的信徒，我们不拥护任何宗教，也不赞成挑战的反对任何宗教。我们认为人们的信仰，应当有绝对的自由，不受任何人的干涉，除去法律制裁的以外。信教自由，载在约法，知识阶级的人，应当首先遵守，至少亦不应首先破坏。我们因此对于现在非基督教、非宗教同盟的运动，表示反对。特此宣言。”

周作人等人的宣言发表后，反宗教大同盟发出“东电”予以驳斥。陈独秀写了致五人信，此信在 4 月 7 日上海的《民国日报》副刊《觉悟》上发表。信中说：“无论何种主义学说皆应许人有赞成反对之自由；公等宣言颇尊重信教自由，但对于反对宗教者自由何以不加以容许？宗教果神圣不可侵犯么？青年人发的狂思想狂议论，似乎算不得什么；像这种指斥宗教的举动，在欧洲是常见的，在中国还在萌芽，或者是青年界去迷信而趋理性的好现象，似乎不劳公等作反对运动。”陈信又说：“此间非基督教学生开会已被禁止，我们的言论集会的自由在哪里？基督教有许多强有力的后盾，又何劳公等为之要求自由？公等真尊重自由么？请尊重弱者的自由，勿拿自由、人道主义许多礼物向强者献媚!”

周作人等人坚持信教是个人的自由。在 4 月 11 日的《晨报》上，周作人发表《信教自由的讨论——致陈独秀》，又以笔名“仲密”发表《思想压迫的黎明》。认为：“对于宗教的声讨，即为日后取缔信仰以外的思想的第一步”；是“思想取缔的黎明”；而“思想自由的压迫不必一定要用政府的力，人民用了多数的力来干涉少数的异己者也即是压迫”。所以，“请尊重弱者的自由”。

陈独秀又发表《再致周作人先生信》，认为：“倘先生们主张一切思想皆有不许别人反对之自由，若反对他便是侵犯了他的自由”，那么“先生们也曾经反对过旧思想、神鬼、礼教、军阀主义、复辟主义、古典主义及妇人守节等等”，是否也是反对别人的思想自由呢？是否也是“取缔信仰以外的思想的第一步”呢？“先生们五人固然是少数弱者，但先生们所拥护的基督教及他的后盾，是不是多数强者”呢？陈独秀再次呼吁：“快来帮助我们少数弱者，勿向他们多数强者献媚!”这场关于“非宗教”的争论后，周作人与陈独秀开始分手。

李大钊说：“其实信仰自由，在宗教势力之下，只是一句空话，欧美诸国没有能够实行的。”“我们反对宗教，不但不是破坏自由，而且实在是拥护自由”，“至于我们以非圣以无法，是我们所不计的”。5 月 22 日，陈独秀在广东发表《对于非宗教运动的怀疑及非基督教学生同盟的警告》一文，陈述赞同非基督教运动的十条理由，同时，对非基督教运动进行了反思，提出宗教信仰是一个复杂的问题，“是大学校研究之事，若拿他做群众运动的目标，实在要令人迷惑”。表明对“信仰自由”的认识开始有所深化。

“非宗教大同盟”的后续斗争

1924 年 8 月，上海各校学生重新组织非基督教同盟，并成立了一个由共产党人柯柏年、张秋人、唐公宪等人参加的五人委员会，具体负责运动的宣传和组织工作。运动迅速发展为全国规模，南京、苏州、宁波、杭州、绍兴、广州、长沙、青岛、武汉、河南、太原、西安、重庆以及日本等地都先后组织了非基督教同盟。随着运动的深入开展，广大爱国青年更加认清了基督教会对华侵略的本质，提出了收回一切外国在华教育权的要求。1924 年 7 月，“少年中国学会”提出“反对丧失民族性的教会教育”的主张。8 月，全国学生联合会第六次代表大会决定开展收回教育权运动。10 月，全国教育联合会通过了“教育实行与宗教分离”和取缔“外国人在国内办理教育事业”的决议案。中国共产党和社会主义青年团积极领导了这次收回教育权的运动。1925 年 1 月青年团三大后成立的中央委员会专门设立了非基督教部，并编印刊物《非基督教运动》，具体领导和组织这场斗争。运动中，教会学校的广大爱国学生民族觉悟空前提高，大批学生愤然退出教会学校，一些教徒退出教会。在各地学生运动的压力下，1925 年北京军阀政府曾三次颁布取缔教会学校的命令，颁布“外人捐资设立学校请求办法”，规定外人捐资设立学校应取得教育行政部门的认可；学校名称冠以“私立”字样；学校校长须为中国人；学校董事会中国人应占名额之过半；学校不得传布宗教；学校课程须遵教育部所定标准等。这场运动扩大了共产党和青年团组织的政治影响，使广大学生受到了马克思主义的教育，提高了对帝国主义的认识。

主要参考文章条目索引：

• 罗成全：《关于中国社会主义青年团正式成立的时间问题》，《中国青运》1990 年第 4 期。

• 陶飞亚：《共产国际代表与中国非基督教运动》，《边缘的历史——基督教与近代中国》，第 77 页。

●式芬（周作人）：《报应》，《晨报副刊》1922 年 3 月 29 日。

●周作人、钱玄同、沈兼士、沈士远、马裕藻：《一个主张信教自由之宣言》，《晨报》1922 年 3 月 31 日。

●周作人《信教自由的讨论——致陈独秀》，《晨报》1922 年 4 月 11 日。

●仲密（周作人）：《思想压迫的黎明》，《晨报》1922 年 4 月 11 日。

●陈独秀：《致周作人等五先生信》上海《民国日报》副刊《觉悟》，1922 年 4 月 7 日。

●陈独秀：《再致周作人先生信》，上海《民国日报》副刊《觉悟》，1922 年 4 月 23 日。

●王学义：《李大钊的宗教观》，《宗教学研究》1995 年 12 月。

●李忠平：《李大钊的宗教观》，《贵州社会主义学院学报》2006 年第 6 期。

●孙秀民：《李大钊马克思主义宗教观述要》，《马克思主义研究》2007 年第 3 期。

●李岁科：《李大钊对马克思主义宗教观的重要贡献》，《中共太原市委党校学报》2016 年第 4 期。

●杨恒源：《重评二十年代初“收回教育权运动”》，《扬州师院学报（社会科学版）》1990 年第 1 期。

●王玉祥：《二十年代“非基督教”运动的文化内涵》，《徐州师范学院学报》1992 年第 1 期。

●杨天宏：《中国非基督教运动（1922—1927）》，《历史研究》1993 年第 6 期。

●杨天宏：信教自由论战——二十年代一次重大的思想文化之争》，《四川师范大学学报（社会科学版）》1994 年第 2 期。

●唐逸：《五四时代的宗教思潮及其当代意义》，《战略与管理》1997 年第 2 期。

●金燕：《五四时期的非基督教运动》，《复旦学报（社会科学版）》1998 年第 6 期。

●赵秀丽、黄延敏：《论五四时期的科学对宗教斗争》，《山东省农业管理干部学院学报》2003 年第 1 期。

●吴小龙：《理性追求与非理性心态——20 年代中国非基督教运动

平议》,《浙江社会科学》2003 年第 3 期。

- 王良滨:《1922 年非基运动中两大组织宣言与通电之“非”与“反”词义考》,《宗教学研究》2013 年第 1 期。

李大钊与太平洋问题研究会

1921年8月17日，北京大学教授谭鸿熙、马叙伦、蒋梦麟、李大钊、燕树棠等发起成立国立八校同人太平洋问题研究会。8月19日，太平洋问题研究会正式成立。“国立八校同人太平洋问题研究会。并定于十九号午后二时，在前京畿道美术学校开成立大会，凡八校同人，均请出席。”李大钊被推举为中文主持、研究员。

李大钊在1922年12月1日发表的《国际的资本主义下的中国（旧国际共管与新国际共管）》一文，指出了西方列强在争夺中国的问题上有矛盾，但在共同侵略中国这一问题上有着共同点。“列强间在中国伸张势力的竞争虽然极烈，而于保持增进列强在中国的势力则全一致”。华盛顿会议完成了美国太平洋地区的霸权建构，导致新国际共管。反对国际资本主义的斗争任重道远。

太平洋问题即世界之海权问题

1919年9月，孙中山为姚伯麟著《战后太平洋问题》一书所写的序言中说：

何为太平洋问题，即世界之海权问题也。海权之竞争由地中海而移于大西洋，今后则由大西洋而移于太平洋矣。昔时之地中海问题、大西洋问题，我可付诸不知不闻也。惟今后之太平洋问题则实关于我中华民族之生存，中华国家之运命者也，盖太平洋之重心即中国也。争太平洋之海权，即争中国之门户权耳。谁握此门户则有此堂奥，有此宝藏也，人方以我为争，我岂能付之不知不问乎。姚柏麟先生有鉴于此，特著战后太平洋问题一书，以唤起国人之迷梦。俾国人知所远虑以免近忧焉。其救国之苦心良足多也，故喜而为之序。

18 世纪英国进入工业化时代，到 19 世纪中后期维多利亚时代步入鼎盛，成为举世瞩目的“日不落”帝国。两次鸦片战争，以“坚船利炮”强行打开了中国的大门，从此中国之命运受到包括英国在内的西方列强之宰制。第一次世界大战后，美国凭借着自己的经济、军事实力，力求在远东太平洋地区的建构霸权，拓展生存空间。1918 年巴黎和会签订《凡尔赛和约》。但对于急于谋求新的地区霸权的美国来说并不十分有利，日本争得了在中国的特权而在远东称霸。因此，巴黎和会之后，美日在远东和太平洋地区的霸权之争成为主要矛盾。美国在欧洲继续扶植德国，把主要方向移向了亚洲。

1918 年 6 月，美国提出组建以美国银行团为首的国际银行贷款方案，以经济优势的资本输出实现抢占中国市场，遏止日本在中国的势力。美国要称霸远东和太平洋地区，还要处理好美英海上霸权之争和英日同盟问题。为削弱英国海上霸权，拆散英日同盟，这两大障碍，美国决定召开华盛顿会议。

1921 年 7 月 10 日，美国国务卿休斯邀请英、日、中、法、意等国召开华盛顿会议，讨论远东和太平洋地区局势问题，试图利用中国问题压倒日本，利用英法矛盾牵制英国；以意大利填补战略真空，发挥实力缓冲和平衡作用。美国以“维护世界和平”发起华盛顿会议；英日两国迫于舆论上的压力只能同意；日本提出了“凡问题之关于任何特殊国家者，或已成为既定事实者，审慎免除其加入”。美国则表示可以自由讨论。华盛顿会议同巴黎和会一样，是一次帝国主义的分赃会议，目的是调整帝国主义列强在远东和太平洋地区的关系，确认了帝国主义之间的海上力量对比。

正如孙中山所说：“太平洋问题则实关于我中华民族之生存，中华国家之运命者也，盖太平洋之重心即中国也。争太平洋之海权，即争中国之门户权耳。谁握此门户则有此堂奥，有此宝藏也，人方以我为争，我岂能付之不知不问乎。”

太平洋问题研究会宗旨和组织

1921 年 7 月 12 日，美政府训令驻京代表芮德克，邀请中国参加会议。8月11日，又发出正式邀请书。北京政府欣然受邀，任命施肇基、顾维钧、王宠惠三人为全权代表，率领130多人的代表团出席华盛顿会议，并准备了一系列提案，包括设法取消英日续盟；取消势力范围，否认特殊利益；关税自由；解决山东问题及取消“二十一条”等。

中国民间对华盛顿会议的召开也极为关注，不少人对会议充满希望，一些人虽不抱乐观态度，但认为中国问题是远东问题的中心，国人应该发挥拒签凡尔赛条约的精神，于是各界人士纷纷组织起来，7月21日，北京总商会、教育会、学生联合会等团体率先召开联席会议，成立了太平洋问题研究委员会，要求政府公开外交，接受民间关于太平洋问题的意见。

依据《吴虞日记》：“八月十六日，至长美轩，晤蒋梦麟、马夷初、李守常、王弘实、李贻燕、谭仲夔，谈久之。”“八月十七日，星期三，微雨。谭熙鸿、马叙伦、李大钊、王兆荣、王世杰、燕树棠、李贻燕、俞同奎、王家驹、熊崇熙、邓萃英、张黻卿、郑锦、吴宗栻、黄人望、尹炎武、张鼎乾、徐瑾、吴绍程、许绳祖、戴兆元、葛成勋、许璇、唐廷诰与本日发起国立八校太平洋问题研究会，并定于十九日午后二时，在前京畿道美术学校开成立大会。凡八校同人，均请出席。

太平洋问题研究会宗旨定为：“从学术方面研究太平洋问题，及发表关于太平洋各问题之意见。……如人选问题等有涉及政治范围者，盖不在研究之列。”

太平洋问题研究会议决的任务是：“一发行日刊，尽力宣传。二致电各国学生会及驻英公使，请时通消息，以便应付。三通电国内各法团，请组织太平洋问题委员会，以便派员赴美。四派员联络京内各团体，共同进行。五定期招待新闻记者，交换意见，并请其竭力宣传，以唤起国人之注意。”

北京国立八校教职员太平洋问题研究会“选举蔡元培、蒋梦麟分别担任会长、副会长，李大钊为中文部干事，胡适为英文部干事”。国立八校是指北京大学、北京高等师范学校、北京女子高等师范学校、法政专门学校、医学专门学校、工业专门学校、农业专门学校、美术专门学校等八所高等学校。

新旧国会议员也纷纷成立太平洋问题讨论会、太平洋问题商榷会、太平洋会议后援同志会等，督促北京政府做好会议的准备工作。9月20

日，这些组织举行联席会议，合并成立北京各团体国民外交联合会，并决定发起全国国民外交联合大会。9 月 25 日，发表《各团体国民外交联合会员宣言》：“巴黎和约拒绝签字，山东问题拒绝交涉，皆我国民对外一致之所表示及成功也。国民意思一致之表示即为国是，国是所在当局者虽欲逆行而不可能，外交方针其一例也。欲谋统一之表现须有统一之机关。太平洋会议发起以来，我国内团体应时而兴者不下数十起，此外，公私各团体对于外交问题特别研究或主张者亦不胜计，其宗旨殆皆一致，分之则神离而力薄，联之则体合而用大。窃本斯义，爰有北京各团体国民外交联合会之组织，并发起全国国民外交联合大会，对内一致为对外一致之表征，对外一致即对内一致之张本。凡我国人盍兴乎来。”

李大钊为研究会开了一间阅览室

1921 年 10 月初，北京大学图书馆主任李大钊特允许为北京大学太平洋问题研究会开了一间阅览室。供北京大学太平洋问题研究会收集有关资料，提供会员研究时参考。

“跑到文科大楼，左一间政治学会研究室，右一间新潮社办公室，楼底下在赶印教授、学生们所办的各种定期刊物，楼上面是分门别类的各种图书阅览室，门房内则堆满着各种各样待售的杂志，使人应接不暇。译学馆里呢，那个顶大的大礼堂上，不是今天有什么学术演讲，名人演说，就是明天有什么学生大会，纪念大会，使人兴奋，使人振发。蔡先生长校时的北大师生，真有如鸢飞戾天，鱼跃于渊，既活泼，又愉快。这种气象，这种生活，那得不令人怀念无已！”①

太平洋问题研究会几位发起人简况

谭鸿熙（1891—1956），号仲逵，江苏吴县人。16 岁在上海电报局任报务员，结识蔡元培，加入中国同盟会。辛亥革命后任南方代表团译电员，后任总统府电讯组长。列入首批留学生赴法，获都鲁斯大学农业

① 重庆《新华日报》1943 年 3 月 5 日社论。

工程师及博物学硕士学位。1913 年曾回国参加二次革命。参与组织留法勤工俭学运动。1919 年，应蔡元培邀请赴北京大学任教，并兼任校长室秘书，创办了北京大学生物学系任系主任。1921 年，和李大钊、马叙伦等领导北京国立八高校索薪运动、参与组织太平洋问题研究会、发起成立非宗教大同盟。谭熙鸿和陈纬君在法国 1917 年结婚，陈纬君是汪精卫之妻陈璧君同父异母妹。1922 年 3 月，陈纬君病逝。谭熙鸿与陈璧君妹陈淑君同居后结婚。陈璧君以此在媒体炒作，梁启超、鲁迅、张竞生等出面关注。1922 年冬，谭熙鸿应孙中山之招，从北大辞职往上海，于临行前向校长蔡元培举荐李大钊，接替他担任北大校长室秘书，得到了蔡元培的同意。1923 年 10 月经李大钊介绍，会见加拉罕，支持中苏建交。1926 年“三一八”惨案后，段祺瑞执政府通缉名单列出 48 人，包括谭熙鸿、李大钊、吴稚晖、李石曾、顾孟余等。1927 年 3 月间离京南下。其后，谭熙鸿创办浙江大学农学院任院长。抗战期间，在重庆任经济调查委员会主任。战争结束后，任全国蚕丝产销协导会主任，主编《十年来的中国经济（1937—1946）》。中华人民共和国成立，受聘中国科学院上海实验生物研究所特邀研究员。1950 年夏，周恩来邀其来北京工作，任中央人民政府农业部顾问参事室主任，直至逝世。

蒋梦麟（1886—1964），原名梦熊，字兆贤，别号孟邻，浙江余姚人。1908 年官费留美被录取。1909 年入柏克莱加州大学农学院，秋季转入社会科学学院。1912 年，入哥伦比亚大学研究生院，获教育学博士，导师为约翰·杜威。1917 年回国后到上海商务印书馆当编辑，1918 年任《新教育》月刊主编。1919 年五四运动后，蔡元培辞去北京大学校长，蒋梦麟前往北京大学代理校务。蒋梦麟于是在 7 月与学生会代表张国焘赴北京就任。蔡元培复职校长后蒋梦麟担任教育学教授。1922 年作为国民代表出席华盛顿会议。1926 年 4 月，因为担心遭军阀抓捕，躲入东交民巷六国饭店三个月，同时躲入东交民巷的还有北大政治学教授李大钊。后趁机逃往上海，转赴杭州。1927 年，任浙江省教育厅长、浙江大学校长。1929 年，任国民政府教育部部长。1930 年任北京大学校长。1937 年任长沙临时大学（西南联合大学）校务委员。抗战期间任中国红十字会会长、国民政府行政院秘书长。1949 年到台湾。

马叙伦（1885—1970），字彝初（又作夷初），号石翁、寒香，晚年又号石屋老人，浙江杭县（今余杭）人。1911 年夏，跟随汤尔和到日本，章太炎介绍加入中国同盟会。武昌起义爆发后，马叙伦在故乡组建民团响应。后任浙江都督府秘书。到上海和章太炎办《大共和日报》，任总编辑。1913 年，到北京大学担任教授。1919 年五四运动中，马叙伦任北京大学教职员会和北京中等以上学校教职员联合会书记和主席。1920 年，在北京大中小学教职员工索薪运动中，被推举为运动领袖。北京政府改组后，两次任教育部次长，一度代理教育部部务。

燕树棠（1891—1984），字召亭，河北定县人。中国近代杰出的法学家和法律教育家。1914 年毕业于天津北洋大学法律系，获法学学士学位。1915 年官费赴美国留学，先后在哥伦比亚大学、哈佛大学、耶鲁大学攻读法律学，获耶鲁大学法学博士学位。1921 年回国，应北京大学校长蔡元培之聘请，任法律系教授兼系主任，同时兼授清华大学法律课程。

华盛顿会议完成美国太平洋地区的霸权建构

1921 年 11 月 12 日，华盛顿会议召开，美国国务卿休斯担任主席，旨在完成美国在远东太平洋地区的霸权建构，处于主导地位，事实全是如此。

在华盛顿会议之外美日两国签订《耶普岛条约》条约，实质是美日华盛顿会议妥协的产物。耶普岛，是美日争夺远东和太平洋地区霸权的焦点之一。“一战”后，原德属太平洋岛屿被英日强占，美国副国务卿龙格在 1918 年 12 月 14 日的备忘录中说：“英国和日本在太平洋占领了许多岛屿，这对于美国和它要在太平洋占据的统治地位，是一个经常的威胁。”在巴黎和会英日的联合抵制下，美国在太平洋岛屿的扩张计划未能实现。在这些战略要地中对美国最重要的就是耶普岛，美国总统威尔逊在巴黎和会上就耶普岛问题发表正式宣言，声明对耶普岛的决定权保留意见。美日耶普岛之争引起国联的介入，仍没能最终解决成悬案，华盛顿会议召开前夕，日本仍不愿在耶普岛问题上让步。华盛顿会议开幕后，美日两国于 1921 年 12 月 12 日签订了《耶普岛条约》。条约的主要内容是：“美国及其公民有使用耶普岛海底电线之自由，不受检查或监督，与日本处于同等地位；美国同意日本统治赤道以北原德属岛屿，但必须维持和尊重美国公民在这些岛屿的既得财产权，并且不得在岛上设立陆海军基地和建立电台。"《耶普岛条约》是日本做出了让步，美国打开了胜利之门。

华盛顿会议签订的《四国条约》。美国决定迫使英国做出让步，利用外交手段解散英日同盟。美国借爱尔兰独立问题对英国施压。1921年6月23日，美国国务卿休斯说：国会关于爱尔兰问题的决议，将视英日关系的性质而定。迫使英国提出了以美、英、日三国同盟代替英日同盟的方案。休斯就此提出修正意见：缔约国"相互尊重它们在太平洋区域内岛屿属地和岛屿领地的权利"，从《四国条约》生效之日起，英日同盟即宣布解散。1921年12月13日签订了美、英、法、日《四国条约》。美国体面埋葬了英日同盟。

华盛顿会议签订《五国海军条约》。"一战"后，英国海军远在美国之上。美国率先提出限制军备。1921年11月12日，休斯首先提出了美国关于限制海军军备的建议。英、美、日三国主力舰吨位是：英、美各50万吨，日本30万吨，规定今后建造主力舰，每艘不得超过3.5万吨。最终《五国海军条约》规定：美、英、日、法、意五国主力舰的比例为5∶5∶3∶1.75∶1.75。从此，打破了英国的海上霸权，美国获得同英国相等的制海权。

1922年2月6日同其他八国签订《九国公约》："远东和太平洋问题"，其核心是中国问题。远东和太平洋霸权之争，实质是对中国的争夺。美国代表卢特提出了有关中国问题的决议草案，中心内容是在华贸易"机会均等"和"门户开放"，表面支持中国代表提出的要求。日本将山东归还中国是有条件的。这些"附约"使日本在很大程度上仍保存了一些特权，但毕竟修改了《凡尔赛和约》关于山东条款的规定，美国在迫使日本承认中国对山东的主权后，《九国公约》的主要内容是"尊重中国之主权与独立，及领土与行政之完整"，这只不过是表面文章，美国提出的在中国实行"门户开放，机会均等"原则，被赋予国际协定的性质。

列强对中国的霸权竞争导致新国际共管

李大钊认为，西方列强在争夺中国的问题上有矛盾，但在共同侵略中国这一问题上有着共同点。"列强间在中国伸张势力的竞争虽然极烈，而于保持增进列强在中国的势力则全一致。”[①] 在他看来，“国际共管”是列强协同侵略中国的方法，目的在于对中国经济、政治进行全面的控制及在控制中国的过程中采取协调行动。李大钊指出，以华盛顿会议为界，“列强对于中国的共管运动可以分为两期。第一期可称为旧国际共管，第二期可称为新国际共管”。旧的国际共管主要是控制中国的关税以及“对于中国借款的共同动作”，而“新国际共管不但要管理中国的财政与铁路，并且干涉到实业的发展”。因此，新国际共管在控制中国方面比旧国际共管更富有侵略性，对中国更具有“显明的独占的性质”[②]。李大钊还分析了新、旧国际共管的形成过程及其对近代中国的影响。关于旧国际共管，李大钊说：“列强共同监督中国的倾向实显于一九〇一年义和团事件”，而真正的“旧国际共管实成立于一九〇八年英、德、法的银行团，目的在此三国对于中国借款的共同动作”，美国“随即加入”。1911 年的 600 万镑湖广铁路借款，就是四国银行团办理的。随后俄、日加入，成英、德、法、美、日、俄六国银行团，直到 1913 年美国退出。旧国际共管对中国近代社会产生了恶劣影响，“外国管理中国关税的制度，无异于监督中国重要财政的渊源”[③]。关于新国际共管，李大钊认为它是美国实现其门户开放政策的产物，同时也是美国召开华盛顿会议的主要原因。他说：“欧战既平，德、俄无暇顾及中国，而英、日、法遂承其地位。美国认此为绝好的机会，使他们容纳他所提出的开放门户的政策，建立一种列强共同对待中国的政策。这就是华盛顿会议的由来。”[④] 李大钊指出，新国际共管最初由参与旧银行团的银行家设计，酝酿于 1916 年；“新国际共管的计划，实于一九一八年十月八日由美政府建议于英、法、日。”“一九二〇年十月十五日，四国银行团代表在此合同签字以后，这新国际共管遂告成立。”李大钊认为，这个新国际共管就其性质而言，不是纯粹的商业问题，而是一个政治问题；就其形成过程而言，“这最有关系的中国并未得与闻其事，直到二年以后，一九二〇年九月二十八日，才由美、英、法、日联名通知

① 《李大钊全集》第 4 卷，第 104 页。

② 《李大钊全集》第 4 卷，第 106 页。

③ 《李大钊全集》第 4 卷，第 104—105 页。

④ 《李大钊全集》第 4 卷，第 104—105 页。

中国。”① 在李大钊看来，新国际共管对中国社会的发展将产生更加严重的政治影响。

主要参考文章条目索引：

- 《北京学界与太平洋会议》，《申报》1921 年 8 月 24 日。
- 《京教育界太平洋研究会成立》，《申报》1921 年 8 月 25 日。
- 《各团体国民外交联合会员宣言》，《晨报》1921 年 9 月 29 日。
- 熊斌：《华盛顿会议前后国民外交团体探析》，《温州大学学报(社会科学版)》2009 年 11 月。
- 《吴虞日记》，四川人民出版社 1984 年版。
- 重庆《新华日报》1943 年 3 月 5 日社论。

① 《李大钊全集》第 4 卷第 106 页。

李大钊与北京大学经济学会

1919年，马寅初任北京大学第一任教务长。1922年秋天，马寅初发起组织了“北京大学经济学会”，担任会长。1922年12月创办了《北大经济学会半月刊》。这个刊物是交给经济系的学生们来办的，12月17日出版了第一期，1923年1月6日出版第二期，至1923年整整一年，本应出版24期，实际上由于寒暑假不出刊，只出版到第17期，即1923年共出版了16期。1924年出版第18至29期，共出版了12期。1925年出版了第30至38期，共出版了9期。第38期是在1925年5月17日出版的，也是《北大经济学会半月刊》的最后一期，总共出版38期，历时四年。

1923年1月16日，在北京大学经济学会第六次会议上，马寅初请李大钊作了题为《社会主义下的经济组织》的演讲。

在《李大钊年谱长编》中没有关于李大钊与“北京大学经济学会”的记载，因此，对李大钊在“北京大学经济学会”中的活动，仅限于一次演讲，和在《北京大学经济学会半月刊》上面发表过两篇文章。

李大钊与学会发起人马寅初是好友

马寅初（1882—1982），原名元善，字寅初，浙江省绍兴人。1898年离家到上海求学。1906年毕业于北洋大学，后赴美留学，在耶鲁大学、哥伦比亚大学研究经济，均获博士学位。1914年底回国，怀着“强国富民”的理想支持进步，崇尚革新，声明“一不做官，二不发财”，致力于中国经济问题的研究和经济人才的培养，著书立说。1916年，马寅初到北京大学任教，1917年任经济门（系）教授，后被选为经济门研究所主任、经济门主任，并被推选为北京大学第一任教务长。五四期间支持学生爱国运动，5月4日那天，马寅初、马叙伦、沈尹默等教授一起来到北洋军阀段祺瑞的门口，要求释放被关押的参加游行的进步学生。5 月 10 日，马寅初、李大钊、马叙伦等教授联合到教育部请愿，表示如不请蔡元培先生返校任职，北大教员“即一总辞职”。1927 年后，历任中央大学、中山大学、上海交通大学、苏州东吴大学、浙江大学等校教授，重庆大学商学院院长。抗战期间，因反对独裁统治被国民党政府逮捕，曾投入集中营关押。解放战争时期，先后任重庆大学、上海中华职业学校、上海工商专科学校教授。新中国成立后，历任华东行政委员会副主席，中央人民政府财经委员会副主任，浙江大学校长，北京大学校长等职。50 年代初，开始研究中国人口问题，提出“我国人口增长过快”，指出控制人口的必要和迫切。1957 年因《新人口论》遭到批判，直到 1979 年为他彻底平反恢复名誉。主要著作有《通货新论》、《战时经济论文集》、《我的经济理论哲学思想和政治立场》、《新人口论》、《马寅初经济论文集（上、下）》等。

《北大经济学会半月刊》发刊词

（1922 年 12 月 17 日）

经济学会成立于民国十一年秋季。越一载始有半月刊之发行。集思广益，博采兼收，欲以谋经济之繁昌。求学术之发展。夫经济范围，所包者广。诸家定义，各不相同，有谓为治家者，有谓为理财者，与中国经济二字原有之意义，未能符合。盖其语源出自希腊。我国所沿用者乃日本之译名。试参各说，窥其意义。无非为人类全生命、保健康、求娱乐、解危难、广智识而生之一切现象。引而申之，凡所以经国济民者，皆能以二字包括。人事日繁，文化日启，亦所以维持生活增进幸福之方法，日新而月异，而经济学之研究，亦日见发达。诸子百家，各有贡献。一展西洋经济学目录，大有山阴道上应接不暇之势。

我国经济学古称平准。考其原理，甚为精邃。不独生众食寡为疾用舒之教，为经济学者万世不易之宗；而大学财聚民散之说，论语节用爱人之训，皆以损上益下，损私利公为归，与国民经济之趣旨，亦正相合。管于治齐，定圜法，正盐策，一以改良币制，一则修订盐税，而以今说，殆所谓理财政策也。唐之乡帐针帐必悬诸里门，与今日预算决算相似。北齐颜之推请设关税，与今日保护贸易论不谋而合。他若募集内资，奖励储蓄等，或已有计划，或见诸实行，可见吾国经济学之研究，实已早得纲要，徒以后人少所推阐，不能日益增进，陈陈相因，不知改革，与西方较，瞠乎其后。以言货币，则制度紊乱，本位不良，世界各国，多已改用金本位，我则故步自封，币式不能统一，价值时有动摇、非独于国际贸易上大受损失，人民生计亦不免感受困难。以言银行，则创设未久，内既未遍于各地，外又未及于各国。边僻汇兑，恃旧式庄号以为助。国际汇兑。唯外国银行之是赖。而考其营业。乡侧重于商业汇处＝兑。并无劝业之性暨。贴现、钞票尚未完全通行，安所望于支票，承受。以言统计表册，则成绩毫无，以言劳动保险，则从未措意。至于关税则尤有可议者在；各种货物，一律佰百抽五，烟酒奢侈各品与日用必需之品毫无同异，不独原料机器之输入无从鼓励，奢侈品之输入无从限制，而税率特轻，不惟国库岁收甚微，致使内外交詬之厘金无法废止；且影响于我国产业界之不能发展亦甚大。他若实业机关之组织，经济政策之推行，皆未能期诸完善。种种弱点，更仆难数。中国今日苟不欲自立于世界则已，如欲与各国北肩对立，并驾齐驱。则经济之繁昌，学术之发屉，诚不可视为缓图。举凡关税之厘订，币制之改革，内外债之整理，各种实业之提倡，商法之修订等等，皆经济学者所当研究之事，然而上列各端包容甚广，竭同人绵薄之力，恐难得其概略。若要论详辟奥，不得不望海内贤哲，本其专长，充分发表，与本会同人共同讨论，俾社会知其本，本刊有所式。爰是不揣浅陋，收集诸文，仓卒出版。北大二十五年成立纪念展览会中，又增一席矣。

北大成立纪念与本刊之出版虽无因果关系。却有共存关系。北大年来因经济问题。屡生变故，其所以能遗大投艰继续创办。以有今日之纪念。不可不庆祝。然而为将来之发展。与预定计划之推行。与经济问题尤有重要之关系。果若级费充足不欠不扣。庶可措置裕如。徐徐推展。本会同人受教师之栽培。得图书以参考。从容讨论。尽量发表。则本刊之发行可由半月而旬日，而一周。由一期二期以至无穷期。本校周年纪念由三十年、四十年、以至亿万年。二种纪念。同时举行。而其进步之增加。亦可与年俱长。非独本会之荣。亦北大之光。此则记者对于本刊之希望。亦同人所当引以自勖者也。

（《五四时期期刊介绍》（二、下）第565—566页）

《北大经济学会半月刊》

《北大经济学会半月刊》是北京大学经济系学生主办的一个刊物。于1992年12月17日创刊，每月1日和16日出版，寒暑假则停刊，所以，到1925年5月17日总共出了38期。为4开报纸型，每期4版，节日出8版或12版。从30期起改为16开本的杂志。

《北大经济学会半月刊》上刊登的文章，侧重宣传资产阶船政治思想和小资产阶级观点，所占比重很大，几乎宣传了资产阶级政治经济学的各种流派；甚至有文章倡导工人应该和资本家实行合作的观点，赤裸裸地维护资本家利益。宣传马克思主义和工人运动的文章也有一些，如出版了“劳动节纪念号”和“马克思纪念号”，而在此之外，其余的36期刊物中宣传马克思主义的文章只有4篇。

李大钊在北京大学经济学会第六次会议上的演讲《社会主义下的经济组织》，1923年1月16日在《北大经济学会半月刊》第3期上发表，署名李守常。1924年5月1日出版的《北大经济学会半月刊》第24期上发表《这一周（这一周有好几个纪念日）》，署名守常。

1924年5月5日，马克思诞辰106周年，1924年5月1日出版的《北大经济学会半月刊》第25期是“马克斯纪念专号”，发表了陈友琴的《马克斯年谱及其著作》、陈汝棠的《马克斯对于社会学的贡献》、李春涛的《俄英意三国最近政治变革与马克斯主义所谓社会革命》、张荣福的《马克斯的国家性质论》、邵纯熙的《马克斯之重要学说》等五篇介绍马克思生平及思想的文章。

李大钊《社会主义下的经济组织》演讲全文

社会主义的派别很多，大别为理想派与科学派。无论为理想派为科学派，均相信有一个新时代存于将来。这个新时代，就是社会主义实现的时代。欧文说：“过去的历史，都只以示人间的非合理性，我们今才向理性的曙光进展。”是欧文理想中的新时代，乃为合于理性的时代。马克斯说：“人类的前史，都是阶级争斗的历史。资本主义发展的结果，演成最后的阶级战争。人类的前史，就随着阶级告终。”是马克斯理想中的新时代，乃为阶级消泯的时代。马克斯一派的经济的历史观，尤能与人以社会主义必然的实现的确信。

欧洲大战酿成荒乱的现象。这种荒乱的教训，及荒乱复兴的预防，使人发不可不急谋改造的深省。改造的新局面，必为带着社会主义的倾向的局面，是确切无疑的。改造的机运，虽然日形迫切，而改造的方案，则于一般人的意想中尚欠明了。一般人对于社会主义的组织既不明了，而社会主义者亦因制度的复杂，又把实现此主义的障碍看得过大，致使社会主义的运动遭过困难。免除这些困难，是社会主义者的责任。

社会主义的实现，必须经过三阶段：一、政权的夺取；二、生产及交换机关的社会化；三、生产分配及一般执行事务的组织。

政权的夺取，有两种手段：一是平和的，一是革命的。采取平和的手段的，大抵由宪法上、议会上着手。但是因为战争的影响，农民渐富，他们都不愿牺牲他们偶得的富裕，其他商人反动派及政府，均能与此运动以莫大的障碍，任你社会主义者如何宣传，终不能使选民及代议士都变成社会主义者，故此种运动常归于失败。有许多社会主义者鉴于平和的手段的失败，乃悟改造的事业非取革命的手段不可。革命的方法，就是无产阶级独揽政权。这种革命的运动，有失败的，有成功的。失败的如德奥是，成功的如苏俄是。无产阶级专政，并不是布尔扎维派的新发明。一八七五年马克斯论《Gotha Programme（哥达纲领）》的信里说过："在资本主义者的社会与共产主义者的社会间，有一个由此入彼的革命的过渡时代。适应乎此，亦有一个政治的过渡时期。当此时期的国家，就是无产阶级专政。"

在无产阶级专政的国家，经济组织是怎样呢？

（一）生产交换机关的

除去一部分的有土农夫，凡大资本的企业：铁路、矿山、轮船公司、承办运输事业、大规模的制造工业、大商店，收归国有，在人民会议代表人支配之下，照常办理。

自国家银行以下所有的银行，均收归公有，而停止其从前的业务，有限的归于消灭。因为信用机关，在社会主义制度下，久已不必要了。

中间的中介人、代理人一类的职业均被抑止。

小工商业及运输机关，亦渐次收归国有。

生产行于大工厂。分配集中于大中心。市场运输归于国营。在被抑止的企业里的雇工，转业于国营的生产事业及分配事业。

除去有土农夫所有的土地以外，土地亦收归国有。但在新组织之下，他种职业未觅得以前，此项农民仍准续理前业。

住房由地方会议遵照中央会议的条例执行，将来设专机关管理之。

（二）生产的组织

私营的生产机关既经废止，一切生产事业都归国营，则小工厂都合并于大规模的工厂，俾收事半功倍的效果。从前私营的经济组织之下，有许多很重要的生产事业，或因利益不多，或因效果难期，而置之不理者，今则国家都一律举办，依极经济的组织与方法，把资本、劳力与天然均成经济化，利用自然力开发富源，俾利国用。有需国际的共营的事业，在社会主义的国家间亦可共同举办，但此实有利无害，断非现在什么中日合办、中英合办的种种事业可比。在这种经济组织之下，无论工农生产事业均渐扩大，生产自然增加。此时最经济的运输法日渐扩张，既便于材料的供给，又便于成品的分配，于生产事业、分配事业均有利益。

社会主义的精神，固极主张民族自决。倘使经济情形已能自立，如印度、朝鲜等，自应任其自主。而若经济进化过于低浅，苟非于经济上助其开发则永不能达于自决的境界，社会主义的国家当然有提携掖进的义务。近来有人大惊小怪的说有社会主义的侵略，这话大错，因为社会主义的本质，不能有侵略的意味。社会主义的国家间，苟有旷土，不许闭户自封，依社会主义的民族平和的解决。

社会主义之所成，就在资本主义的组织下尽资本主义的强度，亦断不可能。其原因有四：（一）小企业报酬少；（二）经过多次中介人、代理人的消糜；（三）资本主义的本质是无政府的，不能齐一努力；（四）资本主义的目的在得利润，有许多公用的大事业，利润相离太远，不确定而不充分。

此时除去用于必要的生产的工作以外的剩余工作，可用以美化人们的生活。过劳的工时可以缩减，使得复苏娱养的机会。此时科学上有所发明普及的工人，才能得到他的惠利，以代少数人享福、使多数人失业或受伤的结果。

（三）劳动的组织

工人执政后，工联没有存在的必要，可以合作替代之。工人虽执掌政权，但实际上不能指挥工师、技匠、实业家。此时阶级既废，好意的前资产阶级自当许与合作。

社会主义的制度，是以事物的管理代人的统治的制度。此时所欲解决的，不是政治问题，乃是经济问题。所以农部委员必集合农业专门家，组织高等会议，分部实行指导农民，以图农业生产的改进。工部委员及其他委员亦然。

（四）分配的组织

生产品不就是为消费的，有直接分配于消费者，有分配于他业者。后者不过记一记账，前者则须代价。金银纸币流行，可以换取所需的物品。

国家将生产品经过一回中心市场，使有货币者得以换取所需的物件，售价适应于此期流行的货币。生产为消费者的需要所轨制，计算应绰裕一点。国家用科学的方法，制定工作日的期间，使生产恰合于公众的需要。

每月支用货币的项目：一、薪俸，二、恤金（鳏、寡、孤、独、废疾者），三、前资产阶级的年金赔金，四、农产物的代价。

假定甲，付直接生产消费品者，及乙，付生产农作品者，共计三十亿。a. 付生产交给他业的物品者，b. 社会恤助金，c. 付前所有者，共计二十亿。（一个月）那么，那些生产品的总售价应定五十亿。国家银行每月应筹五十亿货币，国家物品所每月应备价值五十亿的物品。定物价的标准，应以生产费并加生产费的三分之二，譬如一百二十元的生产费，应加入八十元为二百元；五十四元的，应加入三十六元为九十元。

以上所述，是社会主义下经济组织的要点。其余关于经济的问题尚在多有，如外国贸易及租税信用等问题，俟后有机会时再与诸君共同研讨之。

（1923 年 1 月 16 日）

李大钊与北京学生读书会

1922 年 11 月 19 日李大钊在北京学生读书会上讲演。他说："在北京成立的团体很多，却向来没有读书团体的组织。这会实是应着需要而成立的，且这会宗旨以根据学理研究实际问题，则以前所谓主义与问题之争，也可以由此会解决了。"这是《京报》刊登的李大钊在北京学生读书会上演讲的摘要。《晨报》在 1922 年 11 月 21 日对北京学生读书会的成立进行了报道。从报道中得知：李大钊出席了这次会议，并在会上讲了话，表示自己也乐于加入这个读书会，接受成为读书会导师的聘请，对读书会给予热烈支持。

学制改革中北京学生读书会应运而生

1922 年（民国 11 年）9 月 10 日，北京政府召开学制改革会议，各省及特别区教育行政机关代表，各省及各特别区教育会代表，国立专门以上学校校长，内务、民政、教育部司长，教育总长延聘和指派的人员共 70 人。学制改革会议对全国教育联合会议决的新学制系统草案进行讨论．通过了《学制系统改革案》。1922 年 11 月 1 日，以大总统黎元洪的名义：公布了这个新学制，命令全国施行。这个新学制又称"壬戌学制"。

"新学制"提出学制系统改革的七条标准：适应社会进化之需要；发挥平民教育之精神；谋个性之发展；注意国民经济力；注意生活教育；使教育易于普及；多留各地方伸缩余地。新学制规定初级小学 4 年（6 岁入学），高级小学 2 年，初级中学 3 年，高级中学 3 年。与中学平行的有师范学校和职业学校。大学取消了预料，使之能集中精力进行专业教育和科学研究。

北京学生读书会正是在这个新学制改革中于 1922 年 11 月 19 日应

运而生的。

学生读书会是由北京大学和法专等校的一部分同学发起组织的，11月19日在中央公园召开了董事会，到会有50余人，一是共感知识缺乏，二是补助学校教育之不足。研究了组织学生读书的方法及如何分组和聘请导师等主要问题。会议决定将读书会分为政治、法律、社会、教育、经济五个小组。每组均聘请导师一人或数人，进行读书辅导。会员可自由选组参加读书活动。李大钊、谭熙鸿、邓萃英等被北京学生读书会聘为导师。

《晨报》在1922年11月21日对北京学生读书会的成立进行了报道。正是在这个时候，一股整理国故的读书思潮开始影响知识界，怎样读书，读那些书，成了学生界的热点关注问题。

胡适开出的国学书目

1923年，胡适在应清华学校学生之请，开出了《一个最低限度的国学书目》，收录图书约190种。他在《序言》中说：这个书目并不为国学有根柢的人设想，只为普通青年人想得一点系统的国学知识的人设想。国学在今日还没有门径可说；那些国学有成绩的人大都是下死工夫笨干出来的。这个书目不单是为私人用的，还可以供一切中小学校图书馆及地方公共图书馆之用。

（一）工具之部

《书目举要》/周贞亮、李之鼎、《书目答问》/张之洞、《四库全书总目提要》、《汇刻书目》/顾修、《续汇刻书目》/罗振玉、《史姓韵编》/汪辉祖、《中国人名大辞典》、《历代名人年谱》/吴荣光、《世界大事年表》/傅运森、《历代地理韵编》、《清代舆地韵编》/李兆洛、《历代纪元编》、《经籍纂诂》/阮元等、《经传释词》/王引之、《佛学大辞典》/丁福保等。

（二）思想史之部

《中国哲学史大纲》上卷/胡适、《老子》、《庄子》、《管子》、《列子》、《墨子》、《荀子》、《尸子》、《孙子》、《孔子集语》、《晏子春秋》、《吕氏春秋》、《贾谊新书》、《春秋繁露》、《扬子法言》、

《文子缵义》、《黄帝内经》、《竹书纪年》、《商君书》、《韩非子》、《淮南子》、《文中子》、《山海经》、《四书》（《**论语**》、《**大学**》、《**中庸**》、《**孟子**》）、《墨子间诂》/孙诒让、《庄子集释》/郭庆藩、《荀子集注》/王先谦、《淮南鸿烈集解》/刘文典、《春秋繁露义证》/苏舆、《周礼》、《论衡》/王充、《抱朴子》/葛洪、《四十二章经》、《佛遗教经》、《异部宗轮论述记》/窥基、《大方广佛华严经》、《妙法莲华经》/鸠摩罗什译、《船若纲要》/葛彗、《般若波罗密多心经》/玄奘译、《金刚般若波罗密经》/鸠摩罗什、菩提流支、真谛译、《阿弥陀经》/鸠摩罗什译、《阿弥陀经要解》/智旭、《大方广圆觉了义经》（**即《圆觉经》**）/佛陀多罗译、《十二门论》/鸠摩罗什译、《中论》、《三论玄义》/隋吉藏、《大乘起信论》、《大乘起信论考证》/梁启超、《小止观》（**一名《童蒙止观》**）/智觊撰、《相宗八要直解》/智旭、《因明入正理论疏》/窥基、《大慈恩寺三藏法师传》/慧立、《华严原人论》、宗密、《坛经》/法海、《古尊宿语录》、《大藏经》、《宏明集》/梁僧祐、《韩昌黎集》/韩愈、《李文公集》/李翱、《柳河东集》/柳宗元、《宋元学案》/黄宗羲、全祖望等、《明儒学案》/黄宗羲、《直讲李先生集》/李觏、《王临川集》/王安石、《二程全书》/程颢、程颐、《朱子全书》/朱熹、《朱子年谱》/王懋竑、《陆象山全集》、《陈龙川全集》/陈亮、《叶水心全集》/叶适、《王文成公全书》/王守仁、《困知记》/罗钦顺、《王心斋先生全集》/王艮、《罗文恭公全集》/罗洪先、《胡子衡齐》/胡直、《高子遗书》/高攀龙、《学通辨》/陈建、《正谊堂全书》、张伯行、《清代学术概论》/梁启超、《日知录》/顾炎武、《明夷待访录》/黄宗羲、《张子正蒙注》/王夫之、《思问录内外篇》/王夫之、《俟解》、《噩梦》/王夫之、《颜李遗书》/颜元、李塨、《费氏遗书》/费密、《孟子字义疏证》/戴震、《章氏遗书》/章学诚、《章实斋年谱》/胡适、《崔东壁遗书》/崔述、《汉学商兑》/方东树、《汉学师承记》/江藩、《新学伪经考》/康有为、《史记探原》/崔适、《章氏丛书》/章炳麟。

（三）文学史之部

《诗经集传》/朱熹、《诗经通论》/姚际恒、《诗本谊》/龚橙、

《诗经原始》/方玉润、《诗毛氏传疏》/陈奂、《檀弓》、《礼记》、《春秋左氏传》、《战国策》、《楚辞集注》、《全上古三代秦汉三国六朝文》/严可均编、《全汉三国晋南北朝诗》/丁福保编、《古文苑》/章樵注、《续古文苑》/孙星衍编、《文选》/萧统编、《文心雕龙》/刘勰、《乐府诗集》/郭茂倩编、《唐文粹》/姚铉编、《唐文粹补遗》/郭麟编、《全唐诗》、《宋文鉴》/吕祖谦编、《南宋文范》/庄仲方编、《南宋文录》/董兆兆编、《宋诗抄》/吕留良、吴之振等编、《宋诗抄补》/管庭芬等编、《宋六十家词》/毛晋编、《四印斋王氏所刻宋元人词》/王鹏运编、《疆村所刻词》/朱祖谋、《太平乐府》/杨朝英编、《阳春白雪》/杨朝英编、《董解元弦索西厢》/董解元、《元曲选一百种》/臧晋叔编、《金文最》/张金吾编、《元文类》/苏天爵编、《宋元戏曲史》/王国维、《京本通俗小说》、《宣和遗事》、《五代史平话》、《明文在》/薛熙编、《列朝诗集》/钱谦益编、《明诗综》/朱彝尊编、《六十种曲》/毛晋编、《盛明杂剧》/沈泰编、《暖红室汇刻传奇》/刘世珩编、《笠翁十二种曲》/李渔、《九种曲》/蒋士铨、《桃花扇》/孔尚任、《长生殿》/洪升、《曲苑》、《缀白裘》、《曲录》/王国维、《湖海文传》/王昶编、《湖海诗传》/王昶编、《鲒埼亭集》/全祖望、《惜抱轩文集》/姚鼐、《大云山房文稿》/恽敬、《文史通义》/章学诚、《龚定庵全集》/龚自珍、《曾文正公文集》/曾国藩、《吴梅村诗》/吴伟业、《瓯北诗钞》/赵翼、《两当轩诗钞》/黄景仁、《巢经巢诗抄》/郑珍、《秋蟪吟馆诗钞》/金和、《人境庐诗钞》/黄遵宪、《水浒传》、《西游记》/吴承恩、《三国志》、《儒林外史》/吴敬梓、《红楼梦》/曹雪芹、《水浒后传》/陈忱、《镜花缘》/李汝珍。胡适在开列这个书目的时候,特别地注明了那种版本更好一些。甚至还有《今古奇观》、《三侠五义》、《儿女英雄传》/文康、《九命奇冤》/吴沃尧、《恨海》/吴沃尧、《老残游记》/刘鹗、《五十年来的中国文学》/胡适。

书目中提出要找到某书的不容易，某书现在正在印行之中。这哪里是一个最低的国学书目，简直是胡适自己收藏书目的简本。后来，胡适又根据上面开列的《实在的最低限度的书目》，修订精简成了《实在的最低限度的书目》。计为：《书目答问》/张之洞、《纪事本末》（九种)、《四书》、《周礼》、《老子》/老子、《墨子闲诂》/孙诒让、《韩非子》/韩非、《荀子集注》、《左传》/左丘明、《淮南鸿烈集解》/刘安、《中国人名大辞典》、《中国哲学史大纲》/胡适、《佛遗教经》/迦叶摩腾、竺法兰等译、《阿弥陀经》、《论衡》/王充、《宋元学案》/黄宗羲、《王临川集》/王安石、《王文成公全书》/王守仁、《法华经》/鸠摩罗什译、《坛经》/惠能、《明儒学案》/黄宗羲、《朱子年谱》/王懋竑、《清代学术概论》/梁启超、《章实斋年谱》/胡适、《新学伪经考》/康有为、《诗集传》、《乐府诗集》/郭茂倩、《宋诗钞》/吴之振，吕留良，吴自牧编、《崔东壁遗书》/崔述、《文选》/萧统、《全唐诗》/彭定求等、《宋六十家词》/毛晋、《元曲选一百种》/臧懋循、《缀白裘》/玩花主人、《西游记》/吴承恩、《宋元戏曲考》/王国维、《水浒传》/施耐庵、《儒林外史》/吴敬梓、《红楼梦》/曹雪芹。

胡适的《一个最低限度的国学书目》刊出后，梁启超发表评论："胡君这书目，我是不赞成的，因为他文不对题。胡君说：'并不为国学有根柢的人着想，只为普通青年人想得一点系统的国学知识的人设想。'依我看，这个书目，为'国学已略有根柢而知识绝无系统'的人说法，或者还有一部分适用。""胡君致误之由，第一在不顾客观的事实，专凭自己主观为立脚点。""胡君第二点误处，在把应读书和应备书混为一谈，结果不是个人读书最低限度，却是私人及公共机关小图书馆之最低限度（但也不对，只好说是哲学史、文学史家私人小图书馆之最低限度)。""我最诧异的：胡君为什么把史部书一概屏绝？一张书目名字叫做'国学最低限度'，里头有什么《三侠五义》、《九命奇冤》，却没有《史记》、《汉书》、《资治通鉴》，岂非笑话？若说《史》、《汉》、《通鉴》是要'为国学有根柢的人设想'才列举，恐无此理。若说不读《三侠五义》、《九命奇冤》，便够不上国学最低限度，不瞒胡君说，艾区区小子便是没有读过这两部书的人。我虽自知学问浅陋，说我连国学最低限度都没有，我却不服。""我的主张，很是平淡无奇。我认定史部书为国学最主要部分，除先秦几部经书几部子书之外，最要紧的便是读正史、通鉴、宋元明纪事本末和九通中一部分，以及关系史学之笔记文集等，算是国学常识，凡属中国读书人都要读的。""总而言之，《尚书》、《史记》、《汉书》、《资治通鉴》为国学最低限度不必要之书，《正谊堂全集》、《缀白裘》、《儿女英雄传》，反是必要之书，真不能不算石破天荒的怪论（思想史之部，连《易经》也没有，什么原故，我也要求胡君答复）。”“君这篇书目，从一方面看，嫌他墨漏太多，从别方面看，嫌他博而寡要，我认为是不可用的。”

梁启超开列的国学必读书目

1923 年，梁启超开列的《国学最低限度之必读书目》，后来收入其《国学入门书要目及其读法》。

甲、修养应用及思想史关系书类：

《论语》、《孟子》、《易经》、《礼记》、《老子》、《墨子》、《庄子》、《荀子》、《尹文子》、《慎子》、《公孙龙子》、《韩非子》、《管子》、《吕氏春秋》、《淮南子》、《春秋繁露》、《盐铁论》、《论衡》、《抱朴子》、《列子》、《近思录》、《传习录》、《明儒学案》/黄宗羲、《宋元学案》/黄宗羲、《日知录》、《亭林文集》/顾炎武、《明夷待访录》/黄宗羲、《思问录》/王夫之、《颜氏学记》/戴望编、《东原集》/戴震、《雕菰楼集》/焦循、《文史通义》/章学诚、《大同书》/康有为、《国故论衡》/章炳麟、《东西文化及其哲学》/梁漱溟、《中国哲学史大纲》上卷/胡适、《先秦政治思想史》/梁启超、《清代学术概论》/梁启超。

乙、政治史及其他文献学书类：

《尚书》、《逸周书》、《竹书纪年》、《国语》、《春秋左氏传》、《战国策》、《周礼》、《考信录》/崔述、《资治通鉴》、《续资治通鉴》/毕沅、《文献通考》、《续文献通考》、《皇朝文献通考》、《通志二十略》、《二十四史》、《廿二史札记》/赵翼、《圣武记》/魏源、《国朝先正事略》/李元度、《读史方舆纪要》/顾祖禹、《史通》/刘知几、《中国历史研究法》/梁启超。

丙、韵文书类：

《诗经》、《楚辞》、《文选》、《乐府诗集》/郭茂倩编、《李太白集》、《杜工部集》、《王右丞集》、《孟襄阳集》、《韦苏州集》、《高常侍集》、《韩昌黎集》、《柳河东集》、《白香山集》、《李义山集》、《王临川集》、《苏东坡集》、《元遗山集》、《陆放翁集》、《唐百家诗选》/王安石选、《宋诗钞》/吕留良钞、《清真词》/周美成、《醉翁琴趣》/欧阳修、《东坡乐府》/苏轼、《屯田集》/柳永、

《淮海词》/秦观、《樵歌》/朱敦儒、《稼轩词》/辛弃疾、《后村词》/刘克庄、《石道人歌曲》/姜夔、《碧山词》/王沂孙、《梦窗词》/吴文英、《西厢记》、《琵琶记》、《牡丹亭》、《桃花扇》、《长生殿》。

丁、小学书及文法类书：

《说文解字注》/段玉裁、《说文通训定声》/朱骏声、《说文释例》/王筠、《经传释词》/王引之、《古书疑义举例》/俞樾、《文通》/马建忠、《经籍纂诂》/阮元。

戊、随意涉览书类：

《四库全书总目提要》、《世说新语》、《水经注》/郦道元、《文心雕龙》/刘勰、《大唐三藏慈恩法师传》/慧立、《徐霞客游记》、《梦溪笔谈》/沈括、《困学纪闻》/王应麟、《通艺录》/程瑶田、《癸巳类稿》/俞正燮、《东塾读书记》/陈沣、《庸盦笔记》/薛福成、《张太岳集》/张居正、《王心斋先生全书》/王艮、《朱舜水遗集》/朱之瑜、《李恕谷文集》/李塨、《鲒琦亭集》/全祖望、《潜研堂集》/钱大昕、《述学》/汪中、《洪北江集》/洪亮吉、《定盦文集》/龚自珍、《曾文正公全集》/曾国藩、《胡文忠公集》/胡林翼、《苕溪渔隐丛话》/胡仔、《词苑丛谈》/徐钪、《语石》/叶昌炽、《书林清话》/叶德辉、《广艺舟双辑》/康有为、《剧说》/焦循、《宋元戏曲史》/王国维。

梁启超在开列此书目中，对各书还做了简要的说明，当然出于其个人的评价。后来他认为："惟青年学生校课既繁，所治专门别有在，恐仍不能人人按表而读。今再为拟一《真正之最低限度》如下：

《四书》、《易经》、《书经》、《诗经》、《礼记》、《左传》、《老子》、《墨子》、《庄子》、《荀子》、《韩非子》、《战国策》、《史记》、《汉书》、《后汉书》、《三国志》、《资治通鉴》（或《通鉴纪事本末》）、《宋元明史纪事本末》、《楚辞》、《文选》、《李太白集》、《杜工部集》、《韩昌黎集》、《柳河东集》、《白香山集》。其他词曲集，随所好选读数种。以上各书，无论学矿、学工程报……皆须一读，若并此未读，真不能认为中国学人矣。"

梁启超这个书目达190种之多，还只是一个"最低限度"的，这就使得对国学的内涵到底还要包容其他那些著作，难以摸不清底数。

读什么书关系着人生思想导向

读书是为求知、为研究和创造、为创造美好人生。读书为求知，就要依据自己的兴趣和爱好，已有的知识基础，制定可行的规划和实施的阶段，不能好高骛远，不切实际。才能在规定的时限完成预定的目标，获得专业的知识；读书为研究和创造，这是读书的高级阶段了，需要对一个命题的由来，追本溯源，广征博览，不动笔墨不读书，写卡片，做摘录。编索引，尽量把有关的书籍读遍，从中发现有助于解决问题的风阀和资料。读书为创造美好人生，是要从读书中感悟人生的一切美好，都源于劳动和创造。要实现自己确定的人生理想，就要下定决心为之努力奋斗。

李大钊作为北京学生读书会的导师，却从未给学生开出书目一类的引导文件，而是认定在读书中可以“根据学理研究实际问题”。现在已经无从知晓李大钊是读书会政治、法律、社会、教育、经济五个小组中哪个小组的导师，但是却可以认识到李大钊在引导青年面向实际问题的解决而读书，明确表示了，如果不是立志研究国学，就不必在国学的浩瀚书海中度过青春大好时光。有少数学者去整理国故自然无妨，也是需要的，但决不能看成是最要紧的事情，更不能让知识青年全都卷入，何况在知识青年以外还有更广大的青年群体。

1925 年 2 月 21 日，鲁迅在回答《京报副刊》征求“青年必读书”时写道：“从来没有留心过，所以现在说不出。”然后写了一个“附注：但我要珍这机会，略说自己的经验，以供若干读者的参考——我看中国书时，总觉得就沉静下去，与实人生离开；读外国书——但除了印度——时，往往就与人生接触，想做点事。中国书虽有劝人入世的话，也多是僵尸的乐观；外国书即使是颓唐和厌世的，但却是活人的颓唐和厌世。我以为要少——或者竟不——看中国书，多看外国书。少看中国书，其结果不过不能作文而已。但现在的青年最要紧的是‘行’，不是‘言’。只要是活人，不能作文算什么大不了的事”。

鲁迅在另一处关于青年应该怎样生活时说：“倘若一定要问我青年应当向着怎样的目标，那么，我只可说出我为别人设计的话，就是：一要生存，二要温饱，三要发展。有敢来阻碍这三事者，我们都反抗他，

扑灭他！”①

李大钊对学生读书的指导

李大钊说：“知识是引导人生的光明与真实境界的灯烛，愚昧是达到光明与真实境界的障碍，也就是人生发展的障碍。”他反对死读书。认为念书而不思考有可能变成蛀书虫，好学生不能死啃书本，对世界上的事情毫不关心。对子女提出：“不要光在课本上兜圈子，你们也应该学着看一点课外读物，把眼光放远大一些。开扩开扩视野才好。”

日本教育家清水安三回忆住在北京与李大钊交往时说：“李大钊的阅读量之大令人吃惊。罗素访问中国时，我只读过其《自由之路》、《形而上学》和《哲学问题》等三部著作，李大钊却把其所有的著作都读过一遍，而彼时很多书根本未译成日文。李大钊还用英文读了布尔什维主义的理论。”“他固然是读书家。但与其说是学者，不如说是活动家一类的人物，具有能让青年献出生命的人格魅力。”李大钊确实是认为“工作以外，还要读书。省出来的时间愈多，就是读书的时间愈多，使工不误读，读不误工，工读打成一片，才是真正人的生活”。

李大钊读书，总是和思考现实相结合，写在书上的是前人或同时代人的思考成果，而社会向前发展的进程从未停滞，如何与时俱进地把握时代发展的进程和规律性，变成了读书时必须的思考。李大钊指出：“国人第一弱点，在凡事皆以感情为主，不以理性为主。上至军国大计，下至私人交际，但见感情作用，不见理性作用。”“国人第二弱点，在凡事好依腕力而争，不依法律而争。”李大钊认定，对国人心理结构的改造将是伴随着物质资料提供的丰盈程度而发生渐进演变的过程，只有经由建设社会主义社会的历史发展过程来实现。

李大钊主张读书要循序渐进，打好基础。打好基础钻研个别问题才有深度，打好基础才能作个别问题的研究。李大钊确实有不动笔墨不读书的特点，读书时和思考现实相结合的思想可能以文字记录在书上，可惜这些有批注的书籍，多数未能保存下来。

---

① 鲁迅：《华盖集·北京通信》。

1917年之后，为深入了解马克思主义，认真阅读和研究马克思的《资本论》等著作，联系中国社会现实，为振兴中华寻找“根本解决”之路，最早提出“实际行动”的主张。李大钊没有直截了当地提出“马克思主义中国化”，却十分明确地提出对马克思主义的应用，必须与时俱进地因时、因所、因事的性质情形有所不同，而不应把马克思主义变成教条和空谈。这正是李大钊读书求新知但不唯书的科学读书观。

李大钊讲演：《社会问题与政治》

1922年12月16日，李大钊在中国大学哲学读书会讲演，题目是《社会问题与政治》。刘月林的记录稿刊登在12月29日《民国日报》的副刊《觉悟》上。这表明李大钊是认真地履行了读书会的导师的职责的。

首先，讲社会与政治的关系是互为因果的，不可偏重一面。“今从我国现状观察一下：自民国成立以后，专制政体虽被推倒了，然而政治仍旧是腐败。一般人心理，都觉政治不可为，于是转过来纯作社会运动。可是政治愈无人改革，愈不能好，社会也愈不能改良，且许多年经营的社会事业，也许一旦被不良的政府破坏了。所以现在很有些人得到这种觉悟，以为拿政治作改良社会的手段，是‘事半功倍’的。”

其次，讲凡社会呈现不安现象，而图解决之方法的都是社会问题。“比如：劳工问题，妇女问题，人力车夫问题，鸦片，缠足等等问题，都是社会问题。这些问题，所以不易解决者，大半因经济的关系，因为经济的不均与不安，许多问题，都从此发生。社会上小的问题，可以不说。至于大的问题，我们想解决他，非靠政治的力量不可！因为社会问题，往往混入政治问题。即如烟酒问题，若从小里看，似乎用不着政治；但若是视为和民族的强弱有密切的关系时，则不得不从政治法律方面去解决他，因为政治的力量很大，最容易收效果。”

再次，社会问题中的如劳工问题，妇女问题等，都牵到政治问题，关键是政权在谁手里，因为掌握政权的阶级在维护经济能力薄弱的人受经济能力富强的支配，“所以欲根本解决，非打破这个阶级不可”。组织强有力的政治团体，得到政治力量以后，再藉以解决社会问题。结论就是：“欲改良社会，非靠政治的力量不可；因为政治的力量，可以改革一切的社会问题。”

附录一：李大钊与报刊

李大钊一生中很早就投入报刊活动，1913 年 4 月，在天津法政专门学校的时候，担任北洋法政学会会刊《言治》月刊的编辑部长，曾经在该刊上发表了 27 篇诗文作品，还曾在北京短暂地编辑了一段时间的《法言报》，这是李大钊报刊活动的第一阶段。

1914 年留学日本的时候，李大钊投稿于《甲寅》月刊，发表了《风俗》、《物价与货币购买力》、《国情》、《厌世心语自觉心的》等文章；投稿于《中华》杂志，发表《政治对抗力之养成》；投稿于《通俗》杂志，发表《欧洲战事谈》；担任留日学生总会刊物《民彝》杂志的主编，发表《民彝与政治》；担任进步团体刊物《神州学丛》的编辑，这是李大钊报刊活动的第二阶段。

1916 年 5 月李大钊回国，7 月来到北京以后，他的报刊活动更为广阔，是李大钊报刊活动的第三阶段，又可以发表《我的马克思主义观》为时间界限划分为前后两个段落。分别涉及《公论》、《晨钟》报、《新青年》、《宪法公言》、《甲寅》日刊、《言治》季刊、《太平洋》、《北京大学日刊》、《法政学报》、《每周评论》、《新生活》、《少年中国》、《国民》、《新潮》、《晨报》、《星期日》、《平民教育》、《星期评论》、《解放与改造》、《批评》、《益世报》、《曙光》、《评论之评论》、《民国日报》、《东方时论》、《学艺》、《申报》、《学生杂志》、《京报》、《北大经济学会半月刊》、《工人周刊》、《劳动音》、《江声日报》、《时事新报》、《向导》、《顺天时报》、《社会科学季刊》、《努力周报》、《新民国》、《新学生》、《中国工人》、《雷火》、《政治生活》、《国民新报》、《清华周刊》、《中央政治通讯》、《东方时论》（日文）、《北京周报》（日文）、《报知新闻》（日文）、《新支那》（日文）、《消息报》（俄文）、《莫斯科工人报》（俄文）、《远东问题》（俄文）、《农民国际》（俄文）、《红色工会国际》（俄文）等几十种报纸和杂志。

李大钊这一阶段参与的报刊活动，大致可以分成以下几种类别：

一、由李大钊直接参与创办或担任主编或编辑的：有《晨钟》报、《新青年》、《宪法公言》、《甲寅》日刊、《言治》季刊、《每周评论》、《少年中国》、《政治生活》等；

二、与办报人有密切关系，经常给予稿件支持的：有《公论》、《新生活》、《国民》、《新潮》、《晨报》、《北大经济学会半月刊》、《向导》、《中央政治通讯》、《工人周刊》、《劳动音》等；

三、接受其记者采访发表有关专门问题谈话，以扩大宣传舆论的：有《消息报》（俄文）、《莫斯科工人报》（俄文）、《远东问题》（俄文）、《农民国际》（俄文）、《红色工会国际》（俄文）、《东方时论》（日文）、《新支那》（日文）、《北京周报》（日文）、《报知新闻》（日文）等；

四、直接发表李大钊文章、报道李大钊的演讲活动和主要内容的：有《法政学报》、《星期日周刊》、《平民教育》、《星期评论》、《解放与改造》、《批评》、《新支那》（日文）、《益世报》、《曙光》、《评论之评论》、《民国日报》、《东方时论》、《学艺》、《申报》、《学生杂志》、《京报》、《顺天时报》、《社会科学季刊》、《努力周报》、《中国工人》、《雷火》、《国民新报》、《清华周刊》等；

五、负责刊登于李大钊职务责任有关文告的：有《北京大学日刊》、《少年中国》等。

这里，着重介绍的在北京期间，李大钊亲自参与编辑的报纸和刊物。其中只有 1917 年 8 月至 10 月间，李大钊客居上海，所写的文章是在上海完成的。

李大钊与《法言报》

从有关资料中查找到：李大钊“一以民生为念，阐扬先哲贻德为急，览者感发兴起，颂声交至。又以杂志月初一册，为效绝缓，迺徇风予袭明之约，联襟京华，主持《法言报》”①。

① 郁嶷：《送李龟年游学日本序》，载《李大钊史事综录》，北京大学出版社 1989 年版，第 52 页。

李大钊的《咏玉泉（二首）》，“从此诗的内容和前后两次的发表时间来看，当系1913年6月李大钊毕业后应同学之邀到北京编辑《法言报》时期所写”。①

从李大钊在1913年4月至6月出版的《言治》月刊第1—3期发表文章时用“李钊”；1913年9月1日出版的《言治》月刊第4期发表文章时用“李大钊”看，“他是在1913年9月前，已经在北洋法政专门学校毕业，走出校门之后，才改名‘李大钊’的”。“李大钊继任北京《法言报》主编。”“8月6日，北京《法言报》被迫停刊。”② “而发表在民国初年出版的《天民报》、《法言报》、《民牖报》、《政言报》等报的文章，这些报纸均没有找到，仅见到少数几张的《天民报》，究竟发表了哪些作品，当然不详。”③ 所以，对李大钊与《法言报》（或《政言报》）的资料，还有待于新的发现。

李大钊与《晨钟》报

《晨钟》报，1916年8月15日创刊于北京。由梁启超、汤化龙等主持，创刊初期，李大钊曾任总编辑，并写代发刊词《晨钟之使命》。不久（仅仅22天），以刊登启事，声明辞职。

1918年9月，《晨钟》报因刊载段祺瑞向日本借款消息被北洋政府封闭。同年12月，《晨钟》报改名《晨报》继续出版。1919年2月7日，在李大钊协助之下对副刊进行改革，参加新文化运动和宣传社会主义，此后，在李大钊主持下，发表过许多宣传俄国革命和马克思主义的文章。

李大钊在《晨钟》报上发表的文章列目：

日　期	文章题目	署　名
1916年8月15日	“晨钟”之使命—青春中华之再造	守常
1916年8月15日	新生命孕育之努力	守常

① 朱文通：《李大钊社会主义思想发展历程新探》，载《河北学刊》2007年1期。

② 郎伦友编著：《中国新闻事业编年纪事》第36节：1913年下半年的编年纪事，载“人过50网”2008年9月8日。

③ 《革命史上的丰碑》，载《人民日报》1962年12月29日。

（续表）

日　期	文章题目	署　名
1916 年 8 月 17 日	“第三”	守常
1916 年 8 月 20 日	介绍哲人托尔斯泰	守常
1916 年 8 月 22 日	介绍哲人尼采	守常
1916 年 8 月 29 日	权	守常
1916 年 8 月 30 日	政坛言说会之必要	守常
1916 年 8 月 30 日	达科儿之“爱”观	守常
1916 年 8 月 31 日	倍根之偶像说	守常
1916 年 9 月 3 日	奋斗之青年	守常
1916 年 9 月 4 日	新现象	守常
1916 年 9 月 4 日	别泪	守常
1916 年 9 月 5 日	祝九月五日	守常
1916 年 9 月 5 日	李守常启事	

李大钊与《新青年》月刊

《新青年》，原名《青年》，由陈独秀在上海创立，群益书社发行。陈独秀到北京大学任职后，将其编辑部迁至北京，由陈独秀、钱玄同、刘半农、胡适、李大钊、沈尹默以及高一涵、鲁迅、周作人等任撰稿、编辑，在五四运动期间对新文化运动起到了重要的引导和推动作用。《新青年》编辑部地点是：北京东安门内（今北池子大街）箭竿胡同 9 号。

李大钊早在 1916 年春，在日本时就撰写《青春》投寄《新青年》发表。1917 年回国后任《新青年》特约撰稿人，进而成为编辑。在担任《新青年》编辑期间，李大钊在 1919 年 5 月 15 日的《新青年》第六卷第五号上发表《我的马克思主义观（上）》（该刊拖期，实际上是 9 月 15 日出版）；在 1919 年 11 月 1 日的《新青年》六卷六号发表《我的马克思主义观（下）》。这是我国第一篇系统论述马克思主义基本原理的论文。

李大钊在《新青年》杂志上发表文章列目：

日　期	刊　号	文章题目	署　名
1916 年 9 月 1 日	第二卷第一号	青春	李大钊
1917 年 4 月 1 日	第三卷第二号	青年与老人	李大钊
1918 年 4 月 15 日	第四卷第四号	今	李大钊
1918 年 5 月 15 日	第四卷第五号	新的！旧的！	李大钊
1918 年 9 月 15 日	第五卷第三号	山中即景	李大钊
1918 年 10 月 15 日	第五卷第五号	庶民的胜利	李大钊
1918 年 10 月 15 日	第五卷第五号	BOLSHEVISM 的胜利	李大钊
1919 年 2 月 15 日	第六卷第二号	战后之妇人问题	李大钊
1919 年 5 月 15 日	第六卷第五号①	我的马克思主义观（上）	李大钊
1919 年 11 月 1 日	第六卷第六号	我的马克思主义观（下）	李大钊
1920 年 1 月 1 日	第七卷第二号	由经济上解释中国近代思想变动的原因	李大钊
1920 年 4 月 1 日	第七卷第五号	都市上工读团的缺点	李大钊
1920 年 5 月 1 日	第七卷第六号	“五一” May Day 运动史	李大钊
1920 年 12 月 1 日	第八卷第四号	唯物史观在现代史学上的价值	李大钊
1921 年 7 月 1 日	第九卷第三号	俄罗斯革命的过去及现在	李守常
1922 年 7 月 1 日	第九卷第六号	平民政治与工人政治	李守常

李大钊与《宪法公言》

《宪法公言》为北洋法政学会主办，1916 年 10 月 1 日创刊，1917 年 1 月 10 日出了第 9 期之后，宣告终刊。《宪法公言》主旨在于为制定理想的中华民国宪法进行理论研究和宣传，反对当时投靠段祺瑞以维护中央集权为主旨的进步党人主张，政治态度与国民党基本一致。

李大钊在《宪法公言》上发表的文章中，侧重地谈了三个方面的问题：省制问题——即中央和地方分权的关系问题；人民权利——即思想自由问题；关于孔教——如何对待孔子和孔子的学说问题。

① 该刊脱期，实际上是 9 月 15 日出版。

李大钊在《宪法公言》上发表的文章列目：

日　期	刊　号	文章题目	署　名
1916 年 10 月 1 日	1	国庆纪念	李大钊
1916 年 10 月 20 日	2	制定先法之注意	李大钊
1916 年 11 月 10 日	4	省制与宪法	李大钊
1916 年 12 月 10 日	7	宪法与思想自由	李大钊
1917 年 1 月 10 日	9	矛盾生活与二重负担	李大钊

李大钊与《甲寅》日刊

章士钊创办《甲寅》日刊，邀请李大钊、高一涵担任撰稿和编辑。李大钊在在 1917 年 1 月 28 日《甲寅》日刊创刊号上，发表了题为《甲寅之新生命》。

在办报过程中，章士钊与李大钊在对待现政府和研究系、政学系的问题上，所持态度不尽相同。彼此谈妥，少谈内政，多写国际问题文章。1917 年 6 月 9 日，张勋的辫子军开进北京。章士钊躲避去了天津并发表紧急声明，声称与《甲寅》日刊已经脱离关系。1917 年 6 月 19 日《甲寅日刊》正式停刊。

章士钊后来曾说："守常在《甲寅》日刊所写文章较吾为多，到馆办事较吾为勤。"李大钊在该刊共发表 60 多篇文章，涉及广泛。反对袁世凯尊孔、反对封建伦理道德、宣传俄国革命。

李大钊在《甲寅》上发表的文章列目：

日　期	文章题目	署　名
1917 年 1 月 28 日	《甲寅》之新生命	守常
1917 年 1 月 29 日	调和之美	守常
1917 年 1 月 30 日	孔子与宪法	守常
1917 年 2 月 1 日	真理	守常
1917 年 2 月 2 日	真理（二）	守常
1917 年 2 月 4 日	自然的伦理观与孔子	守常

（续表）

日　期	文章题目	署　名
1917 年 2 月 4 日	预定制宪期间案	守常
1917 年 2 月 6 日	论收毁制钱宜有准备	守常
1917 年 2 月 7 日	中国与中立国	守常
1917 年 2 月 7 日	回春之北京	守常
1917 年 2 月 8 日	元宵痛史	守常
1917 年 2 月 8 日	日本之托尔斯泰热	守常
1917 年 2 月 9 日	美德邦交既绝我国不可不有所表示	未署名
1917 年 2 月 9 日	我国外交之曙光	未署名
1917 年 2 月 10 日	黄金累累之日本	守常
1917 年 2 月 10 日	可怜之人力车夫	守常
1917 年 2 月 11 日	今后国民之责任	守常
1917 年 2 月 11 日	威尔逊与平和	守常
1917 年 2 月 12 日	中德绝交后应注意西北	守常
1917 年 2 月 14 日	战争与铜	守常
1917 年 2 月 14 日	德皇之欺世论	守常
1917 年 2 月 14 日	爱国艺术家罗丹翁笃	守常
1917 年 2 月 15 日	学会与政党	守常
1917 年 2 月 16 日	诗人达阿儿之行踪	守常
1917 年 2 月 17 日	论国人不可以外交问题为攘权之武器	守常
1917 年 2 月 17 日	外交研究会	守常
1917 年 2 月 18 日	北美之风云儿	守常
1917 年 2 月 19 日	新中华民族主义	守常
1917 年 2 月 21 日	一致与民望	守常
1917 年 2 月 21 日	“极东门罗主义”	守常
1917 年 2 月 21 日	哭沈汉卿君	守常
1917 年 2 月 22 日	议会之言论	守常
1917 年 2 月 25 日	政论家与政治家（一）	守常
1917 年 2 月 28 日	蔷薇缘欤？蔷薇恨欤？	守常

（续表）

日　期	文章题目	署　名
1917 年 3 月 2 日	政论家与政治家（二）	守常
1917 年 3 月 5 日	中德邦交决裂后之后种种问题	守常
1917 年 3 月 7 日	爱国之反对党	守常
1917 年 3 月 11 日	立宪国民之修养	守常
1917 年 3 月 14 日	创设特别国务会议赠造不管部之国务员问题（三）	李大钊（守常）
1917 年 3 月 17 日	创设特别国务会议赠造不管部之国务员问题（九）	李大钊（守常）
1917 年 3 月 19—21 日	俄国革命之远因近因	守常
1917 年 3 月 22 日	共和国与荣典	守常
1917 年 3 月 24 日	法国内阁改组之由来	守常
1917 年 3 月 25 日	面包与和平运动	守常
1917 年 3 月 27 日	俄国共和政府之成立及其政纲	守常
1917 年 3 月 29 日	俄国大革命之影响	守常
1917 年 3 月 30 日	战争与人口问题	守常
1917 年 4 月 1—2 日	最近奥国政变之颠末	守常
1917 年 4 月 3 日	学生问题	守常
1917 年 4 月 5 日	学生问题（二）	守常
1917 年 4 月 7 日	都会少年与新春旅行	守常
1917 年 4 月 8 日	讲演会之必要	守常
1917 年 4 月 12 日	动的生活与静的生活	守常
1917 年 4 月 16 日	大战中之民主主义	守常
1917 年 4 月 17 日	真理之权威	守常
1917 年 4 月 18 日	大亚细亚主义	守常
1917 年 4 月 19 日	不自由之悲剧	守常
1917 年 4 月 20 日	受贿案与立宪政治	守常
1917 年 4 月 21 日	罪恶与忏悔	守常
1917 年 4 月 22 日	简易生活之必要	守常

（续表）

日期	文章题目	署名
1917年4月23日	中心势力创造论	守常
1917年4月24日	欧洲各国社会党之平和运动（上）	守常
1917年4月25日	欧洲各国社会党之平和运动（中）	守常
1917年4月26日	川局罪言	守常
1917年4月29日	政治之离心力与向心力	守常
1917年5月2日	欧洲各国社会党之平和运动（下）	守常
1917年5月5日	欧洲各国社会党之平和运动（下续）	守常
1917年5月9—11日	旅行日记	守常
1917年5月18日	青年与老人	守常
（该文1917年4月1日在《新青年》第三卷第二号发表，署名李大钊）		
1917年5月21日	自由与胜利	守常
1917年5月28—29日	乐亭通讯	守常
1917年6月25日	天津法政专门学校校长及教务长易人	未署名

从这个统计表中，可以看到只有三篇文章是未署名的，即：发表在“时评”栏目中的《美德邦交既绝我国不可不有所表示》、《我国外交之曙光》和经由学者考证认为是李大钊所写的《天津法政专门学校校长及教务长易人》。

李大钊与《言治》季刊

北洋法政学会的《言治》月刊，从1913年4月正式出版至11月共出版了6期。1917年2月，北洋法政学会的同人决定重新刊行《言治》，由月刊改为季刊，李大钊仍为主要编辑成员。1917年4月，《言治》季刊第1期出版，收入了李大钊长达2万余言的《战争与人口》（上），及另一篇较长的时事介绍《大战中欧洲各国之政变》和一篇短文《美与高》。后因政见分歧，经费不及，《言治季刊》出版了3期之后，即告停刊。

近日，有学者杨琥著文考证：最初发表在1918年7月出版的《言治》季刊第三期的、而后在《晨报副刊》1918 年 12 月 14 日至 1919 年 1 月 28 日连载的、署名“去闇”的长篇译文：《最近欧洲社会党之运动》，是李大钊从日文所译。

李大钊在《言治》季刊上发表的文章列目：

日　期	刊　号	文章题目	署　名
1917 年 4 月 1 日	1	战争与人口（上）	李大钊
1917 年 4 月 1 日	1	美与高	李大钊
1917 年 4 月 1 日	1	大战中欧洲各国之政变	守常
1917 年 4 月 1 日	1	筱舫、寿山将往阿尔泰，诗以赠之	李大钊
1917 年 4 月 1 日	1	前意未尽更赋一律	李大钊
1917 年 4 月 1 日	1	神州风雨楼	李大钊
1917 年 4 月 1 日	1	送相无	李大钊
1917 年 4 月 1 日	1	乙卯残腊，由横滨搭法轮赴春申，在太平洋舟中作	李大钊
1918 年 7 月 1 日	3	复辟变后寄友人	李大钊
1918 年 7 月 1 日	3	强力与自由政治	李大钊
1918 年 7 月 1 日	3	调合之法则	李大钊
1918 年 7 月 1 日	3	调合剩言	守常
1918 年 7 月 1 日	3	东西文明根本之异点	李大钊
1918 年 7 月 1 日	3	法俄革命之比较观	李大钊
1918 年 7 月 1 日	3	胡适《美国的夫人》跋	守常
1918 年 7 月 1 日	3	俄国革命与文学家	未署名
1918 年 7 月 1 日	3	俄国某诗人对于青年之训语	未署名
1918 年 7 月 1 日	3	雪地冰天两少年	剑影
1918 年 7 月 1 日	3	精琦氏宪法论	李大钊　译
1918 年 7 月 1 日	3	世界观	S. C. 生　译
1918 年 7 月 1 日	3	国家与个人	守常　译
1918 年 7 月 1 日	3	哀音	守常　译
1918 年 7 月 1 日	3	最近欧洲社会党之运动	去闇　译

李大钊与《每周评论》周刊

《每周评论》是中国新文化运动的理论引导，在“五四”时期影响广泛。1918 年 12 月 22 日创刊于北京，陈独秀和李大钊主编。1919 年 8 月 31 日被北洋政府查禁，共出版 37 期。该刊旨在“主张公理，反对强权”，侧重时事评述，文学创作和文艺批评，评论新旧思潮之激战、山东问题的真相，对北京学生运动的舆论、罗素的讲演《我们所能做的》等；其后，由胡适《多研究些问题，少谈些主义》引起的问题域主义的讨论，影响巨大，李大钊发表了《再论问题与主义》，阐明了马克思主义与社会根本改造的关系，反对在社会改造中的实用主义和无政府主义。

李大钊在《每周评论》上发表的文章列目：

日　期	刊　号	文章题目	署　名
1919 年 1 月 5 日	3	新纪元	无署名
1919 年 1 月 19 日	5	北京的“华严”	明明
1919 年 1 月 19 日	5	新自杀季节	明明
1919 年 1 月 19 日	5	面包问题	明明
1919 年 1 月 26 日	6	政客	明明
1919 年 1 月 26 日	6	国民仲裁	明明
1919 年 1 月 26 日	6	平民的独裁政治	明明
1919 年 1 月 26 日	6	过激乎？过惰乎？	明明
1919 年 1 月 26 日	6	乡愿与大盗	明明
1919 年 1 月 26 日	6	放弃特殊地位	明明
1919 年 2 月 16 日	9	祝黎明会	明明
1919 年 2 月 16 日	9	黎明日本之曙光	T. C.
1919 年 2 月 16 日	9	秘密外交	明明
1919 年 2 月 16 日	9	罪恶之守护者	明明
1919 年 2 月 23 日	10	死动	明明
1919 年 2 月 23 日	10	普通选举	明明

（续表）

日　期	刊　号	文章题目	署　名
1919 年 3 月 2 日	11	光明与黑暗	明明
1919 年 3 月 2 日	11	过激派的引线	冥冥
1919 年 3 月 9 日	12	新旧思潮之激战	明明
1919 年 3 月 9 日	12	唐山煤厂的工人生活	明明
1919 年 3 月 16 日	13	强国主义	明明
1919 年 3 月 16 日	13	小国主义	明明
1919 年 4 月 6 日	16	统一癖	常
1919 年 4 月 6 日	16	白人阀	常
1919 年 4 月 6 日	16	混充牌号	常
1919 年 4 月 13 日	17	解放后的人人	常
1919 年 4 月 20 日	18	屠猪场式的政治	常
1919 年 4 月 20 日	18	汽车与名片	常
1919 年 4 月 27 日	19	废娼问题	常
1919 年 5 月 18 日	22	秘密外交与强盗世界	常
1919 年 5 月 26 日	23	黑暗的东方	常
1919 年 5 月 26 日	23	太上政府	常
1919 年 5 月 26 日	23	第五师军人	常
1919 年 6 月 1 日	24	危险思想与言论自由	常
1919 年 6 月 29 日	28	哭的笑的	常
1919 年 6 月 29 日	28	威先生感慨如何	常
1919 年 6 月 29 日	28	牢狱的生活	常
1919 年 6 月 29 日	28	不要再说吉祥话	常
1919 年 6 月 29 日	28	新华门前的血泪	常
1919 年 6 月 29 日	28	改造	常
1919 年 7 月 6 日	29	阶级竞争与互助	守常
1919 年 7 月 6 日	29	赤色的世界	守常
1919 年 7 月 6 日	29	最危险的东西	守常
1919 年 7 月 6 日	29	光明权	守常

（续表）

日　期	刊　号	文章题目	署　名
1919 年 7 月 6 日	29	我与世界	守常
1919 年 7 月 13 日	30	忠告黎明会	守常
1919 年 7 月 13 日	30	黑暗与光明	守常
1919 年 7 月 13 日	30	真正的解放	守常
1919 年 7 月 13 日	30	战栗	守常
1919 年 7 月 13 日	30	万恶之原	守常
1919 年 7 月 13 日	30	灰色的中国	守常
1919 年 7 月 13 日	30	是谁夺了我们的光明	守常
1919 年 7 月 20 日	31	日本人听者	守常
1919 年 8 月 17 日	35	再论问题与主义	李大钊

李大钊与《少年中国》月刊

《少年中国》月刊，是少年中国学会的机关刊物。1919 年 7 月 15 日创刊于北京。主张“本科学精神，为文化运动，以创造少年中国”。以文化教育界和高等学校学生为主要读者对象，着重刊登自然科学、文学、哲学、社会科学等方面的理论文章。期发行量 5000 份左右。

李大钊任编辑主任，康白情任副主任，但二人均未执行职务，前七期实际由王光祈编辑。1920 年初，因王光祈赴德国留学，编辑部由李大钊、康白情、张申府、孟寿椿、黄日葵等 5 人负责。自第四卷第一号起改为横排。1921 年编辑部迁上海并在上海印刷发行，由左舜生主持编辑工作。1921 年后，会员思想分歧，宣传国家主义的文章渐多。1924 年 5 月停刊。共出 4 卷。

李大钊在《少年中国》上发表的文章列目：

日　期	刊　号	文章题目	署　名
1919 年 8 月 15 日	第一卷第二号	会员通讯：致若愚、慕韩	钊
1919 年 9 月 15 日	第一卷第三号	诗歌：岭上的羊	李大钊

（续表）

日　期	刊　号	文章题目	署　名
1919 年 9 月 15 日	第一卷第三号	诗歌：山峰	李大钊
1919 年 9 月 15 日	第一卷第三号	诗歌：山中落雨	李大钊
1919 年 9 月 15 日	第一卷第三号	少年中国的少年运动	李大钊
1919 年 9 月 15 日	第一卷第四号	妇女解放与 Democracy	李大钊
1920 年 8 月 15 日	第二卷第二号	亚细亚青年的光明运动	李大钊
1920 年 9 月 15 日	第二卷第三号	在北京会员茶话会上讲话	李大钊
1921 年 1 月 15 日	第二卷第七号	自由与秩序	李大钊
1922 年 4 月 1 日	第三卷第九号	与学会会员恽震的谈话	李大钊等
1922 年 6 月 1 日	第三卷第十一期	北京同人提案	未署名

李大钊与《政治生活》周刊

1924 年 4 月 27 日，中共北京区委兼地委创办了《政治生活》周刊。先后由蔡和森、高君宇、拉金（赵世炎）、范鸿劼等人主持。该刊辟有评论、特载、杂感、读者之声、这一周等栏目，以刊登时事政论文为主。每周出版 1 期；开始发行量 1000 份，从北京政变之日起，增加到 3000 份；开始为 8 开版，第 40 期后改为 16 开版。1926 年 7 月 22 日因奉系军阀在北京实行白色恐怖，该刊被迫出至第 79 期停刊，历经两年多时间。

李大钊在《政治生活》发表文章列目：

日　期	刊　号	文章题目	署　名
1925 年 9 月 9 日	第 50 期	从印度航路发见以至辛丑条约帝国主义侵入东方大势年表	猎夫
1925 年 11 月 18 日	第 58 期	民众势力发展中的国内战局	猎夫
1925 年 12 月 30 日至 1926 年 2 月 3 日	第 62、63、64、67 期	土地与农民	守常
1926 年 1 月 6 日	第 63 期	新帝国主义战争的酝酿	守常
1926 年 1 月 27 日	第 66 期	在列宁逝世二周年纪念大会上的演说	
1926 年 5 月	第 76 期	马克思的中国民族革命观	猎夫

（续表）

日　期	刊　号	文章题目	署　名
1926年7月22日	第79期	日本帝国主义最近进攻中国的方案	猎夫
1926年8月8日	第80、81期	鲁豫陕等省的红枪会	猎夫
1926年11月		中山主义的国民革命与世界革命	
1927年1月10日	第86期	日本帝国主义的赤化观	猎夫

李大钊与《公论》

《公论》是中国社会党北京总部的刊物。1913年6月，《公论》半月刊创刊。编辑刘小云，发行人刘晦君。只出刊4期（1913年7月15日），即行停刊。当时，另有蔡元培与汪精卫、张继、吴稚晖等创办的《公论》晚报，当时该报于1913年7月16日创刊，此时中国社会党北京总部的《公论》已经停刊。

李大钊的诗作《吊圆明园故址（二首）》，发表在《公论》第4期（1913年7月15日）上面，这是李大钊与陈翼龙密切交往的一个直接证据。

李大钊在《公论》上发表的文章列目：

日　期	刊　号	文章题目	署　名
1913年7月15日	第4期	吊圆明园故址（二首）	李大钊

李大钊与《新生活》周刊

1919年8月24日，由北京大学李辛白主编的《新生活》周刊在北京创刊，李大钊曾为该刊撰写时评等短文，达60余篇。

李大钊以孤松为笔名发表在《新生活》上的杂感录，继续着李大钊原来在《每周评论》的文风，因为李大钊发表这些随感时常用笔名“孤松”，当时有诗赞曰：“北大红楼两巨人，纷传北李与南陈。孤松独秀如椽笔，日月双悬照古今。”文章简短，思想深刻，是李大钊随感录最显著的特点之一；充满激情，语言诗化，是李大钊随感录最显著的特点之二；无所畏惧，斗志高昂，是李大钊随感录最显著的特点之三。李大钊的如椽大笔，在当时给人民群众以光明的视野，使之感奋和觉醒。

李大钊在《新生活》发表文章列目：

日　期	刊　号	文章题目	署　名
1919 年 8 月 31 日	2、3	五峰游记	孤松
1919 年 9 月 21 日	5	北京市民应该要求的新生活	孤松
1919 年 9 月 28 日	6	谚语	孤松
1919 年 9 月 28 日	6	欢迎仲甫出	孤松
1919 年 9 月 28 日	6	赤色青色	孤松
1919 年 9 月 28 日	6	难兄难弟	孤松
1919 年 9 月 28 日	6	秘密……杀人	孤松
1919 年 9 月 28 日	6	大笑话	孤松
1919 年 10 月 5 日	7	黑暗运动	孤松
1919 年 10 月 5 日	7	新鲜名词	孤松
1919 年 10 月 5 日	7	圣人与皇帝	孤松
1919 年 10 月 12 日	8	双十字上的新生活	孤松
1919 年 10 月 12 日	8	文治国庆	孤松
1919 年 10 月 12 日	8	武装祭孔	孤松
1919 年 10 月 12 日	8	面包运动	孤松
1919 年 10 月 26 日	10	时代落伍者	孤松
1919 年 10 月 26 日	10	应考的遗传性	孤松
1919 年 10 月 26 日	10	东西村落生活的异点	孤松
1919 年 10 月 26 日	10	双十与五四	孤松
1919 年 11 月 2 日	11	时间浪费者	孤松
1919 年 11 月 2 日	11	最有力的调合者—时代	孤松
1919 年 11 月 2 日	11	人与禽兽	孤松
1919 年 11 月 2 日	11	参战军呢？	孤松
1919 年 11 月 9 日	12	谁是“有实力者”	孤松
1919 年 11 月 9 日	12	牺牲	孤松
1919 年 11 月 9 日	12	妨害治安	孤松

（续表）

日　期	刊　号	文章题目	署　名
1919 年 11 月 9 日	12	出卖官吏—蹂躏人格	孤松
1919 年 11 月 9 日	12	掠夺物品的遗迹	孤松
1919 年 11 月 9 日	12	死	孤松
1919 年 11 月 9 日	12	寺内死了	孤松
1919 年 11 月 16 日	13	鼓吹共产主义	孤松
1919 年 11 月 16 日	13	联人社会	孤松
1919 年 11 月 16 日	13	那里还有自由	孤松
1919 年 11 月 23 日	14	一个自杀的青年	孤松
1919 年 11 月 23 日	14	被裁的士兵	孤松
1919 年 11 月 23 日	14	归国的工人	孤松
1919 年 11 月 30 日	15	“一心一德”	孤松
1919 年 11 月 30 日	15	“五星联珠”“文昌大运”	孤松
1919 年 11 月 30 日	15	“用民政治”	孤松
1919 年 12 月 7 日	16	“中日亲善”	孤松
1919 年 12 月 7 日	16	主义	孤松
1919 年 12 月 7 日	16	“裤子”	孤松
1919 年 12 月 14 日	17	什么是歪史	孤松
1919 年 12 月 14 日	17	禁止说话	孤松
1919 年 12 月 21 日	18	工读（一）	孤松
1919 年 12 月 21 日	18	工读（二）	孤松
1919 年 12 月 21 日	18	互助	孤松
1919 年 12 月 28 日	19	大联合	孤松
1919 年 12 月 28 日	19	生活神圣	孤松
1919 年 12 月 28 日	19	物质和精神	孤松
1920 年 1 月 4 日	20	又是一年	孤松
1920 年 1 月 4 日	20	忏悔的人	孤松
1920 年 1 月 4 日	20	哭冯国璋	孤松
1920 年 1 月 18 日	22	低级劳动者	孤松

（续表）

日　期	刊　号	文章题目	署　名
1920 年 1 月 18 日	22	整顿学风	孤松
1920 年 1 月 25 日	23	真是梦话	孤松
1920 年 1 月 25 日	23	“特别体恤”	孤松
1920 年 1 月 25 日	23	知识阶级的胜利	孤松
1920 年 2 月 8 日	25	好一对兄弟国家！	孤松
1920 年 2 月 8 日	25	山穷水尽的青年	孤松
1920 年 2 月 8 日	25	精神解放！	孤松
1920 年 5 月 30 日	37	红萝荸党	孤松
1920 年 5 月 30 日	37	乱七八糟	孤松
1920 年 6 月 20 日	38	自然与人生	孤松
1920 年 10 月 17 日	41	变革的原动力	孤松
1920 年 10 月 17 日	41	人治与自治	孤松
1921 年 2 月 20 日	45	近来的倒戈运动	孤松
1921 年 2 月 20 日	45	堕落的法兰西文明	孤松
1921 年 2 月 20 日	45	民众的新年	孤松
1921 年 3 月 5 日	46	北京贫民生活的一瞥	孤松
1921 年 3 月 5 日	46	黄昏时候的哭声	孤松
1921 年 3 月 5 日	46	山西	孤松

李大钊与《国民》杂志

《国民》杂志，是五四前夕北京进步学生团体“学生救国会”的刊物，1919 年 1 月 1 日正式出版。宣传爱国、反帝、反军阀。杂志编辑是北京大学为主的高等学校学生，邓中夏、高君宇、许德珩、张国焘、段锡朋、孟寿椿、易克嶷等。

李大钊被邀请为指导老师，《京报》主笔邵飘萍为顾问。杂志第五期上发表了《共产党宣言》的前半部，这是《共产党宣言》介绍到中国来的第一个译本。译者为李泽彰。

李大钊在《国民》杂志发表的文章列目：

日　期	刊　号	文章题目	署　名
1919 年 2 月 1 日	第一卷第二号	大亚细亚主义与新亚细亚主义	李大钊
1919 年 11 月 1 日	第二卷第一号	在《国民》杂志社成立周年纪念会上的演说	未署名
1919 年 11 月 1 日	第二卷第一号	再论新亚细亚主义	李大钊

李大钊与《新潮》杂志

《新潮》于 1919 年 1 月，由北京大学学生组织的“新潮社”（另有少数教员及校外人士参加）编辑出版，是五四新文化运动中的重要刊物，以“The Renaissance”（文艺复兴）为英文译名。五四以前，编辑部由傅斯年、罗家伦、杨振声组成，傅斯年为主任编辑；五四之后不久，傅斯年、杨振声出国留学，改由罗家伦一人编辑；罗家伦出国由周作人主持，毛子水、顾颉刚、陈达材、孙伏园为编辑。

新潮社成立以后，作为校长的蔡元培每月由北大的四万元经费中拨出两千元供新潮社办《新潮》。担任图书馆主任的李大钊拨出一间房子给新潮社当办公室。这样，北大红楼的二层就成为了新潮社的活动场所。《新潮》杂志的创办过程，曾得到李大钊、陈独秀、鲁迅等人的支持和帮助。1922 年 3 月创刊，至第三卷第二号停刊。

李大钊在《新潮》杂志发表的文章列目：

日　期	刊　号	文章题目	署　名
1919 年 12 月 1 日	第二卷第二号	物质变动与精神变动	李大钊
1919 年 12 月 1 日	第二卷第二号	青年厌世自杀问题	守常

李大钊与《晨报》和《晨报副刊》

《晨报副刊》前身为北京《晨报》第七版。编者先后有孙伏园、刘勉已、丘景尼、江绍原、瞿菊农、徐志摩等。1921 年 10 月 12 日改版，独立发行，至1928年6月5日终刊（第2314号）。

《晨报副刊》是《新青年》之外传播马克思主义思想、介绍俄国革命的主要阵地。李大钊参与了《晨报副刊》撰写文章和编辑工作，出版的“劳动节纪念”、“俄国革命纪念”等专号；开辟的“马克思研究”专栏为中国报刊首创。

李大钊在《晨报》和《晨报副刊》发表文章列目：

日　期	文章题目	署　名
1918年12月14日至1919年1月28日	最近欧洲社会党之运动	去闇　译
1919年2月7—9日	战后之世界潮流	守常
1919年2月14—15日	劳动教育问题	守常
1919年2月20—23日	青年与农村	守常
1919年3月4—5日	新旧思潮之激战	守常
1919年3月14—16日	现代青年活动的方向	守常
1919年3月28日	现在与将来	守常
1919年5月1日	“五一节”May Day杂感	守常
1919年7月6日	为新潮社辟谣启事	李大钊等
1919年11月19日	李超女士追悼大会启事	李大钊等
1919年12月14日	工读互助团募款启事	李大钊等
1920年5月16日	《国民公报》案判决感言	明明
1920年8月1日	争自由的宣言	李大钊等
1920年8月17日	要自由集会的国民大会	李守常
1921年5月4日	中国学生界的“May Day”	李大钊
1921年12月1日	美国图书馆员之训练	守常
1921年12月15—17日	由平民政治到工人政治	李守常　讲
1922年1月8日	今与古	李守常　讲
1922年2月14日	在北大新闻记者同志会成立大会上的演说	李大钊　讲
1922年2月21—23日	马克思的经济学说	李大钊　讲
1922年3月23日	《黄庞流血记》序	李守常
1922年4月1日	失恋与结婚自由	守常
1922年4月2日	致《晨报》记者	守常

（续表）

日　期	文章题目	署　名
1922 年 4 月 4 日	非宗教者宣言	李大钊等
1922 年 5 月 1 日	五一纪念日于现在中国劳动界的意义	李守常
1922 年 5 月 6 日	马克思与第一国际	守常
1922 年 8 月 14 日	在女权运动同盟会茶话会上的讲话	李大钊　讲
1922 年 9 月 24 日	为陈独秀君募集讼费启事	李大钊等
1922 年 11 月 7 日	十月革命与中国人民	守常
1922 年 11 月 8 日	在苏俄十月革命纪念会上的讲演	李大钊
1922 年 12 月 1 日	国际的资本主义下的中国	守常
1923 年 5 月 1 日	工人国际运动史略	T. C. L
1923 年 12 月 1 日	时	李守常
1924 年 2 月 16 日	国人力促恢复中俄邦交	李大钊等
1924 年 3 月 22 日	中俄交涉破裂后各团体态度	

编辑“马克思研究”专栏时发表的著、译文章列目：

日　期	文章题目	署　名
1919 年 4 月 1—4 日	近代社会主义鼻祖马克思之奋斗生涯	陈溥贤
1919 年 4 月 10—26 日	劳农政府治下的俄国——实行社会共产主义之俄国真相	陈溥贤
1919 年 5 月 1 日	《人类三大基本权利》	陈溥贤
1919 年 5 月 5—8 日	河上肇：《马克思唯物史观》	渊泉　译
1919 年 5 月 9 日—6 月 1 日	马克思：《劳动与资本》	食力　译
1919 年 6 月 3 日—11 月 11 日	考茨基的《马氏资本论释义》	渊泉　译
1919 年 7 月 25 日—8 月 5 日	《马氏唯物史观的批评》节译	
1919 年 10 月 20 日—11 月 21 日	《东游随感录》	陈溥贤
1919 年 12 月 1 日	《马克思年表》	绍虞

除专栏外，《晨报》副刊还用一定篇幅发表了一些革命领袖（马克思、列宁、李卜克内西等）的传记和介绍国际共产主义运动情况的文章。

李大钊与《北大经济学会半月刊》

1919 年，马寅初任北京大学第一任教务长。1921 年 12 月，马寅初发起组织了“北京大学经济学会”，担任会长，还创办了《北大经济学会半月刊》。1923 年 1 月 16 日，在北京大学经济学会第六次会议上，马寅初请李大钊作了题为《社会主义的经济组织》的演讲。

李大钊的《这一周》，载于《北大经济学会半月刊》第 24 期（1924 年 5 月 1 日）；1924 年 5 月 5 日，马克思诞辰 106 周年，《北大经济学会半月刊》出版了“马克思纪念专号”，发表了《马克思年谱》等四篇文章。

李大钊在《北大经济学会半月刊》发表文章列目：

日　期	文章题目	署　名
1923 年 1 月 16 日	社会主义下的经济组织	李大钊
1924 年 5 月 1 日	这一周	守常

李大钊与《向导》周报

《向导》周报，是中共中央机关报，1922 年 9 月 13 日创刊于上海，时值中共“二大”召开以后，党用此舆论阵地宣传党的“二大”提出的民主革命纲领：“消除内乱，打倒军阀，建立国内和平”，“推翻国际帝国主义的压迫，达到中华民族完全独立”，激发反封建军阀的革命斗志。

《向导》周报于 1922 年 10 月迁往北京。主编为蔡和森。该刊是秘密出版的，在全国二十几个城市设有分售处，发行量最高时达 10 万份，还出过 50 期为一集的合订本。1927 年因国民党叛变革命而被迫停刊（共出 201 期）。李大钊曾主持《向导》周报在北京的出版、发行。1927 年停刊。

李大钊在《向导周报》上发表的文章，有些是与在《中央政治通讯》发表文章内容相同的，只是在个别段落上有些差别。署名则更是鲜为人知。

李大钊在《向导》发表文章列目：

日　期	刊　号	文章题目	署　名
1922 年 9 月 27 日	第 3 期	外交派与政学系	T D L
1923 年 4 月 18 日	第 72 期	普遍全国的国民党	T C L
1923 年 4 月 18 日	第 71 期	新闻的侵略	T C

署名列武的文章有：

1926 年 1 月 21 日《向导》第 143 期　郭松龄失败后北方政治军事之概况（1 月 11 日北京通信）
1926 年 6 月 30 日《向导》第 160 期　靳云鹗免职前后北方军事概况（6 月 11 日北京通信）
1926 年 7 月 7 日《向导》第 161 期　天津会议与时局的将来（6 月 19 日北京通信）
1926 年 7 月 28 日《向导》第 165 期　张吴会面后北方的政局（7 月 16 日北京通信）
1926 年 8 月 15 日《向导》第 167 期　北方最近政情及安福派之时局推测（8 月 1 日北京通信）
1926 年 12 月 5 日《向导》第 180 期　北方政治情形与天津会议（11 月 20 日北京通信）
1927 年 1 月 17 日《向导》第 183 期　奉张最近军事计划（12 月 25 日北京通信）
1927 年 4 月 6 日《向导》第 193 期　北京政局近情（3 月 18 日北京通信）

署名“柏钧”的文章有：

1926 年 10 月 19 日《向导》第 176 期　北方军事政治状况（10 月 1 日北京通信）

署名“子棠”的文章有：

1926 年 11 月 4 日《向导》第 177 期　北京之政闻种种（10 月 8 日北京通信）
1927 年 2 月 16 日《向导》第 188 期　奉张总统梦的过程（2 月 8 日北京通讯）

李大钊与《中央政治通讯》

《中央政治通讯》亦称《中央通讯》，中共中央机关刊物。1926 年 9 月在武汉创刊，1927 年 11 月迁上海出版。

《中央政治通讯》主要刊载中共中央的文件、工作总结、各地通讯，其中，包括南昌起义、广州起义和各地工农武装暴动的材料。1928 年 7 月终刊。共出 30 期。

李大钊在《中央政治通讯》发表文章列目：

日期	刊号	署名
1926 年 9 月 8 日	第 2 号	南口陷落后的北方形势
1926 年 9 月 15 日	第 3 号	守常政治报告
1926 年 11 月 3 日	第 10 号	北方区对于三特别区及西北军中工作的意见
1926 年 11 月	第 11 期	切实改进与做好西北军中的政治工作
1926 年 12 月	第 12 期	听取陈乔年关于西北军政治工作考察报告后的意见
1926 年 12 月 9 日	第 13 期	国民军二军中工作中应注意之事
1926 年 12 月 15 日	第 14 号	守同志来信
1927 年 1 月 5 日	第 15 号	白和对于陕西问题的意见
1927 年 1 月 5 日	第 15 号	白和通讯：国民政府于晋阎关系（之一）
1927 年 1 月 5 日	第 15 号	白和通讯：国民政府于晋阎关系（之二）
1927 年 1 月 5 日	第 15 号	白和报告：奉军最近军事计划

李大钊与《工人周刊》

1921 年 7 月在北京创刊。最初由中共北京党组织以“工人周刊社”的名义出版，是中国共产党早期指导工人运动的报纸。罗章龙任主编，李大钊、宋天放、高君宇、何孟雄等参加编委工作。该刊辟有评论、劳动新潮、调查、特载、工人常识、工人之声等栏目，报道各地工人受剥削、受压迫的遭遇，大力提倡工人组织起来，开展维护工人阶级自身利益的斗争。1921 年 8 月，中共中央在上海成立领导全国工人运动的中国劳动组合书记部，李大钊担任北方区分部主任。他在北京党组织创办的《工人周刊》上，发表文章，通俗易懂地阐明了工人阶级受剥削、受压迫的根源，指明工人阶级斗争的方向。1922 年夏，转为中国劳动组合书记部的机关报。1924 年 2 月，改为中华全国铁路总工会的机关报。每星期日出 4 开 1 张。

李大钊《工人周刊》上撰写了许多与工运有关的文章，通俗易懂地阐明了工人阶级受剥削、受压迫的根源，指出工人阶级斗争的方向。《工人周刊》着重报道各地工人的生活境况，反映了中国工人的第一次罢工高潮和工人运动发展状况，结合实际对工人进行马克思主义教育。

这个刊物很快在工人中间流传开来，反动政府屡禁不住。大部分在北方铁路工人中销行，发行量2000至6000份。1924年2月又转为全国铁路总工会的机关刊物。停刊日期一说1925年12月出至第133期后终刊；一说1926年底停刊，约出150期以上。

李大钊与《劳动音》周刊

1920年，由李大钊、张申府、张国焘3人发起，北京共产党早期组织正式宣告成立，李大钊为负责人。罗章龙、刘仁静、邓中夏、高君宇、何孟雄、缪伯英、范鸿劼、张太雷等先后加入。

《劳动者》是北京共产党早期组织创办的工人刊物，由邓中夏等人主编，宗旨是宣传马克思主义、推动工人运动。创办于1920年11月。11月7日《劳动音》周刊出版，一度由黄凌霜、陈德荣编辑并发行《劳动音》周刊，改为邓中夏担任主编。出至5期停刊。后复刊，更名为《仁声》，出版第3期后停刊。

李大钊与苏联《消息报》

《消息报》1917年在彼得格勒出版。1918年3月随苏维埃政府迁至莫斯科出版。刊登过《和平法令》、《土地法令》等苏维埃政府的重要文件和列宁的文章。1923年7月成为苏联中央执行委员会和全俄中央执行委员会的机关报。

目前的《消息报》以大量转载塔斯社和国外通讯社的新闻为主，评论性较少，观点温和，仍属严肃报刊。

李大钊在苏联《消息报》发表文章列目：

日　期	文章题目
1924年9月13日	中国内战：中共中央委员李秦华对《消息报》记者的谈话

李大钊与《莫斯科工人报》

《工人报》是布尔什维克成为独立的无产阶级政党（俄国社会民主

工党）以后，将各地方的《工人报》，均作为地方政权的机关报。

在《李大钊全集》出版以前，都将《莫斯科工人报》翻译为《工人莫斯科报》。现在已经统一称为《莫斯科工人报》。

李大钊在《莫斯科工人报》发表文章列目：

日　期	文章题目	署　名
1924 年 9 月 13 日	中国内战峰起，经济崩溃，帝国主义者为减轻自身困难瓜分中国	李琴华

李大钊与《红色工会国际》

1921 年 6 月 22 日至 7 月 12 日，第三国际在莫斯科举行第 3 次代表大会，决定对工会运动应给予足够的关注，1921 年 7 月，成立红色工会国际。红色工会国际既是在列宁和共产国际的影响和指导下建立的各国进步工会的联合组织，又是 20 世纪二三十年代国际革命工会运动的领导中心。

1937 年 12 月 30 日红色工会国际停止活动，《红色国际工会》是其机关刊物。

李大钊在《红色国际工会》发表文章列目：

日　期	刊　号	文章题目	署　名
1924 年 10 月	第 9—10 期	中国的内战与工人阶级	李琴华

李大钊与日本《东方时论》

日本东方时论社的《东方时论》是一份日文月刊，五四运动期间，吉野作造还在《东方时论》上发表政论，表达对“五四”运动的热情声援。《东方时论》有时以中日两种文字发表同一篇文章。李大钊的《日本的武士道与国际的新伦理》一文，就是以中日两种文字同时刊出的。

李大钊曾在自己的文章《东西文明根本之异点》中说：“愚顷又见早稻田大学教授北聆吉氏曾作《论东西文化之融合》一文（载于《东

方时论》第三卷第六号)，中多透辟之语。兹节译数段，供参证焉。”说明对《东方时论》给予的关注。

据日本学者后藤延子的文章《李大钊与日本文化》曾经提出《东方时论》第三卷第六号，在“这期杂志上还载有李大钊的一篇文章”。该期杂志出版于1918年6月，所说是那篇文章，还待考证。[①]

李大钊在《东方时论》发表文章列目：

日　期	刊　号	文章题目	署　名
1922年1月1日	第七卷第一号	日本的武士道与国际的新伦理	李大钊

李大钊与《新支那》(日文)

1913年，日本人在北京创办《新支那》。李大钊则是通过认识丸山昏迷而在《新支那》上发表文章的。

丸山昏迷（1894—1924)，原名丸山幸一郎，又名昏迷生。1919年到北京任《新支那》记者，1922年起任《北京周报》记者。曾在北京大学旁听，具有进步思想，丸山幸一郎、铃木长次郎、清水安三，被称为“激进三鸟”。

李大钊在《新支那》发表文章列目：

日　期	文章题目	署　名
1921年1月27日	中国的社会主义及其实行方法的考察	李大钊
1921年5月22日	目前中国教育界的困境——就专门以上各校教职员总辞职问题发表的谈话	李守常

李大钊与《北京周报》(日文)

《北京周报》，是“五四”过后在北京刊行的日文杂志。创刊于1922年1月。担任《北京周报》记者的丸山幸一郎，与鲁迅、李大钊、

① 后藤延子著：《李大钊思想研究》，王青等编译，中国社会出版社1999年版，第97页。

周作人等交往。在《北京周报》的“支那和支那关系人物介绍”里，发表过《李大钊氏》、《周作人氏》、《周树人氏》；担任《北京周报》记者的清水安三，发表过《陈独秀论》。

清水安三也与鲁迅、李大钊等有交往，曾介绍1922年加入日本共产党的佐野学，在中国和李大钊见面，得到李大钊的帮助，从天津搭乘美国商团的船去苏联。李大钊正是要通过这个新闻媒体，传播自己对国内时局的政见。

李大钊在《北京周报》（日文）发表文章列目：

日　期	文章题目	署　名
1922年3月12日	中国工人运动的趋势	李大钊
1922年4月9日	宗教妨碍进步	李大钊
1922年9月17日	中国统一的方策与孙吴良氏的意见	李大钊
1923年5月17日	实际改造的中心势力	李守常
1923年7月22日	中国今后的政治运动	李大钊
1923年9月16日	中日俄三国关系日益接近	李守常

李大钊与日本《报知新闻》

以20世纪预言著称于报业的、在日本东京出版的《报知新闻》（即现在的《读卖新闻》），1901年1月2日和3日，日本《报知新闻》以《20世纪的预言》为题刊载了23项预言。其中相当多的预言变成了现实。该报首创日本报纸投递制度，在世界各地拥有众多的特派员，进行各国现状的系列报道。

日本《报知新闻》在中国的特派员古庄为系列“中国现状”报道于1923年10月20日采访了李大钊。以《李大钊答记者问》刊发为“中国现状”系列报道之八。

李大钊在《报知新闻》发表文章列目：

日　期	文章题目	署　名
1923年10月20日	李大钊答记者问	李大钊

李大钊与《星期评论》周刊

《星期评论》1919 年 6 月 8 日创刊于上海。同年 10 月，中华革命党改组成中国国民党，转为国民党主办。主编和主要撰稿人为戴季陶、沈玄庐。8 开 4 张，出专号时则增加张数。设评论、主张、短评、思潮、世界大势、研究资料、随便谈、诗歌、小说等栏目。宣传新思潮，支持劳工运动和学生运动。1920 年 5 月 1 日出版第 47 期后，因北洋政府禁止销行，并截留寄给此刊的邮件，又因戴季陶离职赴粤，遂于 6 月 6 日停刊。共出版 53 期。

李大钊在《星期评论》发表文章列目：

日 期	刊 号	文章题目	署 名
1920 年 1 月	第三十一号	美利坚之宗教新村运动	李大钊

李大钊与《解放与改造》半月刊

《解放与改造》半月刊，1919 年 9 月创刊于北京，北平新学会出版。主编张东荪、俞颂华。主张社会革新，反对封建文化和军阀统治。1920 年 9 月第 3 卷起，改名《改造》，梁启超任主编。在登载讨论社会主义的文章和译文中，歪曲马克思主义。栏目有社论、评坛、思潮、世界观、社会实况、译述、文艺等。1922 年 9 月停刊，出到第四卷第十号。

李大钊在 1920 年 9 月第 3 卷起，与改名的《改造》，不再有联系。

李大钊在《解放与改造》发表文章列目：

日 期	刊 号	文章题目	署 名
1920 年 1 月 15 日	第二卷第二号	由纵的组织向横的组织	守常

李大钊与《益世报》（北京）

《益世报》，罗马教廷指派的天津教区副主教雷鸣远（比利时人，后入中国籍）于 1915 年 10 月 10 日在天津创办，是天主教教会在中国办的中文日报。1919 年“五四”运动前后，同情学生运动，曾连载周恩来在法国勤工俭学期间写的《旅欧通讯》。除在天津出版外，还设有《益世报》北京版（1916 年 2 月 8 日创刊）、西安版（1945 年 4 月创刊）、上海版（1946 年 6 月 15 日创刊）、南京版（1946 年 11 月 12 日创刊）。

《益世报》是“五四”时期第一家遭封禁的对公开出版发行的新闻报纸。可见其进步倾向。1940 年 6 月雷鸣远去世。

李大钊在《益世报》（北京）发表文章列目：

日　期	文章题目	署　名
1921 年 2 月 19、26 日、3 月 5 日	各国的妇女参政运动	李守常　讲
1921 年 10 月 24 日	关于图书馆的研究	李大钊　讲
1921 年 12 月 19 日	理想的家庭	李大钊　讲

李大钊与《曙光》

《曙光》杂志，是山东旅京学生宋介、王统照、王晴霓、范予遂、徐彦之等人于 1919 年 11 月创办。随着形势的发展，由“促进社会改革”转变为传播马克思主义，发表了大量介绍苏俄情况的文章和列宁著作的译文。

李大钊的一些著作也在这里发表，主编宋介成为北京共产党早期组织的成员。该刊在济南、烟台都设有代派处，在推动马克思主义在山东的传播，发挥了重要作用。

李大钊在《曙光》发表文章列目：

日　期	刊　号	文章题目	署　名
1921 年 3 月	第二卷第二号	团体的训练与革新的事业	S. C
1921 年 3 月	第二卷第二号	社会主义下之实业	S. C

李大钊与《评论之评论》季刊

陈顾远（1896—1981）1916 年考入北京大学预科，1919 年升入本

科，攻读政治学；参加五四爱国运动。1920 年 1 月，与北京大学学生易家钺、郭梦良、朱谦之等共同编辑出版《奋斗》旬刊（4 月 30 日停刊，共出 9 期）；与郭梦良、费觉天等人创办《评论之评论》季刊（共出 4 期）。1920 年 12 月，李大钊等人创办北京大学社会主义研究会，陈顾远和郭梦良均为发起人。

《评论之评论》季刊发表李大钊此文时，费觉天作注：“此文系守常先生写信给我的，我就定此题，还请守常先生原谅。”

李大钊在《评论之评论》发表文章列目：

日　期	刊　号	文章题目	署　名
1921 年 3 月 20 日	第一卷第二号	中国的社会主义与世界的资本主义	李大钊

李大钊与《民国日报》（上海版）

《民国日报》（上海版），1916 年 1 月 22 日在上海创刊。筹办人陈其美，叶楚伧任总编辑，邵力子任经理、副刊编辑。以“拥护共和，发扬民治，唤起国民奋斗精神”为宗旨，积极参加护法运动和反对北洋军阀的斗争。

副刊“觉悟”，创刊于 1919 年 6 月 19 日，随报附送。邵力子主编。“五四”运动时期，积极宣传新文化运动，曾和上海共产党早期组织建立联系，批判各种反动思潮，在当时有较大影响。

李大钊在《民国日报》（上海版）发表文章列目：

日　期	文章题目	署　名
1921 年 3 月 21 日	俄罗斯革命之过去、现在及将来	李大钊　讲
1922 年 1 月 28 日	现代的女权运动	守常
1922 年 12 月 29 日	社会问题域政治	李大钊　讲
1923 年 11 月 13 日	社会主义释疑	李大钊　讲
1923 年 11 月 29 日	史学概论	李大钊　讲
1923 年 12 月 4 日	劳动问题的祸源	李大钊　讲
1924 年 11 月 10 日	苏俄民众对于中国革命的同情	守常

李大钊与《广州民国日报》

1916 年 1 月 22 日，孙中山领导的中华革命党在上海创办《民国日报》后，国内各地出现了多种地方版本的《民国日报》，成为国民党进行思想宣传的重要阵地，掌握报纸传播自己的思想理论。国民党一大后，国共合作，一些共产党员也参与《广州民国日报》之中。恽代英、肖楚女、邓中夏都在报纸上发表过文章。

《广州民国日报》拥护孙中山的国民革命。1923 年的《国民革命与国民党》评论中写道："国民革命，是集中各阶级被压迫的人民而联合战线，以打倒共同的敌人之一种复合式的政治革命，领导全国各阶级被压迫的人民，以推翻封建式的武人政治，以实现真正的民主政治，以抵抗列强的侵略，而完成中华民族独立的国家。"

李大钊在《广州民国日报》发表文章列目：

日　期	文章题目
1924 年 1 月 29 日	在国民党"一大"上的发言

李大钊与《北京民国日报》

《民国日报》是中华革命党为反对袁世凯创办的报纸。1916 年 1 月 22 日在上海创刊。筹办人陈其美，叶楚伧任总编辑，邵力子任经理和副刊编辑。以拥护共和，发扬民治，唤起国民奋斗精神为宗旨。

1924 年中国国民党第一次全国代表大会后，《民国日报》成为中国国民党的机关报。1924 年 12 月 4 日孙中山经日本抵天津。12 月 31 日，抱病抵北京，发表书面谈话《入京宣言》。1925 年《北京民国日报》在孙中山北京行辕（香炉营胡同）创办。

李大钊在《北京民国日报》发表文章列目：

日　期	文章题目	署　名
1925 年 3 月	蒙古民族的解放运动	李守常

李大钊与《学艺》

留日学生陈启修和杜国庠、王兆荣、周昌寿等发起，于 1917 年组织了丙辰学社，丙辰学社创办了《学艺》杂志。这个杂志发表各种思潮的文章，对各种思想兼收并蓄，参加“五四”新文化运动的“百家争鸣”。

1920 年，丙辰学社的主要成员相继回到中国，适时将总事务所设在当时的文化中心上海。从 1920 年 4 月第二卷第一号起，《学艺》杂志归商务印书馆排印发行。1923 年，丙辰学社改名为中华学艺社，致力于推介我国优秀的以及世界各国的先进科学文化成果，编辑《学艺丛书》，出版了大量书籍。

李大钊在《学艺》发表文章列目：

日 期	刊 号	文章题目	署 名
1922 年 1 月 30 日	第三卷第八号	论自杀	李守常

李大钊与《申报》

中国近代影响广泛的商业性报纸，原名《申江新报》，1872 年 4 月 30 日创刊于上海，1949 年 5 月 27 日停刊，历时 78 年，1872—1909 年由外国人经营，1909 年由席裕福购进，产权为中国人所有。1912—1934 年由史量才经营，报刊业务改革始终处于领先地位。创办《自由谈》等副刊，发表民主自由言论。1934 年史量才被蒋介石派遣特务暗杀。

因其历史悠久，刊载的稿件，涉及社会、政治、经济、文化等各个方面，是研究中国近代史的“百科全书”，在中国新闻事业史上占有重要的地位。

李大钊在《申报》发表文章列目：

日 期	文章题目	署 名
1922 年 8 月 23 日	在北京学界招待苏俄代表越飞宴会上的讲话	李大钊 讲
1923 年 2 月	一八七一年的巴黎“康妙恩”	李大钊
1923 年 4 月 16 日	演化与进步	李守常 讲
1923 年 10 月 15 日	记者与李大钊之谈话：人格教育	李大钊 讲

李大钊与《学生杂志》

《学生杂志》是以供给中学生课外知识为主的刊物。1921 年，为顺应“五四”新文化运动的潮流，商务印书馆聘请杨贤江出任《学生杂志》主编。杨贤江对杂志进行改革，撰写了大量社评和教育专论，宣传新思想、新文化，深受读者欢迎。

《学生杂志》的“通讯”、“问答”栏目，解答学生的思想、政治、读书、工作及生活等各个方面的问题，更为学生喜爱，堪称当时全国学生杂志之冠。

李大钊在《学生杂志》发表文章列目：

日　期	刊　号	文章题目	署　名
1922 年 9 月 3 日	第九卷第十一号	在国际少年日纪念会上的演说词	李大钊　讲

李大钊与《京报》

《京报》，为北洋政府时期在北京出版的进步报纸。1918 年 10 月 5 日创刊。创办人兼社长邵飘萍。讲求新闻性，反帝反军阀旗帜鲜明，注重对政局、战局的报道和评述。1919 年因载文反对曹汝霖亲日卖国一度被查封。1920 年 9 月 7 日复刊，支持冯玉祥和国民军，支持中苏建交，支持孙中山领导的国民革命，支持国共合作。

《京报》为中国共产党北方区党委做了许多工作，积极支持《工人周刊》的出版发行工作。所办《莽原》（鲁迅主编）、《京报》副刊（孙伏园主编）等副刊，在社会上有较大影响。

李大钊在《京报》发表文章列目：

日　期	文章题目	署　名
1922 年 11 月 21 日	在北京学生读书会上的演说	李大钊　讲

李大钊与《顺天时报》

《顺天时报》是日本人在中国出版的中文日报报纸，1901 年 10 月创刊。创办人中岛真雄。1905 年 3 月，由日本驻华公使馆接办，成为日本外务省在中国的“半官方”言论机关。每日对开 2 张。最高日销量达 1.2 万份。《顺天时报》在中国很多重要城市派有记者和通讯员，其目的在于搜集中国政局和军事、政治、经济等方面的情报。

近期，河北省社会科学院研究人员在 1916 年 8 月 10 日出版的《顺天时报》上，发现一篇题为《直隶学界公电》的电文，署名为李大钊、白坚武等 13 人。这篇电文在已出版的《李大钊全集》等书中均未见收辑，是一篇新近发现的佚文。

李大钊在《顺天时报》发表文章列目：

日　期	文章题目	署　名
1916 年 8 月 10 日	直隶学界致北京公电*	李大钊等
1923 年 8 月 30 日	报与史	李大钊

李大钊与北京大学《社会科学季刊》

北京大学在新文化运动时期由校方、教授、学生创办的刊物很多，作为北京大学校方的刊物有：《北京大学日刊》、《北京大学月刊》。

《北京大学月刊》废止后，学校决定另出四个季刊：《国学季刊》，由胡适邀集；《文艺季刊》，由蔡元培邀集；《社会科学季刊》，由王世杰邀集；《自然科学季刊》，由谭熙鸿邀集。

李大钊在《社会科学季刊》发表文章列目：

日　期	刊　号	文章题目	署　名
1923 年 2 月 12 日	第一卷第二号	今与古	李大钊
1923 年 11 月	第二卷第一号	孔道西德历史观	李大钊

李大钊与《努力周报》

《努力周报》由胡适主编，1922 年 5 月 7 日创刊于北京，1923 年 10 月 31 日终刊，共出版 75 期；另出增刊《读书杂志》18 期。1922 年底至 1923 年初胡适生病期间由高一涵等代编。

《努力周报》以《我们的政治主张》、制宪问题，玄学与科学等的讨论引人注目，胡适的中国古典小说考证等，在当时社会影响较大。湖南省岳麓书社于1999年出版的《中国近代期刊影印丛刊》中有《努力周报》的影印本。

李大钊在《努力周报》发表文章列目：

日　期	文章题目	署　名
1922年5月14日	我们的政治主张	李大钊等
1923年9月16日	“大国民”的外交①	S. C

李大钊与《中国工人》周刊

中国共产党指导工人运动的刊物。1924年10月在上海创刊。周刊。罗章龙主编。撰稿人有李大钊、邓中夏、赵世炎、刘少奇、林育南、任弼时、张特立等。

1925年5月中华全国总工会成立后，成为该会的机关报，当月，经中共中央决定，暂时停刊，共出5期。

李大钊在《中国工人》发表文章列目：

日　期	刊　号	文章题目	署　名
1925年4月	第四期	上海的童工问题	守常

李大钊与《雷火》周刊

《雷火》是1925年开封第一师范青年学社创办的进步刊物。青年学社是当时开封进步社团中成立较早、人数众多、影响较大的组织。1926年初与其他社团合并时，他们已有社员约300人。领导人韩源波、裴光都是共产党员。《雷火》注明为周刊，依时间推算，当创刊于1925年5月底或6月初。

可惜，《雷火》原件散佚，仅开封市图书馆藏有第8期一册。第8期上共刊登三篇文章，即《大英帝国主义者侵略中国史》（李守常）、

① 有学者认为此文非李大钊所作。

《单独对英问题》（王若飞）和《陇海铁路总工会恢复宣言》。

李大钊在《雷火》发表文章列目：

日 期	刊 号	文章题目	署 名
1925 年 8 月	第八期	大英帝国主义者侵略中国史	李守常

李大钊与《国民新报》

邓飞黄（1895—1953），原名声坦，字子航，1918 年考入北京大学经济系，投身“五四”运动。1924 年参加中国国民党，任国民党北京执行部青年部秘书，主编《国民周报》、《国民新报》。《国民新报》随后成为国民党左派的机关报。鲁迅曾参与编辑《国民新报》的文艺副刊。

因经费困难而停刊。1927 年 1 月 24 日，李大钊《致柏文蔚、王法勤、徐谦、顾孟余函》中曾有：“前《国民新报》已由达尔逊与美国人 Fox 商妥在京编辑、在津刊行，亦因经费茫然不可靠致生迟滞而不能进行。”

李大钊在《国民新报》发表文章列目：

日 期	文章题目	署 名
1926 年 1 月 8 日	青天白日旗帜之下	守常
1926 年 3 月 12 日	孙中山先生在中国民族革命史上之位置	

李大钊与《清华周刊》

《清华周刊》创刊于清华建校后三年（1914 年 3 月），开始叫《清华周报》，只是记录和评论校园生活的四开的几页，分校闻、文苑、警钟等栏目。1915 年秋，改成每期一二十页、包含言论、校闻、译丛、铎声、文苑、杂纂等多栏目的册子。

现在《清华周刊》成了国内外书库中的珍品，很难找到一份完整的《清华周刊》。清华大学的《〈清华周刊〉数据库》已经及时问世。

李大钊在《清华周刊》发表文章列目：

日　期	文章题目
1926 年 3 月 17 日	在清华学校纪念孙中山逝世一周年大会上的演说

李大钊与《北京大学日刊》

在蔡元培校长倡导下，《北京大学日刊》于 1917 年 11 月 16 日创办。每星期 6 期，周一停刊。该刊主要是发布学校规章法令、各学科科目设置、演讲预告、集会通知等。1918 年 2 月 9 日（第 68 期）起，开始向学术类拓展，开辟了“文艺”、“杂录”专栏。1918 年 5 月 20 日开始由刘半农主持开辟的“歌谣选”，每天发表一首歌谣，促进了民间文化的传播。随着中国人民反帝反封建斗争的进展，《北京大学日刊》在传播新思想方面，做出了贡献。

李大钊任图书馆主任和校长室秘书时，曾经在《北京大学日刊》上面发布过许多关于图书馆管理、校内公益事务的布告和启事。

李大钊在《北京大学日刊》上发表文告列目：

日　期	刊　号	文　题
1918 年 1 月 24 日	54	图书馆主任告白
1918 年 2 月 18 日	70	大学公余法文夜校发起人启事
1918 年 3 月 1 日	80	图书馆主任告白
1918 年 3 月 4 日	82	致《北京大学日刊》记者
1918 年 3 月 19—20 日	95—96	致《北京大学日刊》记者书
1918 年 6 月 5 日	155	图书馆主任告白
1918 年 7 月 9 日	179	图书馆主任告白
1918 年 9 月 10 日	205	图书馆主任告白
1918 年 9 月 14 日	207	图书馆主任布告
1918 年 10 月 3 日	218	歌谣选
1918 年 10 月 14 日	226	图书馆主任布告
1918 年 10 月 16 日	228	图书馆主任布告
1918 年 10 月 22 日	233	图书馆主任布告
1918 年 10 月 26 日	237	图书馆主任布告

（续表）

日 期	刊 号	文 题
1918 年 12 月 23 日	278	图书馆主任布告
1919 年 1 月 25 日	296	学余俱乐部征求会员启事
1919 年 1 月 30 日	300	图书馆主任布告
1919 年 3 月 19 日	336	致北京大学学余俱乐部函
1919 年 3 月 20 日	337	李守常等为李辛白父丧启事
1919 年 4 月 25 日	361	李守常等为李辛白父丧启事
1919 年 5 月 29 日	390	图书馆主任布告
1919 年 6 月 24 日	411	图书馆主任布告
1919 年 9 月 11 日	436	图书馆主任布告
1919 年 9 月 25 日	446	李大钊等为朱蓬仙教授治丧启事
1919 年 10 月 6 日	455	李大钊等为本校教职员全体公宴启事
1919 年 11 月 15 日	487	图书馆主任布告
1919 年 12 月 2 日	501	图书主任布告
1920 年 1 月 17 日	517	图书主任告白
1920 年 1 月 20 日	519	李大钊等位组织北大教职员会启事
1920 年 2 月 10 日	537	北京大学教职员会起草委员会启事
1920 年 3 月 12 日	560	北京大学教职员筹备选举委员会函
1920 年 4 月 9 日	577	介绍学生工作
1920 年 5 月 10 日	603①	图书委员会致校长之报告书
1920 年 5 月 29 日	620	图书部主任通告
1920 年 6 月 30 日	647	图书馆主任布告
1920 年 8 月 21 日	684	李大钊等关于国民大会启事
1920 年 9 月 23 日	700	北京大学赈灾会启事
1920 年 10 月 30 日	730	图书部主任启事
1920 年 12 月 24 日	776	挽留马夷初先生函
1921 年 2 月 4 日	804	图书主任通告
1921 年 11 月 4 日	883	图书主任启事
1921 年 12 月 8 日	912	李大钊等致本校教职员诸君公鉴
1922 年 2 月 4 日	949	图书部主任通告
1922 年 2 月 8 日	952	图书主任通告

① 《李大钊全集》河北教育出版社版，第 3 卷第 500 页，注释为 630 期，与后面无法连接。有误。

（续表）

日　期	刊　号	文　题
1922 年 2 月 27 日	968	在北大研究所国学门委员会第一次会议上的发言
1922 年 2 月 28 日	969	“俄国灾荒赈济会”启事
1922 年 3 月 8 日	976	图书主任启事
1922 年 3 月 13 日	980	紧要通告
1922 年 4 月 26 日	1011	李大钊等启事
1922 年 6 月 24 日	1061	谭陈纬君夫人行状
1922 年 10 月 7 日	1079	全校同人公鉴
1922 年 10 月 19 日	1089	李守常启事
1922 年 11 月 20 日	1112	图书部主任通告
1922 年 12 月 2 日	1123	李守常启事
1922 年 12 月 17 日	1136	本校成立第 25 年纪念感言（守常）
1924 年 3 月 17 日	1421	北大教授致校长公函

李大钊与《中华》杂志

1913 年 5 月 29 日在北京成立的以立宪派为主体的民族政党。由民主党、统一党、共和党合并而成，黎元洪为理事长，梁启超、汤化龙、张謇、伍廷芳、那彦图、孙武、王揖唐、蒲殿俊、王印川 9 人为理事，由理事长、理事共同推举各地重要党员阿穆尔灵圭、张绍曾、冯国璋、周自齐、熊希龄、阎锡山、胡景伊、尹昌衡、蔡锷、朱瑞、唐继尧、陆荣廷、张镇芳、杨增新、张凤翙、程德全、陈国祥、徐勤、庄蕴宽、汪大燮、陈昭常、齐耀琳、陈炯明等人为名誉理事。本部下设政务、党务二部，分别由林长民、丁世峄任部长。其机关刊物《中华》杂志，章士钊为总编辑。

李大钊在留学日本期间，受章士钊雕和思想影响，一度希望以和平方式完成新与旧的世代交替。

李大钊在《中华》杂志上发表文章列目：

日　期	刊　号	文章题目	署　名
1914 年 11 月 1 日	第一卷第十一号	政治对抗力之养成	李守常

李大钊与《太平洋》杂志

《太平洋》是留英学生1917年初创刊于上海的杂志，杂志的英文名是*The Pacific Ocean*，到1925年6月终刊时，共出版4卷42号。杂志采取当时流行的同人刊物的运作方式，在上海英租界白克路10号成立“太平洋社”，自行组稿和编辑，发行则归泰东图书局。第一卷栏目设有论说、海外大事评林、译述、通讯、文苑、小说、国内大事记等栏目，从第一卷第十二号起，《太平洋》只以政论文、译述和小说为次序编排。第四卷增加“内外书籍绍介批评”。

《太平洋》所提供的思想观念对于五四新文化运动具有积极意义。但其思想背景有着浓厚的调和观点，试图从学理上探讨立宪政治，争取法治、自由与权力的制衡，期望在调和中推进宪政建设。

李大钊在《太平洋》杂志上发表文章列目：

日　期	刊　号	文章题目	署　名
1917年8月15日	第一卷第六号	辟伪调和	守常
1917年10月15日	第一卷第七号	此日	守常
1917年10月15日	第一卷第七号	暴力与政治	守常
1918年7月15日	第一卷第十号	Pas—ism之失败与Democracy之胜利	守常

李大钊与《法政学报》

北京国立法政专门学校1918年3月18日创办的《法政学报》月刊，是民国期间质量很高的法律期刊。1920年10月，蔡先生应《法政学报》的邀请，为学报创刊一周年致词指出：“如今你们办《法政学报》至少有三个好处：第一，可以提高学生研究学理的兴趣；第二，可以引发学生求新的思想；第三，可以使学生养成‘非自利的公德心’。”

李大钊曾有文章论说《暴力与政治》，高元认为应区别强力与武力，李大钊则指出把强力说成“民意之实势力”，以区分于武力，难以立论。其后，又写了《强力与自由政治》一文，回答高元。

李大钊在《法政学报》发表文章列目：

日　期	刊　号	文章题目	署　名
1918年4月18日	第一卷第二号	强力（致高元）	守常

李大钊与《平民教育》

北京高等师范学校1919年10月创立“平民教育社”，由学校的教职员和学生联合组成。为“利于研究及宣传起见”，创办社刊《平民教育》杂志，宣传平民教育的理念，在《发刊词》中指出：“平民政治之目的求人人都得幸福。平民教育目的求人人都知道怎样才是真幸福，兼明白求幸福的法子。所以我们要谈的平民教育，不限在学校范围里，社会上种种事情都是教育的材料，可以批评，说之不离了平民者便是。”《平民教育》在第23期以后改为半月刊，每期出版3000份，平民教育社于1924年下半年终止了活动，《平民教育》随之停刊，共出版73期。

李大钊在《平民教育》发表文章列目：

日　期	刊　号	文　题
1919年12月13日	第10号	在北京高等师范学校图书馆二周年纪念会上的演说辞

李大钊与《星期日》周刊

《星期日》周刊是李劼人创办的少年中国学会成都分会的刊物，为传播新思想、新文化不懈努力，还为五四的火种在四川传播起了关键作用。

李大钊的这篇文章写成于1919年12月，所以在文末写有“1919年12月8日自北京寄”。

李大钊在《星期日》发表文章列目：

日　期	刊　号	文章题目	署　名
1920年1月4日	社会问题号	什么是新文学	守常

李大钊与《批评》半月刊

1920年10月20日，郑振铎和北大学生易家钺、罗敦伟等人成立了“青年自立会”，与北大的罗敦伟、徐六几、周长宪等人组织批评社，创办《批评》半月刊，宣传新村主义，随上海《民国日报》附送。共出刊7期。

1919年3月，周作人在《新青年》上发表《日本的新村》一文，介绍日本武者小路实笃的新村主义思潮，当时的许多刊物，如《新青年》、《新潮》、《批评》等都发表了介绍和讨论新村主义的文章，新村主义思想引起了当时中国广大进步知识青年的关注。

李大钊在《批评》发表文章列目：

日　期	刊　号	文章题目	署　名
1920年12月8日	第4号新村号	欧文底略传和他的新村运动	李大钊

李大钊与《时事新报》

《时事报》和《舆论日报》两报于1909年合并，定名为《舆论时事报》。1911年5月18日更名《时事新报》，汪诒年任经理。辛亥革命后，成为进步党的报纸，又转为研究系的喉舌。

1918年3月4日创办的副刊“学灯”，在俞颂华等人主持期间，对五四运动时期的新文化运动和社会主义在中国的传播有所影响。

李大钊在《时事新报》发表文章列目：

日　期	文章题目	署　名
1921年6月28日	《新时代丛书》编辑缘起	李大钊等
1923年3月12日	马克思经济学说	李守常　讲
1923年4月17日	演化与进步	李守常　讲
1923年12月8日	王著《货币论》书后	大钊

李大钊与《大汉报》

1922年2月26日，《大汉报》登载李大钊在马克思学说研究会的演讲。演讲阐述了马克思经济学说中的两大原则：第一，在现代资本主义的经济组织之下，资本家把劳动的结果怎么劫去，即马克思剩余价值说；第二，现代经济组织之趋势。李大钊还在演讲中表示："倘若各位能于读书之余去研究马克思学说，使中国将来能够产生出几位真正了解马克思学说的，真正能够在中国放点光彩的，这实在是我最大的希望。"①

武昌光复后，1911 年 10 月 15 日在汉口出版《大汉报》，系由胡石庵创刊主编。胡石庵采访、撰稿、校印、发行，一身兼任。出版第一日，就行销 3 万余份，胡石庵（1874 — 1926），原名人杰，又名金门，字石庵。在汉口致力于报业，1910 年创设大成印刷公司，暗中印刷革命书报，与武汉革命党人多有交往联络。《大汉报》得到湖北军政府的奖励，是武昌起义后的第一份革命报纸。

李大钊在《大汉报》发表文章列目：

日　期	文章题目	署　名
1922 年 2 月 26 日	在马克思学说研究会的演讲	李大钊

李大钊与《江声日刊》

《江声日刊》是武汉的进步日刊。1923 年 2 月初，李大钊应邀在湖北女权运动同盟会上的演讲，题目是《世界妇女运动之潮流》，《江声日刊》记者明丙所写和刊发的报道题为《李大钊君讲演女权运动》。

1925 年 2 月 1 日，《江声日刊》还刊登了中国共产党机关刊物《向导》的广告，称该刊"不仅为反抗恶政治之前驱，而且为指导革命领袖"。

李大钊在《江声日刊》发表文章列目：

日　期	文章题目	署　名
1923 年 2 月 3 日	世界妇女运动之潮流	李大钊　讲

李大钊与《新民意报》副刊《星火》

《新民意报》是马千里等创办，1920 年 9 月 15 日出版，宣传爱国，

① 武汉党史网：《中共武汉党史大事记（1922 年）》。

弘扬民主，推动改革，传播新思想、新文化。1920 年 12 月 4 日，该报开始连载周恩来（飞飞）在狱中编写的《警厅拘留记》。1924 年 10 月 29 日报社曾被查封，1925 年 1 月 24 日正式停刊。

1923 年 1 月 1 日，《新民意报》副刊《星火》创刊，由马千里主编。4 月 5 日，邓颖超、李峙山、谌小岑等创办通讯刊物《觉悟》，作为《新民意报》副刊出版，共出 9 期。

李大钊在《新民意报》发表文章列目：

日　期	刊　号	文章题目	署　名
1923 年 3 月 12 日	第三册第五号	马克思经济学说	李守常　讲
1923 年 4 月 17—19 日		史学与哲学	李守常　讲

李大钊与《新民国》

1923 年 11 月 15 日，国民党在北京创办《新民国》月刊，负责人范体仁，曾一度因在张国焘供出的名单中被捕，致使范体仁停刊。

范体仁（即范齐韩），曾参加北京大学马克思学说研究会，为发起人之一。其后，范体仁写过多篇关于五四时期团体及事件的回忆文章。

李大钊在《新民国》发表文章列日：

日　期	刊　号	文章题目	署　名
1923 年 12 月 20 日	第一卷第二号	艰难的国运与雄健的国民	李守常
1924 年 5 月 13 日	第一卷第六号	人种问题	李大钊

李大钊与《新学生》

1923 年 5 月，罗绮园负责编辑团的机关刊物《青年周刊》。6 月，由刘尔崧、阮啸仙等负责的广东青年团外围组织“新学生社”成立，赖先声任主任兼《新学生》总编辑，罗绮园任编辑。

《新学生》半月刊初期只印 300 余份，发行不够理想，但是启发了青年的研究精神，已经为广大青年特别是有读书兴趣的青年所认识。

李大钊在《新学生》发表文章列目：

日期	刊号	文章题目	署名
1924年2月16日	第14期	追悼列宁并纪念二七	李大钊　讲

李大钊与苏联《真理报》

苏联权威的俄文日报。1912年5月5日在圣彼得堡创刊，为苏联共产党中央委员会机关报，列宁直接参与了创办工作，是该报的思想领导人和主要的政论撰稿人。1912—1914年间总共刊登了约300篇列宁的著作。

1991年8月22日，俄罗斯总统鲍里斯·叶利钦发布命令，宣布解散共产党，并且没收其全部财产，包括《真理报》。《真理报》再度复刊后，已失去独立报刊的地位，观点温和。

李大钊在苏联《真理报》发表文章列目：

日期	文章题目	署名
1924年7月11日	中国的民族斗争与社会斗争①	李秦华
1924年9月24日	在“不许干涉中国”协会群众大会上的讲话②	

① 《真理报》编辑说明：“现刊载中国代表团的声明，将其补入7月1日讨论民族问题会议的记录之中。”1924年7月1日，共产国际第五次代表大会举行第二十二次会议，预定李大钊作有关中国革命斗争情况的报告。开会时临时决定，李大钊的报告改为书面报告，大会执行主席盖什克特意说明：“我们的中国同志秦华曾想作报告，但今天他不能作报告。他的报告将并入会议记录，也将在简报中登载。”7月11日，《真理报》以《中国的民族斗争与社会斗争》为题刊出。现在收入《李大钊全集》时题目依然是《在共产国际第五次代表大会举行第二十二次会议上的报告》。

② 《真理报》对这次大会简要做了报道，未刊发李大钊讲话的全文。该讲话全文发表在1924年“不许干涉中国”协会出版的《不许干涉中国》一书。

附录二：李大钊在北京留下的足迹

李大钊1913年秋天短暂来过北京，后在1916年5月从日本留学归国后，7月11日北上，到北京创办《晨钟》报。这以后，李大钊把北京作为自己和家庭生活以及事业发展的根据地，直到1927年4月28日英勇牺牲，在北京居住时间长达11个年头。为了照顾家人，他曾经返回故乡数次，如1917年5月5日至6月2日，1918年8月1日至9月初，1919年7月20日至8月中旬，1920年4月上旬，1920年8月下旬至9月上旬等，这些时日加在一起大约有大半年的时间。他在1920年秋天在石驸马大街后宅安家以后，就很少回故乡了。

离开北京，除了1917年7月1日至11月11日到上海、南京避开张勋复辟，更多都是由于工作的需要而必须的外出，如：

1920年1月下旬至2月初，送陈独秀去天津，后回到唐山家乡；

1921年3月上旬到郑州会晤吴佩孚；

1922年6月7日到保定；

1922年7月16日至23日到上海参加中共二大；

1922年8月中旬至9月11日再赴杭州、上海、洛阳，参加中共西湖会议，会见孙中山，以个人身份加入国民党；

1922年10月9日至11日到洛阳，和张继一起会晤吴佩孚；

1923年2月初至4月底到武汉、上海讲学；

1923年6月12日至7月中旬到广州出席中共三大；

1923年10月底至12月中旬受孙中山密电之邀到上海商讨国民党改组事宜；

1923年12月23日至30日到天津参加法政专门学校18周年校庆；

1924年1月初至2月下旬在广州参加国民党一大、实现国共两党合作；

1924年5月下旬因张国焘被捕，避难到昌黎五峰山；

1924 年在昌黎接到党中央通知，代表中共赴苏参加共产国际五大；

1924 年 8 月，党中央决定李大钊留在苏联，担任中共驻共产国际代表；

1924 年 11 月，因冯玉祥发动北京政变而决定回国；

1924 年 12 月下旬到开封会晤国民军二军军长胡景翼；

1925 年 5 月上旬到张家口会晤冯玉祥；

1925 年 7 月末至 8 月上旬再次到开封会晤胡景翼；

1925 年 10 月到张家口参加内蒙古工农兵大同盟成立大会，成立内蒙古人民革命党；

1926 年 3 月 14 日到天津指导党的工作、参加孙中山逝世一周年纪念会。

把这些时日加在一起，大约足有两年之久。我们这里统计的是依据李大钊年谱等资料送提供的、除此以外的时间里，李大钊在北京的许多地方留下了自己的足迹。

1. 北京（1126 年金把国都迁到幽州定名中都。1215 年，成吉思汗攻下中都，40 多年后，忽必烈迁都到这里改称为大都，成为元朝国都。14 世纪中，朱元璋在南京建立明朝，大都被改成北平，1420 年明朝把国都又搬迁到北平，定名北京。）

1913 年 7 月，李大钊自北洋法政专门学校毕业，来到北京。“毕业后，我的同学们约我已北京同他们一起办报几个月。”他在英文《我的自传》中又说，“当逗留于北京时，我非常羡慕一种适于出世思想的净土社会生活。恰好在这时，我的朋友要我到东京来与他们一起继续我们的学业。”①

1916 年 7 月 11 日，李大钊从上海启程北上，来到北京。

2. 南横东街湘荫会馆（宣武门外南横东街的湘荫会馆，今南横街陶然亭医院西侧，南横东街位于宣武区东南部。）

1913 年 6 月至 8 月，李大钊在北洋法政专门学校毕业后，到北京参与创办《法言报》，并与陈翼龙等在京的社会党人建立了联系，住在陈翼龙创办的平民学校里。平民学校校址在北京，这里还不能算完整意义的李大钊住所。

① 李大钊：《我的自传》（英文）。

3. 圆明园（在北京西郊海淀与颐和园毗邻，始建于康熙46年(1707年)，由圆明、长春、万春（绮春）三园组成。有园林风景百余处，建筑面积逾16万平方米，是清朝帝王的大型皇家宫苑。1900年八国联军入侵北京，对圆明园先掠夺后焚烧，使之彻底毁灭。）

1913年秋，李大钊在天津北洋法政专门学校毕业后，得到孙洪伊、汤化龙的资助到日本留学。在北京逗留期间，游览了颐和园、圆明园等地，目睹帝国主义掠夺的后果，感慨万千。凭吊圆明园遗址后，写有诗篇《吊圆明园遗址》2首。

4. 玉泉（位于颐和园西侧，有泉眼14处，有的喷水高达3米以上，为燕京八景之一。元代修水渠引泉水入宫供皇家饮用。）

1913年秋，李大钊写有诗篇《咏玉泉》。其中写道："只今犹听宫墙水，耗尽民膏是此声!"表现出对被压迫人民的同情和祖国命运的关注。

5. 丞相胡同（传明代大学士严嵩曾居住此地。另一说法为明代这里集中居住了绳匠，名绳匠胡同，谐音丞相。《晨钟》报馆就设在宣武门外菜市口一边的丞相胡同里。）

1916年7月，李大钊应邀在北京创办《晨钟》报，任编辑主任。《晨钟》报报社的地址在宣武门外的丞相胡同内。汤化龙给《晨钟》报提供的启动资金是1万元，每月津贴是2000元。8月15日《晨钟》报创刊号面世。

为了能在北京恢复已经停刊一年的《甲寅》杂志，章士钊找到了住在皮库胡同的李大钊和高一涵，邀请他俩编辑《甲寅》并任主要撰稿人。这个打算，得到李大钊和高一涵的认可，经共同商议，决定将《甲寅》改为报纸版，出版《甲寅》日刊。"不久，行严先生在北京东城创办《甲寅》日刊，由守常先生主编，写社论。报社我是常去的，守常当时好像即住在里边。"①

6. 便宜坊（创业于明朝永乐十四年［公元1416年］，至今已有近600年的历史。匾额为嘉靖年间兵部员外郎杨椒山所书。现于崇文门外大街甲2号，有多家分店。）

1916年秋，李大钊便宜坊烤鸭店宴请高一涵、秦立庵、田克苏，

① 张申府：《我认识的章士钊先生》，载《中华文史资料文库》。

谈《宪法公言》主旨。《宪法公言》为北洋法政学会主办，1916 年 10 月 1 日创刊，1917 年 1 月 10 日因经费问题，出版了第 9 期之后宣告终刊。

“1918 年冬天，23 岁的李璜出夔门、经上海，跋涉大半个月来到北京。这一天，在米市胡同便宜坊的一家烤鸭店，北大教授李大钊设宴为他洗尘。同时在场的还有王光祈，北大学生邓中夏、易克嶷，以及李大钊的密友陈淯。”①

7. 泰丰楼（泰丰楼饭庄原址在前门外煤市街，开业于清朝光绪初年，历史悠久。泰丰楼饭庄肴馔属真正山东风味，民国初年时声誉在京中仅次于“东兴楼”、“新丰楼”，与“致美楼”、“福兴居”等齐名。）

1916 年 12 月 7 日，李大钊等在泰丰楼参加北洋法政专门学校恳亲会。“7 日，同学开恳亲会于泰丰楼。”②

8. 贵宾楼（几乎所有中国城市都有贵宾楼饭庄。1990 年 9 月 22 日开始正式营业的北京贵宾楼饭庄则是霍英东投资兴建的。）

1916 年 8 月，“19 日，同守常、泽民、质生赴宴宾楼吴蓬仙之约。”③ 林质生曾在日本东京刊行的《大同报》月刊，于 1908 年 3 月 27 日改为日刊在北京出版，报馆在北京琉璃厂土地祠。“以鼓吹立宪，融和满汉为唯一宗旨。”后与《帝国日报》合并为《帝国大同日报》。

9. 致美楼饭庄（明末清初开业，店址在北京前门外煤市街一处四合院。后来御厨景启应聘首席厨师，致美楼菜点集南北烹调之精，汇御膳民食之萃，名噪一时，清书法家王序亲题“致美楼”匾额，民国初年扩建为两座三层大楼。1980 年在前门恢复老字号致美楼，1981 年迁至长椿街 10 号。）

1916 年 9 月，“4 日晚，请冯乐轩、黄鉴平小酌致美楼，守常、质生、泽民在座。”④

---

① 参见李璜：《学钝室回忆录》，传记文学出版社 1973 年版，第 34 页。

② 中国社会科学院近代史研究所编，杜春和、耿来金整理：《白坚武日记》第一册，江苏古籍出版社 1992 年版，第 47 页。

③ 中国社会科学院近代史研究所编，杜春和、耿来金整理：《白坚武日记》第一册，江苏古籍出版社 1992 年版，第 34 页。

④ 中国社会科学院近代史研究所编，杜春和、耿来金整理：《白坚武日记》第一册，江苏古籍出版社 1992 年版，第 35 页。

10. 东堂子胡同（属东城区建国门地区，是东单北大街路东从南往北数的第六条胡同，自西向东沟通东单北大街与朝阳门南小街，长700多米，胡同南侧与协和胡同相通。徐永昌在其《求己斋回忆录》中，曾经提到他所住房原是张继住宅。）

1916年8月1日、3日，10月27日，11月7日，李大钊和白坚武都曾经到张继家拜访。①

1923年2月26日，孙中山委任张溥泉为中国国民党北京支部长，每月办公费2000元。

11. 羊肉胡同（老北京起码有五条羊肉胡同。位于西四的一条至今尚存，历史最久始自元大都“羊市角头”，“角头”是指人烟凑集之处的市场。羊肉胡同东西走向，连接太平桥大街与西四南大街。西四一带有米市、面市、马市、羊市、骆驼市等，到明朝时属咸宜坊，名羊肉胡同。）

这里有孙洪伊的住所，李大钊曾经不止一次到西四羊肉胡同拜访孙洪伊。1916年8月，“13日晚偕守常、泽民访孙伯兰，谈某项教育。”10月，“1日星期？晚，赴皮库胡同看守常，同赴羊肉胡同。”“6日，在羊肉胡同候伯兰未至，偕守常至皮库胡同。”“10日午前同守常到羊肉胡同，与伯兰略谈某议员接洽事。”② 据《白坚武日记》所记，从8月到11月，不把会议时相聚计算在内，李大钊访孙洪伊，达6次之多。

发表于1916年8月29日《晨钟》报的文章《权》，应是写于8月28日。文中已经提出：内务总长的孙洪伊，因不满国务院秘书长徐树铮的越权干政，“又将辞职”。而孙洪伊提出辞职是在8月30日，即该文见报后的第二天，说明此时李大钊与孙洪伊过从甚密。

12. 皮库胡同（皮库胡同据说最早是清朝皇家储存裘衣的地方。）

1916年“9月7日，遂同泽民至皮库胡同新宅，守常（李大钊）今日移居于此。”③ 1916年9月7日至1916年冬，李大钊在此居住。

---

① 中国社会科学院近代史研究所编，杜春和、耿来金整理：《白坚武日记》第一册，江苏古籍出版社1992年版，第33、42、44页。

② 中国社会科学院近代史研究所编，杜春和、耿来金整理：《白坚武日记》第一册，江苏古籍出版社1992年版，第33、38、40页。

③ 中国社会科学院近代史研究所编，杜春和、耿来金整理：《白坚武日记》第一册，江苏古籍出版社1992年版，第36页。

1916年10月，李大钊辞去《晨钟》报工作后，与高一涵同住皮库胡同。“在失业时心安理得，天天读书和研究问题，意志绝不向境地低头。”①

13. 光明殿西口（光明殿在今西安门大街路南，光明胡同以西。今已无存。）

1916年11月，“27日早守常来，同至光明殿西口看房。”②

14. 先农坛（位于北京市宣武区永定门内大街西侧，始建于明永乐十八年（公元1420年）。是明清两代皇帝祭祀先农诸神及举行藉田典礼的场所。）

1917年1月，“21日午后，同质生、守常、泽民、高一涵、采言往南下洼，顺城根步至先农坛散步。又同回新华门，至前门左右附近，觅饭铺不得，至西河沿西海居，用饭之后，同守常、泽民在东昇平沐浴，归来。”③

15. 魏家胡同（东起东四北大街，西至南剪子胡同。胡同地处中城，明代曾为皇帝亲军金吾左卫驻地，称卫胡同，清代有一魏姓朝廷官员住此，始称魏家胡同。）

章士钊于1916年7月21日到北京，住在魏家胡同的大宅门里。由章士钊、李大钊、高一涵、邵飘萍等人共同编辑的《甲寅》日刊于1917年1月28日在北京创刊。

章士钊夫人吴弱男曾是孙中山的英文秘书，中国早期妇女运动的先驱者之一。李大钊曾受吴弱男的聘请担任章家3个孩子的家庭教师，因此多次到章家家教。后来章士钊一度住在史家胡同（位于东城区东南部，东起朝阳门南小街，西至东四南大街）。

16. 中央公园（即现在的中山公园。位于天安门西侧，面积22余公顷。原为辽、金时的兴国寺，元代改名万寿兴国寺。明成祖朱棣按照“左祖右社”的制度，改建为社稷坛。成为皇帝祭祀土地神和五谷神的地方。1914年辟为中央公园。为纪念孙中山先生，1918年改名中山

---

① 高一涵：《和大钊同志相处的日子》，载《工人日报》1957年4月27日。

② 中国社会科学院近代史研究所编，杜春和、耿来金整理：《白坚武日记》第一册，江苏古籍出版社1992年版，第43页。

③ 中国社会科学院近代史研究所编，杜春和、耿来金整理：《白坚武日记》第一册，江苏古籍出版社1992年版，第52页。

公园。）

1916年秋，李大钊与《晨钟》报编辑部同人在北京中央公园合影。“编辑部成员还在公园合过影。”①

“1916年10月10日，午后同守常、黄见平赴中央公园，天日晴明，游人鱼贯，诚可乐也。”

1916年12月1日，于中央公园为黄兴、蔡锷开追悼会，李大钊赴会。

1916年12月25日，云南首义纪念日。李大钊与白坚武访刘任夫于恒发店，又同往中央公园看纪念会。

1917年3月，“4日，驻京神州学会开会于中央公园，选举职员，被选为评议员。神州学丛将出版于东京，捐洋一元。”②

1918年11月，李大钊带全家去中山公园，看到刚刚移进来的“公理战胜”牌坊，对葆华兄妹说：“‘公理战胜强权’是个有害的谬论。公理战胜不了强权，帝国主义根本不会把公理当一回事，总有一天我们要把这个牌坊拆掉。”

1918年12月6日，李大钊在中央公园发表演说，就是后来的《庶民的胜利》。他说，“今后的世界，变成劳工的世界”，“劳工主义的战胜，也是庶民的胜利”。

成立于1919年7月的少年中国学会北京总会，经常在中山公园来今雨轩和北京大学图书馆举行常会，研究学会的日常工作。

1919年李大钊、张申府、梁漱瞑等摄影于中山公园。

1920年10月9日同白坚武游中山公园夜景。③

17. 东四牌楼（与西四牌楼同时修建于明朝年间，皇城一东一西各有四座，故简称以“东四牌楼”、“西四牌楼”。周边有东四南北大街。）

1916年12月6日，李大钊与白坚武访周国屏、齐隐斋、郁宪章，后至林质生家小饭。④

---

① 梁漱溟：《回忆李大钊先生》，第46页。《回忆李大钊》，人民出版社。

② 以上见《白坚武日记》第一册，第40、46、59页。

③ 中国社会科学院近代史研究所编，杜春和、耿来金整理：《白坚武日记》第一册，江苏古籍出版社1992年版，第277页。

④ 中国社会科学院近代史研究所编，杜春和、耿来金整理：《白坚武日记》第一册，江苏古籍出版社1992年版，第47页。

林质生家住此地，李大钊曾经多次造访。

18. 同生照相馆（创始人是著名摄影师谭景棠［1876—1915］，广东香山县人。谭景棠思想进步，与孙中山同乡且相识，参加同盟会。先是在上海四川路开同生照相馆。拍摄过孙中山开会照和任临时大总统半身照。后迁北京前门外廊房头条40号。其后，中央公园的绘影楼划归同生分号。）

1916年12月，“10日，秦立庵、田克苏约《宪法公言》编辑部同人摄影于同生照相馆，迎张树之。”①

19. 恒发店（具体位置不详，为当时刘任夫的住址。）

1916年12月25日，李大钊和白坚武访刘任夫于恒发店。②

刘士毅（1886—1982），字任夫。江西都昌人。

“在东京，我交结了不少新朋友，如李大钊、林祖涵、易象等人。李、林原属孙洪伊之进步党。林祖涵是林秀梅之兄弟，李大钊之旧学很好，道德观念很重。——此时，北京政府保送一批学生赴日留学，而日本方面限制入学之规定也放宽，中国学生不但可以进士官学校，也可以进各兵种专科学校、陆军大学等。我由政府保送至日本陆军砲工学校留学。这是民国五年冬季之事。”③

20. 东堂子胡同33号（现为东城区东堂子胡同75号。蔡元培在北京任职一直是租房住。先后在西城、宣武、东城住过，住在东堂子胡同33号院时，恰值五四运动前后。）

1918年1月，李大钊经章士钊推荐，受蔡元培、陈独秀邀请到北京大学任图书馆主任。蔡元培的“兼容并包”办学方针，使北京大学成为新文化运动的重要阵地。

1922年5月12日，为《我们的政治主张》一文，蔡元培请李大钊等列名提议人（共15人），到他家里开会。

1922年12月5日，李大钊辞去图书馆主任职务，任北京大学校长

---

① 中国社会科学院近代史研究所编，杜春和、耿来金整理：《白坚武日记》第一册，江苏古籍出版社1992年版，第47页。

② 中国社会科学院近代史研究所编，杜春和、耿来金整理：《白坚武日记》第一册，江苏古籍出版社1992年版，第48页。

③ 沈云访问，陈三井、马天纲记录：《刘士毅先生访问记录》，见《口述历史》1996年第8期。

办公室秘书，此时与蔡元培交往频繁。

21. 先农坛（在宣武区永定门大街西。为明清两代帝王祭祀先农神的处所，建于明嘉靖年间（1522—1566）。现存主要建筑有先农坛、观耕台、神仓、太岁殿、庆成宫等。）

1917年1月21日午后，李大钊与白坚武、高一涵往南下洼，顺城根至先农坛散步，又回新华街至前门，至西河沿西海居用饭之后，在东升平沐浴。①

22. 竹竿巷（竹竿巷即现在朝阳门内南小街竹竿胡同，现在已经成为新的小区。）

1917年1月24日，高一涵随同李大钊搬至朝阳门内竹竿巷一个僻静的宅院，依然同租。24日午后，在朝阳门竹竿巷住处接待白坚武来访，同寓高一涵亦在。②

1917年7月下旬发生张勋复辟事件。李大钊避走上海，11月中旬方返回北京，住至1918年6月。

23. 东安市场（1903年开业，北京建立最早的一座综合市场。位于王府井大街北段，因临近东安门而得名。）

1917年1月，“31日，午后，同内子往东四牌楼林家。又同质生至守常寓，同出齐化门，坐冰床回，至东安市场会英楼用饭游散终日。其乐可也。”③

1917年3月，“8日，偕访张树之送别，未遇。遂至东安市场掷地球。”④

24. 厂甸（厂甸是指阴历元旦至上元十五日间琉璃厂附近一带的市集。此时，长长的东西琉璃厂大街，古玩、字画、珠宝、玉器等等摆满街头。“南新华街自和平门至琉璃厂中间一段，东西路旁皆书摊，西边土地祠中亦书摊而较整齐，东边为海王村公园，杂售儿童食物玩

① 中国社会科学院近代史研究所编，杜春和、耿来金整理：《白坚武日记》第一册，江苏古籍出版社1992年版，第48页。

② 中国社会科学院近代史研究所编，杜春和、耿来金整理：《白坚武日记》第一册，江苏古籍出版社1992年版，第52页。

③ 中国社会科学院近代史研究所编，杜春和、耿来金整理：《白坚武日记》第一册，江苏古籍出版社1992年版，第54页。

④ 中国社会科学院近代史研究所编，杜春和、耿来金整理：《白坚武日记》第一册，江苏古籍出版社1992年版，第59页。

具，——自琉璃厂中间往南一段则古玩摊咸在焉，厂东门内有火神庙，为高级古玩摊书摊所荟萃。[周作人：《厂甸》]”)

1917年1月，“23日，阴历一月元旦，早九时起。午后，同守常至厂甸，守常买油画《猫》四张，赠余二张。又至俱乐部。”①

25. 广德楼戏园（位于北京宣武区前门外大栅栏街39号，北京现存最古老的戏园之一，历史悠久，大约兴建于1796年（清仁宗嘉庆元年），与法国巴黎歌剧院、俄罗斯莫斯科大剧院几乎同时期建成。席位是长条桌子、长条凳，民国以后改为横排长条椅子。京剧名家程长庚、余紫云、梅巧玲、余三胜、汪桂芬等先后在此演出，为京城著名娱乐场馆。现在是北京曲艺厅。)

1917年2月，“13日晚，泽民、守常同赴广德楼观剧。”②

26. 广合楼戏园（广和楼戏园是北京外城最早的戏院。明朝末年曾是盐务巨商查家的花园，后来改成广和茶园，乾隆年间盖起戏台演戏。庚子以后改由王氏经营称之广和楼戏园。最早的京剧科班喜（富）连成社1906年起在这里演出。1919年时是楼上女座，楼下男座，直到1931年。)

1917年4月15日，李大钊去广和楼剧场看新剧《自由宝鉴》，写了《不自由之悲剧》。③

27. 火车站（位于天安门广场东南角的京奉铁路正阳门东车站，俗称前门火车站。1901年始建，1906年建成。)

1917年5月4日晚8时35分乘京奉列车离京，回故乡直隶乐亭大黑坨村。

1917年6月25日，乘火车离京赴津，访白坚武，26日在津与白坚武一起访张溥泉（张继）。

1917年7月1日，晨4时，张勋等拥清帝宣统复辟。宣统封授各公卿及大臣。李大钊乘火车避走上海。

1917年11月11日，从上海转道南京后，决定乘火车回京。

---

① 中国社会科学院近代史研究所编，杜春和、耿来金整理：《白坚武日记》第一册，江苏古籍出版社1992年版，第53页。

② 中国社会科学院近代史研究所编，杜春和、耿来金整理：《白坚武日记》第一册，江苏古籍出版社1992年版，第56页。

③ 载《甲寅》日刊，1917年4月19日。

1919 年 6 月 20 日，陈独秀被捕后，反动政府加紧对所谓“过激主义”和“过激派”的迫害。李天钊避走昌黎五峰山，晚 8 时乘火车离京。

28. 北京大学二院（北京大学二院是北京大学的老校址——京师大学堂所在地，在马神庙公主府［现景山东街］路北，改为理学院后称之二院。）

“1918 年 2 月，章先生向北大校长蔡元培推荐李大钊继续他作图书馆主任，蔡先生就答应了，自是时起，大钊先生就作了北大图书馆主任，但不兼教授。这是我从 1918 年上季的北京大学二十周年纪念册考察出来的。”①

依据《北京大学二十周年纪念册》1918 年 1 月编印的《北京大学职员录》：“前任职员：图书主任；姓名：李大钊；别号：守常；年岁：30；籍贯：直隶乐亭。”则应确认李大钊是从 1918 年 1 月到北京大学任职的。

1919 年 3 月 10 日，晚 7 时半，李大钊在理科 16 教室为新闻研究会演讲。

29. 北京大学红楼（1918 年 10 月 1 日，位于紫禁城神武门［北门］以东汉花园［沙滩的东部］的北京大学一院：文学院，建成启用，此楼为工字形，共 4 层，大楼通体用红砖砌成，名红楼。李大钊随即安排北京大学图书馆迁往新址。）

1919 年 5 月 4 日，北大学生从这里出发到天安门举行了示威游行。红楼北面的广场成为北京学生进行革命运动的多次集合地。

30. 北京大学图书馆（位于北京大学红楼的第一层，分为 21 个书库，6 个阅览室。东南角一个里外间是图书馆主任室，外间为会议室，内间为主任办公室。）

1918 年初，李大钊在此创建中国第一个马克思主义研究小组。现为新文化运动纪念馆。

1920 年，“那时在中国俄侨也有些同情苏俄的人物，北大俄文系的一位俄国籍教员柏烈伟就是其中之一。他与李大钊先生来往密切，常能

---

① 金毓黻：《李大钊与五四运动》，见《五四运动回忆录》，知识产权出版社 2013 年版，第 349 页。

供应一些莫斯科出版的小册子。”①

李大钊讲：“那是1920年年初时节，我同往常一样，正在北京大学的办公室里工作，突然有人敲门。我说：‘请进来！’他说：‘我就是鲍立维先生向您提起的俄国人，我名叫荷荷诺夫金，李大钊同志，我向您致敬！——’这位俄人是共产党党员，他竟把我也当做一个共产党人来看待！好一个突然称呼！我马上表示：‘哦！不敢当，我不敢自称是你们的同志，至少目前还不是呢！’可是，我这位客人反驳道：‘好了，好了！不必客气啦！我们早就知道您是一位真诚的马克思主义者，您已经在中国传播马克思主义思想，对布尔什维克革命的胜利，您又是多么热烈欢呼，怎么能叫我们不把您当做自己人呢？’”②

1920年4月，经共产国际同意，俄共（布）远东局符拉迪沃斯托克（海参崴）处派代表魏金斯基、杨明斋等人组成的俄共党员小组到达中国，在北京大学图书馆会见了李大钊。

1920年10月，由李大钊、张申府、张国焘3人发起成立北京共产党早期组织，李大钊为负责人。罗章龙、刘仁静、邓中夏、高君宇、何孟雄、缪伯英、范鸿劼、张太雷等先后加入，成员大多为北京大学马克思学说研究会的骨干。

1923年1月，维经斯基作为共产国际的代表，为指导中共党的建设，在北京大学图书馆与李大钊会晤。

31. 北京大学三院（北京大学三院在一院之南，北河沿路西。是北大法学院。）

1920年1月3日，李大钊参加了北京学联在北大三院举行慰问与支持湖南驱张请愿团大会。

1920年“4月21日，本会延请李石曾先生在北京大学法科大讲堂开讲演大会。到会者约六七百人。午后3点开会，由李守常君报告，旋即请李先生讲演，其题目为‘中国少年与社会之新潮流’。”“讲演毕，复由李守常君宣告散会。时已将五钟矣。”③

1923年10月10日，北大学生在该校第三院大礼堂，开双十节纪念

---

① 张国焘：《我的回忆》第一册，第85—86页。

② 《彭述之回忆录》法文版第一卷，1983年4月版。程映湘译：《共产国际第一位来华代表》，载《争鸣》1983年6月号。

③ 《少平中国学会消息·会务报告》，《少年中国》第一卷第十一号1920年5月。

大会，与会者约3000人，教职员到者有代理校长蒋梦辚，教授李石曾、李守常、谭熙鸿等，苏俄代表加拉平因事不能莅会致函道歉。李守常发表演说。①

1923年12月17日，出席北京大学25周年庆祝会，李大钊在会上发表演说："略谓北大是黑暗中之灯塔，我个人心中没有一切，所有者唯北大耳。外界黑暗势力有如过眼烟云等语。"②

1924年1月21日下午三时，李大钊为主席，于北大第三院大礼堂举行中华民国国民纪念列宁大会。加拉罕等演说。

1925年3月1日，国民会议促成总会在北大三院行开幕典礼，李大钊等到会。

1926年1月21日，在北大三院礼堂，李大钊出席北京各界为列宁逝世二周年举行之纪念会。

32. 箭竿胡同9号（位于东安门内北池子大街。将高粱竿刮光溜用来扎纸人纸马，糊顶棚的龙骨，称之"箭竿"。后来叫成"箭杆胡同"。）

1917年1月，陈独秀将《新青年》编辑部由上海搬到北京的地址，原由陈独秀一人主编的《新青年》，决定把《新青年》杂志变成同人刊物，邀请李大钊、高一涵，还有胡适、钱玄同等人，成立了编委会。规定编委轮流编辑，每人一期，周而复始，以推动新文化运动向纵深发展。直到1919年冬，《新青年》在北京编辑，在上海出版。

33. 湖广会馆（湖广会馆在虎坊桥路南。）

"神州学会第一次特别讲演大会于8日下午1时至6时在宣武门外骡马是大街湖广会馆举行，讲演人及讲演题目分别为：蔡孑民：《以美育代宗教说》；汤化龙：（未定）；李石曾：《学术之进化》；张溥泉：《法儒纪约之道德观》；陈独秀：（未定）；章秋桐：（未定）。"③

"1917年，他曾以学会的名义，在北京湖广会馆（在虎坊桥路南。民国元年以来常被借作集会会场）举行过一次学术讲演会，请了几位被当时有思想的青年们仰为思想界名流的人来讲学，记得有蔡孑民（元培）、陈仲甫（独秀）、张溥泉（继）、李石曾（煜瀛），还有章行严

---

① 《晨报》1923年10月12日。

② 《京报》1923年12月18日。

③ 《晨报》1917年4月8日。

（士钊）先生。”①

34. 清华大学（清华园的历史已有二百多年，园内曾有皇帝御题匾额 11 块，是目前西郊仅存的圆明园时代建筑；清华园内有 1911 年用庚子赔款建造的“清华学堂”，即清华大学的前身。）

1918 年 3 月 15 日，李大钊偕北京大学图书馆职员参观清华学校。

1926 年 3 月 13 日，李大钊在清华大学纪念孙中山逝世一周年大会上发表演说。②

35. 米市胡同 79 号（宣武门外，北起骡马市大街，南至南横东街，史称米市口，《乾隆图》作米市胡同，相沿至今。胡同中原有中州、江阴、光州、六安、重庆、三水、南海、宁乡诸会馆。康有为故居在南海会馆内。）

李大钊与陈独秀发起创办的《每周评论》，于 1918 年 12 月创刊。侧重时评，及时反映国内外形势。张申府、胡适、周作人、高一涵、王光祈等为该刊主要撰稿人。社址设在北京宣武门外骡马市大街米市胡同 79 号。另说：位于北京米市胡同 64 号的泾县会馆。

36. 宣外大街（宣武是宣扬武功之意，宣武门外大街在宣武区东北部，北起宣武门内大街，南至菜市口大街。）

“12 月 21 日，第 1 号编好（指《每周评论》），当夜就由李大钊与我，同到宣外大街印刷地点从事校对，直到深夜四点，校完印好，二人各携一张，欢喜地走回宣内西单各人的寓所……”③

37. 北池子盔头（全称应是北池子盔头作胡同，位于北池子北端东侧。“作”字前面加名词指某个行当，如“玉作”、“瓦作”、“盔头作”。盔头作胡同就是这样衍生出的地名。）

1920 年 1 月 25 日，李大钊与蔡元培发起成立“北京大学学余俱乐部”。1 月 27 日午后 3 时，李大钊在北池子盔头参加了“学余俱乐部”召开的发起人会议。

38. 菜市口胡同（《晨报》报社社址有两处：1924 年前在菜市口胡同，1924 年之后搬至宣武门外大街路东 124 号。）

---

① 张申府：《我认识的章士钊先生》，见《中华文史资料文库》，中国文史出版社 1996 年版，第 2417—2419 页。

② 《清华周刊》第二十五卷第四号，1926 年 3 月 19 日。

③ 张申府的回忆。

1919年2月7日，李大钊协助《晨报》副刊进行改组。改组后增加“自由论坛”及“译丛”两栏，以广泛介绍“新修养，新知识、新思想[①]。”

39. 天安门广场（当今世界上最大的城市广场。天安门广场见证了中国人民一次次要民主、争自由，反抗外国侵略和反动统治的斗争，更是共和国举行重大庆典、盛大集会和外事迎宾的神圣重地。）

1919年5月4日，巴黎和会由日本接管德国在中国山东特权的决定，消息传来，群情激昂，舆论沸腾。下午，北京14所大专学校3000多人，在天安门召开大会，举行游行示威，高呼“外争国权、内除国贼”。行进到赵家楼曹汝霖住宅时，痛打了匿身曹宅的章宗祥，并火烧曹宅。李大钊是这次运动的组织者和领导者之一。

1925年6月14日，在天安门广场举行声援“五卅”运动大会，到会10万余人；

1925年6月25日，在天安门广场举行声援“五卅”运动反日反英大会，到会10万余人；

1925年6月30日，在天安门广场举行声援广州沙基惨案反英大会，到会5万余人；

1925年10月10日，在天安门广场举行双十国民大会，到会5000余人；

1925年10月25日，在天安门广场举行关税自主收回主权国民大会，到会数万余人；

1925年10月26日，在天安门广场举行关税自主收回主权国民大会，到会数万余人；

1925年11月22日，在天安门广场举行关税自主大会、反对段祺瑞政府媚外示威大会，到会数万余人；

1925年11月29日，在天安门广场举行国民革命大示威运动，到会10万余人；

1926年3月18日，在天安门广场举行集会，抗议八国通牒，到会5000余人。

李大钊是这些大规模群众运动的领导者和组织者。这使得段祺瑞、

① 《晨报》1919年1月30日。

张作霖等反动政府统治者和军阀对之十分惧怕和仇恨。

40. 国务院（清朝皇帝逊位，袁世凯在北京成立北洋政府，中南海自此成为北洋政府总统府，因位北京中南方位称之中南海，正门名新华门。中南海又先后为北洋政府总理办公地、张作霖的“帅府”。）

“一次，力了救援被捕学生，大家集队往政府请愿。队伍走到国务院门前，只见大门紧闭，门内架着机关枪。守常愤怒异常，一个人跑出队伍冲将上去，大家赶忙上前把他拖住。真是又英勇、又危险。”①

1921 年 6 月 5 日，“本日各校同学千余人，复偕同马次长及各校校长教职员冒雨续行到院请愿，自上午九时迄下午四时，始终拒绝不见。同入坚求放人，不意门前密布之军警，即用枪柄肆行殴打，并往来追击，当时血肉横飞，惨不忍睹，北大校长蒋梦麟受伤不能行动，法专校长王家驹、北大教授马叙伦、沈士远头破额裂，血流被（遍）体，生命危在旦夕，李大钊昏迷倒地，不省人事，此外受重伤者三十余人，轻伤者百余人。”②

41. 教育部（位于宣武门内教育部街。教育部是清代学部的房舍，二层的清式楼房，一座十分完整的古建筑。）

1919 年 5 月 9 日，蔡元培为抗议政府逮捕学生愤然辞职。当晚，李大钊被推举为北京大学教职员 8 名代表之一。5 月 10 日，李大钊等赴教育部请愿，要求政府挽留蔡元培留任北京大学校长。14 日，总统徐世昌发布慰留蔡元培指令。

42. 城南游艺园（1919 年广东商人彭秀康在香厂南角买地，建设成游乐场，名为城南游艺园。其特点是为坤班演出建立固定演出地点，有助于有才华的女演员成名。）

1920 年 6 月 11 日，李大钊、陈独秀等到北京城南游艺园等地散发陈独秀和李大钊起草《北京市民宣言》，英译文为胡适翻译的《北京市民宣言》。7 月 20 日，北洋政府逮捕陈独秀。李大钊四处奔走，全力营救。陈独秀于被拘留 83 日后获释。

43. 回回营 2 号（回回营 2 号是李大钊的家，现在已经没有胡同遗迹。）

---

① 高一涵：《回忆五四时期的大钊同志》，见《五四运动回忆录》，中国社会科学院出版社 1959 年版，第 211 页。

② 《晨报》1921 年 6 月 5 日。

1918年1月，李大钊受聘为北京大学图书馆主任，租下回回营2号院的房子，将乡下的妻子和孩子接到北京。

“1918年7、8月间，我们全家离开渤海之滨的故乡——河北乐亭大黑坨村，随父亲来到北京。那时候，父亲在北京大学图书馆工作。”①

“1918年暑假结束后，父亲李大钊由五峰山避暑归来，带母亲和我与星华到北京，在回回营新安了家。”②

44. 回回营3号（回回营2号是李大钊的家，回回营3号就是陈愚生的家。）

1918年7月1日，经王光祈、李大钊等历时一年的筹备，少年中国学会在北京回回营陈宅成立。“本科学的精神，为社会的活动，以创造少年中国。”《少年中国》月刊创办，李大钊为编辑主任。

45. 岳云别墅（岳云别墅位于宣武区盆儿胡同55号。原为浙江鄞县会馆西馆。）

1918年6月由李大钊等发起组织，1919年7月10正式成立的“少年中国学会”曾在这里开会。

1920年学会成立一周年，会员孟寿春、邓中夏、袁同礼、李大钊等人曾来此庆祝并合影留念。

46. 南湾子欧美同学会（会址设在北京市东城区南河沿大街111号。1911年，在首届会长梁敦彦倡议下，会员集资2000两白银，购得南河沿街口的石鞑子庙，拆修后建立了同学会会所。）

1919年10月12日，李大钊出席《国民》杂志社周年纪念会并发表演说。

47. 朝阳门（朝阳门是漕粮出入的城门，京城百姓口粮的来源，城门洞顶上刻着谷穗。朝阳门内的地名有“禄米仓”、“海运仓”、“新太仓”等。）

“1920年1月，大钊同志送陈独秀去天津以转往上海……他们化装成下乡讨账的商人，坐骡车出朝阳门，走了好几天才到天津……路上，

---

① 李葆华：《回忆父亲李大钊的一些革命活动》，载《回忆父亲李大钊》，乐亭文史资料第八辑，1999年版，第3页。

② 李葆华：《我的回忆》，载《回忆父亲李大钊》，乐亭文史资料第八辑，1999年版，第17页。

大钊同志也与他商讨了有关建党的问题。”①

48. 卧佛寺（始建于唐朝贞观年间，寺内一尊巨大的释迦牟尼铜像作睡卧式，由此得名。卧佛身长5.2米，头西面南，侧身躺在一座榻上，左手平放在腿上。）

“李大钊此前不止一次地到过卧佛寺，因为当陈独秀于1920年1月28日离开北京去上海的时候，曾经托付李大钊，一定要去卧佛寺探望在那里养病的杨昌济。杨昌济病逝于1920年1月17日，终年49岁。陈独秀在2月8日返回北京后，对杨昌济的早逝很伤感，却又不得不急急地在李大钊护送下离开北京，从天津去上海。毛泽东此时也正在北京，肯定也要去卧佛寺，以照顾病中的恩师和未来的岳父。毛泽东在1920年4月11日才从北京经上海等地返回长沙。”②

“大约在1923年或1924年，父亲曾到卧佛寺避居了七八天，住在西边的厢房里（和尚招待客人居住的房子），究竟是因为什么跑到那里去的，我不清楚。后来没什么事，父亲就离开卧佛寺回来了。”③

49. 北京女子师范大学（位于西城区新文化街。清光绪二十四年［1898年］建京师女子师范学堂。1913年称北京女子师范学校，1924年称北京女子师范大学，1928年改为北平大学女子师范学院。由4座楼组成。现为鲁迅中学。）

1920年6月30日，李大钊在女高师举行的李超女士追悼会上讲话。

1920年7月李大钊受聘在北京女子师范学校讲授《社会学》和《女权运动史》两门课程。

1924年5月4日，北京学生联台会在女高师举行五四纪念会，邀请李大钊钊等到会讲演。

1926年3月1日，李大钊应北京学生总会邀请在女师大礼堂演讲，题目是《日本维新运动与中国国民革命比较观》。

1926年3月18日，北京各界群众反对帝国主义和封建军阀的游行，到铁狮子胡同段祺瑞执政府请愿时，刚到执政府门前，反动军警开枪射杀游行群众，李大钊受伤，女师大学生刘和珍、杨德群等47人牺牲，受伤者200多人，史称“三一八惨案”。

---

① 《1927年高一涵在武昌的讲话》。

② 陈平原:《“大家”与“全集”》（2003-09-18）新华网。

③ 《回忆父亲李大钊》，乐亭文史资料第八辑，第23页。

50. 北京师范大学（1923 年始有北京师范大学，前身是 1902 年创立的京师大学堂师范馆。1908 年改称京师优级师范学堂；1912 年改名北京高等师范学校；1923 年更名北京师范大学。）

李大钊曾经在这里任教。

1919 年 12 月 13 日，李大钊在北京高等师范学校图书馆两周年纪念会上的演说。

1920 年 6 月 23 日，李大钊任北京高等师范学校图书馆讲习会讲习员。

1923 年 1 月 15 日，李大钊出席北外马克思学说研究会，为纪念德国共产主义者李卜克内西与卢森堡殉难四周年召开之大会，并发表演说。

1924 年 5 月 1 日为世界劳动纪念节，北京社会主义青年团、北大经济学会、平民大学、马克思学说研究会等团体，在厂甸师范大学风雨操场，于下午举行劳动纪念会。李大钊、李石曾、高一涵、蔡和森诸人发表演说。

1925 年 1 月 17 日，李大钊等应北京国民会议促成会邀请，在师范大学讲演，李大钊讲题为《帝国主义侵略中国后之国民运动》。

51. 北京大学第一宿舍（沙滩后街西口 59 号院，门口悬挂着“京师大学堂建筑遗存”的标志。这里称为西斋，民国时期称之北京大学第一宿舍。）

1919 年 5 月 1 日，北京大学的一些学生获悉巴黎和会拒绝中国要求的消息后，在西斋饭厅召开紧急会议，决定 5 月 3 日在北大法科大礼堂举行全体学生临时大会。

1920 年 10 月 2 日，北京大学社会主义研究会在北京大学第一宿舍成立。发起社员：李大钊（守常）、何思枢（北衡）、徐其湘（六儿）、陈学池（儒康）、郭弼藩（梦良）、陈顾远（睛皋）、费秉铎（觉天）、鄢祥禔（公复）。

1921 年邓中夏、黄日葵等 19 人，在李大钊全力支持下，发起成立“马克斯学说研究会”。还在西斋两间学生宿舍里，存放了很多外文版的马克思主义书籍，进行研究和翻译出版工作，称之为“亢慕义斋”。

52. 北京美术学校（1918 年 5 月，于西城前京畿道创办国立北京美术专门学校，中等部二年毕业，可升入本科，师范班设中画和图案两科。1919 年国务会议通过设中画、西画、图案三系。1925 年 8 月改为北京艺术专门学校。)

1920年，“本会定于6月27日（星期日），在西城前京畿道美术学校讲演。兹将题日及时间列左：讲演题目：群众心理与群众道德。讲演者：李大钊。时间：早午9时至11时。讲演次数：第1次。”① 7月4日举行第二次讲演。②

1921年3月16日，索薪斗争进行中，国立八校教职员代表20余人，在前京畿道北京美术学校开会，成立北京国立专门以上各校教职员代表联席会议，票选马叙伦为主席，并推举大钊负责新闻方面的工作。李大钊自4月26日因马叙伦有病任代理主席后，曾经在这里开会多次。

1921年7月30日，八校公共学术演讲会预告：李大钊在美术学校演讲，题目是《个人与社会》。③

1922年3月13日，李大钊等报告北京国立八校教职员代表联席会第113次会议情况。

1926年3月8日，李大钊应北京妇女界邀请，在美术学校演讲。

53. 燕京大学（1916年美国美以美会等教会组织将汇文大学、华北协和女子大学、通州协和大学三所教会学校合并，司徒雷登任校长。1921年在北京西郊购买清亲王赐园，建造近代中国规模最大、环境优美的校园。1926年迁入新址。1952年全国高等学校院系调整被撤消。)

1920年3月14日李大钊出席燕京大学Porter教授等举行的宴会。

54. 北京朝阳大学（朝阳大学创办于1912年，是民国时期法律类大学，校址在北京市东城区海运仓。)

李大钊曾受聘于北京朝阳大学，讲授史学思想史、社会学等课程。北京朝阳大学学生张尔岩曾经著文回忆师长李大钊。

55. 北京中国大学（孙中山1912年在北京创办的大学，自任校董。宋教仁、黄兴为第一、二任校长。初名国民大学，1917年改名中国大学，建校伊始就有附属中学。)

1921年12月15—17日《晨报》副刊连载《由平民政治到工人政治》，署名李守常，这是李大钊在中国大学的讲演记录稿。

1922年12月16日上午10时，李大钊在中国大学哲学读书会，作

---

① 《晨报》1920年6月20日。

② 《晨报》1920年6月30日。

③ 《晨报》1921年7月27日。

题为《社会问题与政治》的讲演。全文发表在12月29日《民国日报》副刊上。

1925年2月28日，北京妇女国民会议促成会筹备处在前门内中国大学召开成立大会。汪精卫、李石曾、邵飘萍、李守常诸先生及廖仲凯夫人、伍留梅女士、鲍夫人等到会演讲。①

1925年3月8日，李大钊出席在太平湖民国大学召开的国际妇女节纪念会并发表演说。

1926年1月13日，李大钊应北京国民反日大会的邀请，在民国大学发表演说。

56. 石驸马后宅35号（这是一座三合院，大门坐北朝南。正房三间，是卧室、餐室和子女读书处，东厢房为往来亲友居住，三间西厢房是李大钊的书房与会客的地方。院内有海棠树3株，院子南边是花畦和盆花。）

1920年初，形势稍有好转，李大钊重返北京，租赁了石驸马后宅35号（现西单文华胡同24号）院居住。1920年7月北京大学评议会记录："李大钊为教授兼图书馆主任"。

1921年12月11日，李大钊在家中主持党组织全体会议，由罗章龙汇报陇海路罢工情况。为了庆祝罢工胜利，大家弹琴、唱歌、讲故事、说笑话。这种情况，一直到后来党组织在陶然亭有了聚会活动的地点才改变。

1923年3月30日，马林（亨德里克斯·斯内夫利特）在李大钊家里召开会议，讨论解决党内的一些工作问题，张太雷等人参加。②

57. 钟鼓寺14号（胡适1918年3月租住钟鼓寺14号，妻子江冬秀6月来京团聚，到1926年都住在这里，北河沿大街西侧嵩祝院北巷内一条南北向胡同。后来迁至陟山门6号等地。）

李大钊在新文化运动中与胡适多次晤谈。

在1925年2月胡适参加段祺瑞的善后会议之前，书信往来一直没有中断过。

58. 西直门内八道湾胡同（鲁迅1912年5月到北京后住在山会邑

---

① 《京报》1925年2月27日。

② 杜魏华：《第一次国共合作时期斯内夫利特（马林）在华纪事（1920年1月—1924年4月）》，见《马林与第一次国共合作》，光明日报出版社1989年版。

馆，位于宣武门外难半截胡同北，山会邑馆源自山阴县、会稽县，民国以后山阴县和会稽县合并为绍兴县，山会邑馆改称为绍兴县馆。）

1919 年 11 月，鲁迅迁至西直门内八道湾胡同。李大钊总是把新出版的《政治生活》送给鲁迅。

1923 年，鲁迅的短篇小说集《呐喊》出版时赠给李大钊，李大钊十分珍视此书。特别地对孩子们谈论了这本书的价值，让他们认真地读它。

59. 陶然亭（清末民初，战事纷乱，陶然亭一带荒败凄凉，人迹稀少，成为秘密聚会的理想场所。）

1917 年 2 月，“23 日偕克苏、守常、质生、子超赴陶然亭散步，共以外套铺地，狼籍仰卧，斯时觉万念皆空，其乐陶陶，诚南面不易也”①。

60. 慈悲庵（慈悲庵位于北京宣武区陶然亭公园内，为园中重要古建筑之一，又称观音庵，始建于元代，明清时几次修葺，慈悲庵由三排殿组成，正殿为观音殿，南殿为准提殿，后配殿东侧为文昌阁。）

1920 年 8 月，天津觉悟社社员周恩来、邓颖超等 11 人来京，邀请少年中国学会以及人道社、曙光社、青年互助团等 5 团体 20 多名代表，在慈悲庵内举行联席会议，探讨团体联合事宜。李大钊在茶话会上指出：“盖主义不明，对内既不足以齐一全体同志之心志，对外尤不足与人为联合之行动。”

61. 来今雨轩（来今雨轩饭庄在中山公园内，始建于 1915 年。通常认为“来今雨轩”取自唐代杜甫《秋述》诗小序：“秋，杜子卧病长安旅次，多雨生鱼，青苔及榻，常时车马之客，旧，雨来，今，雨不来。”另说取自龚自珍《己亥杂诗》中的“客心今雨暱旧雨，江痕早潮收暮潮。新欢且问黄婆渡，影事休提白傅桥”。）

1925 年 3 月 11 日，李大钊出席在中央公园来今雨轩召开的中国国民党为国民会议促成会代表举行的欢迎会，并发表演说。

62. 城南公园（城南公园修建较早，位于北京怀柔镇，植物种植常绿和落叶、赏花与观叶搭配，注重色彩的季节性变化。）

1920 年 9 月 19 日，李大钊陪同白坚武等游北京城南公园。白坚武

---

① 中国社会科学院近代史研究所编，杜春和、耿来金整理：《白坚武日记》第一册，江苏古籍出版社 1992 年版，第 58 页。

有“步行一周，苍松荫天，故殿相望”之语。[①]

1921年5月31日，少年中国学会在城南公园举办留别会。因会员沈君怡赴德留学，孟寿椿赴美留学，均不日离京。北京同人特于五月三十一日在城南公园开留别会，摄影纪念。[②]

63. 瑞记饭庄（位于宣外骡马市大街，是一家北京有名的川菜馆。俞平伯在1982年5月为《中国烹饪》写的文章：《略谈杭州北京的饮食》，其中曾特别提到瑞记饭庄川菜做的好。）

“我（梁漱溟）与陈仲甫（独秀）先生相识在进北京大学之前，记得是1916年夏秋之间，李大钊先生宴客于北京南城瑞记饭庄，我和陈都应邀出席，在席上初次相遇。”[③]

1920年9月24日，李大钊陪同白坚武出席孙汉忱在瑞记饭庄的晚宴。[④]

64. 万寿山（万寿山为燕山余脉，高约60米，前临昆明湖，乾隆十五年［公元1750年］为庆祝皇太后六十寿辰于园静寺旧址建大报恩延寿寺。次年，将山改名为万寿山。）

1920年9月26日中秋节，李大钊陪同白坚武、孙汉忱等游万寿山。[⑤]

65. 万生园（北京西直门外万生园，清时为三贝子花园，1907年开始对外开放，即北京动物园的前身。）

1920年9月26日中秋节，李大钊陪同白坚武、孙汉忱等游万寿山后，又到万生园游玩。[⑥]

66. 新明大戏院（1919年1月23日新明大戏院落成开业，设有“包厢”，一家人同来看戏，允许男女合座。共存在九年。梅兰芳曾在

---

① 中国社会科学院近代史研究所编，杜春和、耿来金整理：《白坚武日记》第一册，江苏古籍出版社1992年版，第273页。

② 《少年中国》第三卷第一号，1921年8月1日。

③ 王东林：《梁漱溟问答录》第35页，湖南出版社1988年4月版。

④ 中国社会科学院近代史研究所编，杜春和、耿来金整理：《白坚武日记》第一册，江苏古籍出版社1992年版，第274页。

⑤ 中国社会科学院近代史研究所编，杜春和、耿来金整理：《白坚武日记》第一册，江苏古籍出版社1992年版，第274页。

⑥ 中国社会科学院近代史研究所编，杜春和、耿来金整理：《白坚武日记》第一册，江苏古籍出版社1992年版，第274页。

此演出《上元夫人》、《嫦娥奔月》。)

1920年9月26日中秋节，晚应葛耀廷之约，赴新明大戏院看梅兰芳主演《嫦娥奔月》。①

67. 什刹海会贤堂（会贤堂饭庄座落在什刹海西北侧，面向什刹海，垂柳覆盖，环境幽静。店内两层院落，院子建有高大铁罩棚，西跨院有一小型戏台，可容百人观看演出。所有房间布置典雅，主要经营八大菜系之一的鲁菜。）

1920年10月，“1日，韩国代表濮姓及军人金某，宴余及高彦如、姜寿祺，王励斋、李守常于什刹海会贤堂”②。

68. 乾面胡同3号（位于东城区东南部，东起朝阳门南小街，西至东四南大街，南与西石槽胡同、东石槽胡同相通，北与东罗圈胡同、西罗圈胡同相通。）

1921年4月14日出席新知书社在乾面胡同三号总社召开的创立会。到会股东百余人，李大钊当选为监事。③

69. 浣花春（香厂新世界大楼附近一家四川菜馆。新世界大楼是1917年曹锟的四姨太等人出资，仿造上海大世界建筑布局，建在香厂路和万明路交口东北角的新式宏大建筑。）

“第二天下午，陈独秀约我们四个人（即王星拱——北大理科教授、程演生——北大预科教授、邓初——内务部佥事）到香厂新世界附近一个四川菜馆子浣花春去晚餐。餐后，陈独秀、邓初和我三人上新世界去散发传单，王星拱、程演生往城南游艺园去散发传单。”④

1921年5月31日，少年中国学会举行留别会，欢送沈君怡、孟寿椿出国留学。晚上在浣花春公饯。⑤

70. 长辛店（长辛店是距离北京最近的古驿站。小船状地形地貌、网状的胡同，构成独特的风貌。）

① 中国社会科学院近代史研究所编，杜春和、耿来金整理：《白坚武日记》第一册，江苏古籍出版社1992年版，第274页。

② 中国社会科学院近代史研究所编，杜春和、耿来金整理：《白坚武日记》第一册，江苏古籍出版社1992年版，第275—276页。

③ 《晨报》1921年4月18日。

④ 高一涵：《李大钊同志护送陈独秀出险》，载《中国青年网》，2009年4月21日。

⑤ 《少年中国》第三卷第一号，1921年8月1日。

1920 年李大钊亲自指导的北京大学平民教育演讲团确定以此产业工人集中的地方为主要工作地点。

1921 年李大钊亲自指导北京共产主义小组在长辛店开办劳动补习学校，通过宣传教育，提高工人阶级的觉悟，认识组织起来的重要性。

71. 长辛店机车厂（位于长辛店镇，是北京二七机车车辆厂的前身。）

1921 年 1 月 1 日，北京共产党支部在长辛店机车厂创办的劳动补习学校，今日开学。

1921 年五一劳动节，长辛店铁路工人 1000 多人举行大会，以长辛店工人补习学校的基础，成立长辛店工会，后称为长辛店工人俱乐部，为北京地区最早的工会之一。

72. 新华门（位于西长安大街上，现为中南海正门，为两层楼房，面阔七间，下层中央三间为门洞。卷棚歇山顶，绿剪边黄琉璃瓦。门上有“新华门”。）

1921 年 6 月 3 日，北京国立八校教职员代表百余人及学生代表数百人，冒雨前往教育部，在新华门遭军警毒打。当场受伤数十人，李大钊亦受伤，这就是新华门前的“六三”惨案。

73. 化石桥（化石桥在西城区和平门内。）

1921 年 7 月 24 日上午 10 时，北京政府派王芝祥在化石桥尚志学会正式慰问教育界，列会者有八校教职员代表李大钊等 26 人及学生代各校校长等。①

74. 长美轩（黔味食馆長美軒坐落於旧式的四合院，在北京有旧时“瑞记”、“长美轩”、“香满园”、“南黔阳”等，与各大菜系争奇斗艳。）

1921 年 8 月 16 日，李大钊在北京长美轩与蒋梦麟、吴虞、马叙伦等晤谈。② 送别马叙伦南下到杭州任浙江第一师范校长。

75. 孔德学校（1917 年，蔡元培、李石曾和北大教授沈尹默、马幼渔、马叔平等在北京东城区方巾巷的华法教育会会址，创办了一所新型的学校，命名取奥古斯特·孔德［Auguste Comte，1798—1857］法国著名哲学家、实证主义创始人。）

---

① 《晨报》1921 年 7 月 29 日。

② 《吴虞日记》。

1922 年 1 月 8 日，李大钊在孔德学校演讲：《今与古》。

“孩子们高兴地唱起了喜欢而又熟悉的《校歌》：‘啊，我们亲爱的孔德，啊，我们的北河沿！你永是青春的花园，你永是美丽的王国……’李大钊听完歌，没有一句夸奖，只是幽默地说：‘北河沿是一条又脏又臭的水沟，我天天到北大去，都从那里经过，里面常泡着死猪、烂狗，臭烘烘的，怎么能说是孩子们青春的花园、美丽的王国呢？这个歌子太不现实了，这不是培养孩子们睁着眼睛撒谎吗？’”①

76. 西直门（西直门是位于北京城内城西垣北侧的一座城门，主要包括西直门城楼、西直门箭楼和瓮城等。）

李大钊陪同友人去万寿山、玉泉山、万生园等地，均须经过西直门。在《白坚武日记》中有数次“经西直门”的记载。

77. 东方饭店（位于北京宣武区万明路 11 号，广安门大观园附近。）

1922 年 8 月 12 日，苏俄代表越飞来华到了北京，18 日，李大钊在东方饭店宴请并首先致词。此后发表的《孙文、越飞宣言》，是苏俄联孙的重大步骤，也是孙中山联俄的开始。

78. 商务印书馆（商务印书馆成立于 1897 年的上海，是中国历史最悠久的现代出版机构，在北京王府井大街 36 号。新中国成立后公私合营，1954 年迁至北京。）

1923 年，李大钊著《平民主义》，列为商务百科丛书 15 种。李大钊著《史学要论》，列为商务百科丛书 51 种，出版发行。

79. 北京学生联合会（1919 年 5 月 6 日，北京中等以上学校学生联合会宣告成立。各校代表会议讨论通过了组织大纲，会址设于马神庙北京大学二院。）

1923 年 5 月 4 日，李大钊参加北京学生联合会为纪念五四在女高师举行的群众大会，并发表演说。会后，一队约 1500 余人，到彭允彝私宅；一队约 600 多人到教育部，双方觅彭，必使其不得漏网。午后 4 时 10 分，由女高师出发，成二大纵队，秩序非常整齐。②

80. 铜幌子胡同甲 3 号（原西城区宣武门内闹市口南街的铜光胡同，现在已经无存。）

---

① 李星华：《回忆我的父亲李大钊》。

② 《晨报》1923 年年 5 月 5 日。

1924 年春天，李大钊开完国民党第一次代表大会以后，从广州回到了北京。下了火车，没有再回到石驸马后宅老住处，而是从车站直接雇车寻找新居——宣武门内铜幌子胡同甲 3 号。在这里住到 9 月份。

1924 年 5 月，李大钊受到北洋政府通缉后，军警曾经到这处住宅搜捕，李大钊家人已经提前回了乐亭故乡。

1924 年暑假，徐永煐再访李大钊。在北京李大钊家里，徐永煐问："现在不是莫斯科在指挥我们吗？中国为什么要受苏俄的指挥呢？"李大钊回答："第三国际现在设在苏联，但也可以设在北京，要是设在北京，你们想想，能行吗？军阀不早已把它搞掉了，所以现在不行。现在设在苏联，我们参加，比较合适。等将来中国革命胜利了，设在北京，不也就一样了吗？所以这不是谁指挥谁的问题。"①

81. 南苑（位于北京市永定门外永定河冲积扇中部，曾是河湖广布、草木葱郁之地。元、明、清三代皇家苑囿，现仅存遗址。冯玉祥自 1922 年冬将其陆军检阅使署设在南苑航空署旧址。）

李大钊与冯玉祥是自 1922 年 10 月相识。在北京南苑陆军检阅使公署，两人曾彻夜长谈，对冯玉祥产生很大影响，使其倾向革命。冯玉祥在《我的生活》一书中详细地记下了这个过程。冯玉祥深为李大钊的爱国主义精神所折服："教授一席话，胜读十年书。"

1924 年 10 月，冯玉祥赶走曹锟、吴佩孚的北京政府，自号"中华民国国民军"。李大钊得知冯玉祥在北京发动政变，国内形势发生变化，从苏联回国决定争取冯玉祥，一起促请孙中山北上，促进全国的统一大业。

82. 北方蒙藏学校（1913 年在袁世凯创办蒙藏学堂，后改名蒙藏学校，校址在西单石虎胡同路北——小石虎胡同 38 号，现为中央民族学院附属中学。）

自 1919 年起，李大钊等曾多次向少数民族的进步青年讲述革命道理。发展了第一批少数民族党员，如乌兰夫、吉雅泰等。院内的一颗古枣树正是见证，李大钊曾在大树荫下对青年讲话。

83. 邱祖胡同（北闹市口邱祖胡同，民国初年邱子胡同易名为邱祖胡同。1956 年 7 月道路改造工程，拆除了邱祖胡同的房屋，就没有邱

① 据徐永煐传纪资料。

祖胡同了。)

1924年9月初至12月，李大钊一家在这里住了不到四个月。

84. 朝阳里3号（府右街后坑朝阳里是现在的西城区后达里。当时的门牌号是3号［据李葆华的回忆］。)

1924年12月至1926年3月，李大钊一家在这里住了不到四个月。

1926年3月19日，国民军第一军苏联顾问埃凡斯·阿连等人来此会见李大钊，李大钊约李石曾、徐谦一起研究应对时局变动及国民军工作。①

85. 国民军鹿钟麟部队营区（1924年10月22日深夜，鹿钟麟部开进北京城，司令部设于太庙，在北京全城迅速布防，封锁各重要交通路口。23日凌晨5时就把北京全城控制在手中。)

1926年3月19日段祺瑞下令通缉李大钊。当日李大钊与苏联顾问及李石曾、徐谦等会晤后，决定和徐谦一起来到国民军鹿钟麟部队营区暂避。

“国民军准备撤出北京时，国民军的一位旅长曾到父亲住所，恳切要求保护父亲出京，到他的部队暂避一时，父亲坚决不肯离开自己的战斗岗位，这位旅长只好很惋惜地走了。”②

86. 织染局29号（织染局胡同属东城区景山地区，在北河沿大街迤西的“水簸箕胡同”内，东起“水簸箕胡同”，西止“东板桥街”，长约300米。)

1924年4月20日，国民党北京执行部成立。李大钊任北京执行部组织部长。地址在北京织染局29号，一说原来门牌是10号。

87. 北京饭店（始建于1900年，位于老北京市中心，地理位置得天独厚，步行几分钟就到天安门，毗邻紫禁城，与王府井商业街咫尺之遥。)

1924年12月31日，孙中山由段祺瑞代表许世英、冯玉祥代表鹿锺鳞、张之江，迎护入京，欢迎者约有10万人，群情热烈。总理孙中山乘车抵北京饭店。)

88. 段祺瑞执政府（位于东城区张自忠路3号，原名铁狮子胡同。据说当年是慈禧太后用修颐和园余款在清代和亲王府、贝勒斐苏府重新建造的砖木结构楼群。后为清海军军部和陆军军部。1912年袁世凯将总统府和国务院设在这里；1919年后改为总理府；1924年段祺瑞被北

① 普里马科夫：《冯玉祥与国民军》，第173—179页。

② 李葆华回忆，载《人民日报》1979年10月29日。

洋军阀推举为中华民国临时执政，这里为执政府。）

1926 年 3 月 18 日，震惊中外的“三・一八”惨案在此发生。李大钊在游行中走在队伍前列，他的头部和双手负了伤，躲过追捕后回到家里。

89. 翠花胡同 8 号（翠花胡同在沙滩南面，与红楼只隔一条马路。原翠花胡同 8 号今为 27 号。李葆华的回忆中说是翠花胡同 1 号。）

1925 年 2 月 20 日起，国民党北京执行部地址在北京翠花胡同 8 号。1926 年 1 月 1 日，李大钊在国民党北京执行部元旦升旗仪式上讲话：《青天白日之下》。

90. 北长街北京教育会（北长街位于紫禁城之西，西华门外，北日北长街，南日南长街。北京教育会会址在北长街雷神庙［现西城北长街小学］的北配房。）

1925 年 3 月 10 日，国民会议促成会二次代表预备会在北京教育会正式开会。李大钊到会并发表演说。

1925 年 3 月 16 日，李大钊被载北京教育会召开的国民会议促成会全国代表大会第三次大会聘请为国民会议运动委员会委员长。

91. 天台山慈善寺（始建于清初，位于北京石景山区西北部天台山［亦名天泰山］主峰西侧平台上，四周遍植松柏，苍苍郁郁，灵秀静雅。冯玉祥 1912 年 3 月、1916 年、1925 年 3 月曾三上天台山避政隐居。）

1925 年 3 月 12 日，孙中山逝世后，冯玉祥受到张作霖排挤，通电全国自行下野，隐居京郊大台山。李大钊多次来此与冯玉祥交谈，要冯去张家口，以图再举，并安排冯与鲍罗廷会谈，得到苏联的帮助。1925 年 3 月 21 日，苏联政府通过了援助国民军的决议。

92. 铁狮子胡同行辕（原定孙中山的行辕设在铁狮子胡同顾维均宅中。由于病情严重，决定住进北京饭店便于治疗。）

1924 年 12 月 31 日至 1925 年 1 月 26 日下午 3 时前，孙中山“住北京饭店 5 楼 506 号”。①

1925 年 2 月 18 日中午 12 时许至 3 月 12 日上午 9 时半，是孙中山在铁狮子胡同行辕治疗及病逝之期。②

李大钊参加治丧处工作，任秘书股中文主稿。

---

① 《申报》1925 年 1 月 1 日。

② 天津《大公报》1925 年 3 月 6 日。

93. 协和大礼堂（北京协和医院建成于1921年，是北京协和医学院的附属医院。孙中山1925年1月26日至2月18日，是在协和医院度过的。）

1924年12月12日，建议孙中山到东郊民巷的德国医院诊治。孙中山说："东郊民巷是租界，我不去。"最终选择去协和医院。

1925年3月12日，孙中山遗体在协和大礼堂举行基督殡殓仪式。

李大钊为孙中山舁棺。

94. 社稷坛（社稷坛原是明清两代皇帝祭祀社——土地神、稷——五谷神的地方，座南朝北，建于明永乐十九年［1421年］，1914年将社稷坛辟为中央公园。社稷坛被称为五色土。）

1925年3月19日，孙中山治丧委员会决定停灵地点在中央公园社稷坛。10时灵榇出发，由本党同志李大钊等24人分3组，前后舁挽。约十余万人高呼口号，声震遐迩。花圈挽联，布满通衢。12时灵榇抵中央公园社稷坛大殿安放，择日开吊。

1926年1月27日下午，李大钊出席在中央公园社稷坛举行追悼郭松龄大会。

95. 西山碧雲寺（位于香山公园北，聚宝山东麓，创建于元至顺二年［1331年］，经明、清两代扩建，坐西朝东，依山势而建的园林式寺庙。主要建筑有山门、山门殿、弥勒殿、大雄宝殿、罗汉堂、金刚宝座塔及孙中山纪念堂。）

1925年4月2日，李大钊、于右任等8人，护送孙中山灵衬至西山停厝。11时时将灵榇舁至中央公园大门，驾上灵輀，移往西山。参加执绋者十余万人，民众扶老携幼，罗列于天安门至西直门，途为之塞。下午4时，灵輀抵西山碧云寺，奉安灵榇于石塔内。

96. 新街口蒋养房（又称浆家房，明代浣衣局，在西城新街口北大街路东。北京区委党校刚成立时在蒋养房胡同，后来迁至北京大学三院二楼一间大教室里。）

1925年冬，李大钊决定北方区党委开办一个区委党校，区委党校刚成立时，恢址在北京新街口蒋养房内。年底，迁北京大学第三院。设在距沙滩不远的北大三院二楼一间大教室里。李大钊、赵世炎、陈乔年都曾在党校讲课。[①]

---

① 《访问刘清扬、马润民等记录》，见《李大钊年谱》，甘肃人民出版社1984年版，第213页。

97. 昌华印刷局（中共北方区委有两处地下印刷厂，一是昌华印刷局，一是明星印刷局，后来合并成一个，都是李大钊亲自安排的，有回忆文章说是在宝钞胡同。）

1924 年 1 月，陈为人调到中共中央宣传委员会，在李大钊的领导下着手创办党的印刷事业，即昌华印刷厂，后改名为明星印刷局，李大钊常来印刷厂指导工作，在非常复杂的条件下负责印制《向导》、《中央政治通讯》、《政治生活》等刊物。

1925 年 3 月 23 日，在北京党组织领导下，李大钊组织北京印刷工人举行了大罢工。①

98. 太和殿（俗称金銮殿，为故宫三大殿南面第一座，明清两代时为北京城内最高建筑，开间最多，进深最大和屋顶最高的大殿，堪称中华第一殿。）

1926 年 3 月 12 日，李大钊出席国民党左派在太和殿举行的纪念孙中山的大会。

99. 东交民巷旧俄国使馆（1901 年《辛丑条约》第七款规定，大清国允定东起崇文门内大街，西至广场东侧路，南抵城墙，北至东长安街路南，供各国建设使馆，中国民人不准在内居住，各国常留兵队分保使馆。旧俄国使馆及兵营在东交民巷西口北边。）

1926 年 3 月 18 日，“三一八”惨案发生后，反动当局又一次通缉李大钊。为了革命斗争的需要，李大钊率中共北方区委机关和国民党北京执行部机关迁入东交民巷苏联大使馆旁的旧俄国兵营院内。

“在离开北京大学之后，记得是 1927 年春天，有一日我去东交民巷旧俄国使馆访看守常，只见来人满屋，大都是青年求见者。他忙着接待，我不便多说活打扰他，不久便退出，不料这竟是最后一面。”②

100. 俄款委员会（即俄国退还庚子赔款委员会。苏联革命成功后宣布放弃在中国的一切特权。1924 年 5 月签订《中俄协定》，规定退款全用于中国教育事业，由中苏两国派员合组一基金委员会负责处理，地点在苏联使馆内。）

1927 年 1 月下旬的一天晚上，日本众议员、中日文化事业协会秘书、大学教授大内暢三和翻译，约请李大钊在俄款委员会会晤，交谈中

① 《晨报》1925 年 3 月 24 日。

② 王东林：《梁漱溟问答录》第 36 页，湖南出版社 1988 年 4 月版。

得知日本政府在我国北伐战争节节胜利的情况下，最为关注的是将来日本既得利益的相关保障问题。1 月 25 日，李大钊将此次会晤内容向国民党政治会议做了详细的报告。①

101. 京师警察厅（1913 年民国政府内务部将巡警总厅改为京师警察厅，作为北京全城的管理机构。京师警察厅并不是一个单纯的治安机关，而是一个综合的城市管理机构，在相当程度上执行着后来的市政府的职能。）

1927 年 4 月 27 日 10 时，在警厅正式开庭，审判长何丰林，主席法官颜文海（安国军执法处长），法官朱同善、傅祖舜（安国军执法官）、王振南（高等厅推事）、周启曾（卫戍部执法官）、检查官杨耀曾等 7 人，外交部所派之音德善、王之相，充临时通译。开庭后即将李等提讯，至午讯完，当即判决：李大钊、谭祖尧、邓文辉、谢伯俞、莫同荣、姚彦、张伯华、李银连、杨景山、范鸿劼、谢承常、路友于、英华、张挹兰、阎振三、李昆、吴平地、陶永立、郑培明、方伯务等 20 人，一概绞决。

102. 司法部街看守所（前门内司法部街是一条南北方向的街，南段路西一面都是高墙林立，上面装有电网，里面即看守所。）

1927 年 4 月 28 日，军警突然将前在俄使馆捕获之李大钊等 20 人，用汽车六辆，押送至司法部街后身之刑场，由宪兵营长高继武监刑，执行绞刑。由午后二点起上绞，直至五点余始毕。此事系警察厅突奉安国军总司令部军法处执行，事前各方俱不知悉。

李大钊牺牲后：

1. 下斜街长椿寺（下斜街是不绕菜市口进出广安门的一条近路，长椿寺是明代古寺，有“京师首刹”之称，在宣武区长椿街与下斜街交会的三岔路口处、宣武医院的东面。）

“我望见守常夫人哀泣不起，劝慰几句后便留下十元钱退出，改往下斜街长椿寺——守常遗体停柩在此。我到达寺门时，门外一警察对我说；你们亲友来到，有了交代，我就走了。我点首应承，随即入内巡视。只见棺材菲薄不堪，心中一沉。”②

① 《中国现代政治史资料汇编》第 1 辑第 18 册。

② 王东林：《梁漱溟问答录》，湖南出版社 1988 年版，第 37 页。

2. 浙寺（原是长椿寺的一部分，清初时，著名文学家龚鼎孳宠妾顾横波在长椿寺旁修了个楼阁，称为妙光阁。妙光阁在乾隆时倒坍，嘉庆时重修，落成后改称浙寺。至今，浙寺已荡然无存。）

1927 年 4 月 28 日，李大钊等 20 人壮烈牺牲后，遗体被运到长椿寺内由军警看守。5 月初，亲友出面办理善后将李大钊遗体改殓后移至浙寺暂厝。1933 年 4 月 22 日，在中共北平地下党组织安排，革命互济会出面，在浙寺中举行公祭仪式，并于次日公葬，灵柩送至西郊万安公墓下葬。

3. 香山万安公墓 位于北京西郊，风景秀美的香山脚下。万安公墓中部，坐西朝东，为一传统庭院式建筑，占地 2200 平方米。）

1933 年 4 月，中国共产党地下组织以河北省革命互济会名义发表《为公葬无产阶级导师李大钊同志宣言》，号召共产党和一切革命者“继续大钊同志的牺牲精神前进！”并通过北京大学师生和李大钊同志生前好友，发起为李大钊举行公葬，将灵柩迁葬于香山万安公墓。为举行公葬，鲁迅、李四光等各界人士 100 多人积极捐款。

4. 李大钊烈士陵园（1983 年 2 月 20 日，中共中央作出决定，在香山万安公墓修建李大钊烈士陵园。）

1983 年 3 月 18 日，根据中共中央 1983 年 2 月 20 日决定的安排，在新建的李大钊烈士陵园举行移灵安葬仪式。赵纫兰的灵柩随同李大钊的灵柩被迁葬到陵园单辟的墓地上。在移灵安葬过程中，发现了“中华革命领袖李大钊同志之墓”的墓碑及碑文。